Italo Svevo

Gesammelte Werke
in Einzelausgaben

Herausgegeben von
Claudio Magris, Gabriella Contini,
Silvana de Lugnani

Rowohlt

Italo Svevo

Die
Erzählungen 2

Übersetzt von
Ragni Maria Gschwend, Karl Hellwig,
Piero Rismondo

Rowohlt

Hinweise auf die Originalausgaben, die Originaltitel der
Erzählungen und die Übersetzer siehe Seite 413
Aus dem Italienischen übersetzt nach Band 3
«Racconti, Saggi, Pagine Sparse»
der Gesamtausgabe «Opera Omnia»,
Dall'Oglio, editore, Milano 1968
Frontispiz nach einer Zeichnung
von Georgieff
Schutzumschlag- und Einbandgestaltung
Klaus Detjen

1. Auflage März 1984
Copyright © 1967, 1984 by Rowohlt Verlag GmbH,
Reinbek bei Hamburg
© Dall'Oglio, editore, Milano, 1968
Alle deutschen Rechte vorbehalten
Gesamtherstellung Clausen & Bosse, Leck
Printed in Germany
ISBN 3 498 06165 8

Inhalt

VI Die Novellen vom Alter und vom Tod
   Kurze sentimentale Reise   9
   Die Novelle vom guten alten Herrn
   und vom schönen Mädchen   129

VII Der ‹vierte› Roman
   Ein Vertrag   195
   Die Bekenntnisse des alten Mannes   228
   Umbertino   279
   Notiz   326
   Mein Müßiggang   328
   Der Greis   359

Anhang
   Editorische Notiz   377
   Anmerkungen und Erläuterungen   378
   Nachwort von Gabriella Contini:
   Das «Unvollendete» in Svevos Werk   387
   Biographischer Abriß   407
   Quellen- und Übersetzernachweis   413
   Bibliographie   416
   Inhaltsübersicht
   von Band 1 und Band 2   424

VI
Die Novellen vom Alter und vom Tod

Kurze sentimentale Reise

I
Bahnhof Mailand

Mit sanfter Gewalt machte sich Herr Aghios von seiner Frau los und ging raschen Schrittes davon, bestrebt, in der Menge unterzutauchen, die am Bahnhofseingang immer dichter wurde.

Es galt, diese Abschiedsszenen zu verkürzen, die bei alten Eheleuten lächerlich wirken, wenn sie sich in die Länge ziehen. Man befand sich zwar an einem jener Orte, wo alle eilig sind und keine Zeit haben, ihre Mitmenschen zu beachten, nicht einmal, um über sie zu lachen, aber Herr Aghios fühlte, wie sich der lachende Beobachter in ihm selbst herausbildete. Ja, er wurde ganz und gar zu diesem lachenden Nebenmenschen. Wie seltsam! Er mußte eine Betrübnis vortäuschen, die er nicht empfand; vielmehr erfüllten ihn Freude und Hoffnung, und er konnte es kaum erwarten, endlich allein zu sein, um sie auszukosten. Deshalb lief er jetzt fort, er wollte sich so schnell wie möglich allen Heucheleien entziehen. Wozu die vielen Diskussionen? Es war wohl richtig, daß er sich schon seit vielen Jahren nicht mehr von seiner Frau getrennt hatte, aber diese Reise nach Hause, nach Triest, wohin sie ihm zwei Wochen später nachkommen würde, war nicht der Rede wert.

Dennoch hatte man schon seit Tagen und ununterbrochen von ihr geredet. Der Entschluß zu dieser Reise war ihnen gerade deshalb so schwer gefallen, weil beide sie wünschten und beide, um die Erfüllung ihres Wunsches zu sichern, es für nötig hielten, ihn zu verbergen.

Anlaß zu Tränen wäre vielleicht gewesen, hätte es sich um einen Abschied fürs Leben gehandelt oder zumindest für eine lange Lebenszeit. So aber durfte er sich selber eingestehen, daß er sich mit freudigen Gefühlen entfernte. Zumal er wußte, daß er auch ihr einen Gefallen tat.

In den letzten Jahren hatte Frau Aghios eine leidenschaftliche und ausschließliche Zuneigung für ihrer beider Sohn gefaßt. Wenn dieser von Hause fort war, fühlte sie sich auch an der Seite ihres Gatten allein, um so mehr allein, als sie von ihrem Schmerz nicht sprach, denn sie wußte, Herr Aghios würde darüber nur lachen. Aber Herr Aghios wußte von diesem Schmerz, er fühlte sich gekränkt, weil er ihn nicht lindern konnte, und um sich weitere Belästigungen zu ersparen, tat er so, als bemerke er ihn nicht. Eine doppelte Zwangshandlung! dachte Herr Aghios, der auch schon das eine oder andere philosophische Werk gelesen hatte. Doppelt, weil sie mich und sie betrifft!

Frau Aghios wollte jetzt noch in Mailand bleiben, um den Sohn nicht allein zu lassen, der vor einem wichtigen Examen stand. Herr Aghios maß derlei Examen keine sonderliche Bedeutung bei, man kann sie ja wiederholen, zudem wußte er, daß sein Sohn, dem der Aufenthalt in Mailand nicht mißfiel, sie gerne wiederholen würde. Jetzt aber mußte auch er, wollte er allein reisen, darauf bestehen, daß die Mutter zurückbleibe, um dem Sohn in einem so wichtigen Augenblick beizustehen. Frau Aghios blieb also ihrem Mann zu Gefallen in Mailand, Herr Aghios aber, der die Gefühle seiner Frau genau durchschaute, reiste gekränkt ab, ohne es jedoch zu sagen, andernfalls hätte er ja die Freiheit gefährdet, die sich ihm bot, wenn er allein reiste.

Es war ein Abschied, den man in der Tat abkürzen mußte, denn Frau Aghios war imstande, noch im letzten Augenblick alle Pläne umzustoßen, wenn sie den wahren

Sachverhalt erriet. Sie war eine Frau, die sich niemals dazu verstanden hätte, ihre Pflicht zu vernachlässigen. Herr Aghios aber dachte, daß der leise Groll, den er gegen seine Frau empfand, ein höchst unangenehmes Gefühl, verschwinden würde, sobald er allein war. Noch während er fortlief, wurde er gerechter. Seine Frau verriet, indem sie diese Abschiedsszenen in die Länge zog, ihr schlechtes Gewissen, weil sie ihn allein reisen ließ. Er dachte: Wie anständig ist sie doch! Sie liebt mich überhaupt nicht, will aber bis zum letzten Augenblick das Versprechen halten, das sie vor dem Altar gegeben hat. Sie leidet, wenn sie nicht das tun kann, was sie tun müßte. Eine Marter für sie und eine arge Belästigung für mich!

Warum aber fühlte sich Herr Aghios so von Freude und Hoffnung bewegt, als er endlich seine angetraute Gattin verlassen konnte? Wollte er sich vielleicht amüsieren und seinem schon fast ganz weißen Haar Unehre antun, indem er den Frauen nachrannte?

O nein! So etwas darf man nicht sagen. Ein alter Mann kann erstens nicht rennen, und außerdem war Herr Aghios auch in jungen Jahren den Frauen nicht nachgerannt. Ganz durfte man freilich aus seiner Freude und Hoffnung die Frauen nicht ausschließen. Diese Freude und Hoffnung war so umfassend, daß die Frau – die Frau als Vorstellung, die Frau ohne Beine und Mund sozusagen – darin nicht fehlen konnte. Schattenhaft war sie mit noch vielen anderen Phantomen verwoben und nahm unter ihnen einen wichtigen Platz ein. Aber man begehrt ja eine Frau nicht immer in gleicher Weise. Gewiß dient sie vor allem der Liebe, manchmal aber begehrt man sie auch, um sie zu beschützen und zu retten. Sie ist ein schönes, aber auch ein schwaches Lebewesen, das man liebkost, wenn man kann, und auch dann noch liebkost, wenn man es nicht kann.

Was Herr Aghios brauchte, war Leben, und daher reiste

er allein. Er fühlte sich alt, und er fühlte sich noch älter an der Seite seiner alten Gattin und seines jungen Sohnes. Wenn er seine Gattin am Arm führte, mußte er seinen Schritt verlangsamen, und wenn er neben seinem Sohn ging, fühlte er, daß dieser den Schritt verlangsamen mußte. Man umgab ihn mit allem nötigen Respekt. Seitdem er so krank gewesen war, behielt seine Frau weiterhin jenes Gehaben einer Krankenschwester bei, das im Mann alle Kavaliersinstinkte erstickte. Der Sohn erwies seinem Vater gewiß Respekt, aber er erzog und korrigierte ihn auch, wenn dieser, von seiner glühenden Phantasie verführt, Etymologien erfand, die jeder wissenschaftlichen Grundlage entbehrten, oder historische Ereignisse verwechselte oder entstellte. Obwohl er nur mit Mühe durch das Gymnasium gekommen war, hatte der junge Mann sein Griechisch und Latein, das Herr Aghios nie gelernt hatte, noch parat und wußte überhaupt – ebenso wie seine Mutter – das, was er wußte, immer ganz genau. Es ist gar nicht angenehm, ein Vater zu sein, der unrecht hat!

Aber das war noch nicht alles, obgleich es für Herrn Aghios schon wichtig genug gewesen wäre, in seinem vorgerückten Alter vollständig in Ruhe gelassen zu werden, vollständig, das heißt mitsamt seiner Unwissenheit, in der er schon so viele Jahre lebte, daß sie bereits zu seiner Existenzbasis geworden war.

Sooft Herr Aghios sich unpäßlich fühlte, schrieb er dies seinem Alter zu, dachte aber doch, daß diese Unpäßlichkeit zum Teil von seiner Familie herrühre. Sicherlich war er noch nicht so alt gewesen wie jetzt, nie zuvor aber hatte er sich nicht bloß alt, sondern auch so eingerostet gefühlt. Dieser Rost jedenfalls rührte zweifellos von der Familie her, von diesem abgeschlossenen Raum, in dem sich Schimmel und Rost ansetzten. Wie sollte man nicht verrosten in dieser Eintönigkeit: Täglich sah er dieselben

Gesichter, hörte er die gleichen Worte, war er gezwungen, die gleichen Rücksichten zu üben und sich zu den gleichen Heucheleien herzugeben, denn täglich war er immer noch zärtlich zu seiner Frau, die dies zweifellos verdiente. Selbst die Sicherheit, die man in der Familie genießt, schläfert ein, führt zur Erstarrung, lähmt.

Würde er sich draußen in der rauhen Luft außerhalb der Familie stärker fühlen? Die kurze Reise sollte ein Experiment sein, seine Geschäfte konnten ihm den Vorwand für weitere Reisen bieten. Freilich durfte er nicht hoffen, wieder so munter zu werden wie während seiner letzten Reise nach London[1], wo er sich mehrere Monate aufgehalten hatte, vor nunmehr zwanzig Jahren, ohne seine Gattin, die damals eine ganz junge Mutter war.

Damals litt er schrecklich unter der Einsamkeit. Eine zornige Ungeduld packte ihn angesichts des Mißtrauens und der Gleichgültigkeit, von denen er sich umgeben fühlte. Mit Neid und Sehnsucht betrachtete er das Leben ringsum, das ihn zurückwies. Einmal hatte er sich in das Lesezimmer eines Hotels allein zurückgezogen, um zu lesen, da näherte sich ihm ein schöner rosiger, etwa zehnjähriger Junge und sprach ihn mit Worten an, die er absolut nicht verstand, denn das Englisch der Kinder ist natürlich das allerschwierigste. Herr Aghios war gerührt, endlich hatte er einen Freund gefunden. Er unterhielt sich mit dem Knaben, der ihn sogar zu verstehen schien, denn er antwortete mit sehr viel mehr Worten, als Herr Aghios an ihn gerichtet hatte. Unglückseligerweise waren es lauter englische Worte! Da also die Worte zu nichts führten, begann Herr Aghios die blonden Haare des Kindes zu streicheln, um es für sich einzunehmen. In diesem Augenblick aber tauchte in der Saaltür ein Herr auf, der erbost darüber zu sein schien, daß das Kind sich mit einem Ausländer abgab: «*Philip, come along*», rief er. Das Kind entfernte sich sofort und warf einen erschrockenen Blick auf den Menschen, dem es so großes Vertrauen entgegengebracht hatte und von dem ihm offenbar Gefahr drohte, da man es mit solcher Hast von ihm entfernte.

Der wütende Schmerz seiner Einsamkeit war auch seinen Geschäften abträglich, denn Herr Aghios betrachtete schließlich alle seine Geschäftspartner als seine Feinde. Es kam sogar noch schlimmer. Der enthaltsame und tugendhafte Herr Aghios nahm, um seine Lebensgeister zu steigern, Zuflucht zum Absinth, einem Getränk, das wohl geeignet ist, Freundschaften und Gespräche zu ersetzen. Er trank nicht allzuviel, aber doch genug, um von nervösen Störungen befallen zu werden, die erst verschwanden, als er, wieder daheim, glücklich ins Familienleben zurückkehrte, das von vornherein jedes weitere Reizmittel ausschloß.

In der Erinnerung bleibt aber der Schmerz nicht immer ein Schmerz. So fühlte Aghios jetzt nur die Intensität des Lebens, die im Schmerz steckte. Ach, könnte er doch diese ganze damalige Unrast, diesen Schmerz, wieder in sich erwecken! Welche Erneuerung des Lebens wäre es! Das Leben kann nichts anderes sein als Anstrengung, Groll und freudige Erwartung! Er war von allzu vielen Freunden umgeben, die ihm auch dann, wenn sie ihn manchmal verletzten, keinen Anlaß zu einer echten Rebellion gaben. Er hatte das Bedürfnis, unter Unbekannten zu leben, auch wenn es Feinde waren. Mit Bewunderung dachte er an seine rebellische Haltung in Großbritannien zurück. Er studierte damals politische und wirtschaftliche Probleme, nur um gegen das große Imperium losziehen zu können, das eine fast perfekte, aber doch nicht ganz perfekte Organisation besaß und unfähig war, die letzte kleine Anstrengung zu machen, damit sie perfekt werde.[2] Auch die Heimreise nach Italien war von großen Hoffnungen begleitet gewesen. In seinem Gepäck führte er ein kleines Päckchen mit, das etwas Erde enthielt, die er in London, in der Nähe eines felsigen Terrains, zusammengescharrt hatte. Dieses Päckchen, das Herr Aghios stets feucht hielt, bemerkte niemand außer dem Zollbeamten in Chiasso, der Anstalten machte, den Reisenden festzuhalten und die Erde einer Analyse unterziehen zu lassen. Dieser Mensch, der von der Regierung besoldet war, wollte sich dem Glück Italiens in den Weg stellen! Herr Aghios mußte jetzt lächeln in der liebevollen Erinnerung an seine eigene Naivität. Auch Naivität ist Leben, ja, sie ist der wahre, frische, duftende Ursprung des Lebens. Man hatte nämlich, wie man wissen muß, Herrn Aghios erzählt, Darwin[3] habe die Ansicht vertreten, daß der felsige Grund Großbritanniens durch einen mikroskopisch kleinen Wurm in fruchtbare Erde verwandelt worden sei. Dies genügte, um Herrn Aghios hoffen zu lassen, er könne das langsame Wirken des Würmchens auch seinem eigenen Lande zugute kommen lassen. Er verstreute die Erde in einer karstigen Gegend Italiens und fühlte sich dabei innerlich erhoben und bewegt. Es war ihm gleichgültig, ob man in ein paar Jahrhunderten in Italien, wenn dort nicht mehr der Felsen die Bodenoberfläche bilden würde, auch seines Namens gedachte. Zu solchen Höhen kann man sich in der Einsamkeit aufschwingen! Jetzt lächelte er über sich selbst. Er hatte zu lange in der Familie gelebt, um seine eigene einstige Größe noch richtig erfassen zu können. Die Familie war wie ein Vorhang, hinter den man sich flüchtet, um sicher und unbekümmert zu leben. Jetzt aber verging er vor Hoffnung. Vielleicht stand ihm eine Probe bevor, die ihm Enttäuschung bereitete. Dann wollte er sich zufriedengeben. Nichts wäre verloren. Er würde wieder hinter den Vorhang zurückkehren und im Dämmer dahinleben, geschützt, abgesichert, aber wie einer, der sich damit abgefunden hat, ein Sterbender zu sein! Er würde den Sterbenden gleichen, die, das nahe Endziel vor den blind gewordenen Augen, nichts anderes kennen als die Anstrengung, das Leben zurückzuhalten, das sich von ihnen lösen will, und die außerstande sind, irgend etwas anderes zu sehen, zu hören oder freudig aufzunehmen, weil ihre ganze Aufmerksamkeit der schwierig gewordenen Arbeit der Atmung und der Verdauung gilt.

Fast noch eine Viertelstunde bis zur Abfahrt. Herr Aghios verlangsamte seinen Schritt. Vielleicht hatte er doch zu große Eile gezeigt, von seiner Gattin loszukommen, es hätte ihm leid getan, wenn sie sich gekränkt fühlte, denn sie verdiente gewiß alles Gute, auch alle Rücksicht.

Ein kleiner Foxterrier näherte sich zögernd und beschnupperte seine Füße: Bist du schon da, alter Freund, dachte der alte Herr. Es war sicherlich nicht der erste Hund, den er in Mailand sah, aber es war der erste, der sich ihm, seitdem er allein war, näherte. Er sah ihn liebevoll an, der Hund aber wich zurück – er suchte sicherlich seinen Herrn – und sprang dann fort, wobei er, die weichen Ohren eng an den Kopf gepreßt, noch einen letzten Blick auf den Mann warf, der ihn erschreckt hatte. Der alte Herr sah ihm mit Bewunderung nach. Das Gehen auf vier Pfoten ist jedenfalls ursprünglicher als der aufrechte Gang. Die Bewegungen des jungen Hundes, der seine vier Beine beim Laufen noch nicht recht in Einklang bringen konnte, bald hüpfte, bald sprang, waren wie die Ursprünglichkeit selbst. Schweren Herzens dachte Herr Aghios an die großen Gefahren, die auf das kleine weiße Tier lauerten. Hüte dich vor dem Schinder, dachte er.

Hunde sind die großen Freunde der Reisenden. Selbst in England sind sie den unseren gleich, wir finden in ihnen einen Teil der Heimat wieder. Sie sind nicht besser erzogen als die unseren, sind wie diese neugierig auf allen Unrat, den sie auf der Straße finden, zudringlich, lärmend, gehorsam, wenn sie die Peitsche kennengelernt haben, anhänglich und stets höchst erstaunt, wenn sich auch der, der sie liebt, von ihnen nicht mit der Zunge übers Gesicht fahren läßt. Sie sprechen alle die gleiche Sprache. Aghios liebte sie in seiner Einsamkeit, er spionierte ihnen nach, erforschte, wie ihr Charakter war und warum er so war. Sie sind grundverschieden von uns, sie schnuppern, während wir schauen, und es ist eigentlich seltsam, daß sich zu unserem großen Vorteil zwischen uns und ihnen eine so innige Beziehung gebildet hat, die von seiten des Hundes sicherlich auf einem Mißverständnis beruht. Möglicherweise schließt die Katze sich uns deshalb nicht enger an, weil sie uns ähnlicher ist und uns besser kennt. Die Aufrichtigkeit des Hundes ist auf den bei ihm am stärksten entwickelten Sinn zurückzuführen, den Geruchssinn. Seine Art der Wahrnehmung läßt ihn glauben, daß auf dieser Welt jeder Verrat sofort aufgedeckt wird, denn er sieht nicht die trügerischen Oberflächen, er analysiert vielmehr das Wesen der Dinge, ihren Geruch. Mag sein, daß auch dieser sein Wahrnehmungssinn ihn täuscht oder daß er zuweilen Unschuldige beißt, deren Geruch ihm unangenehm ist, aber er weiß es nicht, und wenn er an seinem Vorhaben gehindert wird, so fügt er sich, wenngleich zähnefletschend. Oft sieht er sich nach einem höheren Gesetz gefangen und an die Kette gelegt, und er muß es dulden, wenn auch ohne Überzeugung; er ist es gewohnt. Es kommt ihm nicht in den Sinn, eine verräterische Absicht dahinter zu vermuten, denn er meint, daß er mit seinem Wahrnehmungssinn imstande wäre, sie sofort aufzudecken, und er schreibt die gleiche Fähigkeit seinem Herrn zu, der nicht sein Herr wäre, hätte er nicht noch vollkommenere Sinne als er.

Eine aufrichtige Welt, die Welt der Gerüche. Es scheint jedoch, daß sie von der Wirklichkeit noch weiter entfernt ist als die Welt der Linien und Farben. Der arme Hund ist stets der Betrogene, weil er schlecht informiert ist. Immerhin bleibt ihm mancher Schmerz erspart. Er ist nirgends ein Fremdling. Er ist höchst gesellig veranlagt. Jede zufällige Begegnung wird sofort intim. Seiner Nase bieten sich die verborgensten Körperteile zur Überprüfung. Sie ihm zu verweigern, wäre eine ausgesprochene Unhöflichkeit, sie würde bei ihm die heftigsten Reaktionen auslösen. Um wieviel natürlicher ist doch sein Leben als das unsere! In der belebtesten Straße Londons ist ein Mensch dem anderen nichts weiter als ein Hindernis beim Gehen. Was soll man da tun? Selbst wenn Herr Aghios der anerkannte Diktator des gesellschaftlichen Lebens gewesen wäre, er hätte es doch nicht vermocht, das Lächeln als Gruß zwischen Unbekannten zur Pflicht zu machen. Zur Pflicht gemacht, wäre dieses Lächeln nur eine gräßliche Fratze gewesen und niemals Ausdruck eines aufrichtigen brüderlichen Grußes. Auch liebevolle Zuneigung ist mit Anstrengung verbunden; niemand läßt sie sich als Regel vorschreiben; nur die Gleichgültigkeit sichert einem wirkliche Ruhe. Bei den Hunden, die von Gerüchen gelenkt werden, gibt es keine Gleichgültigkeit dem Leben gegenüber. Niemals sind sie einfach gleichgültige Fremde, sondern immer entweder Freunde oder Feinde.

Ein Zug ist kein kleiner Gegenstand; trotzdem konnte Herr Aghios in dem großen Bahnhof den seinen nicht finden. Irgendwo in diesem Bahnhof mußte es wohl eine entsprechende Ankündigung geben, Herr Aghios aber konnte sie nirgends erblicken. Gewöhnlich ließ er sich von seiner Frau führen. Vergebens spähte Herr Aghios nach links und nach rechts. Er sah einen Gepäckträger auf sich zulaufen. Der kam ihm zurecht. Er übergab ihm den kleinen Koffer, den er ohne weiteres selbst hätte tragen können, und fragte nach dem Zug. Er hielt es für nötig, sich zu entschuldigen: «Der Koffer ist zwar leicht, mir aber ist er trotzdem zu schwer, denn ich bin alt.»

Er sprach mit dem Gepäckträger, um ihn sich zum Freund zu machen. Schon empfand er das Bedürfnis nach Zufallsfreunden, die die eigene Freiheit nicht in Frage stellen. Der Träger, ein untersetzter und wendiger Mann, lächelte und murmelte etwas im Mailänder Dialekt, den

Herr Aghios nicht verstand. Es mußte etwas Freundliches sein, denn es war von einem Lächeln begleitet, und mit freundlicher Bereitschaft und raschen Schrittes folgte Herr Aghios dem Freund, der, das Köfferchen in der Hand, vor ihm herlief. Er folgte ihm und liebte ihn bereits. Trinkgelder sind doch eine schöne Erfindung! Besonders die kleinen, die nicht weh tun. Darum war er da eher geizig, denn wenn man viel auf einmal schenkt, ist das Vergnügen nur kurz, und man ist für lange Zeit im Spenden behindert. Seine Frau war weit großzügiger, und wenn sie irgendwo Not sah, die nur durch eine große Summe gelindert werden konnte, dann gab sie. Aber auf diese Art verfügt man über das Geld anderer, denn diesen anderen muß man dann sagen: «Ich habe über das, was Ihnen zustand, bereits anderweitig verfügt.» Er selber war nur manchmal wirklich großzügig, und auch nur, weil seine Frau es wollte, so wie er viele andere Dinge tat, die sie wollte.

Auf der Reise muß man sich Freunde erwerben, sonst durchwandert man diese Erde, die unser wahres, unser großes Vaterland ist, mit dem finsteren Ausdruck des Fremdlings. Herr Aghios nützte die kleinen Trinkgelder, die er gab, wie ein richtiger Geizhals aus, er wollte mit ihnen zwar keine große, dafür aber eine dauernde Freundschaft kaufen. Daher begann er damit, daß er zunächst einmal einen Betrag gab, der unter dem Tarif lag. Im allgemeinen protestierte der andere nicht, sah nur, das bißchen Geld in der offenen Hand, verblüfft drein. Dann erst legte Herr Aghios in diese Hand ein Geldstück nach dem anderen, so lange, bis sie sich schloß und auf dem Gesicht des Gepäckträgers ein Lächeln erschien. Dieses Lächeln, das er hinausgezögert hatte, prägte sich um so dauerhafter der Erinnerung des Herrn Aghios ein, es versüßte ihm ein paar Meilen des Weges. Manchmal verlor der Träger die Geduld und entfernte sich mit einem häßlichen Wort, ehe es Herrn Aghios gelang, das ganze Trinkgeld auszuzahlen. Der entfernte sich dann seinerseits mit dem restlichen Trinkgeld in der Tasche, aber er war trotzdem befriedigt, denn er schied zwar von einem Feind, aber nicht von einem Fremdling.

Man mußte eine breite Treppe hinabgehen, eine Unterführung durchschreiten, zu einem Bahnsteig wieder emporsteigen und hier auf den Zug aus Turin warten, der noch nicht angekommen war.

Der Träger fragte Herrn Aghios, ob er mit ihm hier warten solle. Hätte er sich mit ihm nicht im Mailänder Dialekt unterhalten müssen, würde Herr Aghios den Freund der letzten Stunde zurückgehalten haben. So aber verabschiedete er ihn und blieb allein. Das dankbare Abschiedslächeln, das er empfing, erheiterte seine Einsamkeit. Sie hatten einander eine Sekunde lang in die Augen gesehen, fast so, als wollten sie sich ihr gegenseitiges Wohlwollen bezeugen. Und um dieses Wohlwollen noch zu steigern, fügte Herr Aghios dem Trinkgeld auch noch eine Zigarette hinzu.

Auf dem Bahnsteig warteten viele Menschen. Neben einer Säule waren mehrere armselige Gepäckstücke aufgestapelt. Ein geschlossener Koffer, zwei verschnürte Körbe, von denen einer mit einem roten und der andere mit einem verschossenen grünen Tuch bedeckt war. Eine Frau saß auf dem Koffer, sie hatte einen Säugling auf dem Schoß, während ein zehnjähriges Mädchen in einem abgetragenen Kleidchen, das es jedoch vor der Kälte schützte, auf dem einen der Körbe schlief, den Kopf an die Hüfte der Frau gelehnt.

Eine Übersiedlung? dachte Herr Aghios. Gleich darauf sah er einen Bauern herankommen, der während des Laufens die Fahrkarten prüfte, die er offenbar eben gekauft hatte. Als die junge Frau ihn sah, atmete sie auf. Sie hatte wohl Ängste ausgestanden, weil sie so lange allein gelassen worden war. Das war keine Reise mit der ganzen Familie. Das war eine Auswanderung, eine Flucht.

Jetzt beobachtete Herr Aghios nicht mehr die Menschen, die um ihn waren, sondern betrachtete ein paar Minuten lang entzückt den Rauch, der von einer Lokomotive aufstieg, die außerhalb des Bahnhofs stand. Der Wind trieb ihn vor sich her. Er stieg aus dem Schornstein in Schwaden auf und wurde vom Wind sofort aufgelöst und zerstreut. Es war, als entkleide sich jede einzelne dieser Rauchschwaden, während sie der Zerstörung anheimfiel, und enthüllte einen in ihrem Innern verborgenen Kopf, einen Rüssel, ein Lebewesen. Die Augen dieser Köpfe waren, während sie sich auflösten, weit aufgerissen, wie um besser sehen zu können, immer besser, bis sie ganz zerrissen. Eine Prozession erschrockener und bedrohlicher Köpfe. «Einzelne Züge des Lebens genügen, das Wesen des Lebens auszudrücken, Furcht oder Bedrohung», war die Moral, die Herr Aghios daraus zog.

Der Zug fuhr schnaubend ein. In diesem Augenblick vernahm Herr Aghios die Stimme seiner Frau, die ihn rief: «Giacomo!»

Er wandte sich ihr zu. Vielleicht gelang es ihm nicht, eine ungeduldige Bewegung zu unterdrücken. Er liebte sie, wie sie es verdiente, sie war aber doch nicht lange genug abwesend gewesen, um in ihm den Wunsch zu erwecken, sie wiederzusehen. Der Ton ihrer Stimme hatte schon genügt, ihn aus seiner Stimmung heiteren Wohlwollens zu reißen, das er auf alle Dinge und Menschen übertrug. Wollte sie ihm etwa verkünden, daß er nicht allein reisen dürfe? Er wäre trotzdem gefahren.

Frau Aghios schien den Gemütszustand ihres Gatten teilweise zu erraten, denn sie fragte betroffen: «Bin ich dir gar so lästig?» Sie schickte sich schon an umzukehren. Es war ein schlimmer Augenblick.

Das nicht, das hätte Herr Aghios niemals zugelassen. Man kann auf dieser Welt sicherlich denken, was man will, man darf aber gewisse Gedanken nicht enthüllen, Gedanken, die schön und richtig sind, solange sie im eigenen Innern verborgen bleiben, und so beleidigend, wenn sie ans Tageslicht kommen. «Ich hatte dich nicht erkannt!» sagte er sofort. Er nahm sie bei der Hand und zog sie an sich. Sie wich der Umarmung aus, denn sie war zu gut erzogen, um eine derartige öffentliche Zurschaustellung zu dulden. Aber sie glaubte ihrem Gatten und war sofort überzeugt. Es war ein Vertrauen, das Herrn Aghios früher einmal selig gemacht hatte. Seit einiger Zeit war es ihm lästig. Es war eine Methode, das Leben allzusehr zu vereinfachen. Auch dieses Vertrauen hatte jetzt etwas Eisiges, wie ihre ganze Beziehung zueinander.

Sie sagte lächelnd, sie sei ihm nicht nachgelaufen, um ihn noch einmal zu sehen, sie habe lediglich vergessen, ihm auszurichten, daß Frau Luisi ihn bitte, er möge dem Juwelier in Venedig bestellen, daß sie die Perlenkette, die er ihr angeboten habe, behalte und Herr Luisi die Zahlung in den nächsten Tagen durchführen werde.

Dann fragte sie ihn, immer noch lächelnd: «Hast du auch nicht vergessen, was du in deiner Brusttasche trägst?»

Herr Aghios fuhr sofort mit der Hand an diese Tasche, und da sie sich dick anfühlte, sagte er: «Sei ganz beruhigt! Ich denke immer daran.»

Das aber glaubte sie ihm nicht, sie hatte ja bemerkt, daß er erst nach der Tasche hatte greifen müssen, um sich zu erinnern, daß er eine beträchtliche Geldsumme bei sich trug. Sie war besorgt, des Geldes wegen, nicht seinetwegen. «Ich habe sehr schlecht daran getan, dich allein reisen zu lassen.» Sie blickte unschlüssig um sich. Seufzte: «Nun ja! Jetzt ist es zu spät.»

Beide waren sie zufrieden, daß es zu spät war. Gleichwohl war Herr Aghios verärgert, weil man ihn wie ein kleines Kind behandelte. «Glaubst du vielleicht, ich könnte das Geld verlieren?» fragte er gekränkt. «Ich war jetzt nur deshalb zerstreut, weil ich gerade darüber nachdachte, ob es nicht möglich wäre, in Triest billigeres Geld aufzutreiben und damit einen Teil unserer Schulden abzudecken.» Während er sprach, sah er noch einmal zu der Lokomotive in einiger Entfernung hinüber, aus der immer noch dichter Rauch stieg. Jetzt aber war es nur mehr unförmiger Rauch, keine Köpfe mehr, keine Drohungen, keine Schrecken.

«Es ist ein Leichtsinn, mit soviel Bargeld auf die Reise zu gehen», sagte Frau Aghios wiederum, ihre Stimme hatte einen warmen Klang, als bitte sie um Verzeihung.

Ja! Es war ein Leichtsinn. Tags zuvor noch hatten sie beschlossen, das Geld durch die Bank überweisen zu lassen, schon um die Tasche nicht so sehr zu belasten. Es war ihm aber lästig gewesen, mit all dem Geld zur Bank zu gehen, und so hatte er die Transaktion auf den heutigen Tag verschoben. Als er sich gerade auf den Weg machen wollte, kamen drei Studienkollegen seines Sohnes zu Besuch. Verzückt hörte der alte Herr ihnen zu, wie sie, die eben das Studium beendet hatten, ihre Zukunftspläne entwickelten. Er tat seinen Mund nicht auf, aus Angst, diese gelehrten jungen Leute könnten ihn korrigieren; aber er mußte daran denken, daß er nach Verlassen der Schule weit schüchterner, zögernder, ängstlicher gewesen war. Für einen von ihnen war die Lebensstellung bereits vorgezeichnet; allerdings war er der Ansicht, daß sein Erscheinen dem Unternehmen, in das er eintreten sollte, erst den richtigen Aufschwung geben werde. Der zweite, für den seine Eltern nicht vorgesorgt hatten, bereitete sich in aller Ruhe auf die Auswanderung vor. Er stellte allerhand Ansprüche, die Italien ihm nicht erfüllen konnte. Der dritte wiederum bekundete eine große Verachtung für die Politik, wollte sich ihr aber nichtsdestoweniger widmen. Er hatte sich noch für keine Partei entschieden, sondern ließ sich Zeit, darüber nachzudenken. Einstweilen wollte er in den Staatsdienst treten. Der alte Herr gab sich nicht mit der Erkenntnis zufrieden, daß die Welt nicht mehr die gleiche war wie die, in die er geboren wurde, sondern suchte beharrlich zu ergründen, welche der beiden Welten recht habe. Entweder – oder! Eine der beiden war im Irrtum. Vielleicht wußte er es nicht besser, aber in seiner Jugend war ihm erklärt worden, daß es auf der Welt nicht genug Glück gebe, um alle zu befriedigen. Er hatte es geglaubt und, als er die Schule verließ, schüchtern an das Tor der Welt geklopft und gefragt: «Gibt es ein Plätzchen auch für mich? Werde ich es mir erobern können?» Das war die Welt von damals gewesen, als es auf ihr noch wenige Menschen gab. Sollte die Welt inzwischen größer geworden sein und weiter? Der alte Herr saß wie festgenagelt an seinem Platz; sein Groll, zur Welt gekommen zu sein, als sie noch schwieriger war, hinderte ihn daran, die Banküberweisung zu besorgen.

«Ja, jetzt ist es zu spät. Was aber das Geld betrifft, sei ganz beruhigt, mache dir keine Gedanken. Lebe wohl!» Er gab ihr den Abschiedskuß. Sie ließ sich auf die Wange küssen und küßte dann die seine. Er blickte um sich, überlegte, welch weiteres Zeichen der Zuneigung er ihr geben könnte. Er hatte es! Er nahm ihre Rechte und führte sie an seine Lippen. Er war sehr froh, daß ihm dies eingefallen war. Das Alleinsein, dem er entgegenfuhr, sollte durch diesen Abschied verschönt werden.

Er schickte sich an, in den Wagen zu steigen und vergaß dabei ganz, den Koffer zu nehmen, den der Träger auf der Erde abgestellt hatte. Sie nahm den Koffer und reichte ihn ihm laut lachend. Herr Aghios murmelte als Entschuldigung: «Der Träger hat ihn dort stehenlassen. Ich konnte den Zug nicht finden ...»

Frau Aghios lachte immer noch: «Und wie wirst du jetzt, ohne den Träger, nach Triest finden?»

Es war Schicksal! Sie sollten in Mißstimmung auseinandergehen. Herr Aghios antwortete unmutig: «Das

Schwierige ist, den Zug zu finden, den Zug selbst lenke ich dann nicht.»

Frau Aghios lachte immer noch: «Ein Glück», sagte sie.

Es blieb keine Zeit mehr für eine Antwort. Er hätte sofort entgegnen können, daß ja auch sie keinen Zug lenken könne, daß dies auch gar nicht so schwer sei, da es doch Gleise gebe, und schließlich, daß das Köfferchen nichts Wichtiges enthalte, aber er sagte nichts. Es war besser, ihr noch einmal zuzulächeln und in Frieden abzureisen. Doch blieb der Groll in ihm zurück, und das war schlecht. Zögernd stieg er in den Wagen. Es war schwer, im Gang vorwärts zu kommen. Herr Aghios aber, das Köfferchen in der Hand, schuf sich mit jugendlichem Schwung Raum, erreichte das nächste Fenster und öffnete es. In diesem Augenblick setzte sich der Zug in Bewegung. Herr Aghios rief seine Frau, die immer noch auf die Wagentür blickte, durch die er verschwunden war. Lebhaft erwiderte sie seinen Gruß. Der Bahnsteig war jetzt leer. Eine Sekunde lang wandte er den Blick von seiner Frau ab und suchte die Stelle, wo das Gepäck der Bauern gelegen hatte. Das Gepäck war verschwunden, weiß Gott, wieviel Mühe es gekostet hatte, es in den Wagen zu schaffen. Dann sah er wieder zu seiner Frau hinüber, die ein Taschentuch hervorgeholt hatte und ihm lebhaft zuwinkte. Er erwiderte ihren Gruß, indem er ihr einen Kuß zuwarf. Die zarte, elegante Gestalt seiner Frau, die, aus der Nähe betrachtet, vom Alter ein wenig ausgetrocknet wirkte, erschien ihm nun, als der Abstand zwischen ihnen durch die Bewegung des Zuges zunahm, wahrhaft anmutig mit ihrem auf dem Hut befestigten rosa Schleier, der im leichten Wind flatterte. Jetzt, da er dem Alleinsein entgegenfuhr, wünschte er, beim Anblick dieser feinen, schlanken Gestalt, in seinen Gedanken klar und aufrichtig zu sein, und dachte: Je mehr ich mich von ihr entferne, desto mehr liebe ich sie! Daraufhin fühlte sich sein Gewissen beruhigt. In diesem Augenblick befand er sich im Einklang mit dem menschlichen und moralischen Gesetz, denn er liebte sie aufrichtig, seine eigene Frau.

Um sie so lange als möglich zu sehen, beugte er sich aus dem Fenster. Sah er recht? Seine Frau führte mit einer übertriebenen Geste ihre Hand ans Herz. Es war doch nicht möglich, daß sie, ein so ausgeglichener Mensch, vor fremden Leuten ihren Abschiedsschmerz in derart übertriebener Weise zur Schau stellte? Und doch schien es, als stoße sie, während sie diese große Geste vollführte, auch noch Schreie aus.

Dann aber, als er sie nicht mehr sah, begriff er. Mit dieser Geste hatte sie ihm noch ein letztes Mal nahelegen wollen, auf das Geld zu achten, das er in seiner Brusttasche verwahrte. Gott sei Dank! Er lächelte und griff mit entschlossener Folgsamkeit an die Brusttasche, er wollte seine Gewissensbisse besänftigen, denn jetzt, wo sie seinen Augen ganz entschwunden war, liebte er seine Frau mehr denn je. Die dicke Brieftasche, in der die dreißig Tausend-Lire-Scheine steckten, war noch an ihrem Platz.

II
Mailand–Verona

Nun galt es, sich einen Sitzplatz zu verschaffen. Dabei war es für den alten Herrn schon nicht leicht, in diesem Gang vorwärts zu kommen, während der Zug in voller Geschwindigkeit dahinfuhr, auf und ab sprang und so heftig in die Kurven ging, daß der Körper hilflos bald nach der einen, bald nach der anderen Seite geschleudert wurde. Herr Aghios ging entschlossen auf das nächste Abteil zu, wobei er nach rechts und links Entschuldigungen murmelte. Und da hatte er auch schon sein erstes Liebesabenteuer. Ein hübsches junges Mädchen trat, soweit die Wagenwand dies zuließ, zur Seite, um ihm Platz zu machen. Herr Aghios sah das Mädchen mit einem Lächeln an, das väterlich sein sollte; bei sich aber dachte er, es wäre gar nicht so übel, wenn er in dem wilden Durcheinander, das in dem engen Raum herrschte, gegen das junge Geschöpf gepreßt würde. Die Bewegung des Zugs aber preßte ihn, wie zum Trotz, gerade an die gegenüberliegende Wand. Er lächelte die Signorina weiter an, die ihn ängstlich mit großen blauen Augen betrachtete, als fürchtete sie, der mächtige, auf seinen Beinen unsichere Mann könne auf sie fallen. Er mußte weiter, und während er sich entfernte, lächelte er über die blinden physikalischen Kräfte, die sich in den Dienst der Moral gestellt hatten. Andere Male wiederum hatten sie, ebenso blind, dem Vergnügen der Menschen gedient, wie in der alten Geschichte von den zwei Liebenden, die durch eine Lawine in eine mit Lebensmittelvorräten versehene Grotte eingeschlossen wurden. Im Frühling gab es eine Überraschung, als man in dieser Grotte drei statt zwei Menschenwesen fand. Unmöglich! Diese Dinge brauchen neun Monate, um heranzureifen.

Er erreichte das Abteil, auf das er zugegangen war. Es war überbesetzt. Auf der einen Seite saßen sogar fünf Personen. Unter ihnen eine Frau. Sie war elegant, aber nicht schön, und trug einen jener Hüte, die die Stirn und auch einen Teil der Augen bedeckten. Sie hielt die Beine fast ausgestreckt: Sie trug seidene Strümpfe und an den sehr kleinen Füßen schwarze Lackschuhe. Herr Aghios, der sich, um dem Gedränge im Korridor zu entkommen, in der Mitte des Abteils aufgestellt hatte und gerade noch die Eisenstange umklammern konnte, die das Gepäcknetz trug, sah die Frau nicht allzu genau an, denn er mußte alle Aufmerksamkeit darauf verwenden, sich aufrecht zu halten. Seine unbequeme Stellung hinderte ihn jedoch nicht, zu konstatieren, daß diese Hüte, die Kopf, Stirn und Augen der Frauen verdeckten, zu dumm waren. Die Mode wird von der Mehrheit gemacht, demnach hätte man annehmen müssen, daß der Großteil der Frauen gut geformte Beine und nicht sehr gut geformte Köpfe habe. Gleich darauf wurde er durch eine Bewegung des Zuges veranlaßt, sich der Frau zuzuwenden, und da bemerkte er, daß sie seinem unausgesprochenen Wunsche entgegengekommen war und den Hut abgenommen hatte, der jetzt in ihrem Schoß lag. Nein! Ihr Gesicht war nicht schön, mußte es aber einmal gewesen sein. Ein Gesicht, das vom Leben umgeformt und verbraucht worden war, die Züge hatten sich verhärtet, waren wie von einem scharfen Meißel herausgearbeitet und in die Länge gezogen. Die braunen, künstlich gelockten Haare bedeckten die Ohren. Die kleinen Füße aber waren überaus anmutig, noch kleiner als die an sich schon kleinen Lackschuhe.

Ein junger Mann (der fünfte auf dieser Sitzbank) erhob sich und bot dem alten Herrn seinen Platz an. «Danke! Danke! Aber warum denn?» sagte Herr Aghios. «Ich kann ruhig hier stehen.»

«Ich gehe auf den Gang hinaus», meinte der junge Mann. Er fand kein freundliches Lächeln für den alten Herrn, dem er eine Höflichkeit erwies. Als er hinausging, stieß er gegen den Fuß der Frau, die ihn nicht rechtzeitig zurückgezogen hatte.

Herr Aghios setzte sich auf den schmalen Platz neben dem Fenster, der ihm überlassen worden war. Schade, daß der junge Mensch (lang, dunkelhaarig, grob) sein Geschenk mit keinem höflichen Wort begleitet hatte. Es wäre ein schöner Reisebeginn gewesen! Gleichwohl durfte man sich nicht beklagen, denn stehend zu reisen wäre nicht das richtige gewesen für die Gliedmaßen des alten Herrn.

Um seinen Nebenmann, den er nicht einmal hatte sehen können, nicht zu stören, verharrte Herr Aghios eine Zeitlang in der gleichen Stellung, in der er auf den Sitz gesunken war, das Gesicht dem Fenster zugewandt.

Zuerst dachte er an das Leben in diesem Wagen und an den wohlwollenden rauhen Burschen. Das ist es eben! In gewissen Lagen fällt es tatsächlich schwer, wohlwollend zu sein. Sogar jetzt, da er doch um so vieles besser placiert war, empfand er eine gewisse Antipathie gegen seinen Nebenmann, der ihn zwang, sich ganz an das Fenster zu drücken. Das war einer jener Momente, in denen man fühlt, daß der Mensch mit seinem Bauch, seinen Beinen, Schultern und harten Ellbogen für seinen Nächsten ein hassenswertes Tier ist. Ein harter Kampf, der Kampf um den Raum. Herr Aghios aber wollte seine gute Laune nicht verlieren und verwies deshalb sein Wohlwollen, um es nicht ganz einzubüßen, in einen Traum. Die Züge der Zukunft, dazu bestimmt, eine weit entwickeltere Menschheit zu befördern, würden je nach Bedarf und ohne daß man sie deswegen anhalten müßte, dehnbar sein. Jeder Wagen wird ungeheure Möglichkeiten in sich schließen. Man drückt auf einen Knopf, und die Sitzplätze vervielfältigen sich. So wird es in den Zügen der Staatsbahnen nur mehr Kavaliere geben und keine Rüpel wie jetzt, niemand wird es mehr nötig haben, lächelnd einen Sitzplatz einzunehmen, der ihm unhöflich angeboten wurde.

Die Nase gegen die Scheibe gepreßt, konnte Herr Aghios schließlich nicht umhin, die riesigen Felder zu betrachten, die vorüberglitten. Die Ernte war beendet. Gewaltig erhoben sich die Heuschober, der Jahresvorrat für das Vieh, das die Küche belieferte. Die Felder lagen brach, sie warteten darauf, neue Arbeit zu bekommen. Herr Aghios meinte, seine Wünsche für eine gute nächste Ernte kämen gerade zurecht. Jetzt begann sich ja das Schicksal des kommenden Jahres zu entscheiden. Ein langer Regen war dringend erforderlich, der die Erde aufweichen, für die Arbeit bereit machen und sodann aufhören sollte. Die Erde mußte genau im richtigen Zustand sein: nicht zu hart und nicht zu weich. Die Wünsche des Herrn Aghios jedenfalls regneten reichlich auf die Felder herab, während er im Sechzig-Kilometer-Tempo an ihnen vorüberfuhr, und einmal drehte er sich sogar mit höchster Mühe herum, nicht etwa, um den kleinen Fuß jener Frau dort zu betrachten, der vermutlich immer noch in der Luft schwebte, sondern um auch den Feldern auf der anderen Seite des Bahndamms seine Wünsche zukommen zu lassen: «Tragt Frucht, tragt Frucht in reicher Menge, damit alle, die arbeiten, auch ihren Lohn erhalten.» Da aber stockte er schon. Er erinnerte sich des bedrückten Gesichts eines Bauern, der im Vorjahr zu ihm gesagt hatte: «Um den Wein ist es in diesem Jahr traurig bestellt, wir haben zuviel.» Doch was tat's? Wünschen muß man stets auf dieser Welt. Niemand kann dem Menschen dieses Recht nehmen, dessen Ausübung Lungen und Herz erweitert. Es stimmt ja, daß Glückwünsche am Ende an Ironie gemahnen können, so als entferne sich einer vom Spieltisch und wünsche allen, die sitzen bleiben, viel Glück, der Anblick aber, den die Welt bietet, ist doch ein anderer, und so darf man denn auch immer glauben, daß die gute Erde, wenn sie eine große Anstrengung macht, nur Gutes hervorbringt.

Er richtete sich auf und sah wieder den kleinen Fuß in der Luft schweben. Sie saß auf dem dritten Platz auf seiner Seite, er konnte also ihr Gesicht nicht direkt betrachten, entdeckte aber, daß er es in der Glasscheibe, hinter der sich eine Fotografie befand, seltsam widergespiegelt sehen konnte. Wie schön war doch diese Frau! Jetzt, da der Verfall der Züge durch die Reflexe des Sonnenunterganges oder vielleicht auch durch die eine oder andere Linie der Fotografie unter dem Glas gemildert oder ausgeglichen wurde, wirkte dieses Gesicht nachdenklich und schön. Es erinnerte an irgendein berühmtes Gemälde, Herr Aghios aber hatte deren schon so viele gesehen, daß er nicht mehr genau zu sagen wußte, an welches. Im Grunde war ja das

Gesicht auch nur ein Porträt, und nicht einmal ein sehr ähnliches. Herr Aghios aber war doch glücklich, es als Reisebegleitung zu haben.

In der kurzen Zeit, seitdem er seine Gattin verlassen hatte, war dies das zweite Begehren, das in ihm erwachte, das heißt sein zweiter Ehebruch und seine zweite Sünde. Jede Bewunderung für eine Frau ist ein Begehren. Man dichtet ihr Intelligenz oder ein Leid an, um diesen Lippen, die man küssen möchte, besonderen Duft zu verleihen. Die Sünde bedrückte ihn nicht allzusehr. Wenn man sich den Sechzig nähert – Herr Aghios zumindest hatte für sich diese Erfahrung gemacht, und in seiner Einsamkeit liebte er es, zu verallgemeinern –, dann weiß man, daß der Organismus nicht mehr sehr widerstandsfähig ist. Die bloße Tatsache, daß man jetzt, auch wenn die Sünde offiziell erlaubt wäre, weniger sündigen würde als in früheren Jahren, ist der beste Beweis, daß alles davon abhängt, was man kann und darf. Herr Aghios schwang sich sogar zu einem hochphilosophischen Gedanken auf: Wenn uns der liebe Gott tatsächlich zu dem Zweck geschaffen hätte, daß wir genau nach seinem Willen handeln, dann wäre die ganze Schöpfung überflüssig. Er schuf uns und sieht uns nun neugierig und niemals erzürnt zu. Daher begehrte Herr Aghios ohne jegliche Gewissensbisse seines Nächsten Weib.

Hingegen rühmte er sich, diesem Begehren zum Trotz seine Frau niemals betrogen zu haben. Wie war er doch anständig, daß er sie, trotz seiner Veranlagung, niemals wirklich betrogen hatte. Jetzt, in diesem Moment, da er sich von seiner Familie nicht ohne einen gewissen Groll trennte, gestand er sich ein, daß er auch dumm gewesen sei. Allerdings kommt man bei einer Frau – Herr Aghios wußte es – niemals billig davon. Sie will Geld, das Herz, das Leben. Hingegen kostet es nichts, sie anzusehen und zu begehren, und das wiederum ist, sicherlich, allzu billig.

Denn eine Frau gibt, wenn sie schön ist, dem Fremden und allen anderen sehr viel, vor allem ein Gefühl der Menschlichkeit. Das ist etwas ganz anderes als der äffische Gruß unter Unbekannten! Man muß einmal mehrere Monate völlig isoliert in einem fremden Land leben, in dem eine unverständliche Sprache gesprochen wird und die Menschen einen meiden, weil sie einen nicht kennen und daher des Diebstahls und Mordes für fähig halten – dann entdeckt man plötzlich, daß man mit all diesen Menschen doch innig verbunden ist, daß man zu diesem Land gehört, ein angestammtes Bürgerrecht in ihm besitzt, nur weil man ein leuchtendes Auge, einen kleinen nervösen Fuß, eine durch ihre Farbe und Anordnung überraschende Frisur erblickt hat. Ein solcher Anblick war damals, als er noch jünger war, für ihn zum ersten wirklichen Beginn einer gesellschaftlichen Beziehung geworden. Ein begeisternder Beginn: Es war, als hätte er das Haus eines guten Freundes betreten und als hätte man ihm zu Ehren eine Tafel mit der Aufschrift «Willkommen!» angebracht. Mit seinen Blicken hatte Herr Aghios gesagt: ‹Ich kenne dich, weil du schön bist.› Und die kleine Engländerin hatte ihm in einer höchst verständlichen Sprache, das heißt ebenfalls mit einem Blick, geantwortet: ‹Wie liebenswert bist du doch, du, dem ich so gut gefalle. Liebenswerter als der andere, dem ich alles gegeben habe und der nichts mehr damit anzufangen weiß.› Nach einer solchen Zwiesprache hatte Herr Aghios den Absinth nicht mehr nötig, denn er meinte, sich in dem idealen Vaterland zu befinden, in dem alle einander verstehen und lieben.

Es war sogar sehr vorteilhaft gewesen, daß die kleine Engländerin keine andere Sprache verstand. Jedenfalls war es nach Ansicht des damaligen noch jüngeren und daher tugendsameren Herrn Aghios ein großer Vorteil gewesen. Wäre den Blicken das Wort gefolgt, dann hätte die Gefahr bestanden, daß sich das ideale Vaterland plötzlich in einen gefährlichen Hinterhalt verwandelte.

So glaubte er, er sei stets monogam und tugendsam geblieben und könne den ehrlichen Blick seiner Frau ertragen. Sie hatte mit seiner Gedankenwelt nichts zu tun. Die reale Welt hingegen gehörte ganz ihr. Alles war sauber geschieden, denn zu seinen Träumen hatte sie niemals Zutritt und jetzt, während seiner Reise, weniger denn je. Herr Aghios fühlte sich dahinfliegen, als hätte sich der Zug in ein Flugzeug verwandelt. Nur einmal dachte er an sie: Die Arme! Hoffentlich denkt auch sie zu dieser Stunde nicht an mich.

Außer der einen Frau befanden sich in dem Abteil sieben Männer. Herr Aghios hatte sie bisher kaum gesehen. Von seinem Nebenmann aber mußte er Notiz nehmen. Es war ein blasser junger Mann, der aussah, als habe er eine Krankheit hinter sich; er machte einen leidenden Eindruck, obwohl sein ganzer Organismus der eines starken, wendigen, gesunden Menschen war. Er fühlte sich auf seinem Platz beengt. Er schob bald das eine, bald das andere Bein unter den Sitz, den ein dicker Herr ihm gegenüber einnahm. Dieser betrachtete ihn durch seine Brille mit heiterer Ruhe, gewillt, jene Beine nicht zu behindern, solange sie nicht an ihn stießen. Die Beine rückten näher, als wollten sie ihm einen Fußtritt versetzen, glitten dann aber in den Raum, den die Beine des dicken Herrn frei ließen, ohne sie auch nur zu streifen. Der dicke Herr (Herr Aghios sah ihn erst jetzt richtig an) trug eine Brille mit erstaunlich starken Gläsern. Das Licht brach sich in ihnen und warf auf seine Lider einen leuchtenden blauen Fleck, der seinem Gesicht Ähnlichkeit mit dem des Mephistopheles der großen Oper verlieh. Angesichts dieses gelassenen Mannes, der darauf wartete, einen Fußtritt zu bekommen, um protestieren zu können, und jenes anderen, der unruhig und leidend dasaß, galten die Sympathien des Herrn

Aghios ganz dem Kranken. Bewegung ist eine Erleichterung für den leidenden Körper; man verändert seine Stellung, als könnte man dadurch dem Schmerz entfliehen. Nun suchte der junge Mann eine andere Körperstellung einzunehmen, vielleicht weil er die dicken Brillen ihm gegenüber und ihre Reflexe wie eine Drohung empfand. Er blickte hinter sich auf die weiche Polsterung, an die er gerne seinen Kopf gelehnt hätte, die er aber der breiten Schultern des Herrn Aghios wegen nicht erreichen konnte. Herr Aghios verstand diesen Wunsch, als wäre er ihm mitgeteilt worden, er machte sich schmal und drehte sich so herum, daß jenes müde Haupt die Polsterung erreichen konnte. «Warten Sie, warten Sie nur», sagte er lebhaft. «Ich werde mich anders setzen!» Er warf sich mit dem Gesicht gegen die Fensterscheibe und drehte auch seine Brust so, daß sie zu ihr parallel verlief. Der Nebenmann murmelte einen heißen Dank und ließ seinen Kopf auf die Polsterung fallen. Jedoch schon nach kurzer Zeit nahm er ihn zwischen die Hände und stützte die Ellbogen auf seine Knie. Herr Aghios aber, die Nase gegen die Scheibe gepreßt, sah ihn nicht mehr. Sein Akt der Höflichkeit beflügelte seine Gedanken über diese glückliche Fahrt, es war ihm, als eile die Lokomotive sanfter und mit beschwingterer Kraft dahin.

Doch waren diese Gedanken immer noch nicht frei genug, denn er diskutierte weiter über seine Freiheit, des Nächsten Weib zu lieben. Nicht mit seiner Gattin, die in seinen Träumen niemals den Mund öffnete, sondern mit jenem undefinierbaren Wesen, das es immerhin irgendwo geben muß, im Äther vielleicht, und von dem man annimmt, daß es überall sei und über die moralischen Gesetze wache.

Heute ist es wissenschaftlich erwiesen, daß die alten Männer der jungen und schönen Frauen viel dringender bedürfen als die jungen Männer. Natürlich steht, abgesehen vom Moralgesetz, noch etwas anderes der Stillung dieses Bedürfnisses im Wege, und das ist die Tatsache, daß auch den jungen und schönen Frauen die Freiheit zugestanden wird, über sich selber zu verfügen. Zu Unrecht vielleicht, denn gerade ihrer Jugend und Schönheit wegen sind sie für die Freiheit nicht gerüstet. Sie sind allzu kostbar und werden womöglich noch ungerechter verteilt als selbst das Gold. Man kann sie schon mit einem gut geölten Schnurrbart erwerben. Den alten Männern gewähren sie sich nur in den allerseltensten Fällen: Gerontomanie. Wie aber, wenn sich das bestätigt, was Voronoff und Stirnach behaupten? Weit wirksamer als ihre Methode würde ein wunderschönes Mädchen oder, genauer gesagt, ein wunderschönes Mädchen je Woche in den alten Organismen das Gedächtnis, die Tatkraft, das Leben wiedererwecken. Schon die alten Juden dachten so, und um König David am Leben zu erhalten, boten sie ihm ein schönes Mädchen dar. Er aber wollte es nicht berühren und mußte elend zugrunde gehen.

Herr Aghios wollte gerecht sein, und kaum dachte er an die Gerechtigkeit, als seine Gedanken auch schon zur eigenen Gattin eilten. Auch sie konnte, mit ihrem immer noch frischen Gesicht, mit ihrer bezaubernden Erscheinung, wie zuletzt auf dem Bahnsteig in Mailand, als ihr rosa Schleier sich im Abendwind bewegte, irgend jemandem (nicht ihm) ein bißchen Leben schenken und selber Leben empfangen. Statt dessen alterte sie noch schneller als er, denn sie dachte nicht so frei wie er. Die Ärmste! Aber es war nicht seine Aufgabe, ihr die Freizügigkeit des Denkens beizubringen. Er hatte, ganz im Gegenteil, in der Vergangenheit alles getan, um sie ihr zu nehmen. Kaum verheiratet, hatte er strenge und herrische moralische Grundsätze entwickelt. Jetzt plagte ihn das Gewissen! Man soll niemanden schroff zurechtweisen, niemals, man bereut es immer. Leistet der andere Widerstand, ist es schlecht, gibt er nach oder formt er sich nach unserem Willen, ist es noch schlechter. Wie aber, wenn sie ebenso frei dachte wie er? So wie sie seine Gedanken nicht erriet, konnte es ja sein, daß er die ihren nie erfuhr. Vielleicht hielt auch sie ihn für bedauernswert leichtgläubig und darum für kalt und unaktiv? Könnte er seinen Sohn unterweisen, beziehungsweise ließe sich sein Sohn von ihm unterweisen, würde er ihm vor der Heirat die Empfehlung geben: «Erziehe an deiner Frau nicht zuviel herum und versuche sie nicht nach deinem Willen zu formen, denn es könnte passieren, daß es dir gelingt.»

Dann würde sein Sohn ihn mit jener kalten Miene ansehen, die wohl auch Respekt ausdrücken konnte, und dabei denken: Wie anmaßend sind doch diese Alten. Sie glauben, alle seien wie sie, und empfehlen jedem die Abführmittel, die ihnen nützen. Das hatte er ihn sogar schon einmal sagen hören, und das Schlimme war, daß sein Sohn damals recht hatte. Das war einmal geschehen und nicht wieder, der alte Herr aber hatte Ursache zu glauben, daß dieser Satz noch sehr oft wiederholt wurde.

Da verfiel er nun wieder in seinen Groll! Der gehörte nicht in diesen Zug; Aghios wies die Phantome seiner Frau und seines Sohnes von sich. Er wollte sein Leben leben, das heißt seine Reise tun.

Der Zug hielt an einer unbedeutenden Station, das Bahnhofsgebäude mußte sich auf der anderen Seite befinden. Auf seiner, Herrn Aghios', Seite scharrten mehrere Hühner ungerührt im Grase, fast ohne den Zug zu bemerken, der neben ihrem Hause stehengeblieben war. Weise Wesen! dachte Herr Aghios. Dieser Zug, der zu bestimmten Stunden kommt, gehört zu ihrem Leben. Wahrscheinlich glauben sie, es ist immer derselbe. Es fiel ihm ein, daß auch die Menschen nichts voneinander begreifen, wenn sie, wie er und seine Frau, einander nicht freimütig und mit stolzer Aufrichtigkeit jene geheimen Gedanken eröffnen, die sie möglicherweise genauso hatte wie er. Und er machte sich mit großem Vergnügen daran, zu untersuchen, was wohl die Hühner über ihre Beziehung zum Menschen denken mochten. Es war ihm, als ob eines dieser Hühner ihm aus dem Gras etwas zuriefe: «Wehe uns, wenn es den Menschen nicht gäbe!» Diesem Huhn schien es für gewiß zu gelten, daß sein Herr ein Wohltäter sei, der ihm ein gutes Futter spendete, und wenn er es einmal schlachtete, dann würde es in der Überzeugung aus dieser Welt scheiden, daß der Mensch, sein Freund, offenbar verrückt geworden war.

Er bemerkte jetzt, daß er bequemer saß. An dieser kleinen Station hatte sich das Abteil fast geleert. Man war nun zu viert. Der kräftige blasse junge Mann war immer noch da, er hatte die Gelegenheit benützt, um sich in den von Herrn Aghios entferntesten Winkel zu drücken und die Beine von sich zu strecken. Diesem jungen Mann gegenüber saß ein Herr, der sich eine Zeitung verschafft hatte, in die er seine Nase vergrub, so daß Herr Aghios sein Gesicht nicht sehen konnte. Herrn Aghios unmittelbar gegenüber saß immer noch der dicke Herr mit der dioptrienreichen Brille.

Es fehlte die einzige Frau, die im Abteil gewesen war. Sie war ebenfalls ausgestiegen, um die kleine Station zu bevölkern. Nun, da ihr zierlicher Fuß, der inmitten der Reisenden geschwebt hatte, fehlte, war jeder Kontakt zwischen den zurückgebliebenen vier Männern abgerissen. Sie waren jetzt richtige Fremde, farblos und stumm.

Herr Aghios betrachtete einen Augenblick lang sein Visavis. Er entdeckte, daß sich auch hinter diesem eine Fotografie unter Glas befand, und in diesem Glas gewahrte Herr Aghios seinen eigenen Kopf, klar und deutlich, wie in einem Spiegel. Er analysierte sich genau. Er war unwiderruflich alt: man sah es an der hohen Stirn und dem ungepflegten, etwas zu üppigen Schnurrbart. Der Schnurrbart zeichnet jene Tiere aus, die sich in Löchern vergraben (hatte diese Kanaille von seinem Sohn erklärt); er dient dazu, sie darauf aufmerksam zu machen, wenn das Loch sich verengt, und soll sie davor schützen zu ersticken. Sehe ich aus wie ein Tier? fragte sich Herr Aghios und prüfte seine Züge. Er und sein Spiegelbild sahen einander mißtrauisch an. Das allerdings war eine sehr unkomplizierte Beziehung! Es war der einzige Fall, wo man beim Betrachten einer Physiognomie mit Bestimmtheit weiß, was sie ausdrückt. Und dennoch bewahrte diese Physiognomie weiterhin das Aussehen eines schnurrbärtigen Tieres, das betroffen ist, weil es sich nicht besonders schön findet, obwohl doch in Wirklichkeit Herr Aghios stolzgeschwellt war, weil er in diesem Augenblick das einzige intime Verhältnis, das es in der großen weiten Natur gibt, entdeckt hatte. Nur traute er dieser Entdeckung nicht recht! Vielleicht existierte auch dieses Verhältnis nicht? Er verzog sein ganzes Gesicht: ein Ausdruck der Verachtung seiner eigenen Physiognomie gegenüber, der sogleich erwidert wurde.

Auch der dicke Herr betrachtete ihn mißtrauisch. Seine Augen erschienen durch die Brillengläser vergrößert. «Ich glaube», sagte er und zog sein Taschentuch hervor, «ich habe mir mein Gesicht mit der Farbe des Schreibmaschinenbandes beschmiert.» Er errötete. Ein schüchterner Mensch, schien es.

«Aber gar nicht!» rief der alte Herr verwirrt und betrachtete den bläulichen Fleck, den die Brillenreflexe unter den Augen seines Gesprächspartners hervorriefen. «Ich habe nur mich selbst in dem Glas dort betrachtet. Ich sehe merkwürdig aus, wenn ich auf Reisen bin.» Er nahm die sorgsam rasierten Wangen des Mannes ihm gegenüber genauer in Augenschein, sie hatten infolge des dichten Bartwuchses einen dunklen Schimmer. «Keine Spur von Flekken in Ihrem Gesicht», log er.

Er log. Man braucht nur ein einziges Wort an einen anderen Menschen zu richten, und schon läuft man Gefahr, eine Lüge aussprechen zu müssen. Nur ganz Unbekannten gegenüber sagt man die Wahrheit. Den bläulichen Fleck, der keinem Taschentuch erreichbar war, weil er je nach der Brechung des Lichts weiterwanderte, gab es tatsächlich auf diesem Gesicht, aber man redete besser nicht darüber. So büßt man auch auf der Reise seine Freiheit ein. Wie bei allen Dingen, ist auch bei einer Reise das Schönste der Beginn. Wenn man losfährt, ist man plötzlich befreit von dem Knäuel all der Geschäfte und Geschäftchen, die das Leben ausfüllen. Für einen Augenblick atmet man auf. Man dient niemandem mehr als Krücke. Mit dem ersten unverdient höflichen Wort jedoch (der Fleck in dem Gesicht dort war ja vorhanden!) sind auch schon wieder die Krücken da, die die freie Bewegung behindern. Man bietet und verlangt Unterstützung. «Niemand wird sagen können, daß ich deshalb so gesprochen habe, um dem Kerl dort einen Gefallen zu tun. Ich habe so gesprochen, weil ich mich wohler fühle, wenn ich höfliche Dinge sage.»

Auch der dicke Kerl sagte etwas Höfliches: «Ich verstehe nicht, wie Sie behaupten können, daß Sie merkwürdig aussehen. Ich finde das wirklich nicht. Ganz und gar nicht!» Er skandierte pedantisch jede Silbe. Es war eine Krücke, die unter die Achsel des Herrn Aghios geschoben wurde. Als seine gute Erziehung ihn veranlaßt hatte, dem Mann dort eine Stütze zu bieten, indem er log, hatte ihm dies einige Pein verursacht. Jetzt hingegen fühlte er sich durch die Höflichkeit, die man ihm entgegenbrachte, erleichtert. Und mit einem Seufzer der Erleichterung kehrte er in die menschliche Gemeinschaft zurück, ohne zu bemerken, daß auch die Krücke, die man ihm da bot, aus einer Lüge bestand, sie tat ihm nicht weh, weil nicht er sie ersonnen hatte. Dabei hätte er sich doch erinnern müssen, daß sein Gesicht ihm soeben noch merkwürdig, ja, mit diesem dicken Schnurrbart geradezu tierisch erschienen war.

Er dankte und hätte gerne mit dem Mann, der ihn mit einem Kompliment bedacht hatte, ein Gespräch angeknüpft. Er fand aber kein Thema. Die ersten Worte, die sie miteinander gewechselt hatten, drehten sich um einen Körperteil. Wenn sie so fortfuhren, liefen sie Gefahr, es den Hunden gleichzutun.

Herr Aghios blickte sehnsüchtig zum Korridor hinüber, der noch immer überfüllt war. Man rauchte, plauderte, lachte. Er hätte wetten mögen, daß sein schönes Mädchen mit den blauen Augen sich immer noch dort befand; andernfalls wäre es dort nicht so lustig zugegangen, und die Männer hätten sich gewiß in das jetzt halbleere Abteil gesetzt. Aus Faulheit und trotz seinem Wunsch hinauszugehen, rührte er sich nicht vom Fleck. Als er nun den Blick von der Tür wieder abwandte, bemerkte er, daß in dem anderen Winkel des Abteils eine lebhafte Unterhaltung im Gange war. Einer der jungen Burschen, der kranke, streckte sich mühsam seinem Gesprächspartner entgegen, um ihn besser hören zu können. Sein abgezehrtes Gesicht hatte den Ausdruck eines Menschen, der eine lästige Anstrengung machen muß.

Der andere hingegen schien die Gelegenheit, eine Predigt halten zu können, sehr zu genießen. Ein Bursche, etwa so alt wie Herrn Aghios' Sohn. Er war blond wie dieser und hatte auch noch eine andere Eigenschaft mit ihm gemein, die Herrn Aghios überraschte. Er sprach nämlich über etwas, worüber Herr Aghios kürzlich auch seinen Sohn hatte sprechen hören. Selbst auf der Reise kann man den gleichen bekannten Dingen begegnen, auf die man zu Hause dauernd stößt, denn die Mode sucht Züge und Häuser gleichzeitig heim. Der Student sprach über den Ursprung nervöser Erkrankungen und deren Heilung durch die Psychoanalyse.[4] Herr Aghios konnte nur die folgenden

Worte hören: «Die Krankheit hat ihren Ursprung in einer seelischen Wunde, die man in der ersten Kindheit empfing und deren Erinnerung man verdrängt hat, um das Leiden an ihr auszuschalten. Diese Wunde hat eben deshalb solche Bedeutung, weil sie einem in der frühesten Kindheit zugefügt wurde.»

Herr Aghios wußte das alles schon. Und als sein Sohn es ihm mit lehrerhafter Miene gesagt hatte, als wäre es seine eigene Entdeckung, hatte Herr Aghios milde zugestimmt. Er sah ja auch ein, daß eine Wunde, die einem noch in Entwicklung befindlichen Organismus zugefügt wurde, mit dessen Entwicklung immer größer wird. Dazu kommt die Unwissenheit des Kindes, die der Verletzung eine ungeheure Bedeutung beimißt. Jetzt aber, in der Freiheit des Reisens, lehnt Herr Aghios sich dagegen auf: Wie konnte man nur etwas Derartiges behaupten? Jede Wunde schmerzt, und jede Wunde wird – wenn man ihr genügend Zeit läßt – brandig und breitet sich aus. Litt denn er mit seinen fast sechzig Jahren nicht unter jeder Beleidigung durch andere und unter seinen eigenen Zweifeln? Das Fleisch, das zu einem so großen Teil aus Flüssigkeit besteht, ist immer empfindlich, und was die Unwissenheit betrifft, so begleitet sie uns bis zum letzten Atemzug und ist groß genug, um uns zu veranlassen, Dingen Bedeutung beizumessen, die gar keine haben, sie als drückend, quälend zu empfinden, so daß sie zur Ursache unseres Mißbehagens und unserer Krankheiten werden. Gewiß, es dauert seine Zeit, und die längste Zeit ist diejenige, die von unserer Kindheit bis zu unserem Tode verstreicht. Darum könnte man sagen, daß die Erlebnisse der Kindheit am längsten in uns wirken, und ihre bösen Erlebnisse deshalb, nur deshalb die gefährlichsten sind. Sie sind klein bei den kleinen Kindern und entwickeln sich zu großen Qualen, um die Erwachsenen zu quälen.

Der junge Mann fuhr in seinen Ausführungen fort: «Ein

zweites Erlebnis kann später zum ersten hinzutreten und es verschlimmern, aber niemals kann es selber eine solche Bedeutung gewinnen.»

Hier war Herr Aghios, trotz der räumlichen Entfernung von dem Prediger, die an sich schon, ebenso wie das betäubende Geräusch des Zuges, jede Einmischung seinerseits erschweren mußte, drauf und dran, seinen Protest hinauszuschreien. Seinem Sohn gegenüber hatte er geschwiegen, hier aber gab es keinen Grund zu schweigen. Er genoß ja die große Freiheit des Reisens.

In diesem Augenblick aber ließ sich der leidende junge Mann, dem das Zuhören die größten Schwierigkeiten bereitet hatte, auf die Polsterung zurückfallen. Er zog sich so von seinem Gesprächspartner zurück und sagte: «Ich werde darüber mit dem Bezirksarzt reden.» Er war müde und bedeckte seine Augen. Die anstrengende Körperhaltung hatte ihn seekrank gemacht.

Der Prediger schien einen Augenblick erstaunt und beleidigt zu sein. Herr Aghios mußte sich beherrschen, um nicht aufzulachen. Mit dem Bezirksarzt über solche Dinge reden? Gewiß, Arzt war er nicht, der Prediger, aber Bezirksarzt war er erst recht nicht, und um so mehr hielt er sich für befugt, über Wissenschaft zu reden.

Bald danach erhob sich dieser junge Mann, nahm sein Köfferchen, trat auf den Gang hinaus und bereitete sich vor, den Zug bei der nächsten Station zu verlassen. Als der Zug hielt, sah Herr Aghios ihm nach, denn er wollte zwei Dinge feststellen. Erstens wollte er sehen, ob der junge Mann wirklich ausgestiegen war oder nur die Stätte hatte verlassen wollen, wo man ihm einen Bezirksarzt vorgezogen hatte. Er stieg tatsächlich an dieser kleinen Station aus, und Herr Aghios beobachtete ihn, wie er sich langsam und selbstbewußt vorwärts bewegte und in dem Gebäude verschwand, welches das Tor zu dem kleinen Ort bildete, in den nunmehr die große Wissenschaft der Psychoanalyse ihren Einzug hielt. Sodann warf Herr Aghios einen Blick in den Gang, er hoffte, dort das junge blauäugige Mädchen wiederzusehen, das er vorhin beinahe umarmt hätte. Es war nicht mehr da. Was taten dann die vielen Männer, die dort standen? Da er schon im Gang war, zündete Herr Aghios sich eine Zigarette an inmitten all der Männer, die stehend darauf warteten, an ihr Reiseziel zu gelangen. Er hatte keine Lust, mit ihnen ein Gespräch anzuknüpfen, denn im Gang fühlte er sich wie auf der Straße. Es war für ihn eine fremde Gesellschaft, das heißt, es war nicht die Gesellschaft seines Abteils. Er sah zum Fenster hinaus und zählte die Telegrafenstangen, die vorüberliefen. Dann zählte er sie nicht mehr. Lange Zeit nicht. Er war sich des absoluten Stillstands seiner Gedanken bewußt, er schaute, ohne zu sehen. Die Telegrafenstangen und die Felder oder ein Teil des Lebens entfliehen, ohne gesehen oder empfunden zu werden. Als er wieder zu sich selber erwachte, kamen ihm Zweifel, ob etwas Derartiges möglich sei, er konnte sich aber nicht erinnern, daß es während dieser Zeitspanne auch nur die geringste Regung in seinem Gedächtnis oder seinen Gedanken gegeben hätte. Herr Aghios kehrte ins Dasein mit einer Feststellung zurück, die ein Resümee und vielleicht auch ein Beweis seines absoluten inneren Stillstands war: «Ich bin ein alter Mann, der niemanden lieben würde und von niemandem geliebt würde, liebte ich nicht mich selber und würde ich nicht von mir selber geliebt.» Es galt, die Welt, in die er zurückkehrte, klar zu sehen. Er lächelte, denn in ihm war keine Bitterkeit. Die Dinge waren nun einmal so, und die Situation, die sich daraus ergab, war bequem, wie es ihm in seinem Alter zukam. Gleich darauf aber schwächte er seine Feststellung wieder ab: Zwar konnte man nicht sagen, daß er irgend jemanden liebte, wohl aber liebte er intensiv das Leben als Ganzes, die Menschen, die Tiere und die Pflanzen, alles, was anonym und daher besonders liebenswert ist. Hätte es unter den Menschen nicht auch die schönen Frauen gegeben, er hätte den Tod mit der gelassenen Heiterkeit eines Heiligen erwarten können. Und als er die Zigarette zu Ende geraucht hatte, ging er zu seinem Platz mit dem Bewußtsein zurück, eine lange Reise getan zu haben, die in die kurze, soeben begonnene Reise eingeschoben war. Er war müde von jener Reise und setzte sich mit einem Seufzer der Befriedigung.

Sein Visavis hatte offenbar die Absicht, ein Gespräch anzuknüpfen. Der Mann hielt eine halbe ‹Toscano›-Zigarre in der Hand und wies auf sie, indem er ihn flehentlich mit seinen großen, durch die Brillengläser hell wirkenden Augen ansah: «Sie waren auf dem Korridor draußen, um zu rauchen. Haben Sie, nachdem der Herr dort mir bereits die Erlaubnis dazu gegeben hat, etwas dagegen, wenn ich diese halbe ‹Toscano›-Zigarre hier auf meinem Platz sitzend zu Ende rauche?»

Eine wichtige Angelegenheit, das Rauchen! Besonders in einem Abteil für Nichtraucher. Es stellt eine gesellschaftliche Beziehung auch unter Unbekannten her, wie bei den Hunden, nur ist weniger Begeisterung im Spiel.

Herr Aghios gab mit der gleichen Höflichkeit seine Zustimmung, er wollte sogar besonders höflich sein und ergänzte das höfliche Wort durch eine höfliche Tat. Obwohl er eben erst geraucht hatte und gar keine Rauchlust mehr verspürte, zog er eine Zigarette hervor und sagte lächelnd: «Ich will von der Erlaubnis, die ich gegeben habe, selbst profitieren.» Er fand aber seine Streichhölzer nicht. Er durchstöberte die drei Taschen seines Mantels sowie drei Taschen seines Sakkos (nicht alle vier, denn die innere Brusttasche fühlte sich voll an und Herr Aghios erinnerte sich gleich, daß dort das Geld steckte), zwei Taschen seiner Weste und zwei seiner Hose. Da wurde auch der dicke Herr seinerseits überaus höflich und hielt ihm ein brennendes Streichholz hin.

Herr Aghios dankte geradezu gerührt. Der andere lächelte ihm zu, sagte aber nichts, denn er war ganz mit seiner ‹Toscano›-Zigarre beschäftigt, die anscheinend etwas feucht war.

Dann aber kam das Gespräch wieder in Gang. Herr Aghios erinnerte sich nämlich, daß seine Frau immer erklärte, die Frauen hätten zu wenig Taschen und die Männer viel zu viele. Er lachte laut auf und mußte für seine Heiterkeit eine Erklärung abgeben.

Sein dicker Reisegefährte lachte gleichfalls, aber mehr aus Entgegenkommen als aus eigenem Antrieb. Sodann widersprach er. Er konnte die Richtigkeit dieser Behauptung nicht einsehen: «Ich weiß immer genau, was ich in jeder einzelnen Tasche habe. Wollen Sie meine Fahrkarte sehen? Hier ist sie! Mein Taschentuch? Hier! Meinen Taschenspiegel? Die Lesebrille?» Auch sie hatte sehr dicke Gläser. Er hielt strenge Ordnung, vielleicht mußte er es auch seiner schlechten Augen wegen. Er hatte einen Haufen Dinge bei sich, dieser Herr, er war wie ein wandernder Kasten, und alles befand sich an seinem Platz. Die Idee, Ordnung in seinen Taschen zu halten, war gut, und Herr Aghios nahm sich vor, sie sich zu eigen zu machen. Er wollte sogar in eine Tasche ein genaues Register stecken, einen Plan seiner Taschen, eine Aufzählung aller Gegenstände, die sie enthielten. Belustigt und in keiner Weise beleidigt vermerkte er bei sich, daß sein neuer Freund ihm die Brieftasche nicht vorgewiesen hatte. Auch er hatte diese spezielle Tasche nicht berührt. Es ist ein schönes Gefühl, wenn man sich für schlau hält.

Um diesen Herrn ganz darüber zu beruhigen, daß er nicht über ihn gelacht hatte, ersann Herr Aghios einen neuen Akt der Höflichkeit. Es war, wie er sich erinnerte, der Stolz aller ‹Toscano›-Raucher, daß sie eine solche Menge Gift vertragen. Ihm vermochte dies zwar keine besondere Bewunderung abzunötigen, wußte er doch, daß man den Rauch der ‹Toscano› nicht in die Bronchien und Lungen einsog, sondern sofort wieder ausblies, sobald man ihren Geschmack im Mund verspürt hatte. Es war aber doch der Mühe wert, eine Lüge auszusprechen, wenn man damit eine Atmosphäre der Höflichkeit um sich schaffen konnte. Er sagte: «Wie können Sie nur all das Gift vertragen?»

Merkwürdig! Der andere empfand diese Worte gar nicht als ein Kompliment. «Ich glaube nicht, daß ich mich mehr vergifte als Sie sich mit Ihren ‹Macedonia›-Zigaretten. Sie haben eben eine fortgeworfen und jetzt schon wieder eine angezündet. Diese hier ist die dritte halbe ‹Toscano›-Zigarre, die ich heute rauche, und bis heute nach dem Abendessen rauche ich keine weitere mehr. Ich weiß nur zu gut, wie das mit den ‹Macedonia› ist. Ich wette, daß Sie bis zu vierzig Stück am Tag rauchen.»

Das stimmte nicht. Diese, die Herr Aghios im Munde hielt, hatte er doch nur aus gesellschaftlichen Gründen angesteckt, er hätte ruhig noch eine ganze Weile auf das Rauchen verzichten können. Aber das bewirkt eben die Höflichkeit! Er bejahte; log damit zum zweitenmal und war sich sofort bewußt, daß er log.

Seltsam! Unbekannten gegenüber lügt man wahllos, ohne rechten Zweck. Zu Unbekannten findet man nie das richtige Verhältnis. Auch unter intimen Bekannten gibt es häufig Mißtöne, aber nicht dieser Art. Das hier war ein schrilles Durcheinander von Tönen, wie wenn in einem Orchester jeder für sich sein Instrument zum Klingen bringt, um es zu prüfen und zu stimmen. Die Lüge einem Bekannten gegenüber paßt sich immer den Umständen an, um glaubwürdiger zu erscheinen. In diesem fahrenden Zug wurde sie von der Laune bestimmt, es fehlte ihr der bewußte Einsatz, der eine feine Gedankenarbeit erfordert. Herr Aghios legte die Hand auf seinen Mund, um ihn im Zaum zu halten und ihm die Lügenfreiheit zu nehmen. Er wollte aufrichtig durch die Welt reisen. Aufrichtig. Er wollte sie nicht verfälschen, durch Worte, die wie Kieselsteine waren, die ein Straßenjunge aus reiner Lust an der Bewegung schleudert, ohne sich darum zu kümmern, wohin sie fallen oder ob sie das Auge eines Menschen treffen. Es war also weit schwerer, sich unter Unbekannten würdig zu verhalten, und er hatte falsch reagiert, weil er die Freiheit nicht mehr gewohnt war, so wie ein Kettenhund, der, kaum freigelassen, den Garten verwüstet.

Ein Gefühl der Verlegenheit blieb in Herrn Aghios zurück, und um irgend etwas zu tun und es loszuwerden, öffnete er das Wagenfenster und kaufte eine Orange. Eine Lira! Er hatte keinen Hunger, er hatte bereits gegessen, bevor er von Mailand abfuhr. Aber es war nicht schlecht, eine Orange in der Tasche zu haben, für den Fall, daß man Durst bekam. Eine Lira, eine ganze Lira!

Der ‹Toscano›-Raucher war immer noch damit beschäftigt, an seinem Stummel zu saugen, seine Augen schielten dabei unter den dicken Brillengläsern nach der Zigarre, um sie besser beobachten zu können. Nichtsdestoweniger hatte er die geschäftliche Transaktion des Herrn Aghios verfolgt, dann brummte er vor sich hin: «Eine Lira für eine Orange. Bei diesem Preis hat man wenigstens keinen Zeitverlust. Man gibt die Lira hin und braucht nicht auf das Wechselgeld zu warten.»

«Und der Zug kann sofort weiterfahren», sagte Herr Aghios und dachte gleich darauf, daß man Unbekannten gegenüber weit mehr überflüssige Worte spricht als unter Freunden. Wäre es nicht besser gewesen zu schweigen?

Der andere hatte solche Skrupel nicht, er begann ein ausführliches Gespräch über die niedrigen Preise in seiner Kindheit. Er sprach über diese niedrigen Preise so liebevoll, als handle es sich um liebe Verstorbene.

Trotz aller Skrupel, die er lebhaft empfand, holte auch Herr Aghios ferne Erinnerungen hervor. Schon nach seinen ersten Worten fühlte er sich in eine ganz andere Zeit versetzt und vergaß dabei fast, daß er von den niedrigen Preisen ausgegangen war.

Ein leuchtender Augustmorgen auf der schönen Straße, die von Tricesimo zu den Karnischen Alpen führt. Er und sein Freund, ein Maler[5], in einem kleinen Karren; das Pferd, das ihn zieht, hat die Unart, alle Augenblicke seinen Gang zu verlangsamen, um besser mit anhören zu können, was in dem Gefährt, dem es vorgespannt ist, gesprochen wird. Keine Peitschenhiebe, denn in dieser weiten grünen friaulischen Landschaft, inmitten dieser vorspringenden Hügel mit ihrer Last dichtgepflanzter Bäume, in der Ruhe dieses sonnigen Morgens wäre jede zornige Bewegung ein Mißklang. Die Freude, die beide jungen Leute bewegt, macht sie gut, sie lieben das kleine Pferd, das sie zusammen mit dem Karren zwei Lire Tagesmiete kostet.

«Das ist nicht viel, aber auch wiederum gar nicht so wenig», sagte belehrend der andere. «In Brianza zahlt man das auch heute noch; allerdings im Winter...»

Herr Aghios duldete ruhig diese Unterbrechung. Er war jetzt mit all seinen Gedanken in einem kleinen Ort, in Torlano, am Fuße der Karnischen Alpen. Er war damals zum erstenmal in einen ihm unbekannten Teil des Friauls gekommen, und der Ort erschien ihm weder friaulisch noch italienisch. Die Dächer der Häuser waren steil, fast senkrecht, sie schienen für nordische Häuser bestimmt. Herr Aghios erinnerte sich nicht mehr an Einzelheiten, das saubere, heitere Gesamtbild aber, mit seinen italienischen Farben und den fast gotischen Formen, sah er noch vor sich. Der Maler neben ihm betrachtete alles mit halb geschlossenen Augen. Gemeinsame Bewunderung, die Schöpferin der innigsten menschlichen Gemeinschaft, vereinte die beiden. Es gab auch einen Bach. Die blauen Streifen, die da und dort die besondere Tiefe des Wassers anzeigten, der lebendige Sturzfluß des Wassers, das eben aus dem Berg gekommen war, boten einen überwältigenden Anblick. Über all das schwieg Herr Aghios, denn es war nichts für den Herrn mit den dicken Brillengläsern.

Dafür erzählte er ihm, daß er und sein Freund in diesem schönsten Ort des Friauls ihre Begeisterung durch einen Imbiß bekräftigten. Es war ein Imbiß in Etappen. Zuerst eine herrliche Milch mit etwas Kaffee, noch warmes Hausbrot und frische, ein wenig säuerliche Landbutter. Der Appetit wuchs, es folgten zwei Spiegeleier. Danach etwas Salamiwurst, sie war noch weich, denn auch sie war ganz frisch und hatte sich in ihrer Form noch nicht gefestigt. Und jung war auch der Käse, der folgte. Der alte Herr Aghios wußte, daß alter Käse gut ist, daß aber auch der junge Käse seine Vorzüge hat. Den Abschluß bildete eine Flasche Wein aus Torlano. Ach, der Wein aus Torlano! Gelb und auf eigene Art leuchtend, von lebendiger Kraft wie das Wasser von Torlano, das unmittelbar dem Berg entspringt. Voll Entzücken dachte der alte Herr an all dieses frische Essen zurück, an den alten Wein (er war drei Jahre alt, drei Jahre, die im Gebirge lang sind) und an seine eigene frische Jugend: sie erhielt einen fröhlich-genialen Zug durch den großen Triestiner Maler, der so bald dahinscheiden sollte und der beim Anblick der Brücke von Torlano genau wußte, wie Manet sie gemalt hätte. In Torlano aber, das vom Berg beherrscht wurde, konnte die Brücke nicht für sich allein bestehen und das übrige übertrumpfen. Alles war verschwunden. Unmöglich, daß Torlano weiter existierte, seitdem der Maler gestorben war, der es mit seinem Auge geküßt hatte. Herr Aghios sah sich zwar noch dort ungefähr so, wie er damals gewesen war, aber er glich sich nicht mehr als eine Fotografie dem Leben. Jetzt, da er zurückblickte, war er auch genauso erstarrt wie eine Fotografie. Es scheint, daß Sicherinnern keine wirkliche Tätigkeit ist. Man erleidet die Erinnerung unbewegt. Derjenige, der sich erinnert, und derjenige, an den man sich erinnert, erstarren.

Sein Reisegefährte rief ihn wieder in den Zug, zur Bewegung zurück: «Und alles für wenig Geld?» Tatsächlich fühlte der alte Herr jetzt, da er wieder zu sich fand, wie das Stoßen des Zuges ihn nach vorne warf.

Herr Aghios lächelte. «Das ist noch nicht alles. Auch das Pferd bekam seine Mahlzeit: Mais, denn es gab keinen Hafer. In dem großen Hof (in Torlano mangelt es nicht an Platz) wurde inzwischen der Karren gewaschen. Er war schmutzig, denn da der Maler ihn gelenkt hatte, war er mehrmals aus der Fahrbahn geraten.»

«Nun gut», sagte der dicke Mann. «Wetten, daß ich errate, wie hoch die Rechnung war: Zwei Lire oder höchstens zwei Lire fünfzig.»

«Sie haben um eine ganze Lira zu hoch geschätzt», erwiderte Herr Aghios.

Der andere wollte es einfach nicht glauben. Er wollte, schien es, schon offen widersprechen. Dann beschränkte er sich darauf, nachzurechnen, und murmelte: «Zwei Tassen Milch, Brot nach Belieben ... vier Spiegeleier ... zwei Käse. Eine Lira fünfzig – ich möchte meinen, das ist zuwenig.»

Herr Aghios fand, obwohl er sehr für Wahrheitsliebe war, den Widerspruch seines Gegenübers unhöflich und auch unklug. Woher konnte er denn wissen, wie hoch die Preise im Jahre 1893 in Torlano waren?

Er ergänzte nur kurz: «Auch ich war über die Rechnung verwundert. Ich schlug dem Maler vor, eine ganze Lira Trinkgeld zu geben, und in diesem Fall hätte der Imbiß tatsächlich so viel gekostet, wie Sie geschätzt haben. Der Maler aber verbot mir, mehr als zwanzig Centesimi zu geben. Er behauptete, die Welt würde sonst verdorben. Ich fügte mich. So habe ich Torlano das Geld vorenthalten, und nichtsdestoweniger ist, wie man sieht, die Welt verdorben worden.»

Dieser Bemerkung wenigstens stimmte Herrn Aghios' Gesprächspartner lebhaft zu. Er lachte sogar, denn eine besonders richtige Feststellung bringt einen immer zum Lachen. Er wollte jedoch von sich aus noch eine Pointe hinzufügen: «Wer weiß, ob auch Torlano schon so verdorben ist?»

«Ich hoffe nicht», sagte Herr Aghios mit großem Eifer. Dabei dachte er nicht an die Preise, sondern an den schön eingedämmten Bach, der sein sanftes Lied sang, an die Brücke und an die geräumigen Häuser, deren schlichte Bewohner sich gleichwohl von guten Dingen ernährten.

Die beiden waren bereits recht vertraut miteinander geworden und stellten sich gegenseitig vor. «Diplomkaufmann Ernesto Borlini.»

Als Herr Borlini den Namen Aghios hörte, war er überrascht. «Grieche?»

«Der Abstammung nach ja, aber meine Vorfahren sind schon vor langer Zeit aus Griechenland ausgewandert.» Seit langem schon dachte Herr Aghios nicht mehr an seinen griechischen Namen, denn wer ihn kannte, nahm diesen Namen hin, als wäre er italienisch. Gewiß hatte er im Laufe seines Lebens auf Grund dieses Namens wiederholt neugierig in seinem Innern geforscht, ob da irgendeine Spur des genialsten aller Völker zu entdecken sei. Oft hatte er den einen oder anderen von ihm verwendeten Ausdruck untersucht, um herauszufinden, ob er aus fernen Ländern stammen könnte, und oft auch hatte er den einen oder anderen seiner Gedanken liebevoll gehegt, weil er ihn überraschend fand, als sei er einem Gehirn entsprungen, das anders veranlagt war als die Gehirne der Menschen, unter denen er lebte. Jetzt dachte er: Sollte die Abstammung irgendeine Bedeutung haben, dann wäre ich ja das ganze Jahr auf Reisen. Sein Stolz hatte allerdings manche Einbuße erfahren, seitdem er seinen Sohn zur Seite hatte, der mehr wußte als er.

Die Gedanken des alten Herrn kehrten sogleich wieder zu ihm selber zurück. Und da mußte er auch schon lachen. Wem war er ähnlicher, Dante oder Homer? Im großen und ganzen machte es kaum einen Unterschied, ob man sich nun für die eine oder die andere Nation entschied. Er hatte gelacht, aber er wurde gleich bescheidener und zog die Statistiken heran. Verbrechen aus Leidenschaft und Parteienstreit gab es hier wie dort. Es war auch nichts zu gewinnen, egal, ob man sich auf die eine oder andere Seite stellte. Und dann, wie viele Italiener mochten Griechen sein, ohne es zu wissen? Nein! Nein! Auch er mußte, wenn er reisen wollte, seine Fahrkarte bezahlen.

«Ich bin froh, daß Sie kein Grieche sind!» sagte Borlini. «Ich kann die Griechen nicht leiden.»

Herr Aghios machte eine verlegene Grimasse. Was sollte er diesem dicken Mann sagen, der ihm eben noch die Hand gedrückt hatte und gleich darauf erklärte, die eine Hälfte seines Organismus sei ihm verhaßt? Herr Aghios dachte bei sich: Ich pfeife darauf, ob du die Griechen haßt oder nicht. Ich kenne von dir nichts als den Namen, Borlini, und der ist mir verhaßt, weil du ihn trägst. Er schwieg. Wenn er Streit wollte, wäre es nicht nötig gewesen, der eigenen Familie zu entfliehen.

Die beiden begannen einander kennenzulernen, Intimität entstand. Der Abscheu, den Herr Aghios empfand, schwand plötzlich, als ein merkwürdiger neuer Laut die drei, vier oder mehr stetigen Töne unterbrach, die der fahrende Zug erzeugte. Der junge Mann, der, eine Hand vor den Augen, unbeweglich in seinem Winkel saß, stieß einen richtigen Seufzer aus. Ein Seufzer ist ein Laut, der Intimität schafft. Eine ganze Straße ändert ihr Aussehen, wenn ein solcher Laut für alle hörbar ausgestoßen wird. Der gleichgültige Fußgänger hört ihn und denkt: Oh! Der

Ärmste! Sieh an, was dem da passiert ist; täglich gehe ich durch diese Straße, morgen kann mir das gleiche passieren.

Aghios und Borlini blickten überrascht auf den Stöhnenden. Sie schwiegen eine ganze Weile, dadurch wurde der junge Mann gewahr, daß man ihn beobachtete. Er nahm die Hand von den Augen und sah seine Reisegefährten an. Die beiden musterten ihn, Borlini beugte sich sogar vor, um näher an ihn heranzukommen.

«Ist Ihnen vielleicht schlecht?» fragte Herr Aghios in einer brüderlichen Aufwallung.

«Warum?» fragte der junge Mann erstaunt. Er hatte schöne braune Augen und fast blondes Haar.

«Entschuldigen Sie vielmals», sagte Herr Aghios. «Sie haben vielleicht nur im Traum gestöhnt.»

«Möglich», antwortete der junge Mann. «Das kommt bei mir manchmal vor. Entschuldigen Sie. Ich bin nicht krank. Ich habe an etwas denken müssen, das mir zugestoßen ist. Daher wohl habe ich geseufzt. Verzeihen Sie nochmals.» Er schloß die Augen und lehnte sich in seinen Winkel zurück. Bald danach zog er den Vorhang zu sich heran und über den Kopf. Er wollte es offenbar ganz besonders finster haben, der Unglückliche, denn in dem Wagen war es ohnedies nicht mehr sehr hell. Es dämmerte schon, überdies hatte der Himmel sich bedeckt.

Herr Aghios sah ihn weiterhin an. Wie gerne hätte er doch diesen ersten Schmerz gelindert, dem er auf seiner Reise begegnete. Ein Seufzer ist außerdem der vertraulichste Laut, den ein Mensch an einen anderen richten kann. Man versteht ihn sofort. Er ist verständlicher als das Wort; der Organismus erzeugt ihn so unwillkürlich, wie er alle seine Funktionen ausübt. So atmet die Lunge, so schlägt das Herz. Und dieser Laut findet unmittelbar den Weg zum Herzen der anderen, sie verstehen ihn, da sie ihn gleichfalls hervorbringen können.

Borlini hingegen betrachtete mit seinen runden Augen hinter der Brille den Schlafenden mit dem allergrößten Mißtrauen. Als bei der Ankunft in Verona der übliche Aufruhr entstand und alle im Wagen in Bewegung gerieten, ausstiegen, um auf dem düsteren Bahnsteig Luft zu schöpfen oder um in dieser bestbeleuchteten aller Städte zu bleiben, erwachte der junge Mann, erhob sich, ging auf den Korridor und starrte, die Stirn gegen die Scheibe gelehnt, ins Halbdunkel hinaus.

Borlini beugte sich zu Herrn Aghios vor: «Wer in aller Öffentlichkeit stöhnt, ist drauf und dran, die Leute anzupumpen.»

Es sollte eine Höflichkeit sein, und Herr Aghios lächelte dankbar, empfand aber keine Dankbarkeit. Wenn man jedem Menschen, der stöhnt, mit Mißtrauen begegnen wollte, dann täte man besser daran, innerhalb seiner vier Wände zu bleiben und sich nicht hinauszurühren. Einer stöhnt, und schon soll man ihm mißtrauen? Nichts als mißtrauen? Das war ja, als liefe man, wenn einer um Hilfe schreit, davon, weil der Schrei an sich schon Gefahr ankündigt.

Der junge Mann kehrte an seinen Platz zurück und nahm in seinem Winkel wieder die gleiche Körperstellung ein wie zuvor. Inzwischen hatte Herr Aghios eingesehen, daß er ihm nicht helfen konnte, auch nicht mit Worten. Seine gute Erziehung verbot es ihm. Wenn man jemanden beim Stöhnen überrascht, muß man so tun, als habe man nichts gehört. Nicht umsonst ist man ein Gentleman. Alles mußte so bleiben, als hätte man kein Stöhnen gehört. Du darfst dich nicht einmischen, ermahnte Herr Aghios sich selber.

III
Verona—Padua

Vor der Abreise aus Verona aber nahm das Abteil drei neue Fahrgäste auf, die Herr Aghios wiederzuerkennen glaubte. Es waren der Bauer, dessen Frau und ihre kleine Tochter, die er, so meinte er, auf dem Bahnsteig in Mailand gesehen hatte. Vor allem glaubte er den besonders weiten kurzen Rock der Kleinen wiederzuerkennen. Sie schien ihm jetzt freilich etwas jünger als jenes Mädchen, das er auf dem Bahnsteig hatte schlafen sehen, denn dieses hier konnte nicht einmal zehn Jahre alt sein. Genau ließ es sich nicht sagen, denn ein Kind mit offenen Augen sieht ganz anders aus als ein Kind, dessen Augen geschlossen sind. Die Mutter war gut gekleidet, sie trug ein seidenes Kopftuch anstatt eines Huts. Dem etwas wettergegerbten Gesichtchen unter dem Kopftuch verliehen die blauen, ernsten, aber lebhaften Augen einen weichen Zug. Der Bauer trug ein Hemd ohne Kragen, war sonst aber sauber und nach städtischer Art gekleidet. Ein anbetungswürdiger Anblick, dieses blendendweiße Kopftuch der Bäuerin. Die Frau verneigte sich gleichsam vor ihren Vorfahren und unterwarf sich ihrem Mann, der sich seinerseits um die Vorfahren nicht mehr kümmerte.

Der Jüngling im Winkel war gezwungen, seine Beine einzuziehen. Er tat es wortlos, was Herr Aghios als unhöflich empfand. Er wünschte, während seiner Reise von Höflichkeit umgeben zu sein. Außerdem meinte er, Bekannten zu begegnen, und hätte sie gerne mit offenen Armen aufgenommen. Gleichwohl kamen ihm Zweifel. Herrn Aghios gingen nämlich zwei Eigenschaften ab; der Orientierungssinn und die Fähigkeit, Gesichter wiederzuerkennen. Obwohl er schon so oft in Mailand gewesen war, fand er doch immer noch nicht allein vom Bahnhof zum Domplatz, und auf der Straße übersah er unfehlbar seine Bekannten und grüßte ebenso unfehlbar Unbekannte. Wollte man von ihm mit Sicherheit erkannt werden, mußte man schon viele Jahre mit ihm Umgang haben. So wie es anderen schwerfällt, im Alter eine neue Sprache zu erlernen, war es ihm fast unmöglich, die Physiognomien neuer Menschen seinem Gedächtnis einzuprägen. Vielleicht war sein Mangel an Orientierungssinn auf die gleiche Unfähigkeit zurückzuführen. Tatsächlich bilden sich ja um Nase und Augen der Menschen Straßen, Gassen und Plätze, die so winzig sind, daß man sich nur schwer in ihnen zurechtfindet. Kannte er diese Bauern oder kannte er sie nicht? Jetzt war es die Frau, die die Fahrkarten in der Hand hielt, nachlässig mit dem Daumen gegen die anderen Finger gepreßt, in Mailand aber hatte der Bauer sie gehalten. Das war immerhin ein Unterschied, Herr Aghios war nun unsicherer denn je.

Auch Borlini betrachtete diese Fahrkarten. Er beugte sich zu Aghios vor, als hätte er ihm etwas Wichtiges mitzuteilen, und flüsterte ihm ins Ohr: «Fahrkarten dritter Klasse.»

Der Zug war schon seit etwa zehn Minuten wieder in Fahrt. Das kleine Mädchen blickte um sich, als suche es etwas. Dann bewegte es sich unruhig auf dem Schoß seiner Mutter und murmelte: «Mama, ich möcht was sehn.»

Auch die Kleine trug ein Kopftuch, das unterm Kinn geknotet war. Sie hatte ein rosiges frisches Gesicht und blaue Augen. Sie waren heller als die der Mutter, groß, auch die weiße Hornhaut war hell und leuchtend. Die Leute sprachen den venezianischen Dialekt, und es war kaum anzunehmen, daß sie aus Mailand kamen.

Die Mutter neigte sich vor und sagte: «Dann schau halt hinaus. Es ist ja nichts zu sehn.» Sie sprach mit leiser Stimme. Die Gegenwart der schweigsamen Herren schien sie einzuschüchtern.

Herr Aghios nahm freudig die Gelegenheit wahr und machte den Fensterplatz frei: «Sie will etwas sehen! Recht hat sie! Auch ich will etwas sehen, wenn ich reise. Setzen Sie sie nur hierher.»

Die Kleine sah bittend zu ihrer Mutter auf, die ihrerseits den Blick ihrem Gatten zuwandte, als wollte sie sich bei ihm Rat holen. Der lächelte: «Wenn der Herr so lieb is, dann soll das Mädel halt seine Freud haben. Wir bleiben eh nicht lang da, denn wir sind ja gleich in ...»

Und schon hatte er das kleine Kinderbündel in den Arm genommen und setzte es auf dem von Herrn Aghios frei gemachten Platz ab.

Die Kleine betrachtete die dahinfliehende Landschaft und verhielt sich ein paar Minuten lang still. Dann preßte sie ihr ganzes Gesicht gegen die Scheibe. Herr Aghios lächelte. Er begriff, daß sie es tat, um besser sehen zu können. Bald aber wandte sie sich mit weinerlicher Stimme an ihren Vater: «Ich möcht was sehn!»

«Siehst denn nichts?» fragte der Vater erstaunt.

«Nein, gar nichts seh ich!» rief die Kleine und richtete nun ihre hellen Augen auf die Mutter. Sie wirkten hinter den Tränen, die sich zu bilden begannen, noch heller.

Die Mutter eilte herbei und setzte sich zwischen Vater und Tochter. So mußte Herr Aghios, um Platz zu schaffen, noch weiter rücken. Diese Anstrengung wurde ihm durch ein herzliches «Entschuldigen S' vielmals» des Bauern versüßt. Herr Borlini aber sandte durch seine Brillengläser einen beredten Tadel.

Die Mutter fragte: «Was willst denn sehn? Siehst denn nicht eh alles?»

Die Kleine brach in Tränen aus: «Ich seh den Zug nicht.»

Herr Borlini brach in Gelächter aus. Auch die Eltern lachten, sie waren etwas verlegen über die Torheit ihrer Tochter. Nur Herr Aghios war gerührt. Er allein fühlte und kannte den Schmerz, sich nicht selbst auf der Reise sehen zu können.

Die Reise hätte doch eine ganz andere Freude bedeutet, wenn man den Zug mit der Lokomotive hätte sehen können, wie er sich in der Landschaft fortbewegte, rasch und still gleich einer Schlange. Die Landschaft sehen, den Zug und sich selbst zugleich. Das wäre die wahre Reise gewesen.

Er fragte lächelnd: «Reist die Kleine zum erstenmal?»

«Ja», antwortete die Bäuerin prompt. «Schon seit vierzehn Tagen is alleweil nur von der Reise die Red gewesen.»

Herr Aghios war wieder gerührt. Vierzehn Tage lang von dieser Reise träumen, und dann in diesem Käfig eingeschlossen sein! Nach der kindlichen Vorstellung hätte die Reise das unendlich gesteigerte Vergnügen eines Spaziergangs ohne Anstrengung bieten müssen. Welche Enttäuschung!

Es kam noch schlimmer. Der Kontrolleur erschien in der Tür, um die Fahrkarten zu überprüfen. Die drei Letztgekommenen hatten Fahrkarten dritter Klasse und mußten das Abteil räumen. Sie wollten zwar ohnedies schon bei der nächsten Station aussteigen, mußten aber nichtsdestoweniger den Wagen wechseln. Der Kontrolleur war nicht unfreundlich, aber in seiner Stimme klang doch ein gebieterischer Ton mit. Die Kleine weinte nun nicht mehr und suchte Zuflucht zwischen Vater und Mutter, die bereits aufgestanden waren. Herr Aghios fragte den Kontrolleur: «Könnte man nicht ein Auge zudrücken? Es handelt sich ja nur um eine Station.» Die Bauern hatten bereits das Abteil verlassen. Höflich sagte der Kontrolleur: «Ich erfülle nur meine Pflicht.»

Herrn Aghios tat es leid, daß er nicht den Mut gehabt hatte, einen Kuß auf die Stirn des Mädchens zu drücken, oberhalb der hellen Augen, die den Zug hatten sehen wollen. Er, der in der zweiten Klasse saß, hätte so seine Liebe für die dritte Klasse bekundet.

Borlini fand alles ganz richtig: «Ordnung muß sein.» Herr Aghios widersprach nicht, er stellte sich vor, wie das Weißkäppchen sich nun an den Leuten im Korridor vorbeidrängte.

«Das mit dem Zug war gut», meinte Borlini. «Es gibt viele Kinder, die schwer begreifen. Will den Zug sehen, und sitzt doch in ihm!»

Dann erzählte er, daß er zu Hause auch zwei Kinder habe, eines von sechs und eines von viereinhalb Jahren. Er hatte spät geheiratet. «Ja! Erst nachdem ich mir eine Stellung geschaffen hatte.» Sein Zweitgeborener hatte nur Augen für unwichtige Dinge: für Autos, die in der Ferne fuhren, und nicht für diejenigen, die ihn überfahren konnten, für große Gebäude und nicht für Steine, über die er stolperte.

«Er könnte mit der Kleinen verwandt sein, die den Zug sehen wollte», meinte Aghios.

Borlini billigte diese Bemerkung nicht. «Mein Bub ist doch ein feineres Kind, obwohl auch er dumm genug ist.»

Als er vor ein paar Tagen mit Pucci spazierengegangen war, erzählte er weiter, sahen sie zwei Karabinieri mit ihren etwas bedrohlich wirkenden Pelerinen unter den napoleonischen Hüten. Erschrocken fragte das Kind, ob diese Karabinieri auch wüßten, daß sie keine Diebe vor sich hatten. «Kann man sich etwas Dümmeres vorstellen?» rief Borlini aus.

Da begann sich Herr Aghios für das leere Geplapper seines Reisegefährten zu interessieren. Wie fühlte er sich doch dem kleinen Pucci verbunden, dessen Herz klopfte aus Furcht, man könnte ihn für einen Dieb halten, oder er könnte gar einer sein! Wer auf frischer Tat ertappt wird, ist ein Dieb, es gibt aber keinen ebenso schlagenden Beweis, daß man keiner ist. Es ist wie mit der Wassermannprobe.

Das negative Ergebnis bedeutet niemals Sicherheit. Der Bazillus des Diebstahls kann ja schon im Blut stecken und nur auf eine günstige Gelegenheit warten, um ein Lebenszeichen von sich zu geben.

Während Borlini immer wieder an seinem ‹Toscano›-Stummel sog, der ihn bereits eine ganze Schachtel Streichhölzer gekostet hatte, berichtete er über Pucci noch, daß dieser sich in der Nacht fürchtete und erst dann sicherer fühle, wenn man ihm gestattete, ein Spielzeug mit ins Bett zu nehmen, zum Beispiel einen Gummiball. «Was hat das für einen Sinn?» fragte Borlini. «Aber er ist aus gutem Holz und wird wohl bald seinem Bruder ähnlich werden, der nicht solche Flausen hat.»

Welch merkwürdige Versicherung! Hätte sich Herr Aghios nicht zur Höflichkeit verpflichtet gefühlt, er hätte auf Grund seiner sechzigjährigen Erfahrung Herrn Borlini darüber aufklären können, daß man, einmal in die Welt gesetzt, so bleibt, wie man geboren wurde. Ein unglücklicher Mensch, dieser arme Paolucci, der in eine Familie hineingeboren war, die gar nicht zu ihm paßte. Herr Aghios verstand ihn gut, auch er hatte an solchen Ängsten gelitten, noch ehe das Leben ihn gelehrt hatte, wie bedrohlich es wirklich ist. Er hatte von jenen flinken, entwischenden und ekelhaften kleinen Tieren, Nagetieren und Insekten, geträumt, ohne noch zu ahnen, daß man früher oder später doch ihre Beute wird, von großen Finsternissen, noch ehe er wußte, daß die Finsternis unser Ziel ist. Und er hatte in sein Bett ein Holzpferdchen mitgenommen und im Schlaf an seine Brust gedrückt. Er hatte bisher gemeint, daß er dies aus Güte getan habe, weil er seinem Holzpferdchen ein Leben zuschrieb, das der Wärme bedurfte, und tatsächlich war ja das Pferdchen mit seiner roh angedeuteten Form dem Leben zuzuordnen. Der Ball aber? Dieser Paolucci, der sein wahrer Bruder war, nahm einen Ball mit ins Bett?! Der bedurfte doch gar nicht der Wärme, mit seiner strengen runden Form, die nicht dem Leben zugehörte. Und doch beruhigte es Paolucci, wenn er ihn bei sich hatte, und er empfand weniger Angst! Aber es war ein Symbol; er klammerte sich an sein Vergnügen, um das Leben zu vergessen (sich vergnügen = sich ablenken, dachte Aghios, sein Sohn hörte ihm ja jetzt nicht zu). Wie hatte der kleine Paolucci nur diese Höhe erreicht! Von nun an aber konnte er in seinem Leben – und Aghios wünschte ihm aufrichtig ein langes Leben – nichts Neues, nichts Wichtigeres mehr lernen, nichts, was bitterer wäre. Wozu lebte er noch? Dieser sein Bruder! Was für eine Zukunft stand ihm bevor! Auch er, Aghios, hatte in seinem Leben, wenn es ihm nicht gelungen war zu heucheln, höhnisches Gelächter, Zurechtweisungen und Verachtung kennenlernen müssen. Es war sein Unglück, sein wahres Mißgeschick, daß sein Sohn ihm überhaupt nicht glich, der kannte keine Angst, war schlau und geschickt, fühlte sich einzig zum Vergnügen bestimmt. Er ahnte nicht, was das Leben ist, er kümmerte sich nicht darum, als hätte er mit dem Leben nichts zu tun. Er genoß es, indem er es vergaß. Er studierte wenig, aber er verstand es, sich zu behaupten. Er wußte wenig, aber er hatte stets genaue Daten zur Hand, die ihm zu einem leichten Sieg verhalfen. Und er hatte auch viele Bücher zur Verfügung, in denen er all das fand, was er brauchte, um zu diskutieren.

Eine Zeitlang blieb der kleine Paolucci Herrn Aghios' Reisegefährte. Borlini sagte über ihn noch etwas: «Während sein älterer Bruder schon sicher an der Hand des Vaters geht und mit ihm Schritt hält, läßt sich Paolucci immer ziehen. Er ist wie Lots Frau, er blickt stets zurück. Offenbar will er alle Dinge möglichst lange sehen.»

Aus Paolucci Borlini konnte ein großer Mann werden oder ein elender Lump oder auch ein ganz gewöhnlicher Mensch, wie er, Herr Aghios selber, einer war. Auf keinen Fall ein sehr glücklicher. Auch wenn man große Eigenschaften hat, bedarf man, um sie zur Geltung zu bringen, der Gewitztheit. Und wenn man diese nicht hat, dann bleibt die Möglichkeit, doch so zu leben wie einer, der sie hat, und schrankenlos nach den Dingen zu greifen, deren Nutznießung nur erlaubt ist, wenn sie in einer Weise erworben wurden, die man als gesetzlich bezeichnet. Man kann sich aber schließlich auch damit abfinden, das gewöhnlichste aller Leben zu leben und seinen großen Eigenschaften nur während der kurzen Zwischenzeit, die eine Reise bietet, freies Spiel zu lassen.

Adieu, lieber kleiner Bruder.

Doch Herr Aghios begegnete ihm, nachdem er sich schon verabschiedet hatte, noch einmal. Als weiteren Beweis für die Dummheit des Kindes erzählte Borlini, Paolucci sei eines Morgens angsterfüllt erwacht, weil er von Eseln und Pferden geträumt hatte, die drohend auf ihn zuliefen und mit den Hufen nach ihm schlagen wollten. Borlini berichtete stolz, er habe die Erzählung des Kindes unterbrochen und gefragt: «Schlugen sie nach dir mit den Vorder- oder Hinterhufen?» – «Mit den Vorderhufen!» sagte das Kind. «Da siehst du», meinte Borlini, «was für ein unmöglicher Traum das ist, denn diese Tiere können mit den Vorderhufen gar nicht ausschlagen.»

Herr Aghios lachte, dachte aber: Armer Paolucci! Wie grausam, Kinderträume mit Hilfe der Wissenschaft zu zerstören!

Und als Paolucci ihn endgültig verließ, blieb Aghios ganz allein mit Borlini. Ganz und gar allein! Es gab Momente, da sah er die sympathischen Veroneser einzeln wieder vor sich, die ihn in Porta Vescovo und am Hauptbahnhof verlassen hatten, auch an das Bauernpaar mußte er denken (unvergeßlich die Frau mit ihren sanften Augen und der sonnenverbrannten Haut!), und er meinte, daß seine Reise weit freundlicher verlaufen würde, wäre einer von ihnen statt dieses Borlinis zurückgeblieben. Schade, daß der junge Mann, der durch seinen Schmerz so interessant geworden war, weiterhin in seinem Winkel schlummerte.

Mit Borlini mußte man reden. Da saßen sie, sahen durch das Fenster in die Nacht hinaus, die nun ganz herabgesunken war, und die Höflichkeit verlangte, daß man seine Stimme vernehmen ließ. Er sprach sofort eine Lüge aus, indem er sich darüber beklagte, wie anstrengend für ihn die Reise sei, der er sich habe unterziehen müssen. Er hatte nur eine höfliche Floskel vorbringen wollen (die ihrem Wesen nach ja immer verlogen ist) und geriet dabei gleich in eine glatte Lüge: Reisen sei für ihn eine Tortur.

Blitzschnell erweckte Herr Aghios in sich eine Reihe von Vorstellungen, die seine Lüge wahr machen sollten. In erster Linie dachte er an das kleine Mädchen von eben, das Reisen für eine Gelegenheit hielt, mehr zu hören und mehr zu sehen. Auch er war wie dieses Mädchen. Eine richtige Reise wäre es gewesen, in einer Postkutsche über richtige, natürliche Straßen zu fahren (unter natürlichen Straßen verstand er solche ohne Schienenstrang) und durch Ortschaften, nicht in Bahnhöfen zu halten, die in Italien niemals einen Eindruck von dem Ort vermitteln, deren Eingangstor sie sind, sondern vor dem Gasthof, der ein Teil des Ortes ist und wo die Pferde gefüttert und ausgewechselt werden. Auch der mit dem Auto Reisende kommt nicht in eine so innige Beziehung zur Straße, zur Ortschaft, zu den Menschen. In Borlinis Gesellschaft aber war die Reise weniger denn je eine Reise.

Der antwortete auf Herrn Aghios' Bemerkung mit einer Frage: «Wie oft im Monat reisen Sie?»

Und Herr Aghios log wieder: «Zwei- oder dreimal.» Es war, so sagte er, schon das zweite Mal, daß er in einem Monat von Triest nach Mailand fuhr. Diese Erklärung stimmte sogar. Das erste Mal war er mit seiner Frau hin- und zurückgefahren; die zweite Fahrt fand nun ihren Abschluß mit seiner Rückreise, die er allein unternahm. Davor aber hatte er sich jahrelang nicht von Triest fortgerührt.

Lebhaft begann jetzt Borlini aufzuzählen, indem er die Finger zu Hilfe nahm, und murmelte: «Lodi (er hob den Daumen), Vicenza (Zeigefinger), Syrakus (Mittelfinger), Ancona, Siena, Perugia ...» Zehn Städte, und Herr Aghios betrachtete diese klobigen Finger, mit denen sie bezeichnet wurden, dabei zogen die Städtepanoramen rasch an ihm vorüber: Lodi (er war nie in dieser Stadt gewesen, mußte aber daran denken, daß es der Ärmsten nicht gelungen war, ihren Namen jener köstlichen Erfindung[6] aufzuprägen, die man vielmehr Parma zuschreibt), Vicenza (Palladio, dessen Werke von seinem alles besser wissenden Sohn verachtet wurden, die Marmorpaläste, die Aghios an einem sonnigen Feiertag in fast menschenleeren Straßen hatte leuchten sehen), Siena (oh, der Dom, der kleiner geraten war als ursprünglich geplant und in seiner Kleinheit soviel Schönheit barg. Siena? Zehntausend Florentiner[7] an einem einzigen Tag ermordet!), Perugia (die Laubengänge, das nahe Assisi und die grünen Felder mit den weißen Herden, ein ganzes Land, das einen neuen Heiligen erwartet). Doch Borlini ließ ihn seine Gedanken nicht weiter ausspinnen. «Zehnmal!» rief er aus. «Ich habe in diesem Monat, und dabei haben wir erst den 25., gut zehnmal aus Mailand fort müssen. Und ich sage nicht, daß es mich ermüdet, denn wenn man eine Pflicht voll erfüllen will, muß sie einem zur Freude werden.»

Nun, das war stark! Wenn die Pflicht zur Freude würde, wäre sie ja kein Verdienst mehr. Er, Aghios, konnte sich rühmen, sein Leben lang wirklich seine Pflicht erfüllt zu haben, indem er auf seine liebsten Gedanken, auf seine liebsten Phantasien, auf seine wahren Freuden verzichtet hatte. Hätte man ihn in Frieden gelassen, er wäre durch die Welt gewandert, nicht um sie zu sehen, sondern um sich größere Anregungen zu holen, die ihm geholfen hätten, sich von ihr loszulösen, sie zu verschönern und zu verschleiern. Auch sein Sohn erklärte, jeder auf dieser Welt tue, was er tun müsse, und deshalb ging er seinem Vergnügen nach, während andere (wie Herr Aghios) litten. Das war gewiß ein Unterschied! Wo lag er nur?

Er widersprach nicht. Dieses ganze Gespräch schien ihm kein wirkliches Gespräch zu sein. Warum sollte er sich anstrengen und diskutieren? Man bewegte eben die Lippen, um dem Zug Zeit zu lassen, vorwärts zu kommen.

«Sie sind also ein Handlungsreisender?» fragte er, nur um irgend etwas zu sagen.

«Woher denn!» sagte Borlini voller Verachtung für einen Mann, der ihn so falsch einschätzte. «Ich reise als Inspektor einer Versicherungsgesellschaft.»

Herr Aghios verneigte sich, als wolle er Borlini zu seinem hohen Amt gratulieren. Inspektor! Das war natürlich etwas ganz anderes als ein Handlungsreisender!

In der Ferne, vor der Gebirgskette, sah man am Fuße eines Hügels die Lichter einer Ortschaft. Ein ruhiges, unbewegtes Licht! Übrigens ist jedes ferne Licht ruhig, unbewegt! Selbst wenn der Wind bläst, wirkt es, solange er es nicht auslöscht, wie das Licht der Sterne; es strahlt in ruhiger Einfarbigkeit (mögen in ihm auch noch so viele Farben schimmern). Für irgend jemanden in jener Ortschaft dort ging es sicher stürmisch zu. Ferne aber bedeutet Frieden.

Indessen durfte der Mund nicht stillstehen, und Herr Aghios log weiter, ohne irgendeine Absicht, aus Mangel an Selbstkontrolle: «Ich lasse meine alte Frau nicht gern allein.»

«Ich weiß, es gibt Männer, die so veranlagt sind», sagte der Inspektor und betrachtete aufmerksam Herrn Aghios, als studiere er ein seltsames Tier.

Herr Aghios blieb bei der Lüge: «Sehen Sie, mir liegt nichts an einer bestimmten Stadt, ich fühle mich in Mailand genauso wohl wie in Triest. Die Sache ist, daß ich nicht allein leben kann.»

Und er dachte: Schau mich nur an, schau nur, du begreifst ja trotz deiner dicken Brillengläser nichts. Wie denn auch! Wenn man glaubte, was er sagte, war es unmöglich, ihn zu durchschauen. Er versicherte auch noch, daß er das Familienleben liebe. Er suchte nach einer gescheiteren Phrase, um seine Lüge auszuschmücken, und fand sie auch gleich: Er liebe das Familienleben, weil es einen dazu bringe, bald an den einen, bald an den anderen zu denken und nicht an sich selber, an das eigene Unglück. Er sprach von seinem Unglück in einem Moment, in dem er es absolut nicht empfand, sondern das nötige Kleingeld für Trinkgelder bereit hatte und allen schwachen Menschen, denen er begegnete, Liebe entgegenbrachte. Diese seine Liebe war so groß, daß sie sich auch auf Menschen erstreckte, die er, wie den unvergeßlichen Paolucci, niemals gesehen hatte.

Borlini brummte: «Mein Familienleben ist ganz anders. Wenn ich da bin, dann denken alle an mich, und auch ich tue es, das heißt, ich denke an sie alle. Bin ich auf Reisen, dann dürfen sie natürlich tun, was sie wollen, ich hoffe aber doch, daß sie auch dann an mich denken. Ich bin von meinen Geschäften vollkommen in Anspruch genommen und kann nur an diese denken. Wozu aber macht man Geschäfte? Macht man sie denn nicht seiner Familie zuliebe? Wenn ich an meine Geschäfte denke, denke ich also an meine Familie.»

Aghios mußte ihn bewundern. Das war der Inbegriff des wirklich normalen Menschen! Er war ihm nicht sympathisch. Der normale Mensch wünscht, daß alle an ihn denken (und Borlini hatte seine wahren Gedanken enthüllt, als er zuerst offen eingestand, daß auch er dies tat, sein folgender Widerruf sollte nur das ihm bereits entschlüpfte Wort wieder zurücknehmen). Vielleicht dachten sie alle an ihn und wünschten ihm den Tod. Um wieviel besser war doch er, Aghios, der nichts verlangte. Er meinte, daß er seine Familie nicht deshalb weniger liebte, weil sie sich nicht genug um ihn kümmerte. Nein! Er liebte sie weniger, weil er Verlangen nach der größeren Familie trug, der Welt.

Aus wirklicher Antipathie gegen seinen Gesprächspartner schlitterte er in eine Diskussion. Man durfte dem Mann nicht gestatten, so unrichtige Dinge in diesem selbstsicheren Predigerton zu sagen. Er erklärte trocken und in aller Aufrichtigkeit: «Ich hingegen denke, wenn ich bei meiner Familie bin, an sie alle und hoffe, daß sie, wenn ich nicht da bin, alle an mich denken.» In der zweiten Hälfte dieser Erklärung steckte eine Lüge, aber sie entsprang einer instinktiven Bescheidenheit. Er fürchtete, allzu selbstlos zu erscheinen, wenn er einbekannte, daß er vor kurzem noch gewünscht hatte, seine Frau möge während seiner Abwesenheit nicht an ihn denken. Zu selbstlos? Hätte er seine geheimen Gedanken ausgesprochen, er wäre möglicherweise gar nicht so selbstlos erschienen.

Borlini begann zu lachen, laut, stoßweise, es war wie das Geräusch eines anlaufenden Motors. «Aber das ist doch Dichtung; wirkliche, leere Dichtung! Sind Sie vielleicht gar ein verkleideter Dichter?»

Zuerst empfand Herr Aghios dieses Wort als eine Frechheit. Verkleidung? Dann aber blickte er neugierig in sein Inneres. Er hielt sich für einen Menschen, der viele unerlaubte Dinge wünschte und sie – da sie nicht erlaubt waren – sich selber verbot, den Wunsch nach ihnen jedoch uneingeschränkt weiterleben ließ. Er sprach darüber nie ein Sterbenswort, sondern stellte Behauptungen auf, die diese Wünsche – indem er sie ablehnte – besser verbergen sollten. War er darum ein verkleideter Dichter? Hätte er diese unerlaubten Wünsche besungen, wäre er ein Dichter gewesen, der sich nicht verstellt. Und ihre Verneinung?

Hätte er, um sie abzulehnen, seine Stimme bis zum Gesang zu steigern vermocht, er wäre auch dann, in der Ablehnung, ein Dichter gewesen. Was war dieser Borlini doch für ein Esel! Wie kann ein Dichter sich verkleiden? Indem er schweigt? Das wäre zwar in Wahrheit keine Verkleidung, aber wozu schweigen, dachte Herr Aghios. Man kann im Leben ein noch so großer Esel sein, niemals aber ein Dichter, wenn man nicht imstande ist, seine eigene Eselei zu besingen.[8]

Er sagte einfach: «Ich weiß nicht einmal, aus wieviel Versfüßen ein Hexameter besteht.»

«Aus sechs», sagte Borlini. «Sie als Grieche müßten es wissen. Sie verstellen sich noch immer.»

«Ach was! Dichter!» sagte Aghios und lachte ein wenig geschmeichelt und ein wenig beleidigt. «Sehen Sie, ich fahre jetzt ohne Frau und Sohn eines dringenden Geschäftes wegen nach Triest.»

Es war ihm nicht möglich, den Mund zu öffnen, ohne irgendein überflüssiges Wort zu sagen. Endlich fand er etwas Wahres, und er sagte es sofort, als könnte ein wahres Wort die Scham über unwahre Worte auslöschen: «Meinen Sie, es ist ein Vergnügen, so zu reisen wie ich, die Taschen vollgestopft mit Geld.» Und er schlug auf seine Brusttasche.

Borlini lachte jetzt etwas gedämpfter und warf einen mißtrauischen Blick auf ihren Reisegefährten, der immer noch in seinem Winkel döste: «Auch ich habe Geld in der Tasche, viel Geld. Von Ihnen ist es eine Unvorsichtigkeit, bei mir aber eine Notwendigkeit.»[9]

Jetzt war Borlini wirklich aggressiv geworden, und Herr Aghios schwieg verwirrt. Nach einer ziemlich langen Pause begann der dicke Mann wieder im Plauderton zu reden. Vielleicht tat es ihm leid, einen so aggressiven Ton angeschlagen zu haben.

«Bedenken Sie, was ich für meine Familie tue, und dann

sagen Sie mir, ob mir das nicht das Recht gibt, zu verlangen, daß alle Familienmitglieder dauernd an mich denken. Es mag Männer auf dieser Welt geben, die genausoviel arbeiten wie ich, aber keinen, der mehr arbeitet. Diese Reisen sind doch schließlich keine Erholung. Finden Sie nicht?»

Herrn Aghios schien es, daß die Reise bis zu dem Moment, wo er diesem Gesprächspartner begegnet war, eine wirkliche Erholung gewesen sei. Jetzt hingegen, da er gezwungen war, ununterbrochen einem Menschen recht zu geben, den er gar nicht mochte, fühlte er sich wieder von einer Familie in Besitz genommen, überdies von einer, die diesen Mann nicht liebte. Er konnte daher in aller Aufrichtigkeit zustimmen: «Nein, es ist absolut keine Erholung!» Wirklich, es war keine Erholung! Um sich erholen zu können, mußte er bis Padua warten, mehrere Stunden!

«Bedenken Sie auch, welche Verantwortung ich auf mich lade! Manchmal zahle ich auf eigene Faust die Schadenssumme aus! Ich erledige alles ganz allein, von A bis Z! Die Einschätzung des Schadens und die Entschädigung! Ich weiß natürlich genau, was ich tue, und ich habe noch nie einen Tadel zu hören bekommen. Heute, zum Beispiel, fahre ich in einer solchen Angelegenheit nach Padua. Bei einem unserer besten Kunden hat es gebrannt. Er verlangt 175 000 Lire. In Mailand hatte man zunächst die Absicht, Sachverständige hinzuschicken, Ingenieure, Leute, die durch die Mathematik schon ganz verblödet sind. Ich sagte zum Direktor, er möge es doch auf einen Versuch ankommen lassen und mich mit der Erledigung betrauen. Ich sei sicher, ich könne das Ganze mit 150 000 Lire abtun und der Kunde werde mir obendrein noch dankbar sein. Der Direktor, der mich kennt, sagte sofort: ‹Gut! Versuchen wir Geschäftsmänner es einmal, ohne daß diese Rindviecher von Fachleuten sich einmischen. Übernehmen Sie's!› So bin ich also abgereist, nachdem ich vorher

150 Tausend-Lire-Scheine in meine Brieftasche gesteckt habe. Da sehen Sie!» Er zog aus seiner Brusttasche ein dikkes Portefeuille, das er sogar öffnete. «Wir kommen in Padua so spät an, daß man keinen Scheck mehr einlösen kann. Deshalb habe ich mich mit all diesen Geldscheinen beladen. Auch wird der Kunde sogleich nachgiebiger gestimmt, wenn er die Geldscheine in natura sieht.» Der dicke Mann lachte und ließ dabei seine Raubtierzähne sehen. «Wer weiß, ob nicht sogar ein Teil dieser Geldscheine wieder zur Gesellschaft zurückkehrt? Außerdem kann man einen Scheck nicht zerstückeln, man hat nicht die Möglichkeit, den Geldbetrag nach und nach anzubieten.»

Diesmal konnte es Herr Aghios mit dem Inspektor aufnehmen. «Auch ich scheue keine Verantwortung, wenn es um meine Familie geht. In meiner Brusttasche habe ich ...» Er zögerte einen Augenblick, er war nahe daran, die Wahrheit zu sagen: 30000 Lire; dann besann er sich und sagte: «50000 Lire.»

«Haben Sie denn keine Angst, soviel Geld bei sich zu tragen?»

Herr Aghios wurde ärgerlich: «Wenn Sie sich zutrauen, 150000 Lire sicher zu verwahren, dann werde ich mir wohl zutrauen können, 50000 Lire sicher zu verwahren!»

Der Inspektor begann wieder zu lachen, sein Lachen klang allerdings viel liebenswürdiger als zuvor, er begleitete es mit einem Blick der Bewunderung für Herrn Aghios. «Das ist wahrhaftig der Ausspruch eines Dichters», bemerkte er.

Herr Aghios fühlte sich in seiner Eigenliebe geschmeichelt; trotzdem kamen ihm Zweifel, ob er nicht eher beleidigt sein müßte. Der Dichter ist ein Mensch, der schreiben kann. Herr Aghios konnte es nicht, und da er keine Gedichte schreiben konnte, war es sein Los, die Wahrheit zu verfälschen, Luft zu sehen, wo eine Wand war, und mit dem Kopf gegen sie zu rennen. Aber es lohnte nicht, beleidigt zu sein – bis Padua. Wozu sollte er diesen Herrn überzeugen, den er niemals wieder sehen würde?

Immerhin nahm ihre junge Bekanntschaft jetzt einen etwas angenehmeren Verlauf. Das hing wahrscheinlich damit zusammen, daß der Inspektor meinte, er habe sich hinreichend eingeführt und könne sich jetzt zwangloser geben. Das Geld des Herrn Aghios aber bereitete ihm immer noch Sorge. «Sprechen Sie nicht mehr über dieses Geld. Ich weiß, ich bin der Schuldige. Aber ich habe eine gute Nase, es war mir sofort klar, daß ich Ihnen vertrauen kann. Und der dort, der schläft tief und fest.» Beide sahen zu dem blassen, blonden Jüngling hinüber, der immer noch regungslos in seinem Winkel saß. Er schlief ruhig, an die Polsterung gelehnt, wie eine Wachsfigur, die von den Stößen des Zugs gerüttelt wurde. Nur seine feinen Nasenflügel schienen geweitet, als mache er Anstrengungen, mehr Luft zu bekommen. Bei diesen durchsichtigen, blonden Menschen wirken die Nasenflügel tatsächlich wie kleine Flügel. Herr Aghios mußte aber gleich an eines seiner Pferde denken, das dämpfig geworden war und die Nüstern mit der den Kranken eigenen, übermäßigen Anstrengung weitete. Er murmelte: «Er dürfte ein Emphysem haben.»

Herr Aghios fühlte sich durch die Erinnerung an sein krankes Pferd bedrückt. Krankheit macht die Tiere menschlicher. Nur fehlt ihnen das Wort, die Möglichkeit, zu fluchen, die den Schmerz lindert. Arme Tiere. Das Pferd war krank und wußte es nicht, seine Atemnot aber wirkte sehr menschlich.

Der Inspektor hatte sich wieder eine ‹Toscano› angezündet. Und um davon abzulenken, daß er gegen seine vielgerühmte eiserne Regel verstieß, beschenkte er Herrn Aghios mit einem Kompliment: «In angenehmer Gesellschaft raucht man mehr.» Auch Herr Aghios rauchte, aber nur, um das Kompliment zu erwidern.

Der Inspektor begann wieder zu predigen. Es war sehr langweilig, aber es gab eine Rettung. Der Zug erzeugte ein teuflisches Geräusch, es genügte also, keine Anstrengungen mehr zu machen, ihm zuzuhören, und schon hörte man nichts mehr. Trotzdem wußte Herr Aghios, wovon der Inspektor sprach. Er sprach über Politik und versicherte, der gute Wille aller würde genügen, um Italien aus sämtlichen Schwierigkeiten herauszuführen. Ungefähr vierzig Millionen gute Willen. Einmütigkeit! Das war denn doch zuviel verlangt. Herr Aghios (der sich als Grieche fühlte) hatte ganz andere Beobachtungen machen können: Wenn zwei Italiener am gleichen Tisch sitzen, dann hat jeder von ihnen keinen dringenderen Wunsch, als sich sofort zu entfernen, um den anderen nicht anhören zu müssen. Und wäre nicht auch er selber, der von großmütterlicher und mütterlicher Seite her Italiener war, am liebsten aus dem Zug gesprungen, nur um den Herrn Inspektor nicht mehr sehen zu müssen?

Und während der Herr Inspektor immerzu weiterredete, beschäftigte sich Herr Aghios damit, seine Erinnerungen an seine Großmutter zu überprüfen. Wie blaß sie doch waren. Er kannte von ihr nur einen einzigen Ausspruch, der ihm vielleicht von anderen wiedererzählt worden war: «Ein Bett ist immer zu begrüßen; auch wer nicht schläft, kann doch die Ruh genießen.» Und eine vergilbte Fotografie, die eine dicke alte Frau zeigte; sie war festlich aufgemacht, das unmögliche Kleid zwängte sie in der Taille ein, während der Rock weit auseinanderfiel. Der Ausspruch wirkte genauso vergilbt, und Herrn Aghios war es unmöglich, die Fotografie von dem Ausspruch und den Ausspruch von der Fotografie zu trennen. Kurz, es schien ihm, als hätte die Fotografie gesprochen. Insofern war diese Fotografie ausdrucksvoller als jede andere. Man konnte jederzeit erwarten, daß die Frau wieder zu reden anfange.

Der Herr Inspektor[10] hatte nun begonnen, von den Wahlen zu reden. Aus Höflichkeit beugte sich Herr Aghios vor, um dem Redner näher zu sein, und vernahm klar und vernehmlich das Wort: «Wahlpflicht.» Sogleich ließ er sich wieder zurücksinken.

Alles war Pflicht in diesem Leben, auch dem Herrn Inspektor zuzuhören. Teilte man das Leben in zwei Teile, in einen, der von pflichtgemäßen Handlungen und Worten erfüllt, und in einen, der von freier Initiative bestimmt war und der allein den Namen Leben verdiente, dann war dieser letztere Teil doch eigentlich sehr kümmerlich bemessen im Vergleich zum ersteren. Herr Aghios hatte sich voll Freiheitsdurst auf die Reise begeben, er wußte aber, daß er schon nach ein paar Tagen von der Freiheit genug haben und sich nach seinem Joch zurücksehnen würde. So war es! Die Sklaverei war nicht nur ein Los, sondern auch eine Gewohnheit. Frei zu sein war schön in dem Augenblick, in dem man sich befreite, so wie er es getan hatte, indem er den Herrn Inspektor daherreden ließ, ohne ihm zuzuhören.

Der Inspektor aber blickte ihn an, und so beugte sich Herr Aghios aus Höflichkeit aufs neue zu ihm vor, um besser zu hören. Und er hörte: «In Italien gibt es zu viele Führer.»

Herr Aghios lehnte sich wieder auf seinen Sitz zurück, und es gelang ihm zu vergessen, daß es in Italien zu viele Führer gab. Er sah zum Fenster hinaus, durch das es verboten war, gute Wünsche zu senden, und wurde von einer furchtbaren Vorstellung befallen: «Es ist die Zukunft der Welt, eine einzige große Stadt zu werden. Adieu, Felder, Wälder und Wiesen. Wie werden sich die Menschen alle ernähren? Chemisch? Oh, die Unglücklichen!» Der ungeheuerliche Gedanke war ihm beim Anblick dreier Siedlungshäuser gekommen. Etwas weiter standen noch drei, vor ihnen zwei und schließlich noch vier. Eine Invasion, sie eroberten das Land! Er sah schon, wie zwischen diesen Häusern weitere entstehen würden, alle in einer Reihe. Freilich, wenn es einmal so weit war, daß die Welt eine einzige Stadt bildete, dann würden er, seine Frau und sogar sein Sohn nur noch sehr wenig Raum für sich beanspruchen. War es richtig, sich auf so egoistische Weise zu beruhigen? Sollte man nicht eher die Leiden der Nachfahren mitempfinden? Herr Aghios lächelte. Die Welt ist so gut eingerichtet, daß gewisse Schmerzen unmöglich sind.

Der Inspektor nahm wieder seine Aufmerksamkeit in Anspruch, und Herr Aghios konnte gerade noch hören: «Deshalb fordere ich, daß die Staatsbürger eine Regierung wählen und sich dann in nichts mehr einmischen. Das ist die wahre Freiheit.» Ja! Das war die Freiheit! Vor fünfundzwanzig Jahren hatte Herr Aghios sich seine Frau erwählt. Was war das doch für eine Freude gewesen, als er sie nach Überwindung aller Schwierigkeiten endlich die Seine nennen durfte und es als natürlich empfand, daß er nun, umgekehrt, auch ihr gehörte. Er war überglücklich gewesen. Und wie! Die große Freiheit des Reisens aber ließ ihn daran denken, daß er, hätte er vor fünfundzwanzig Jahren nicht das Bedürfnis empfunden zu heiraten, sondern statt dessen die Begierden des Verbrechens in sich verspürt und sie durch einen Mord befriedigt, zu dieser Stunde auf Grund verschiedener Amnestien sicherlich völlig frei gewesen wäre, und wenn auch nur, um zu reisen.

In der Einsamkeit zu denken, ist risikolos, und so fuhr Herr Aghios lächelnd fort sich vorzustellen, er sei ein entlassener Verbrecher. Als der Gewohnheitsmensch, der er war, hätte er sich gewiß lebhaft ins Zuchthaus zurückgesehnt, so wie er sich wohl schon bald danach sehnen würde, wieder in die Obhut seiner Frau zurückzukehren, und vor allem, diesen Narren von einem Sohn seinerseits in Obhut zu nehmen, kurz, in sein Zuchthaus heimzufinden. Übrigens, was konnte er denn seiner lieben (ach so lieben!) Gattin vorwerfen? Sie war eine emsige Hausfrau, sparsam, schön, sie hatte bisher buchstäblich für ihn gelebt. Sicherlich war es ihm lästig (und Herr Aghios mußte neuerlich lächeln), daß sie, wenn ihm eine andere Frau gefiel, an dieser sofort etwas zu bekritteln fand, die Nase oder die Gestalt. Sie nahm und liebte ihn ja, wie er war, häufiger jedoch als nötig ermahnte sie ihn, weniger zerstreut und umsichtiger zu sein. Mit einem Wort, stets wurde ein Druck auf ihn ausgeübt, und er trachtete jetzt, in der Freiheit des Reisens, ganz zu sich selber zu finden. Allerdings, das mußte er zugeben, war dieser Druck nie so stark gewesen wie der, den der reisende Inspektor auf ihn auszuüben vermochte ...

Apropos! Der Inspektor, der eine Zeitlang verträumt zum Fenster hinausgesehen hatte, als suche er dort nach irgendwelchen neuen politischen Ideen, war auf seinem Sitz zurückgesunken und schlief nun leise schnarchend.

Herr Aghios lachte herzlich auf, aber auch auf sein Gelächter hin rührte sich der Inspektor nicht. Ein braver Mann, dieser Geschäftsmann, der sich für so gewitzt hielt und jetzt, nachdem er öffentlich erzählt hatte, daß er 150 000 Lire in seiner Tasche trug, einfach drauflos schnarchte. Herr Aghios fühlte sich so erleichtert wie stets, wenn er seine Frau bei einem Fehler ertappte, den sie aus Zerstreutheit beging. Dieser Prediger war wirklich lächerlich! Für Herrn Aghios hätte es eine köstliche Rache bedeutet, diese Geldscheine zu stehlen. Was wäre das für eine Genugtuung gewesen, mit den 150 000 Lire das Weite zu suchen. Schade, daß man kein Dieb war. Und ohne die geringste Absicht, ihn wirklich auszuführen, legte sich Herr Aghios einen Plan zurecht, wie er an diese Brieftasche gelangen und aus ihr das Geld und auch die Geschäftspapiere herausnehmen könnte. Die letzteren wollte er vernichten, denn diesem großen Mann dort sollte eine richtige Lektion erteilt werden. Es wäre ganz einfach gewesen! Man mußte lediglich die Jacke öffnen, die nur mit einem einzigen Knopf geschlossen war, und dann die Brieftasche langsam herausziehen, wobei man sich den stoßenden Bewegungen des Zuges anpaßte.

Der blonde junge Mann im Winkel regte sich, als hätte er einen Alptraum.

Das war ganz überflüssig, Herr Aghios hätte seinen Plan ja doch nie durchgeführt. Seine Gedanken waren eben deshalb so frei, weil ihm ihre Verwirklichung fern lag. Wirklich frei kann der Gedanke nur sein, wenn er sich unter Phantomen bewegt. Auch diese Jacke und dieser Knopf konnten in Wirklichkeit weit stärkeren Widerstand leisten, als er es sich träumte.

Herr Aghios beobachtete den jungen blonden Mann, er wollte von seinem Verbrechen nicht einmal träumen, solange der dort nicht fest schlief.

Da beunruhigte ihn ein anderer Gedanke. Padua mußte schon sehr nahe sein. Wie, wenn der Inspektor weiterschlief? Solange er schlief, schön und gut, was aber, wenn er zu spät erwachte und bis Venedig mitfuhr? Weitere Predigten, großer Gott!

Glücklicherweise erschien in diesem Augenblick der Schaffner, um die Fahrkarten zu kontrollieren.

Der blonde Jüngling wies die seine vor, und auch der Inspektor erwachte und fragte sofort: «Wann sind wir in Padua?»

«In zehn Minuten», erwiderte der Schaffner.

Gott sei Dank. Zehn Minuten ließ sich eine Predigt gerade noch ertragen.

Der Herr Inspektor aber war schlecht gelaunt aus seinem Schlaf erwacht. Fünf Minuten lang machte er den Mund überhaupt nicht auf. Dann erhob er sich mit eisernem Entschluß und nahm vom Gepäcknetz sein Köfferchen, das er neben sich hinstellte. Und dann sah er zum Fenster hinaus. Auch Herr Aghios sah in die gleiche Richtung, das war die einzige Geste der Höflichkeit, die der Inspektor ihm gestattete. Der Himmel hatte sich mit schwarzen Wolken bedeckt, und die untergehende, nicht mehr sichtbare Sonne beleuchtete deren unterste Schicht, die wie aus zarten Pflanzen gebildet schien, Pflanzen aus leuchtendem Silber, aus Gold und aus einem unbekannten, durchscheinenden, in einem eigenen Licht erstrahlenden Metall.

«Es wird regnen», murmelte der Inspektor mißmutig.

«Nicht immer regnet es, wenn der Himmel so aussieht, so bewölkt und schwarz und wie von leuchtenden Ranken durchzogen», sagte Herr Aghios und versuchte damit, den Inspektor wieder in gute Laune zu versetzen, vielleicht auch wollte er ihn ermutigen auszusteigen, als hätte der Regen ihn veranlassen können, weiter im Zug zu bleiben.

Der Inspektor schien tatsächlich befriedigt. «Sie kennen sich gut mit dem Wetter aus?» Zum erstenmal sah er Herrn Aghios respektvoll an.

«Nicht besonders», meinte Herr Aghios bescheiden. «Ich habe jedoch öfters beobachten können, daß sich die Sonne in dem Moment, ehe sie untergeht, wie um sich zu verbergen, in dichte Wolken hüllt, die verschwinden, sobald sie nicht mehr gebraucht werden.»

Der Herr Inspektor tat drei Dinge auf einmal: Er gähnte, lächelte und sagte: «Poet.» Dabei dehnte er allerdings das «e» in Poet so, daß es fast in ein «a» überging und so breit wurde wie sein Mund.

Und als der Inspektor sich nach einem kurzen Gruß entfernte, fand Herr Aghios, daß das schönste Ergebnis seiner Reise in der Entdeckung bestand, daß er ein Dichter sei.

Jetzt, von Padua bis Mestre, genoß er die volle Freiheit. Der blonde junge Mann schlief immer noch in seinem Winkel, und so empfand Herr Aghios nun, da er den Herrn Inspektor losgeworden war, das gleiche Gefühl der Freiheit wie in dem Augenblick, als er sich von seiner Frau getrennt hatte. Diese Freiheit führte ihn zu verschiedenen

Beobachtungen. Auf einem Feld sah er einen Mann und eine Frau gemeinsam arbeiten. Er sah nur ein junges, lächelndes Frauengesicht, denn das Tempo des Zugs ließ ihm keine Zeit, auch das Gesicht des Mannes zu betrachten. Sie mochten häßlich oder schön sein, das war nicht wichtig. Auch ob sie verheiratet waren, konnte man nicht sicher wissen. Eines nur war gewiß, daß sie gemeinsam arbeiteten, daß sie einander liebten oder, besser gesagt, daß jene ursprüngliche sexuelle Gemeinschaft sie verband, die zu einer Interessengemeinschaft entarten würde, welche das Feld, auf dem sie arbeiteten, und das kleine, weit entfernt liegende Haus umfaßte, in dem sie schliefen. Welch ungeheurer Betrug! Sie wurden durch süße Lust eingefangen, in ihre eigene natürliche Wärme eingelullt und dann, ohne daß sie es bemerkten, in Ketten gelegt. Hätte sich Herr Aghios nicht auf der Reise befunden, er hätte von den beiden, die singend auf dem Felde arbeiteten, lediglich das Aussehen der Frau beachtet und demgemäß den Gatten entweder bedauert oder beneidet. Auch er selber war sonst in Ketten gelegt und nicht imstande, über seine Nasenspitze hinauszusehen, jetzt aber, auf der Reise, konnte er sich so hoch erheben, daß er im Schicksal des Menschen das Schicksal aller Haustiere erkannte. Auch Hühner werden ja nicht brutal behandelt. Im Gegenteil, man gibt ihnen das Futter, das ihnen am besten bekommt. Das Schlimme ist nur, daß sie zu gegebener Zeit geschlachtet werden.

Noch eine weitere, allerdings schreckliche Vision bewies, welche Höhe das Denken des Herrn Aghios erreicht hatte. Kurz vor Mestre übte eine alte, sehr dicke Frau die Funktion eines Bahnwärters aus. Man gewann den Eindruck, daß ihr sehr dicker Busen es ihr schwer machte, sich aufrecht zu halten. Und Herr Aghios empörte sich gegen eine Ungerechtigkeit, die ihm die größte unter den vielen Ungerechtigkeiten zu sein schien, die das Gesetz dieser Welt bilden. Die sekundären Geschlechtsmerkmale der Frau, diese köstlichsten Gewächse der Welt, entarten allzuoft derart, daß sie denjenigen, die von ihnen keinerlei Nutzen mehr haben, zur Qual werden. Dabei erinnerte sich Herr Aghios, daß er kurz vor seiner Abreise etwas Ähnliches gesehen und, im Weitergehen, vor sich hin gemurmelt hatte: «Man müßte sie erschlagen.» Wie sehr hatte sich sein Denken jetzt, in der Einsamkeit, veredelt!

Im Augenblick der Abfahrt aus Mestre regte sich der junge blonde Mann in seinem Winkel. Er streckte die Arme aus, um seine Gelenke zu entspannen, und wie aus tiefem Schlaf erwacht, murmelte er vernehmlich: «Träume sind etwas Wunderschönes! Schade, daß man sich von ihnen trennen muß!»

Es war für Herrn Aghios ein außerordentliches Erlebnis, daß er auf der Reise etwas Derartiges von einem Unbekannten zu hören bekam. Plötzlich wurde er von einem unbekannten Mitmenschen ins Vertrauen gezogen. Bei dem war es gar nicht nötig, zu rauchen, um ihm nahezukommen.

Er wollte Gleiches mit Gleichem entlohnen und ebenfalls etwas von seinen geheimen Eigenschaften verraten. «Ich kann träumen, auch ohne zu schlafen», sagte er lächelnd.

«Nun ja!» meinte der blonde Mensch traurig. «Man kann es! Wenn die Wirklichkeit nicht zu hart ist und man sie vergessen kann.» Er sah Herrn Aghios lächelnd an. Das Lächeln, das den Worten gefolgt war, bestätigte, daß ihre Beziehung schon vertraulicher geworden war als die üblichen Beziehungen, die in der Muße des Reisens zustande kommen. Sie waren bereits intime Bekannte. Herr Aghios war ein glücklicher Mensch, die Wirklichkeit verschwand für ihn, sobald er die Augen schloß. Der junge Mann hingegen war ein gequälter Mensch, der, um vergessen zu können, zum Schlaf seine Zuflucht nehmen mußte. Zwei Schicksale oder vielleicht zwei Charaktere.

Herr Aghios, den die Muße des Reisens sentimental stimmte, wollte ihm zu Hilfe kommen: «Ihr jungen Leute», sagte er, «meßt den Dingen oft eine Wichtigkeit bei, die sie nicht haben. Sehen Sie! Ohne allzuviel schlafen zu müssen, genügt es, will man der Wirklichkeit ihre Bedeutung nehmen, an eines zu denken: Was wird mit uns beiden in hundert Jahren sein? Es wird für uns nichts als Ruhe geben, und so fällt es leicht, sie vorwegzunehmen. Von allen Dingen, die sich jetzt um uns herum bewegen, wird sich dann nur noch dieser Waggon bewegen, denn die Staatsbahnen lassen sich sehr lange Zeit, bevor sie etwas ausrangieren.»

Der blonde Jüngling lachte und stimmte kräftig zu: «Ja, die Staatsbahnen sparen, wo sie können.» Dann dachte er nach, als suchte er eine entsprechende Antwort. Gleich darauf aber schien er sich wieder in sich selbst zu verkriechen, als bereute er es, sich mit einem fremden Menschen in eine Diskussion eingelassen zu haben, und mit einem sprechenden, scheuen und flehentlichen Blick sagte er zu Herrn Aghios: «Um das richtig beurteilen zu können, müssen Sie alles wissen, und das können Sie nicht.» Er betrachtete durch das Fenster die ersten Kanäle der Lagune.

Herr Aghios ermahnte sich selbst, wie er es zuweilen tat: Mische dich nicht ein! Er wollte dem jungen Mann auch zu verstehen geben, daß er es nicht übelnahm, daß dieser sich ihm nicht anvertrauen wollte. Auch er sah zum Fenster hinaus und sagte: «Es sieht so aus, als dringe die Lagune hier gegen das Festland vor. Dabei ist es stets das Festland, das im Vormarsch gegen die Lagune ist. Betrachten Sie nur diese rissigen, schlammigen Stellen, die herausragen. Vor nicht einmal zehn Jahren waren sie noch von Wasser bedeckt.» Herr Aghios erzählte nun des langen und breiten vom jahrhundertelangen Kampf zwischen Lagune und Festland und wieviel Geld und Mühe es kostete, die Lagune zu erhalten. Es war auch nicht möglich, Venedig durch eine zweite Brücke mit dem Festland zu verbinden, denn jeder Pfeiler, den man in den Lagunengrund rammt, sammelt sogleich Schlamm um sich, der normalerweise fortgespült würde, und bedeutet somit für die Lagune eine neue Gefahr.

Da hatte Herr Aghios nun einen weiteren Vorteil bei dieser Reise gefunden. Er kannte seit vielen Jahren die Geschichte der sterbenden Lagune, der das gleiche Schicksal drohte wie der von Ravenna, aber leider kannte auch seine Frau diese Geschichte schon, denn sie hatte sie während ihres gemeinsamen Aufenthalts in Venedig wiederholt von ihm gehört. Sein jetziger Gesprächspartner hingegen wußte, obwohl er sicherlich aus Venetien stammte, nichts von der Lagune, und hörte ihm deshalb mit weit aufgerissenen Augen zu. Fast entschuldigend murmelte er: «Ich habe an diese Dinge nie gedacht, denn ich muß jeden Tag arbeiten.» Herr Aghios, ganz erfüllt von der Freude, erzählen, belehren und erfinden zu können (es war ja gar nicht wahr, daß man eine Unzahl von Flüssen ablenken mußte, um die Lagune zu erhalten!), konnte nicht umhin, daran zu denken, daß ihn vorhin erst jemand, der ihn nur sehr flüchtig kannte, einen Dichter genannt hatte. Wie enthüllten sich doch Dinge und Menschen auf der Reise!

Der blonde Jüngling seufzte: «Was soll ich nur in Venedig bis Mitternacht anfangen, bis zur Abfahrt meines Zugs.»

«Auch Sie fahren um Mitternacht weiter?» fragte Herr Aghios.

«Ja!» sagte der Blonde. «Ich muß in einer bestimmten Angelegenheit nach Görz, morgen fahre ich nach Udine zurück.»

«Wollen wir zusammen auf den Zug warten? Ich muß nur für ein halbes Stündchen auf die Piazza San Marco. Wenn Sie mir Gesellschaft leisten wollen, lade ich Sie ein!»

Der Sinn des letzten Satzes ließ keine Zweifel zu. Es war, als wollte der Blonde diesen offenkundigen Sinn noch herausstreichen. «Vielen Dank für Ihre Großzügigkeit, ich möchte Sie aber nicht belästigen.»

Er mußte Herrn Aghios sehr gut kennen, dieser blonde Mensch. Mit seiner Antwort hatte er geradezu seine Unterschrift unter einen Vertrag gesetzt, und für Herrn Aghios war ein Vertrag etwas Heiliges. Wenn er einmal etwas ausgesprochen hatte, fühlte er sich daran gebunden und dem Wort verpflichtet. Nun hatte er die Einladung ausgesprochen und der andere hatte sie verstanden. Es gab keine Möglichkeit mehr, sich zurückzuziehen.

Daher bestand Herr Aghios jetzt auf ihr. Der andere nahm immer noch nicht an.

Sie fuhren nun mitten durch die Lagune. In der Ferne sah man die Lichter von Murano, das Herr Aghios so gut kannte. Da gab er fürs erste auf, seine Einladung zu wiederholen, und erzählte dem neuen Freund von Murano und seinem Glas.

IV
Venedig

Sie verließen den Bahnhof, nachdem sie ihre beiden Köfferchen gegen einen einzigen Gepäckschein zur Aufbewahrung gegeben hatten.

Herr Aghios hatte ein festes Programm. Er wollte mit dem Vaporino, dem Dampfboot, bis zur Riva del Carbon fahren und von dort aus – um sich ein wenig die Beine zu vertreten – zu Fuß nach San Marco gehen. Es war dies übrigens der einzige Weg in Venedig, den Herr Aghios ohne Hilfe zu finden wußte, und sein Gefährte war zwar schon zum zweitenmal in Venedig, kannte sich hier aber ebenfalls nicht besonders gut aus.

Sie gingen zum Vaporino. Gefolgt von seinem neuen Freund, der ihn nun überallhin begleitete, wiewohl er die Einladung noch nicht mit Bestimmtheit angenommen hatte, war Herr Aghios gerade am Fahrkartenschalter, da rief jemand: «Signor Aghios.» Er wandte sich um. Es war Bortolo, der Gondoliere aus Murano. Herr Aghios begrüßte ihn sehr leutselig: «Wie geht's? Was machst denn du unter den Fußgängern, hast du am Ende deine Gondel verkauft?»

Der Gondoliere, ein Mann um die Fünfzig, groß und hager, nichts als Sehnen und Muskeln, mit einem verrunzelten Gesicht, in dem zwei jugendlich blaue Augen leuchteten, erkundigte sich, ehe er antwortete, liebevoll und höflich nach dem Befinden des Herrn Aghios, der Signora Eleonora und schließlich auch des Sohnes. Dann erst versicherte er, daß die Gondel dort unten liege, zur Verfügung des Herrn Aghios: «Belieben Sie einzusteigen? Fahren wir nach San Marco.»

Herr Aghios lachte und wollte den Preis aushandeln. Er fragte, was es kosten würde, wenn ihm die Gondel bis Mitternacht, bis zur Abfahrt des Zuges zur Verfügung stände.

Bortolo wollte sich auf keinen bestimmten Preis einlassen. Das war immer so. Hinterher, wenn er seinen Dienst geleistet hatte, war es schwer, ihn zufriedenzustellen. Herr Aghios mußte diese Gondel mit einem Vergnügungslokal vergleichen, von dem er einmal gehört hatte: Der Eintritt war frei, man erhob den Eintrittspreis nämlich beim Verlassen des Lokals.

Wie immer aber fügte sich Herr Aghios. Er hatte, noch ehe er zu reden begann, die Antwort vorausgesehen. Trotzdem hatte er den Preis zur Sprache gebracht, um für später, wenn es ans Zahlen ging, besser gewappnet zu sein.

Er lud seinen jungen Freund ein mitzukommen. Von Bortolo geleitet, stiegen sie zum Landungsplatz hinab.

Bortolo sprang in eine Peata, eines jener flachen Boote, wie sie in Venedig für den Frachtenverkehr verwendet werden, sodann in eine Gondel und schließlich in eine zweite Gondel, die die seine war. Hier richtete er sich auf. Er sah aus wie ein General auf dem Schlachtfeld und suchte eine Durchfahrtstelle, um ans Ufer zu gelangen. Er schrie seinem Nachbarn zu, er solle Platz machen, der aber beteuerte mit lebhaften Worten, daß dies unmöglich sei. Da faßte Bortolo einen Entschluß. Er sagte: «Der Signor Aghios kennt sich schon aus in der Lagune, ich habe einmal gesehen, wie er den ganzen Rio della Canonica zurückgelegt hat, indem er von einer Barke in die andere sprang. Und er dort –» dabei wandte er sich an den unbekannten Freund des Herrn Aghios – «ich weiß nicht, wie er heißt, aber ich seh, er ist jung und kann ruhig einen Sprung machen. Ich komm und helf Ihnen.» Er stieg in die erste Barke zurück, die am Ufer festgemacht war, kniete am Heck nieder und bot seinen starken Arm Herrn Aghios, der ohne Mühe auf die Peata gelangte. Sein Begleiter folgte etwas zögernd. Schwieriger schon war es, von hier aus in das leichte Boot zu steigen, über das man auch noch hinwegmußte. Der junge Mann wäre dabei, Bortolo nach sich ziehend, fast ins Wasser gestürzt. Es war ein peinlicher Augenblick. Bortolo kam zwar heil davon, der junge Mann aber war mit dem Knie gegen den Bootsrand gestoßen, und das tat weh.

Bortolo fand nicht genug Worte, um sein Bedauern über den Zwischenfall auszudrücken. Er habe, so versicherte er, nicht gewußt, daß der junge Herr mit Booten nicht vertraut sei. «Es tut mir schrecklich leid, ich weiß, wie weh es tut, wenn man mit der Kniescheibe irgendwo anstößt.»

Der neue Freund des Herrn Aghios hatte sich jetzt in der Gondel niedergelassen und rieb sich immer noch das Knie. Er murmelte: «Macht nichts. Es war meine Schuld. Ich hätte besser achtgeben müssen.» Herrn Aghios, der sich ebenfalls erkundigte, wie es ihm gehe, versicherte er, es lohne nicht, darüber zu reden.

Als die Gondel über das durchsichtige Wasser glitt, auf dem die letzten, von der bereits untergegangenen Sonne vergessenen Strahlen glänzten – ein Widerschein, der wie eine süße Überraschung, wie ein zärtlicher Gruß nach der langen Reise durch die herbstliche Landschaft war –, wies Herr Aghios Bortolo an, sie auf dem kürzesten Weg zur Piazza zu rudern. Zurück würden sie durch den Canal Grande fahren.

«Mein Name ist Giacomo Aghios», sagte Herr Aghios zu seinem Begleiter gewandt. Vielleicht hatte ihn die frühere Bemerkung des Gondoliere, er kenne den Namen des jungen Mannes nicht, veranlaßt, sich vorzustellen.

Der junge Mann drückte die Hand, die Herr Aghios ihm entgegenstreckte, und zögerte einen Augenblick. Dieses Zögern fand gleich seine Erklärung: «Merkwürdig! Auch ich heiße Giacomo. Giacomo Bacis. Der Name verrät meine Herkunft aus dem Friaul. Auch der Ihre, wenn ich mich nicht täusche?»

«Nein! Nein!» sagte Herr Aghios und lachte von Herzen. «Ich stamme von einer Rasse ab, die viel älter ist als die keltische.»

«Griechisch?» fragte Bacis voll Bewunderung.

Herr Aghios bejahte. «Es ist angenehm», sagte er, «einer anderen Rasse anzugehören. Es ist, als wäre man stets auf Reisen. Man denkt freier. So kommt es, daß ich mit der italienischen Art, die Dinge zu sehen, nicht einverstanden bin, aber auch nicht mit der griechischen. Der letzte Grieche, mit dem ich übereinstimme, ist Sokrates.»

«Ich», sagte Bacis, «gehöre zu jenen Leuten aus dem Friaul, die zwei Sprachen und einen Dialekt kennen. Auch ich bin immer auf Reisen.» Zum erstenmal seit der Abfahrt von Mailand ließ er ein herzhaftes Lachen hören. Ein fast kindliches Lachen. Er kam dadurch dem Herzen des

Herrn Aghios gleich näher. Der dachte: ein intelligenter Mensch, mein neuer Freund. Er hat die Theorie, wonach der Reisende ein Ausnahmemensch ist, sogleich voll erfaßt, ich hingegen habe fast sechzig Jahre benötigt, um zu dieser so einfachen Erkenntnis zu gelangen.

Als sie unter dem Ponte della Ferrovia hindurchgefahren waren, konnten sie einen Blick auf den Canal Grande werfen. Das zarte Dämmerlicht auf dem Wasser und all dem Marmor ließ die Farben und Umrisse um so deutlicher hervortreten. Sie bogen gleich in den Rio ein, wo die grandiosen Formen zusammenschrumpften und kapriziöse Variationen erfuhren, die die Fortsetzung, ja erst die Vervollkommnung der mächtigen Melodie des Canal Grande bildeten, von der die Sinne noch immer gefangen waren. Man kann in Venedig tatsächlich den Eindruck gewinnen, als hätten sich von all den großartigen Bauten kleinere Stücke gelöst und selbständig gemacht und als hätten diese Einzelstücke dann dazu gedient, kleine Organismen zu bilden, die einander in den Details gleichen, im Ausdruck aber grundverschieden sind.

Die Gondel des Wohlwollens (man konnte sie so nennen, weil er, Herr Aghios, in ihr seinen neuen Freund aus einer tiefen Trauer fortführte und weil der Gondoliere so bereitwillig für ihn das Ruder rührte) glitt durch den dunklen, geheimnisvollen Kanal, der sich hier und dort erweiterte, um einer breiten, marmornen Landungstreppe Platz zu machen, und dann wieder durch Mauern eingeengt wurde, hinter denen es grün emporwuchs. Man konnte sie in der Dunkelheit noch deutlich unterscheiden, diese unglaublich lebendigen Bäume, inmitten einer Welt des Salzwassers und des Steins.

«Herrlich!» murmelte Bacis.

Herrn Aghios schlug das Herz vor Freude. Es war ihm, als hätte man ihm lebhaften Dank gesagt, den innigsten Dank, den die Sprache ausdrücken kann. Er selber entbot einen ehrfürchtigen Gruß jenen Vorfahren, die als Piraten mit ihren kleinen Pirogen die Welt durchstreift hatten, auf der Suche nach wertvollen Gegenständen, die sie in ihre eigentümlichen Häuser brachten und hier so anordneten, daß sie einen neuen Wert gewannen. Woher stammte wohl dieser weiße Stein, der in dem finsteren Kanal vor einem Tor die Höhe des Wasserstands erkennen ließ? War es denkbar, daß ein Pirat inmitten des Kampfes innegehalten hatte, um diesen Stein zu betrachten, sich dabei seines in dem stillen Kanal schlummernden Hauses erinnerte und sodann den schweren Gegenstand auflud, um mit ihm seinem bereits fertigen Haus einen neuen Akzent zu verleihen?

Herr Aghios hatte nur eine sehr oberflächliche Kenntnis von der Geschichte Venedigs und von Venedig selbst. Daher schlug sein Wissen so leicht ins Gefühlsmäßige um. Auch bei den anderen Griechen war das Nichtwissen zum Preis geworden. Er kannte den Namen des einen oder anderen Palazzos, vor allem aber wußte er, daß sich die Palazzi in den Seitenkanälen von denen im Canal Grande, die nur eine verzierte Fassade hatten, unterscheiden. Die Fassaden waren herrlich, einige allerdings auch überladen, bestrebt, ihre Umgebung zu übertrumpfen; die Palazzi in den Seitenkanälen hingegen waren stämmig, nach allen Seiten hin durchgeformt und fügten sich in ihre Umgebung, waren ein unverkennbarer Teil von ihr. Herr Aghios kannte nicht Venedig, wohl aber die Theorie über Venedig.

Bald erwies sich Herr Aghios als völlig unfähig, den Cicerone zu spielen. Ein heftiger Wunsch erfüllte ihn, den Rio di Noal wiederzusehen, auf dem er schon seit Jahren nicht mehr gewesen war, und während sie durch viele kleine Kanäle glitten, und sogar als sie schon bei der Kirche Maria della Salute und vor San Marco waren, redete er immer noch von dem stillen, schlichten, breiten Rio di

Noal, dessen Schönheit einfach aus seinem stillen Dasein rührt. Es war eine Schönheit, die gleichsam aus sich selbst erwuchs.

«Fahren wir hin!» schlug Bacis mit gedämpfter Stimme vor.

«Es geht nicht», seufzte Herr Aghios. «Jetzt ist es acht. Auf der Piazza werden wir uns sicherlich eine halbe Stunde aufhalten. Und mehr als eine Stunde wird dieser verflixte Bortolo brauchen, um uns zum Bahnhof zurückzubringen. Auch werden wir noch etwas essen müssen, denn in unserem Zug, noch dazu in der Nacht, werden wir vor Triest nichts bekommen.»

Außerdem wußte Herr Aghios im Grunde seines Herzens sehr wohl: Es wäre nicht gut gewesen, an diesem Abend den Rio di Noal wiederzusehen. Aus der Ferne ersehnt, höher geschätzt als die Piazzetta und der Blick auf San Giorgio, wurde er zu etwas Unerhörtem. Die Sehnsucht, die Unmöglichkeit, zu ihm zu gelangen, verklärte ihn.

Sogar vor dem Dogen-Palast noch erzählte Herr Aghios von der einzigen Holzbrücke, die es in Venedig gab und die ebenfalls zu «seinem» Rio gehörte ... Schließlich mußte er selber einsehen, daß es unmöglich war, einem Menschen, der diesen Kanal nie gesehen hatte, immerfort vom Rio di Noal zu erzählen, und er betrachtete die Markuskirche gesammelt und aufmerksam.

Nun erzählte Herr Aghios von jener furchtbaren Viertelstunde, die Venedig durchlebt hatte, nicht etwa während des Krieges, sondern lange vorher, als der Kampanile einstürzte. Er schilderte den Schrecken, den der Zustand des Palastes, der Umzug der Bibliothek und die Eisenbinder an den Mauern auslösten, die dem Rio della Canonica zugekehrt sind. Diese Eisenbinder wirkten wie Bandagen, sie versinnbildlichten die große Gefahr, die Mauern wirkten schmerzverzogen, als litten sie an Zahnweh.

Herr Aghios schlug Bacis vor, allein vor der Kirche zurückzubleiben, indes er selber auf einen Sprung in die Mercerie ging, um sich seines Auftrags zu entledigen. Während er sich entfernte, dachte Herr Aghios und meinte es ehrlich: Er wird Venedig besser sehen, wenn ich ihn allein lasse. Ich bin ja, obwohl ein Dichter, doch nicht imstande, etwas zu sagen, was meine Eindrücke wiederzugeben vermag. Die Geschichte kenne ich nicht, die verschiedenen Stile auch nicht.[11] Also? Gleichzeitig wunderte er sich darüber, daß schon die langanhaltende Gesellschaft eines einzigen Menschen ausreichte, ihn um die große Freiheit des Reisens zu bringen. Konnte es denn eine größere Unfreiheit geben als die, über Dinge reden zu müssen, von denen man nichts weiß? Er dachte: Wäre es nicht besser, ich trennte mich von meinem neuen Freund? Es wäre ihm schmerzlich gewesen, denn er war ein Mensch plötzlicher gefühlsmäßiger Bindungen. Er zerstreute seine Bedenken, indem er sich sagte, daß es für ihn besser sei, die Nacht mit jemandem zu verbringen, den er schon kannte. Er griff nach seiner Brusttasche.

Herr Meuli, ein Mann um die Fünfzig, mit immer noch blondem, wenn auch sehr schütterem Haar, beleibt und gebückt, war in seinem Geschäft gemeinsam mit einem Angestellten damit beschäftigt, so etwas wie eine Tagesbilanz aufzustellen. Er überprüfte die in winziger Schrift auf einen Zettel gekritzelten Aufzeichnungen, während sein Angestellter dabei war, kleine Brillanten zu zählen, die sich in einem Samtetui befanden.

Als Herr Meuli Herrn Aghios eintreten sah, fragte er, ohne seine Tätigkeit zu unterbrechen, den Blick auf das Blatt Papier geheftet und seinen Angestellten unter Kontrolle haltend: «Was verschafft mir das Vergnügen?»

Herr Aghios gab die Bestellung weiter, die seine Frau ihm aufgetragen hatte. Er vermittelte Meuli ein Geschäft von über hunderttausend Lire, doch verriet dieser keinerlei besondere Freude. Er nahm vielmehr eine gönnerhafte Haltung ein und meinte: «Gut, daß ich den Perlenschmuck nicht schon anderweitig vergeben habe. So sind wir also einig! Ich lege den Schmuck für die Freundin deiner Frau zur Seite. Geht in Ordnung.» Dann: «Bleibst du länger in Venedig?» Herr Aghios sagte ihm, daß er um Mitternacht weiterfahre.

«Was? Das ist ja eigentlich ein Güterzug!» rief Meuli erstaunt aus.

«Es gibt keine andere Möglichkeit. Ich bin in Venedig um zwanzig Uhr angekommen, der Schnellzug nach Triest ist aber bereits um achtzehn Uhr abgefahren. Und ich muß schon morgen früh in Triest sein.»

Meuli sah ihn an und lachte. Er hielt Herrn Aghios für einen so langsamen Menschen, daß es ihm unvorstellbar schien, er könnte es eilig haben.

Herr Aghios verließ das Geschäft; mit Verwunderung hatte er wahrgenommen, daß Meuli noch gebeugter war als sonst und auch weit blasser. Sollte er krank sein? Er ist so eifrig damit beschäftigt, Geld zu machen, daß er imstande ist zu sterben, ohne es zu merken.

Nun, der Tod ist die Voraussetzung des Lebens, und wenn ein Mensch wie Meuli stirbt, ist dies kein Anlaß, darüber sehr betrübt zu sein. Nicht daß Herr Aghios ihm geradezu den Tod wünschte, zumal der von Meuli freigegebene Platz von einem anderen Meuli eingenommen werden würde, jenem ersten Meuli aber würde niemand besonders nachweinen. Er hinterließ nur ein paar arme Schwestern, die durch seinen Tod endlich zu Geld kämen.

Meuli hatte mit Aghios gemeinsam die Volksschule in Triest besucht. Dann begann er ein Abenteuerleben und kam in der ganzen Welt herum. Er sprach nicht gerne davon, man erzählte sich aber, er sei einmal sogar Sklaventreiber auf der Insel Jamaika gewesen. Kurz und gut, er kehrte ohne einen Kreuzer in der Tasche und völlig abgerissen nach Triest zurück. Etwas brachte er allerdings mit: Er sprach fließend sieben Sprachen, ohne auch nur in einer einzigen schreiben zu können. Herr Aghios, der Englisch konnte, war höchst überrascht, als er ihn einmal in dieser Sprache mit einem Kunden reden hörte. Man konnte, was die Aussprache anging, meinen, die Worte kämen aus einem angelsächsischen Mund. Möglicherweise kannte er nur die paar Worte, die er brauchte, um die Leute zu begrüßen und zu betrügen. Herr Aghios aber fand es trotzdem erstaunlich, denn wenn er, der schon seit so vielen Jahren Englisch lernte, den Mund öffnete, war es genauso, als hätte er ihn geschlossen gehalten, denn niemand verstand ihn.

Der moderne Pirat hatte statt des Steines, der sein Haus schmücken sollte, sieben Sprachen mitgebracht, um es sich zu bauen. Es kam nur darauf an, diese sieben Sprachen an einem Ort zu verwenden, an dem es nicht nötig war, sie auch in der Schrift zu beherrschen. Mit dem sicheren Blick eines Raubvogels entdeckte Meuli auf dem Globus den internationalsten Fleck auf dieser Welt, den Markusplatz. Dort mußte man sich niederlassen. Aber das war nicht leicht, denn es wäre nicht ratsam gewesen, dort so abgerissen und ohne einen Kreuzer in der Tasche anzukommen. Da nun schaltete sich Herr Aghios mit einer seiner guten Taten ein, die seinem Leben Wärme gaben: Er schenkte Meuli einige seiner Anzüge, Wäsche, ein paar Schuhe und trug auch dazu bei, ihm die Taschen zu füllen.

Es vergingen Jahre, Meuli machte Karriere, indem er mit den Fremden in deren Sprache ein paar hundert Worte wechselte. Zuerst verkaufte er ihnen Spitzen, dann Brillanten. Eines schönen Tages war Herr Aghios einen Moment lang von besonderer Dankbarkeit für seine Frau erfüllt. Das kam manchmal vor. Er fand, er habe viel zuwenig an sie gedacht, die doch so fleißig für ihn arbeitete. Dieses Mal aber wollte es der Zufall, daß er mehr Geld als sonst in der Tasche trug. Er beschloß, ihr einen Perlenschmuck zu schenken. In diesen Dingen kannte sich Herr Aghios gar nicht aus, aber er hatte einen Einfall: Meuli war ja ein alter Freund, der ihm vieles verdankte, ihm konnte er also vertrauen. So bestellte er bei ihm den Schmuck, und als dieser eintraf, überreichte er ihn einfach seiner Frau. Signora Eleonora nahm das Geschenk gerne entgegen, aber im gleichen Atemzug, da sie ihm dafür dankte, wollte sie von ihrem Gatten unbedingt wissen, wieviel er dafür bezahlt hatte. Als sie es erfuhr, schrie sie laut auf und erklärte, Meuli habe ihn hereingelegt. Das Schmuckstück bestand aus lauter Perlen, die Buckel in allen Größen und nach allen Richtungen hatten.

Herr Aghios war wütend und fuhr sofort nach Venedig. Er erhielt ohne weiteres sein Geld zurück, doch das genügte ihm nicht, er verlangte Rechenschaft von Meuli, der ihm daraufhin, nicht ohne eine gewisse Melancholie, erklärte, daß man Juwelen eben nicht brieflich bestellen dürfe. Gerade bei Perlen genüge nicht die Angabe der Größe und des Gewichts. Wenn ein alter Juwelier einen derartigen Auftrag bekomme, lache ihm das Herz im Leibe, und er fasse ihn als ein Geschenk des Himmels auf.

Solange die Angelegenheit noch nicht erledigt war, wurde von der Hilfe, die Herr Aghios ihm einst gewährt hatte, mit keinem Wort gesprochen, dann aber wagte es Meuli, sich seiner großen Korrektheit zu rühmen, weil er sofort bereit gewesen sei, ein bereits abgeschlossenes Geschäft zu stornieren. Dies schweigend hinzunehmen, war Herr Aghios nun doch nicht imstande, und so erinnerte er Meuli an die gewährte Hilfe, die es diesem erst ermöglicht hatte, auf Venedig «hinabzustoßen» und seine Beute zu fassen. Meuli schloß seine Augen halb, als koste es ihn große Mühe, die Nacht der Vergangenheit zu durchdringen. Endlich erinnerte er sich, lächelte und sagte: «So verdanke ich es also der guten Tat, die du mir einst erwiesen, daß du mir bei diesem Kauf den Vorzug gegeben hast? Einem Menschen kann auf dieser Welt nichts Vorteilhafteres widerfahren, als in jemandes Schuld zu sein.»

Herr Aghios war von dieser scharfsinnigen Bemerkung entzückt und bewahrte dem undankbaren Freund die Freundschaft. Dieser verstand es offenbar, zumindest in einer Sprache kluge Dinge zu sagen. Von nun an aber war Herr Aghios wachsam, wenn es sich darum handelte, mit ihm ein Geschäft abzuschließen. So herrschten zwischen den beiden klare Verhältnisse, ihre Freundschaft erfuhr durch den häßlichen Zwischenfall keine Trübung.

Bacis stand immer noch in Bewunderung versunken auf der Piazza, als Herr Aghios zu ihm zurückkehrte.

«Jetzt», schlug dieser vor, «wollen wir wieder unsere Gondel besteigen und eine wunderschöne Spazierfahrt bis zum Bahnhof machen.»

Sie brachen auf. Aus der Geschichte Venedigs war Herrn Aghios nur eines genau bekannt: Der Brand des Dogen-Palastes und das Datum, an dem er ausbrach. War er in zu großer Hast wiederhergestellt worden? Während sie auf die Piazzetta zugingen, dachte Herr Aghios: Ich muß doch feststellen, ob ich da richtig informiert bin. Beim Anblick dieses anmutigen Baues würde wohl niemand vermuten, daß sich hinter seiner Festlichkeit auch die Düsternis der Bleikammern und der Brunnenschächte verbirgt. Herr Aghios machte Bacis auf die Uneinheitlichkeit der einzelnen Fenster und des großen Balkons aufmerksam. Am reichsten verziert ist der Teil, der vom Brand verschont blieb. Hatte man beim Wiederaufbau sparen oder etwas Neues schaffen wollen? Sicher ist, daß man gar keinen Versuch gemacht hat, die Uneinheitlichkeit zu verbergen, das geht schon aus der ganzen Anlage des Neubaus hervor. Wie sehr liebte Herr Aghios doch diesen Palast, in dem sich das prunkvolle Venedig dem einfachen Venedig zu vermählen scheint! Hier haben wir ein Werk, das erst durch das Eingreifen einer Naturkraft vollendet wurde: durch das Feuer. Ein italienischer Minister hatte vorgeschlagen, den Palast in seiner ursprünglichen Gestalt wiederherzustellen, aber alle, die mit dem Palast aufgewachsen waren, hatten dies abgelehnt. Sollte heutzutage in Venedig oder anderswo ein Brand ausbrechen, dann bliebe nichts anderes übrig, als sich an die alten Pläne zu halten, wie man es im Falle des Kampanile getan hat. Aber in früheren Zeiten? Damals war der Brand nur ein Anlaß, den alten Plan zu variieren, der noch so lebendig wirkte, daß er neue Triebe ansetzen konnte.

Sie bestiegen die Gondel. Der «Mann mit dem Stecken», der in Venedig an allen Überfahrtstellen bereitsteht, half ihnen dabei. Der schwergewichtige Herr Aghios war ihm höchst dankbar dafür; lächelnd entlohnte er den guten Mann, der sich so diensteifrig zeigte. Als er neben Bacis saß, sagte er: «Dieser Mann mit dem Stecken ist in Venedig unentbehrlich. Nur Leute, die Venedig nicht genügend kennen, halten ihn, wie vieles andere in dieser Stadt, für überflüssig.»

Während sie dahinglitten, nannte Herr Aghios die Namen der Palazzi, die er kannte. Mehrmals mußte er sich allerdings von Bortolo korrigieren lassen, der von seiner Höhe herab dem Gespräch folgte, als säße er neben ihnen in der Gondel. Die Gondel, die nur mit einem Ruder vorwärts getrieben wird, ist das langsamste Beförderungsmittel der Welt, denn der Gondoliere muß einen Teil seiner Kraft darauf verwenden, sie zu bremsen, und deshalb kommt man nur sehr langsam voran, nicht rascher als in einem Museum.

Herrn Aghios machte es gar nichts aus, vom Gondoliere wiederholt berichtigt zu werden und somit weniger gebildet zu erscheinen. Er barg ja in seinem Innern noch ganz andere Reichtümer, von denen zu sprechen er keine Lust hatte. Unauslöschlichen Eindruck machte ihm in der Stille des Canal Grande diese finstere Nacht, in der aber doch irgendein Leuchten war, so daß man viele Dinge glitzern sah. Zu diesen glitzernden Dingen gehörte auch die Gondel des Wohlwollens, mit Bortolo am Heck, der, jugendlich und sicher wirkend, dort wie senkrecht eingerammt schien, und mit diesem jungen Menschen, den er eine halbe Stunde lang von seinem großen Schmerz hatte ablenken können. Nicht länger, denn gerade eben hatte Bacis einen Seufzer ausgestoßen, der wie ein Schluchzen klang. Bei diesem Schmerzenslaut fuhr Aghios zusammen. Einen Moment war er unschlüssig, ob er ihm ein tröstendes Wort sagen sollte, doch zog er es vor, zu schweigen. Man darf sich nicht einmengen.

Bacis lag jetzt in die Gondel zurückgelehnt wie zuvor im Winkel des Zugabteils. Lange schwieg er. Dann überraschte und rührte er Herrn Aghios mit einer Rede, die er sich seit langem ausgedacht haben mußte: «Ich bin sicherlich nicht die richtige Gesellschaft für Sie. Dies ist der traurigste Tag meines Lebens, und ich werde es Ihnen nie vergessen, daß Sie so gütig bemüht waren, ihn mir erträglich zu machen. Hätten Sie sich meiner nicht angenommen, würde ich jetzt um den traurigen, schrecklich traurigen Bahnhof herumirren.»

«Na, gar so traurig ist der Bahnhof nicht», mischte sich Bortolo munter ins Gespräch. «Man muß sich nur auskennen! Da drinnen gibt es ein kleines Lokal, in dem bekommt man einen Wein, sage ich Ihnen...» Und er hob die rechte Hand vom Ruder, führte sie zum Mund und küßte sie.

Der junge Mann antwortete nicht. Auch Herr Aghios schwieg, aber es tat ihm leid, daß er kein Wort fand, das den armen Bortolo für seine Anstrengung, sie zu unterhalten, belohnte.

«Sie werden sehen», sagte Aghios schließlich aufs Geratewohl, «daß dem traurigsten Tag Ihres Lebens noch sehr glückliche folgen werden.»

«Das ist unmöglich!» erklärte Bacis lebhaft.

«Ach was!» murmelte Bortolo. «Die Jugend glaubt immer, es gibt nichts Schlimmeres auf der Welt als das, was ihr gerade passiert! Das war so, seitdem die Welt besteht. In diesem Alter möchte man sich am liebsten mindestens einmal am Tag umbringen.»

Dieser Aufheiterungsversuch hatte schon mehr Erfolg. Lächelnd wandte sich Herr Aghios zum Gondoliere: «Bei euch Gondolieri aber scheinen Selbstmorde auch in der Jugend nur selten vorzukommen.»

Der Gondoliere dachte einen Augenblick nach, ehe er antwortete. Er beugte sich vor, während er kräftig mit dem Ruder ausholte, dann richtete er sich auf und sagte bestätigend: «Wirklich, das stimmt!» Er beugte sich noch einmal vor, langsam und nachdenklich. Dann, das Ruder zurückstemmend: «Wir armen Teufel sind so sehr daran gewöhnt, um das Leben zu kämpfen, daß wir es nicht so leicht hergeben.»

Mit bestimmter, aber leiser Stimme, damit der Gondoliere ihn nicht höre, sagte Bacis Herrn Aghios fast ins Ohr: «Auch ich bin so ein armer Teufel, aber mein besonderes Unglück ist, daß ich mit dem Leben, um das ich immer kämpfen mußte, nichts anzufangen weiß.»

Ein zorniger Schmerz sprach aus diesen Worten. Herr Aghios aber dachte kaum an diesen Schmerz, sondern sofort erschrocken an sich selber. War es richtig gewesen, sich diesen Menschen aufzuhalsen, der vielleicht imstande war, sich an seiner Seite umzubringen? Da wäre ihm doch die Gesellschaft seiner Frau viel lieber gewesen!

Auch er sagte mit leiser, aber angsterfüllter Stimme zu Bacis: «Ich will hoffen, daß Sie sich in meiner Gesellschaft nicht dazu hinreißen lassen werden, Hand an sich zu legen.»

«Oh, seien Sie unbesorgt», versicherte Bacis. «Ich habe versprochen, morgen in Udine zu sein, und ich werde morgen in Udine sein. Außerdem ... ich sterbe nicht gern. Vor allem habe ich trotz allem die Hoffnung noch nicht ganz aufgegeben. Sie waren so liebenswürdig zu mir, daß ich Ihnen alles erzählen möchte, sobald wir allein sind. Sie werden dann alles begreifen! Ich liebe und habe meine Liebe verraten. Es wäre auch gar nicht anständig von mir, jetzt zu verschwinden. Sie werden alles hören. Ich kompromittiere ja niemanden, wenn ich Ihnen mein Geheimnis anvertraue. Morgen haben Sie sowieso meinen Namen und die ganze Geschichte vergessen.»

Herr Aghios widersprach nicht. Er wußte, daß man von einer Reise nur wenig im Gedächtnis behält. Gesichter ziehen an einem vorüber, sammeln sich, ineinander verfließend, in irgendeinem Winkel des Gedächtnisses, wo sie ein Kollektiv von Nationen und Geschlechtern bilden und keine Individuen mehr sind. Wie im Traum. Auch an einen Traum erinnert man sich so schwer, weil er, aus der finsteren Nacht hervor, wie ein Blitzlicht auftaucht, in dem Dinge und Menschen durcheinanderschießen. Man unterhält sich in einem Eisenbahnwaggon, und allem, was man sagt in diesem Eisenbahnwaggon, der aussieht wie alle anderen Eisenbahnwagen und durch eine Landschaft fährt, die mit ihm keinen Zusammenhang hat, haftet etwas Vages, Theoretisches an. Einmal freilich ... Vor zwanzig Jahren hatte sich ein junges Mädchen, das ihm nie zu Gesicht gekommen war, in der Nacht von einem Dampfer geworfen, während er in seiner Kabine schlief. Aus dem einfachen Grund, weil er sich damals auf diesem Dampfer befunden hatte, konnte er den Namen des Mädchens nie mehr vergessen. Er stellte sich vor, wie sie, ins Wasser gestürzt, aber immer noch auf den Wellen treibend, dem Dampfer nachsah, der sich hell erleuchtet entfernte und sie der Nacht und dem Tode überließ. Am nächsten Morgen hatte es an

Bord eine Untersuchung gegeben. Er konnte nur stammelnd seine Aussagen machen; er fühlte sich schuldig, weil er geschlafen hatte, während er dem Mädchen, das die unbedachte Tat vielleicht schon bereute und, ehe es sich in den Tod fügte, laut um Hilfe rief, möglicherweise hätte Rettung bringen können. Damals aber handelte es sich um jenes seltene und bedeutsame Abenteuer, das der Tod ist. Alles andere hatte er vergessen. Zwar nicht seine eigenen Bemerkungen über schöne Frauen, über Hunde, über Katzen und sogar über Männer, wohl aber die Gesichter! Es war (für ihn wenigstens) schwer, sich an einen Gesichtszug, sehr leicht jedoch, sich an Redewendungen zu erinnern.

Bacis hatte die Augen wieder geschlossen und war auf sein Polster zurückgesunken. Allzu mächtig war der Gedanke an sein Leid, und das entfernte ihn von Venedig.

Herr Aghios störte ihn nicht mehr und überließ sich seinen eigenen Betrachtungen. Dieser junge Mann hatte geliebt und verraten! Diese Worte umfaßten das ganze Abenteuer des Menschen, und Herrn Aghios schien es nun wieder, als betrachte er aus einem in voller Fahrt dahinrasenden Zug das menschliche Schicksal und könne an ihm nur das wahrnehmen, was allen Sterblichen gemeinsam ist. In dem großen Schweigen der Lagune, in der er kein anderes Leben wahrnahm als das in dieser Gondel eingeschlossene, welches gewissermaßen nicht das eigentliche Leben war, sondern das Auge, das es betrachtete, konnte sich Herr Aghios trotz der granitenen Paläste, zwischen denen er dahinglitt, die aber nicht notwendigerweise Leben beherbergten, sehr gut unseren ganzen Planeten ohne Leben vorstellen. Wie er erst vor wenigen Tagen in einer Zeitung gelesen hatte, nahm man jetzt an, daß die Erde, als sie schon bewohnbar war, durch irgendeinen reinen Zufall mit Leben infiziert worden sei, das von einem anderen Planeten kam. Alles weitere erklärte sich daraus: Kaum waren die winzigen Lebewesen hier unten angelangt, als sie auch schon hemmungslos begannen, einander zu lieben und zu verraten, sie drangen überallhin, ins Meer und auf das Festland, entwickelten sich weiter und fuhren fort, einander zu lieben und zu verraten, welches Stadium immer sie auch erlangten.

«Ich gebe acht, daß ich mit meinem Ruder keinen Lärm mach und euch nicht aufwecke», sagte Bortolo, dem es schwerfiel, sich so lange Zeit still zu verhalten.

Gewiß! Es war nicht recht, stumm durch die Lagune zu fahren und sie dabei zu vergessen. Man kam zum Palazzo Pesaro, diesem braunen, aus Quadern errichteten Tempel der Kunst, und Herr Aghios sprach laut den Namen Umberto Verudas aus, des großen Triestiner Malers, dessen Hauptwerk jetzt hier verwahrt wurde.

Bacis öffnete für eine Sekunde seine Augen und schloß sie gleich wieder. Herr Aghios aber fühlte sich durch das Gedenken an den Maler wiederbelebt. Die Lagune gehörte ganz Venetien, und also auch ihm.[12] Sie war die Öffnung, durch die sie alle in die große Welt hinausgelangten. Wie aber kam es, daß er nun unversehens aus dieser gehobenen Stimmung herabsank und ihm aufs neue Meuli einfiel, der Mann mit den sieben Sprachen? Vielleicht weil er wünschte, seinen Reisegefährten abzulenken. Der schien jetzt für die schönen Dinge, zwischen denen sie dahinglitten, nicht mehr empfänglich zu sein. So erzählte Aghios, ohne einen Namen zu nennen, sein Erlebnis mit Meuli, das heißt, er berichtete von der Wohltat, die er ihm einst erwiesen und wie sie ihm vergolten worden war.

«Ich wette», sagte Bortolo, «es ist dieser Schweinekerl... dieser...»

Er nannte einen anderen Juwelier.

Aghios widersprach, Bortolo aber beharrte. «Den kenn ich nur zu gut! Der ist ohne weiteres imstande, so was zu tun.»

«Aber der kann es doch gar nicht gewesen sein, der ist ja Triestiner», wandte Aghios ungeduldig ein. Um nichts in der Welt wollte er als Spur seiner Fahrt durch den Canal Grande eine Verleumdung zurücklassen.

«Er ist aus Korfu, und das ist noch schlimmer», entfuhr es Bortolo.

Herr Aghios mußte über die urwüchsige Art dieses Mannes lachen, der offensichtlich nicht nur arbeitete, sondern auch noch redete, um sich ein besseres Trinkgeld zu verdienen.

«Und Sie lassen sich mit diesem Kerl immer noch in Geschäfte ein?» fragte Bacis lebhaft interessiert.

«Und ob! Sehr gern sogar! Er ist ein ausgezeichneter Juwelier, er hat wunderschöne Sachen, und ich empfehle ihn allen meinen Freunden, wobei ich ihnen allerdings nahelege, auf ihrer Hut zu sein.»

«Der lebt, scheint's, von Ihren Freunden, die sich das Fell über die Ohren ziehen lassen», meinte Bortolo und gab der Gondel einen eleganten Schwung, indem er das Ruder auf den Grund des Kanals stieß.

Aghios lachte von Herzen. Dem Bacis erklärte er, daß er sich von der schönen und gelassenen Philosophie Meulis habe bestechen lassen. «Es ist doch eine große Entdeckung, daß man aus einer empfangenen Wohltat auch noch Profit schlagen kann.» Wieder mußte Aghios herzlich lachen. «Ich gebe, und dann gebe ich noch einmal: so gleicht sich die Rechnung aus.»

«Sie sind ein ungewöhnlicher Mensch», sagte Bacis mit dunkler Stimme. Er schloß die Augen nicht wieder, schien aber in tiefe Gedanken versunken, und als Aghios ihn auf den Palazzo Labia aufmerksam machte, der aussah, als weiche er aus übertriebener Bescheidenheit vor dem Canale zurück, und die Legende erzählte, der zufolge auf dem Grund des Nebenkanals, der ihn umfließt, all das goldene Geschirr liegen soll, das nach jedem Bankett hinuntergeworfen wurde, würdigte Bacis den Palazzo nur eines zerstreuten Blickes.

Bei der Landung fragte Herr Aghios Bortolo, was er ihm schulde. Bortolo erklärte, er vertraue ganz der Freigebigkeit des Signore. Als Herr Aghios sich seiner Meinung nach freigebig erwiesen hatte, bemerkte Bortolo: «Das ist ja alles schön und gut, Sie haben aber vergessen, daß ich jetzt ganz allein nach Murano zurückrudern muß, dafür müßt ich doch auch was bezahlt kriegen.» Und als Herr Aghios von der Richtigkeit dieser Bemerkung nicht recht überzeugt schien, meinte Bortolo: «Ich versprech Ihnen, daß ich durch den Rio di Noal fahren und Ihnen dann gleich telegrafieren werde. Ich hab gar nicht gewußt, daß er so schön ist. Ich werd ihn mir jetzt anschaun, als wär's zum erstenmal.» Dies gefiel Herrn Aghios und spornte ihn zu noch größerer Freigebigkeit an.

V
Bahnhof Venedig

Der Bahnhof war fast leer. Im Restaurant waren drei Tische besetzt, und zwar von Leuten, die anscheinend keine Reiseabsichten hatten, denn sie waren ohne Gepäck. Keine einzige Frau. Nur hinter der Kasse saß eine, und die war alt.

Im übrigen brannte Herr Aghios darauf, zu hören, was Bacis ihm anvertrauen würde, und war dabei peinlich auf eine negative Tätigkeit bedacht: darauf, sich selbst daran zu hindern, irgend etwas zu tun oder zu sagen, was als eine Aufforderung an Bacis gedeutet werden könnte, sich ihm zu eröffnen. Es war jetzt nicht mehr der Moment, die Umwelt zu beobachten. Herr Aghios befand sich nicht im Zug, sondern in einem Gebäude. Sollte der junge Mann sich inzwischen anders besonnen haben, dann wollte er nichts dazutun, ihn umzustimmen. Das war ein weiteres Opfer, nachdem er dem Bacis und dessen Tragödie schon allerhand geopfert hatte. Man durfte aber keinen Fehler begehen, denn die Fehler, die man auf einer Reise begeht, sind nicht wiedergutzumachen. Die Personen, die davon betroffen werden, sehen einander nicht wieder, und so ist eine Wiedergutmachung nicht mehr möglich.

Ein paar Augenblicke verloren sie mit dem Kellner. Herr Aghios bestellte kaltes Fleisch und Wein. Sie hatten noch viel Zeit vor sich, denn obwohl die Gondel bis Mitternacht gemietet worden war, hatte es Bortolo verstanden, sich seiner Fracht schon um elf Uhr zu entledigen. Bacis nahm das Stück Brot und das Stück Fleisch, das Herr Aghios ihm anbot, aß aber nur ein paar Bissen, und erst nach mehrfacher Aufforderung. Dafür leerte er, fast ohne es zu merken, viele Gläser Wein, und diese Gläser waren gleichsam die Interpunktionszeichen in seiner Erzählung. Aghios tat es ihm gleich, auch er trank viel, ohne es zu merken.

Es bestand keine Gefahr, daß Herr Aghios um die vertraulichen Mitteilungen des Bacis kommen würde. Eine Flut von Worten stürzte auf ihn ein. Ungestüme Worte, als wären sie allzu lange in der Kehle zurückgehalten worden.

«Ich hätte schon in der Gondel davon gesprochen. Aber da war dieser Gondoliere. Gott, was für ein unerträglicher Mensch! Dabei störte er uns sicher nur, weil er sich lieb Kind machen und ein höheres Trinkgeld herausholen wollte. Wenn ich es unbemerkt hätte tun können, wäre ich am liebsten aufgesprungen, hätte ihn gepackt und ins Wasser geworfen.»

Herr Aghios war ganz damit beschäftigt, das Gesicht zu studieren, das ihm zugekehrt war und das er zum erstenmal genau sehen konnte. Es war das Gesicht eines Jünglings, zu dem der harte Zorn, der es widerspiegelte und der die Augen funkeln ließ, nicht recht passen wollte. Diese Augen waren blau, groß, gut gezeichnet, gesund, die Hornhaut war schneeweiß, man sah keine roten Äderchen und keinen Stich ins Gelbliche. Das Haar war blond und dicht, eine Strähne fiel ihm in die Stirn. Bacis mußte sie immer wieder mit der Hand zurückstreichen, wobei es in dieser Beleuchtung rötlich aufschimmerte. Ein leichter Flaum bedeckte die Oberlippe; merkwürdig, daß ein Mensch, der einen so sauberen, sorgsam gebügelten Anzug und ein so tadelloses Hemd trug, sich seit Tagen nicht rasiert hatte. Vielleicht war auch dies ein äußeres Zeichen der Tragödie, über die er nun berichten sollte.

Herr Aghios konnte sich nicht zurückhalten, den armen Bortolo zu verteidigen: «Der arme Kerl! Er tut, was er kann.»

Bacis mußte einen Augenblick nachdenken, ehe er es zugab. Schließlich pflichtete er Herrn Aghios bei und murmelte: «Sicherlich, auf dieser Welt tut jeder, was er muß. Wenn auch ich es täte, wäre ich gewiß weniger unglücklich.»

Ich auch, dachte Herr Aghios, und um es zu bekräftigen, goß er ein Glas Wein in sich hinein. In der Folge war es für Herrn Aghios nicht leicht, der Erzählung des Bacis Wort für Wort zu folgen. Bacis mußte seine Stimme senken, um von den anderen nicht gehört zu werden. Dann aber leerte sich der Raum im Laufe der Zeit zur Gänze, es blieb nur, und ziemlich weit von ihnen entfernt, die alte Frau hinter der Theke zurück. Da hob Bacis seine Stimme wiederum allzusehr, und das war noch schlimmer. Ein altes Trommelfell, wie das des Herrn Aghios, ist aus naheliegenden Gründen nicht imstande, leise Töne wahrzunehmen. Es ist aber auch nicht imstande, urplötzlich lautes Geschrei in seinen Einzelheiten zu unterscheiden. Die Wirkung der Erzählung wurde jedoch durch die Schwerhörigkeit des Herrn Aghios nicht beeinträchtigt. Der Schrei wie das Weinen können ihre Wirkung einbüßen, wenn das Wort, das sie begleitet, ihnen nicht gemäß ist.

In ihrer Gesamtheit wurde die Erzählung von Herrn Aghios durchaus verstanden. Es handelte sich um keine allzu komplizierte Geschichte. Bacis war gebürtiger Mailänder, stammte aber aus dem Friaul. Als er siebzehn Jahre war, wurde er von einem Cousin seiner Mutter nach Torlano in den Karnischen Alpen geholt; dem sollte er bei der Führung eines landwirtschaftlichen Betriebes behilflich sein. Dieser Cousin nun hatte eine einzige Tochter, Berta, und es war, wie der junge Mann wußte, von Anfang an stillschweigend ausgemacht, daß er sie heiraten und einmal den Besitz, bei dessen Verwaltung er mithalf, übernehmen sollte. Der junge Mann liebte sie nicht. Der herrische und anmaßende Charakter des Mädchens war ihm eher unsympathisch. Der Eigennutz aber, der in vielen jungen Herzen so mächtig ist, ließ ihn den landwirtschaftlichen Besitz und das junge Mädchen in gleicher Weise begehren.

«Vielleicht gefiel Ihnen ihr Äußeres nicht», bemerkte Herr Aghios, der das Leben kannte. «Wenn eine Frau einem nicht gefällt, dann findet man todsicher, daß sie einen abstoßenden Charakter hat.»

«Mag sein!» sagte Bacis hastig, er wollte rasch eine Betrachtung beiseite schieben, die seinen eigenen Gedankenfluß hemmte. Dann aber konnte er doch nicht weiterreden, ohne den Einwand, der sich ihm gleichsam an die Fersen heftete und am Weiterschreiten hinderte, entkräftet zu haben. «Bevor ich mich in Anna verliebte, habe ich schon eine andere Frau geliebt...»

«Wer ist Anna?» unterbrach ihn Herr Aghios.

«Anna ist die Nichte von Bertas Vater. Diejenige, die es mir unmöglich gemacht hat, blinden Auges Berta zu heiraten, ohne mir Rechenschaft darüber abzulegen, daß ich sie nicht lieben kann. Berta aber kann ich wirklich ihres Charakters wegen nicht lieben. Vor Anna liebte ich eine andere, ich weiß nicht mehr genau, wann, ich war noch ein kleiner Junge, ich weiß nur, daß auch sie sehr schwach, sehr sanft, sehr schutzbedürftig und mehr zum Weinen als zum Kämpfen geschaffen war.»

«Kurz, sie war sehr zart», sagte Herr Aghios, der ihn sehr gut verstand, denn er hatte den gleichen Geschmack. Herr Aghios merkte gar nicht, daß er damit auf seinem früheren Einwand beharrte und die Erzählung des Bacis beinahe aufgehalten hätte.

«Sehr zart! Ja, auch zart», sagte Bacis nachgiebig. Herr Aghios atmete befriedigt auf, er hatte richtig geraten.

Der junge Mann hatte Anna öfters in Begleitung seiner Verlobten gesehen, sich aber nicht sofort in sie verliebt. Sie war noch ein Kind, ein richtiges Kind von vierzehn Jahren. Erwachsen an ihr wirkte nur ihre Unterwürfigkeit den reichen Verwandten gegenüber, ein berechnendes Verhalten, wie es nur sehr vernünftigen Personen eigen ist. Als sie fünfzehn wurde, bekam ihre Unterwürfigkeit einen noch erwachseneren Charakter, das heißt, ein Hauch von Traurigkeit war um sie; sie begann diese Unterwürfigkeit schmerzlich zu empfinden, mußte gelegentliche Anwandlungen des Aufbegehrens im Keim ersticken. Dies gelang ihr nicht immer rasch genug, um sie vor ihren Verwandten ganz verbergen zu können, und diese haßten sie deswegen. Sie kleidete sich noch bescheidener als zuvor, auf ihrem zarten Körper aber wirkte jeder Lumpen ansehnlich.

Herr Aghios hatte bereits genug getrunken, so fühlte er sich in der Lage, auch einem so stürmischen Gesprächspartner gegenüber seine volle Freiheit zu bewahren, die er fast den ganzen Tag hindurch genossen hatte.

Mit der Erfahrung eines Mannes, der viel geliebt und begehrt hat, und zugleich mit der Abgeklärtheit eines alten, also eines objektiven Mannes, der sich mit den Elementen, die er dem Leben abgerungen hat, in sein Laboratorium einschließt, bemerkte Aghios: «Diese Lumpen auf dem Körper der geliebten Frau werden zu einem zusätzlichen Teil von ihr. Es ist, als hielte man ein formloses Stück Metall über eine Flamme. Wenn es glühend wird, strahlt es das gleiche Licht aus wie die Flamme, ja, ein noch stärkeres. Doch es gibt da einen Unterschied. Das Licht sehen alle. Nicht alle aber sehen die Schönheit dieser Lumpen. Das ist ein großer Unterschied!»

Bacis leerte ein Glas Wein, um mit seinen Gedanken bei der Erzählung bleiben zu können. Aber er hatte es mit Herrn Aghios zu tun, und dem genügte ein Glas Wein nicht, denn er war ein Mensch, der, wenn er auf Reisen war, alles klar erfassen wollte.

«Ich glaube daher, daß diese Lumpen eher gewissen Farben vergleichbar sind, die nur von Künstlern oder Kennern erfühlt werden können. Ja! Ganz klar! Nur wer liebt, ist ein Kenner.» Dann trank auch Herr Aghios, um sich für seinen Scharfsinn zu belohnen.

«Aber alle sagten, daß Anna sich mit den bescheidensten Mitteln reizend kleidete!»

Bacis sprach nun noch ungestümer, er wollte Herrn Aghios keine Zeit lassen, dazwischenzureden.

Von jetzt an aber sprach er klar und mit gleichmäßig gedämpfter Stimme, fast als schämte er sich, und Herr Aghios konnte jede einzelne Silbe verstehen.

«Wer war Anna? Eine Magd. Wer war ich? Ich merkte nicht, daß ich ein unglückseliger Knecht war. Man behandelte mich, als wäre ich schon der Sohn des Hauses. Vernünftigerweise konnte niemand von mir erwarten, daß ich auf die bevorzugte Stellung verzichtete, die man mir gewährte. Ich beschloß daher, Anna zu genießen und Berta zu heiraten. Ich entschloß mich dazu mit Bedacht. Allmorgendlich, wenn ich aufstand, befaßte ich mich mit dem Problem: Was kann ich heute tun, um Anna zu erobern? Ohne daß die anderen es bemerkten, umgab ich sie mit Aufmerksamkeiten. Es war sehr leicht, sie zu gewinnen.

Die ganze Schwierigkeit bestand darin, sie allein anzutreffen und über ein Fensterbrett zu springen. Ich kann das auch jetzt noch nicht verstehen! Alle in Torlano bewunderten sie wegen ihrer Bescheidenheit, ihrer Zurückhaltung, ihrer Frömmigkeit. Vielleicht war es diese Leichtigkeit, sie zu besitzen, die mich so sehr an sie fesselte, es war mein Unglück, und es wird, wenn Gott mir hilft, für sie die Rettung sein. Warum vertraute sie mir, und so rasch? Wurde sie von der Aufrichtigkeit meines Fleisches getäuscht? Können Sie das erklären, Sie, der Sie ein Philosoph sind?»

Der schon leicht getrübte Verstand des Herrn Aghios wurde durch diesen Ausspruch wachgerüttelt: Aufrichtigkeit des Fleisches. Diese Worte lösten einen Gedankensturm aus. Die Aufrichtigkeit des Fleisches war die Aufrichtigkeit der Tiere, und auch bei ihnen dauerte diese Aufrichtigkeit nur einen Augenblick und bedeutete keinerlei Verpflichtung. Bacis aber hatte diese Aufrichtigkeit befleckt, denn er war im selben Augenblick darauf bedacht gewesen, etwas vorzutäuschen. Bei ihm hatte selbst diese Aufrichtigkeit nur dazu gedient, leichter betrügen zu können.

«Sie nennen mich einen Philosophen und im gleichen Atemzug erfinden Sie diesen fürchterlichen Begriff von der Aufrichtigkeit des Fleisches, die doch im Widerspruch steht zu der Falschheit eines anderen Teils des Körpers, der ebenfalls Fleisch ist, höherentwickeltes Fleisch!»

«Ich habe keine Zeit, an solche Dinge zu denken», sagte Bacis achselzuckend. «Ich denke nie nach. Ich leide einfach bei der Erinnerung. Es ist alles so gekommen, wie ich es Ihnen gesagt habe. Sie empfand mich immer als aufrichtig, und mir gelang es immer, sie zu betrügen. Ich glaube nicht, daß ich ihr bewußt etwas vorgetäuscht habe. Mein Begehren einerseits und mein fester Wille andererseits, das Geld zu heiraten, ließen mir gar nicht die Zeit dazu. Ich machte sie auch stets darauf aufmerksam, daß sie immer eine einfache Magd bleiben müsse, meine und die meiner Frau. Ich dachte sogar daran, ihr ausdrücklich zu sagen, sie werde tagsüber weiter meine Frau bedienen und mich in der Nacht zuweilen in ihrem Bett aufnehmen müssen. Nur eine Zeitlang, so lange, bis mein Hunger nach ihr gestillt wäre. Ich sagte ihr das alles nur deshalb nicht, weil ich meinte, es verstehe sich von selbst. Es hatte keine Eile. Und wäre mein Gehirn nicht so blödsinnig beschaffen, wie es ist, anders als es sein müßte, ich hätte für alle Zeiten das schönste und angenehmste Leben führen können. Nicht Anna hat mich unglücklich gemacht, sondern dieses mein dummes Herz.»

Zu jener Zeit, so erzählte Bacis weiter, erhielt er die Nachricht, daß sich sein Bruder, der Kassierer bei einer Bank war, eine unbesonnene Tat hatte zuschulden kommen lassen, die seine Mutter das Leben kosten konnte. Seine Mutter bat ihn flehentlich, die zehntausend Lire zu beschaffen, die nötig waren, um die Ehre der Familie zu retten. Er trug die Sache ohne weiteres Bertas Vater vor, den er schon als seinen Vater ansah. Dieser gab auch sogleich die zehntausend Lire, wollte aber, daß Berta davon Kenntnis erhalte, denn sie sollte wissen, daß dieser Betrag von ihrer Mitgift abgezogen würde. Somit war er bereits offiziell mit Berta verlobt. «Ohne viele Worte war Anna meine Geliebte und Berta meine Verlobte geworden. Der Vorschuß auf die Mitgift war für Berta genau das gleiche wie für Anna die Hingabe ihres Körpers, den ich genießen durfte. So verbrachte ich meine Tage mit Berta und meine Nächte mit Anna. Das weitläufige und schmucklose Gehöft, in dem wir lebten, war für mein Doppelleben wie geschaffen. In einem Flügel waren das Büro und die Wohnung von Bertas Familie untergebracht. Neben dem Büro schlief ich in einem ebenerdig gelegenen Zimmer. Im anderen Flügel befand sich Annas Zimmer, zusammen mit den

Räumen, in denen die übrigen Mägde und Knechte, müde von der Tagesarbeit, schliefen. Wir hatten drei Wachhunde, die mich freudig, aber stumm begleiteten, wenn ich von dem einen Flügel des Gehöfts zum anderen hinüberlief. Tagsüber dachte ich nicht an Anna. Wenn ich sie so unterwürfig sah, ganz mit ihrer Arbeit beschäftigt, sagte ich mir: Geduld! Heute nacht wird deine Unterwürfigkeit meinem Genuß dienen. Jetzt ist keine Zeit, daran zu denken. Zwischen Berta und mir wurde nie oder kaum von Liebe gesprochen. Uns verband der gemeinsame Gedanke, wie wir den Landbesitz erweitern könnten. Eben! Was bei euch in der Stadt die Geldgier ist, das ist bei uns auf dem Land die Gier nach Boden. Wenn wir von unseren künftigen Erwerbungen sprachen (wir wollten unseren Besitz, der zur Gänze in der Ebene lag, auch auf die Höhen ausdehnen), sagte Berta: ‹Wenn Ugo (mein Bruder) uns die fünfzehntausend Lire zurückgibt ...› Sie vergaß sie nie, diese fünfzehntausend Lire!»

Herr Aghios glaubte sich zu erinnern, daß zuvor nur von zehntausend Lire die Rede gewesen war. Er wollte Bacis schon korrigieren, dann aber hielt er die Sache für unwesentlich.

Zu ihren Spekulationen über den Boden und seine Erträgnisse zogen die beiden einen alten Knecht heran, Giovanni, der durch seine Gewitztheit und seine Treue zum Rang eines Beraters aufgestiegen war. Er bekam weiterhin den gleichen Lohn wie zu der Zeit, als er das Feld noch mit seinem Schweiß düngte (nicht einen Groschen mehr), aber er war die Seele des Betriebs. Herr Aghios horchte auf, als Bacis diesem einfachen Mann so viele Worte widmete; man konnte leicht erraten, daß er berufen war, in dem Liebesabenteuer eine wichtige Rolle zu spielen. Dieser Mann war ebenso habgierig wie seine Herren, aber er war es ausschließlich für sie. Eine treue Hundeseele. Der Herr war der Herr, und als Giovanni sich daran zu gewöhnen begann, auch Bacis als seinen Herrn anzusehen, ja als den Herrn seiner Herren, denn der war der jüngere und würde daher bis zu Giovannis Lebensende, also in alle Ewigkeit, sein Herr bleiben, machte sich Giovanni zum Wahrer von dessen Interessen, auch wenn sie mit den Interessen seines legitimen Herrn, Bertas Vater, und selbst mit denen Bertas, die als Frau nicht das Hauptkommando führen konnte, in Widerspruch geraten sollten.

Bald fühlte Anna sich Mutter. Sie sagte es Bacis, ohne etwas von ihm zu verlangen, ja sie sagte es freudig, sie war sicher, daß dies ein weiteres Band sei, das sie miteinander vereinte. Nichts Gegenteiliges wurde ihr gesagt, und so dachte sie in ihrer Harmlosigkeit, alles würde sich in der natürlichsten Weise abwickeln. Bacis fühlte sich durch diese Mitteilung nicht sonderlich beunruhigt. Sein erster Gedanke war sogar, man müsse jetzt die Anstalten für seine Heirat mit Berta beschleunigen. Wenn er einmal der Herr war, würde es ihm leichtfallen, den Bankert im Schatten des Hauses aufwachsen zu lassen, ohne ihn anzuerkennen und ohne sich weiter um ihn zu kümmern. Auf dem Land kostet ein unerwünschtes Kind sehr wenig. Es wächst heran und wird eine Arbeitskraft. Das einzig Unangenehme für ihn war, daß sich die junge Mutter nun ihm gegenüber weniger liebebereit zeigte. Sie fügte sich ihm wohl, denn sie liebte ihn mit einer echten und großen Liebe. Doch entzog sie sich ihm, wenn es irgend möglich war, und bat ihn, sobald er sie losließ, sie zu schonen.

«Freilich!» unterbrach ihn Herr Aghios. «Mutter Natur schuf die Lust, um die Fortpflanzung sicherzustellen. Wenn die Lust auch nach dieser Sicherstellung noch fortdauert, ist das nur auf Vergeßlichkeit zurückzuführen, so wie bei gewissen Insekten, die zuweilen einige ihrer Farben behalten, auch wenn die Liebeszeit vorüber ist. In einem so großen Unternehmen kann man nicht immer so genau auf alles achten.»

«Möglich», sagte Bacis trocken. «Auch in meinem Fall war eine solche Vergeßlichkeit im Spiel. Warum nur vergaß Mutter Natur, den Liebesbrand auch in mir zu löschen?»

«Na, hören Sie!» sagte Herr Aghios, und seine Worte wurden ihm jetzt vom Wein eingegeben. «Mutter Natur wäre es doch gar nicht unlieb gewesen, wenn Sie auch Berta zu einem Kinde verholfen hätten. Mutter Natur hat immer zu tun. Wir sind ja auch zahlreich genug! Sie beseitigt nur diejenigen, die für sie unnütz geworden sind.»

«Niemals! Nie!» rief der junge Mann heftig aus. «Berta, Annas Feindin, die sie noch dazu verachtete!»

Herr Aghios war erschüttert. Er wußte nun, wie die Geschichte enden würde. Vor ihm saß Bacis, erhitzt, verliebt und verzweifelt. Das war das letzte Kapitel des Romans. Den Rest hätte Herr Aghios nicht mehr zu hören brauchen.

Bacis fuhr mit seiner Erzählung in einer gewissen Hast fort, er wollte zum Ende kommen. Nachdem sie ihn als Liebhaber zurückgewiesen hatte, entzog ihm Anna im weiteren Verlauf gewissermaßen auch ihre Liebe, ihre große Liebe, die sie nicht zuletzt durch ihre absolute Diskretion und durch ihre Ergebung in die ihr zugeteilte Rolle bewiesen hatte. Sie hinterging ihn sogar, indem sie sich Giovanni anvertraute. Giovanni, die treue Hundeseele, sprach mit Bacis und schlug ihm vor, das Mädchen mit einem jungen Knecht zu verheiraten, einem sturen Kerl, der wie geschaffen dazu schien, eine solche Rolle zu übernehmen.

«Das», sagte Bacis, «war vor neun Tagen.» Er zählte an seinen Fingern nach. «Ganz genau. Montag waren es acht Tage. Man möchte es nicht glauben! Damals war ich noch ein ganz anderer Mensch, denn ich dankte Giovanni und erklärte mich mit seinem Plan einverstanden. Aber noch am gleichen Abend trat bei mir eine Wandlung ein, als ich nämlich an die Tür des Mädchens klopfte und mir nicht geöffnet wurde. Ich rief nach ihr, sie kam bis an die Tür und sagte zu mir zweimal mit leiser Stimme: ‹Nein! Nein!› Ich mußte zurückkehren, die Hunde fletschten die Zähne, sie waren nicht darauf gefaßt, mich so rasch wiederzusehen, sie meinten, es sei jemand anderer. Ich legte mich nieder, konnte aber nicht einschlafen, und am nächsten Morgen fragte ich mich: Warum nur habe ich meinen Betrug nicht fortgesetzt? Warum habe ich ihr nicht einfach versprochen, sie zu heiraten, nur, damit sie mir die Tür öffne? So rückte für mich, ohne daß ich selber es wußte, die Entscheidung heran.

Am nächsten Morgen erzählte mir Giovanni, er sei mit Anna bereits einig geworden. Jetzt galt es, Anna so rasch wie möglich von der Hausarbeit loszubekommen und sie der Feldarbeit zuzuteilen, am rechten Flußufer, dort sollte sie neben Luigi arbeiten. Bei den Bauern geht das rasch. Das Gras ist weich, und so hätte man dem zu erwartenden Kinde noch zeitgerecht einen neuen Vater verschaffen können. Bei Tageslicht dachte ich nicht mehr daran, wie sehr ich in der Nacht gelitten hatte, und war einverstanden. Es war leicht, von Berta die notwendige Zustimmung zu erlangen, denn während der Weinlese brauchte man auf den Feldern weibliche Arbeitskräfte. Glücklicherweise aber wollte Berta, ich weiß nicht mehr aus welchem Grunde, ihre Cousine noch zwei Tage bei sich behalten. Eine einzige Nacht aber genügte, um mich erkennen zu lassen, was meine Pflicht war. Ich legte mich pfeifend zu Bett und dachte: Heute nacht wirst du vergeblich auf mich warten, und wenn du erst einmal einem anderen gehörst, werde ich alles vergessen und meinen Weg zum Reichtum und zur Unabhängigkeit beschreiten.»

Die Nacht aber war schrecklich. In der Finsternis tauchte Anna vor seinen Augen auf, so wie er sie während des Tages gesehen hatte, unterwürfiger denn je, sogar der armseligen Kleider beraubt, die er an ihr so bewunderte. In der Finsternis begriff er dieses arme Wesen ganz und gar und wie nie zuvor. Mit ihm, und vielleicht noch besser als er, begriff es auch Herr Aghios, der ihm zuhörte und fürchtete, seine Augen könnten sich mit Tränen füllen. Sie war nur mehr Mutter, Mutter ihres Kindes, sie hatte keinen anderen Gedanken mehr auf dieser Welt. Sie war bereit, sich Luigi hinzugeben, weil sie hoffte, auf diese Weise ihrem Kind ein Plätzchen auf der Welt zu sichern. Nicht aus freien Stücken gab sie sich dieser Umarmung hin, sondern er, Bacis, trieb sie in diese Umarmung. Sie würde gebären, würde wieder schön und liebebedürftig werden. Bacis wurde es gleich klar, daß es ihm, in seiner Stellung als Herr des Hauses, leichtfallen würde, sie wieder zu besitzen. Doch nicht darauf kam es ihm an, nicht das wollte er. Er knirschte mit den Zähnen bei dem Gedanken, daß dieser Knecht, dieser Luigi, sie ihm nehmen könnte. Es war nicht Eifersucht (er beteuerte es ausdrücklich Herrn Aghios gegenüber), aber er konnte nicht zulassen, daß dieser grobe Knecht über Annas Leben unumschränkt verfügen sollte. Was würde aus Anna werden, wenn sie einmal in die Hände eines solchen Individuums geriet? Jetzt wollte er, Bacis, derjenige sein, der sie in seine Arme nahm und liebevoll durchs Leben trug. Nun begehrte er sie nicht mehr. Nun liebte er sie.

«Wenn das Begehren sich anstaut, ändert es sein Aussehen und verwandelt sich in Liebe. Gar viele Dinge auf dieser Welt verwandeln sich, wenn sie sich anstauen», sagte Herr Aghios belehrend. Er fand nicht sofort einen Vergleich, und als er einen fand, war er nicht zufrieden mit ihm. «Sehen Sie, die gute Laune, die der Wein erzeugt, verwandelt sich in Trunkenheit.» Nachdenklich fügte er hinzu: «Allerdings stimmt es, daß das Verlangen stürmischer zu sein scheint als die Liebe, die das Ergebnis seiner Anstauung ist.»

«Ich weiß nicht», sagte Bacis achselzuckend. «Im Augenblick, und solange ich mit Anna nicht sprechen konnte, machte mich meine Liebe stürmischer als mein Verlangen. Wie es jetzt mit mir steht, weiß ich selber nicht. Ich sprang aus dem Bett, ich konnte keinen Augenblick länger in meinem elenden Zustand leben. Ich mußte mich vor Anna reinwaschen. Ich kleidete mich an und stieg aus dem Fenster. Die Hunde fletschten die Zähne, sie waren es nicht gewohnt, mich zu so später Stunde aus dem Hause kommen zu sehen. Aber es machte mir nichts aus, entdeckt zu werden; ich überquerte wie stets mit schwerem Schritt das Feld. Ich gelangte vor Annas Tür und klopfte an. Von innen flüsterte sie mir zu: ‹Warum kommst du? Du weißt doch genau, daß ich nicht kann.› Ich versuchte ihr den Grund meines Besuchs zu erklären. Ich wollte mit ihr nur sprechen. Sie aber glaubte mir nicht und erwiderte, weiterhin flüsternd, sprechen könne man auch bei Tage. Sie öffnete erst, als ich laut rief, ich würde die Tür mit der Schulter eindrücken, falls sie sich weiter weigere, sie zu öffnen. Da öffnete sie, aber unsere Unterredung verlief lange Zeit überaus heftig, sie glich mehr einem Kampf als einer liebevollen Umarmung. Ich überschüttete sie mit all den zärtlichen Worten, die sich in mir angesammelt hatten, sie aber glaubte mir nicht, denn ich verwendete, wie es scheint – und ohne es zu merken –, ganz ähnliche Worte wie früher, als ich noch in meinem Verlangen alle Mittel aufbot, sie mir so rasch wie möglich gefügig zu machen. Später erfuhr ich, daß noch ein anderer Grund sie an meinen Worten zweifeln ließ. Giovanni hatte sie, als er mit ihr sprach, davon überzeugt, daß es undenkbar sei, daß ein Herr wie ich einer Magd zuliebe auf all sein Glück verzichte. Sie glaubte mir erst, als ich mich anschickte, wieder fortzugehen, ohne von ihr etwas zu verlangen. Ich war ja nur gekommen, um sie von meiner Liebe zu überzeugen. Sie glaubte daher erst dann an meine Liebe, als sie bemerkte, daß ich kein anderes Verlangen in mir trug. Merkwürdig, wie?» Bacis trank und schwieg. Herr Aghios, durch den Weingenuß hartnäckig geworden, wollte seinen Standpunkt weiterhin verteidigen; Anna, so wollte er darlegen, habe erst in dem Augenblick erkannt, daß sie geliebt wurde, als sie fühlte, wie sehr sich das Verlangen in ihm angestaut hatte und daß keinerlei Hoffnung mehr bestand, es mit einer Umarmung befriedigen zu können. Er fand aber nicht die rechten Worte. Auch Bacis hatte viel getrunken. Seine Backen glühten, seine glatten blonden Haare waren ihm in die Stirn gefallen, von den Kopfbewegungen herabgeschüttelt, mit denen er seine Rede begleitete, als wolle er sie in einen Rhythmus pressen. Herr Aghios hatte Mitleid mit ihm, öffnete den Mund nicht mehr, bis Bacis mit mühsam beherrschter Stimme zu ihm sagte: «Ich glaube, wir können jetzt gehen und unseren Zug besteigen.»

«Es hat keine Eile», meinte Herr Aghios nach einem Blick auf die Uhr. Er zögerte eine Weile, dann aber fragte er gespannt: «Nun und? Wie ist die Sache ausgegangen?»

«Noch gar nicht», sagte Bacis. «Wenn ich damals in der Nacht Berta oder ihrem Vater begegnet wäre, dann hätte ich ihnen, um meine innere Ruhe, die ich aus meiner Unterredung mit Anna gewonnen hatte, vollkommen zu machen, meinen Entschluß sofort mitgeteilt, Anna und niemand anderen zu heiraten. Die ruhige Gewißheit allein, daß ich liebte, genügte mir noch nicht. Aber ich begegnete keinem von beiden. Ich sah sie erst bei Tageslicht wieder, und da war ich vorsichtig. Mein unterschiedliches Verhalten läßt sich vielleicht damit erklären, daß ich so lange Zeit gewohnt gewesen war, die Nacht der Liebe zu widmen und des Tages zu meinen Interessen zurückzukehren. Ich sagte ihnen bloß, daß ich einen Sprung nach Udine machen wollte, um meine Mutter zu besuchen, und fuhr sogleich nach Mailand.»

«Warum nach Mailand?» fragte Herr Aghios versonnen.

«Um mir die fünfzehntausend Lire wiedergeben zu lassen, die mir Bertas Vater als Vorschuß auf die Mitgift geliehen hatte», sagte Bacis erstaunt, daß sein Gesprächspartner sich daran nicht zu erinnern schien. «Wie wäre es denn möglich gewesen, Berta nicht zu heiraten, ohne vorher meine Schuld zu begleichen?»

Infolge des Weingenusses war Herr Aghios nicht mehr in der Lage, seine Gefühlsregungen zu verbergen, er begann herzlich zu lachen. Da waren sie also an einem Nachmittag zu dritt in einem Eisenbahnabteil gesessen und hatten alle drei Geldbeträge in ihren Taschen verborgen gehabt: Der Inspektor hundertfünfzigtausend Lire (vielleicht etwas weniger, denn er neigte zur Prahlerei), er selber nicht fünfzigtausend, sondern dreißigtausend Lire, und Bacis fünfzehntausend (falls es nicht bloß zehntausend waren). «In Banknoten?» fragte er, sobald das Lachen abebbte und er wieder sprechen konnte.

«Ich habe das Geld nicht bekommen», sagte Bacis traurig. «Weiß Gott, wann ich es bekommen werde. Mein Bruder Ugo, der es mir schuldet, kann es mir nicht zurückgeben, er ist selber im Begriff zu heiraten. Auch er hatte in der Zwischenzeit eine Liebesgeschichte, die der meinen sehr ähnlich ist.»

«Mit zwei Frauen?» fragte Herr Aghios, der nunmehr nur noch die unwichtigeren Details dieser Liebesgeschichten deutlich erfaßte. Gleich darauf dachte er: Das muß eine Familienkrankheit sein.

Seine spätere Erinnerung blieb, ebenso wie die unmittelbare Wahrnehmung, ungetrübt, und so vergaß er auch nicht, daß Bacis ihm erwidert hatte, es habe sich nur um eine einzige Frau gehandelt, die allerdings genügte, seinen Bruder an der Bezahlung seiner Schuld zu hindern. Gewiß! dachte Herr Aghios, der auch seine eigenen Erfahrungen nicht vergaß: Eine einzige Frau genügt, um vieles zu verhindern.

Schließlich bezahlte Herr Aghios die Rechnung. Zusammen mit dem Trinkgeld fünfzig Lire, für etwas kaltes Fleisch und Brot! Sie bestiegen den letzten Wagen des endlos langen Zuges. Es war der einzige Personenwagen. Herr Aghios fühlte sich auf seinen Beinen so sicher, daß er von dem sehr hohen Waggon wieder hinunterkletterte, um sich ein Reisekissen gegen eine Leihgebühr zu besorgen. Er zahlte und war schon im Begriff zurückzukehren, als ihm der gute Einfall kam, auch für seinen Reisegefährten ein Kissen mitzubringen.

Triumphierend erkletterte er wieder den Waggon. Von zwei Abteilen wählte er jenes, das ihm besser zusagte, und überreichte Bacis sein letztes Geschenk. Der würde sich stets der Gondelfahrt, des Nachtmahls und dieses Kissens erinnern, lauter Geschenke, die von einem Menschen kamen, den er zum erstenmal im Leben sah. Aber auch er, Aghios, würde Bacis, die dicke Berta und die schlanke Anna nie wieder vergessen. Auch Giovanni nicht, diese Menschenpflanze, die mit ihrem starken und nützlichen Dienerinstinkt überall gedeiht. Ja, als Herr Aghios sich niederlegte, dachte er nur noch an Giovanni und alle Giovannis, die er in seinem Leben kennengelernt hatte. Sie verzichten auf alle Reichtümer dieser Erde und identifizieren sich mit dem fremden Reichtum, an dem sie in bescheidenstem Maße teilhaben. Sie hoffen auf keine unvermutete Wendung, die sie zu eigenen Herren machen könnte, aber auch der durch mutige und unabhängige Initiative erworbene Reichtum ist für sie kein Vorbild. Sie klammern sich an ihren Herrn wie die Schlingpflanze an den Baum. In seinem schon von Schlaf umnebelten Geist sagte sich Herr Aghios, daß Darwin nicht alles erkannt habe. Die Menschheit ist nicht aus einer einzigen Tierart hervorgegangen, sondern aus jeder einzelnen Tierart hat sich eine bestimmte Art Mensch entwickelt. Alle Giovannis dieser Welt sind durch eine langsame Evolution aus jenen

Vögeln entstanden, die an den Ufern des Nils den Krokodilen die Zähne putzen. Vielleicht leiden die Krokodile an Karies, und die Nahrung, die diese Vögel sich holen, ist, gemessen an der Nahrung der Krokodile, weit reichlicher als diejenige, die die Herren den Giovannis überlassen.

Er war schon am Einschlafen, als ihn ein geradezu gebieterisch wohlwollender Gedanke wieder die Augen öffnen ließ. Er betrachtete seinen Reisegefährten. In dem trüben Licht, das im Abteil herrschte, sah er, daß der andere sich gleich ihm auf der gegenüberliegenden und zu der seinen parallel verlaufenden Bank ausgestreckt hatte, wobei sich seine leuchtend blonden Haare auf dem Kissen ausbreiteten. Nur bedeckte Bacis, zum Unterschied von ihm, Aghios, seine Augen mit den Händen. Vielleicht weinte er unter diesen Händen. Und Herr Aghios dachte: Siehe da, zwei Menschen. Ich habe in meiner Tasche das Doppelte (vielleicht das Dreifache) der Summe, die genügen würde, dem Mann dort aus seiner Not zu helfen. Ich kann ihm aber das Geld nicht geben, denn sonst müßte ich mindestens weitere drei Monate übermäßig hohe Zinsen zahlen. Kurz, ich will diese Zinsen nicht zahlen, dafür soll der dort leiden, Berta heiraten, sie und vor allem die arme Anna unglücklich machen, die man diesem tierischen Luigi in die Hände spielt, der von Giovanni, diesem exemplarischen Monstrum, diesem Ideal aller Diener, unterstützt wird.

«Hören Sie, Bacis!» rief er. Bacis ließ seine Hände von den Augen gleiten und sah ihn an. «Ich will mich nicht in Ihre Angelegenheiten einmengen, zumal ich nicht die Mittel habe, Ihnen zu helfen. Vorläufig ist aber auch nur eines dringend: Es muß verhindert werden, daß Anna einen übereilten Schritt tut. Es hat alles keine Eile. Das Kind ist noch lange nicht da. Warum vertrauen Sie sich nicht Ihrem Onkel an? Wenn man nicht zahlen kann, dann kann man eben nicht zahlen und zahlt auch nicht. Es ist lächerlich zu glauben, man habe sich verkauft, nur weil man sich zehntausend Lire oder (meinetwegen) fünfzehntausend Lire ausgeliehen hat. Man bleibt das Geld eben schuldig und bleibt gut Freund wie zuvor. Der andere rechnet sich die Zinsen aus, und er mag es ruhig tun. Irgendwann im Leben hat man schon einmal Glück, früher oder später. Dann zahlt man und ist danach noch freier als zuvor, wo man immerhin die Freiheit des eigenen Entschlusses hatte. Sie können unvermutet Glück haben, auch ich kann es haben. Es wäre sehr schön für Sie, wenn ich es hätte. Ich schwöre Ihnen, daß ich dann sofort zu Ihnen nach Torlano komme und Ihnen Ihre Verpflichtung abnehme. Ich besitze bare dreißigtausend Lire, auf der Bank in Triest natürlich –» er griff nach seiner Brusttasche –, «aber ich kann Ihnen nichts davon geben, nicht einmal einen Teil, denn ich brauche das ganze Geld gleich morgen. Ich muß es bei einem Notar deponieren, darum habe ich auch diese Reise unternommen, die, wäre ich Ihnen nicht begegnet, für mich sehr langweilig gewesen wäre.»

Der andere dankte mit halblauter Stimme und bedeckte wieder seine Augen mit den Händen, als wollte er sie vor dem Licht schützen. Herrn Aghios überkam eine große Bitternis. Es stimmte ja, daß er die erforderliche Geldsumme nicht hergeben konnte, aber es war doch schmerzlich, diese Reise, die er angetreten hatte, um seine guten Gedanken über die Lombardei, Venetien und Friaul zu verstreuen, jetzt (die Nacht galt der Ruhe und zählte nicht mehr zur Reise) mit einem Akt des Egoismus zu beschließen. Das war wie in gewissen frommen Legenden. Er war der Reiche, der andere der Arme, er war der Törichte, der andere (da er arm war) der Kluge, derjenige, der die Welt im rechten Lichte sah, diese Welt, auf der es ganz andere Werte zu verteidigen gilt als das schmutzige Geld.

Und noch etwas erfüllte ihn mit Bitterkeit. Hätte er seine Frau mit auf die Reise genommen, so hätte sich vielleicht alles regeln lassen. Er war der Geizige, der nur kleine Trinkgelder verteilte, seine Frau hingegen gab das Nötige ... wenn sie es richtig fand. Hätte er ihr die ganze Geschichte, so wie sie war, erzählt, vielleicht hätte sie sich rühren lassen. Man hätte dem armen Teufel dort die zehntausend Lire anbieten können (fünfzehntausend auf keinen Fall).

Er hielt es nicht länger aus. Er richtete sich auf, zog seine Visitenkarte aus der Tasche und gab sie Bacis. «Wenn Sie keinen anderen Ausweg finden, dann kommen Sie zu mir nach Triest oder schreiben Sie mir. Geben Sie nicht alle Hoffnung auf. Vorläufig halten Sie die arme Anna davor zurück, eine Dummheit zu begehen.»

Auch der andere richtete sich auf. Er tat es aber aus reiner Höflichkeit, ohne Überzeugung. Er murmelte: «Danke. Ich werde nach Triest kommen.» Dann legte er sich wieder hin und bedeckte seine Augen mit der Hand, als auch Herr Aghios Anstalten machte, sich wieder hinzustrecken.

VI
Venedig – Planet Mars

Herr Aghios fühlte sich nun ruhiger. Nur der Magen brannte ihm infolge des vielen Weins, den er getrunken hatte. Sein Gewissen aber war jetzt ruhig, als hätte er das Geld schon hergegeben. Im Grunde hatte er es tatsächlich gegeben, denn er wollte zusammen mit seiner Frau für Bacis in die Schranken treten. Jetzt war es an seiner Frau, sich gleichfalls richtig zu verhalten.

Er konnte aber nicht sofort einschlafen. Für einen vorsorglichen Menschen ist es unmöglich, in einem Zug einzuschlafen, der unmittelbar vor der Abfahrt steht. Für alle Fälle klammerte sich Herr Aghios fest an sein Kissen, das aber erforderte eine gewisse Anstrengung, und während einer solchen Anstrengung ist es nicht leicht, Schlaf zu finden. Endlich fuhr der Zug an. Er bewegte sich langsam und schwerfällig. Die Fortpflanzung der Bewegung von der Spitze bis zum Ende des Zugs erzeugte einen Riesenlärm, denn die einzelnen Waggons stießen in beunruhigender Weise aneinander. Herr Aghios richtete sich auf und lauschte. Um ihn zu beruhigen, murmelte Bacis, ohne die Hand von dem Gesicht zu nehmen: «Das kommt daher, weil dieser Zug keine Westinghouse-Bremse hat.»

Es bedurfte der besänftigenden Erklärung nicht mehr, denn der Zug verfiel jetzt in einen ruhigen Trott. Einen sehr ruhigen. Herr Aghios mußte sich nicht mehr anklammern, sondern konnte sich auf sein Kissen legen. In einem Zug, der so dahintrottete, würde man gewiß ruhig schlafen. Die Musik, die seine Bewegung erzeugte, war ausgesprochen rhythmisch und nicht so heftig wie bei einem Schnellzug. Ein richtiges Wiegenlied. Herr Aghios verfolgte diese Töne, besser gesagt, diese Töne folgten ihm in den Frieden, der dem Schlaf vorangeht. Der Schlaf kennt die verschiedensten Grade und erreicht den ersten und niedersten Grad, wenn die Sinne sich noch nicht von der Wirklichkeit gelöst haben. Durch die Augenlider hindurch spürte Herr Aghios den Schein des schwachen Lichts im Abteil, aber auch den Körper des Bacis, der, seine Augen mit der Hand bedeckend, weniger als einen Meter entfernt von ihm lag. Der Schlaf setzte ein, als die Musik dort draußen begann, irgend etwas auszudrücken. Sie sagte: Alles geht gut, alles geht gut. In Herrn Aghios regte sich nicht die geringste Lust, dieser monotonen Musik ein Ende zu machen. Es war so schön, beim Klang einer so schönen und wahren Botschaft einzuschlafen. Alles ging gut, in der Tat. Bacis war ihm zugetan, hatte er ihn doch sogleich beruhigen wollen, als beim Anfahren des Zuges diese undefinierbaren Geräusche eingesetzt hatten. Alles ging gut, man konnte den Tag beschließen.

Einmal noch wurde sein Schlaf unterbrochen. Die Ankunft in Mestre glich dem Weltuntergang. Es war, als führe eine riesige Maschine in einen Haufen von Eisenteilen. Erschrocken fuhr Herr Aghios auf. Bacis aber, das konnte er sehen, lag ruhig und reglos da, seine Hand immer noch auf dem Gesicht. Da ließ auch Herr Aghios den Kopf beruhigt wieder auf das Kissen zurücksinken und murmelte: «Der Zug hat keine Westinghouse-Bremse.»

Wann begann Herr Aghios zu träumen? Sicherlich nicht gleich nach der Abfahrt von Mestre, denn erst kurz vor Görz erwachte Herr Aghios, um vier Uhr früh; das ist eine lange Strecke, und der Traum wäre, hätte er früher begonnen, sicherlich längst vergessen gewesen, wie all jene Träume, die ohne Zweifel auch den tiefsten Schlaf verschönern. Es ist daher eher anzunehmen, daß der Traum erst während des Aufenthalts auf irgendeiner Station kurz vor Görz begann, als der Schlaf schon weniger tief war und irgendeine wachgewordene Zelle den Traum kontrollieren und festhalten konnte.

Und dann, wer weiß, ob der Traum ganz genau so gewesen war, wie Herr Aghios ihn in Erinnerung behielt. Sobald man aus einem Traum erwacht, setzt der analysierende Verstand ein, fügt ihn zusammen und ergänzt ihn. Es ist, als verfasse man einen Brief auf Grund eines Telegrammes. Der Traum gleicht einer Folge von Blitzlichtern, um daraus eine Geschichte zu bilden, müssen die Blitzlichter in ein kontinuierliches Licht verwandelt und muß auch das rekonstruiert werden, was man nicht gesehen hat, weil es nicht in den Lichtschein geriet. Kurz, die Erinnerung an einen Traum ist niemals der Traum selber. Dieser löst sich gleichsam in Staub auf.

Herr Aghios befand sich also auf der Fahrt zum Planeten Mars. Er lag auf einem Fahrgestell, das sich wie auf Gleisen durch den Raum bewegte. Er, Aghios, lag bäuchlings auf diesem Fahrgestell. Es hatte keinen Boden, Herrn

Aghios' Körper ruhte schmerzend auf den Räderachsen. Eine Achse lag quer unter seiner Brust, und die Tasche, die er dort hatte, wurde immer drückender. Unter ihm endloser Raum, und über ihm ebenfalls. Die Erde war nicht mehr zu sehen, der Mars noch nicht; er sollte ihn auch nie erblicken.

Herr Aghios fühlte sich sehr frei, viel freier als auf der Piazza San Marco, zu frei. Er blickte um sich und sah nichts als leuchtenden Raum. Wie sollte er von seiner Freiheit Gebrauch machen, wenn es ringsum nichts Versklavtes gab? Und wem sollte er seine Freiheit verkünden? Um sie richtig zu spüren, muß man sich ihrer rühmen können.

Selbst im Traum konnte es Herr Aghios nicht unterlassen, Betrachtungen anzustellen. Er dachte: Ich bin nicht allein, denn meine Freiheit ist bei mir. Das einzige, was mich belästigt, ist meine Brusttasche, sie drückt mich.

Je weiter man jedoch in den Raum vorstieß, desto einsamer fühlte sich Herr Aghios. Da er auf den Planeten Mars zusteuerte, dachte er in dem Gefühl der Allmacht, das der Träumer empfindet, er könne den Planeten nach seinem Willen formen. Er stellte sich diesen Planeten vor. Nun, er wollte ihn mit Wesen bevölkern, die zwar seine Sprache verstanden, deren Sprache aber er nicht verstand: So konnte er ihnen seine eigene Freiheit und Unabhängigkeit verkünden, während es ihnen nicht möglich war, ihn in ihre eigenen Geschichten und Sorgen hineinzuziehen, an denen es ihnen gewiß nicht fehlte.

Eine Stimme, die von der bereits sehr weit entfernten Abfahrtsstation zu ihm drang, fragte: «Willst du mich bei dir haben?» Es mußte seine Frau sein. Herr Aghios aber wünschte die Freiheit; er tat, als höre er nicht, ja, er preßte sich noch fester an sein Fahrgestell, um nicht gesehen zu werden. «Ich habe wohl irgendeinen Auftrag vergessen, den meine Frau mir gegeben hat.» Es ging weiter mit rasender Geschwindigkeit, die einem jedoch gar nicht bewußt wurde, da es weder Dinge noch Luft gab. Im Dahinsausen dachte er: Ich will, daß mein Sohn nicht allein bleibt.

Jetzt fragte ihn die schwache und ferne Stimme des Bacis: «Wollen Sie mich bei sich haben?»

Das Auftauchen des Bacis, dachte Aghios, würde ihn um alle Freiheit bringen. Mit diesem leidenschaftlichen Menschen könnte man doch über nichts anderes als über seine Angelegenheiten reden. Er hatte ihm bereits eine Gondelfahrt bezahlt, und es war ganz lächerlich, wenn er jetzt auch noch diese Reise auf Herrn Aghios' Kosten machen wollte. Auf den Planeten Mars fahren, nur um über Torlano zu reden? Das war nicht der Mühe wert.

Herr Aghios preßte sich noch fester an sein Fahrgestell, um weiterhin ungesehen zu bleiben.

Eine sanfte, musikalische, sehr nahe Stimme fragte: «Ich bin zur Reise bereit, wenn du mich mitnehmen willst.»

Im Traum bedeutet ein Wort und dessen Ton sogleich die ganze Person, die es ausspricht. Es war Anna, das blonde, großgewachsene Mädchen mit den süßen Formen, nur die Hände zeigten die Spuren der schweren Arbeit, an die sie gewöhnt waren. Es war jene Anna, die sich von der Aufrichtigkeit des Fleisches hatte täuschen lassen.

Herrn Aghios' väterliches Herz war bis ins Innerste gerührt. Er wollte sie mitnehmen, um sie von Berta und Giovanni fortzuführen, die sie erniedrigten, aber auch von Bacis, dem man nicht trauen konnte, von diesem Verräter, der sie mit der Aufrichtigkeit des Fleisches getäuscht hatte.

Und schon war sie bei ihm, auf dem Fahrgestell, war unter ihm, bedeckt mit jenen Lumpen, die bei ihr zur Zierde wurden, die schön wurden durch ihren zarten, jugendlichen Körper, den die werdende Mutterschaft noch nicht entstellte. Die blonden Haare flatterten in der Luft, die nun für sie da war, unter ihnen. Jetzt hätte ihn die Brusttasche nicht mehr schmerzen dürfen. Aber irgendein schweres Gewicht war trotzdem noch da. Vermutlich hatte Anna sich an ihn geklammert, um sich sicherer zu fühlen.

Man raste weiter, wortlos, während Herr Aghios dachte: Sie ist meine Tochter. Ich werde sie lehren, nicht mehr der Aufrichtigkeit des Fleisches zu trauen.

Offenbar war es der Motor des Fahrgestells, der jetzt ein so höllisches Geräusch erzeugte. Es erfüllte den ganzen Raum. Herr Aghios fragte sich: Warum nur muß meine Tochter so unter mir liegen? Ist es das Geschlecht? Ich will sie nicht. Und er schrie: «Ich bin der Vater, der gute, sittenreine Vater.»

Sogleich saß Anna fern von ihm, auf einer Kante des Fahrgestells, sie befand sich jetzt in größter Gefahr, konnte abgleiten und in den schrecklichen Raum stürzen. Aghios schrie: «Komm zurück, komm zurück, es zeigt sich, daß es auf diesem Gefährt eben nicht anders einzurichten geht.» Folgsam kehrte Anna zu ihm zurück, nahm die gleiche Stellung ein wie früher, ja eine noch bessere. Und der Raum war endlos, und darum mußte auch diese Stellung ewig währen.

Ein Krach! War man auf dem Planeten gelandet?

Es war tatsächlich, als wollte der Zug sich beim Anhalten selbst zerstören. Herr Aghios sprang auf. Er rang nach Atem, aber es gelang ihm, sich zu fassen. Das Fahrgestell, der Zug – das schuf eine unentrinnbare Verwirrung. Und eine nicht mindere Verwirrung schufen auch das Lustgefühl, das er eben noch empfunden hatte, und die Scham, die ihn jetzt erfüllte. Herrn Aghios' gütige Nachsicht aber war auch sich selber gegenüber unendlich: Ich habe keine Schuld daran, dachte er und lächelte schon wieder.

Er öffnete ein Fenster, Luft strömte herein; man konnte wieder atmen. Er sah ein leeres Feld: In einem Bauernhaus leuchtete ein regloses Licht. Obwohl immer noch vom tiefen Schlaf ermattet, ermüdet von seiner doppelten Reise, bemerkte Herr Aghios doch den leeren Platz, auf dem Bacis geruht, und die Stelle, wo sein Köfferchen gelegen hatte. Bacis hatte sich diskret entfernt, ohne ihn zu wecken. Görz mußte also schon hinter ihnen liegen.

Herr Aghios bettete seinen Kopf wieder auf das Kissen und dachte, ohne selbst daran zu glauben: Schade! Wäre er noch hier, ich würde ihm gleich die zehntausend Lire geben (nicht fünfzehntausend). Er lächelte! Es war so schön, am Zahlen gehindert zu sein. Gewissensbisse hatte er nicht. Dieses eindrucksvollste Abenteuer seines Lebens existierte ausschließlich in der einsamen Welt seiner Gedanken und hatte daher keine weitere Bedeutung. Trotzdem wollte er, falls Bacis zu ihm nach Triest käme, im Einvernehmen mit seiner Frau versuchen, ihm wirklich zu helfen.

Er verfiel in einen tiefen Schlaf, nachdem er auch noch das Kissen des Bacis unter seinen Kopf geschoben hatte. Er fühlte sich restlos wohl. Der Weinrausch war während der Fahrt durch die Sternenwelt verflogen und machte ihm keine Beschwerden mehr.

VII
Görz–Triest

Er erwachte, als der Morgen graute, abermals aufgerüttelt durch ein Anhalten des Zugs. Er sprang auf. Es war ein recht ansehnlicher Bahnhof. Görz!

Wo war denn dieser Bacis ausgestiegen? Aghios fand mit Leichtigkeit eine Theorie für dieses vorzeitige Verschwinden. Sicherlich hatte Bacis die Hoffnung aufgegeben, das nötige Geld von seinen Verwandten in Görz zu bekommen, und war schon in Udine ausgestiegen. Weiß Gott, was er jetzt tat! Vielleicht würde er sich doch noch entschließen, Berta zu heiraten, um als Herr des Hauses Anna besser beschützen zu können. Er sah diese ganze Geschichte jetzt aus so großer Distanz, daß er eine Kompromißlösung für möglich hielt. Anna war, im Grunde genommen, ein Liebesobjekt und mußte es auch bleiben. So ein liebes Ding! Die Lumpen, die sie so gut kleideten, sollte sie niemals ablegen.

Gegen sieben Uhr, als der Zug mit dem müden Trott eines nächtlichen Heimkehrers den Karst zu erklimmen begann, zog Herr Aghios aus Langeweile und weil er nicht wußte, was er sonst so allein tun sollte, die Brieftasche heraus und betastete das Banknotenbündel. Er lächelte, weil sein Tastsinn sich so leicht betrügen und ihm das Bündel magerer erscheinen ließ. Das kommt davon, wenn man allzu besorgt ist! Aber um sich ganz zu vergewissern, schloß er das Abteil ab, ließ den Vorhang herab und begann die Geldscheine sorgsam zu zählen. Es waren nur fünfzehn! Bacis hatte genau fünfzehn entwendet. Oh! Diese Kanaille!

Herrn Aghios' erste Regung war, die Notbremse zu ziehen. Er griff auch schon nach ihr, aber er war ein zaghafter Mensch, und der Gedanke an die Strafe, die er zu gewärtigen hatte, ließ ihn zögern. So gewann er Zeit zu überlegen. Welchen Zweck hatte es denn, diesen langsamen Zug anzuhalten, der bereits oberhalb von Barcola, einem Vorort von Triest, dahinschlingerte, während der Dieb doch auf einer unbestimmten Station vor Görz ausgestiegen und mit seiner Beute auf dem Weg nach Torlano war, das an keiner Bahnlinie lag? Gar keinen. Denn der Lokomotivführer würde sich ja doch nie bewegen lassen, die Route zu ändern und ihn mitsamt all diesen wackeligen Waggons in die Karnischen Alpen zu fahren.

Herr Aghios biß sich in die Finger. Zorn und Scham erfüllten ihn. Scham, weil er sich so hatte düpieren lassen. Adieu, Freiheitsgefühl des Reisens, adieu, Bereitschaft zur Güte. Er glich einer jener Gestalten, zu denen sich die schwarzen und drohenden Rauchwolken so eindrucksvoll verdichteten, er aber dachte an keine Wolken, an keine Hunde und auch an keine schönen Frauen mehr, auch nicht an die lieblichen Berge, die alle seine Reisebegleiter gewesen waren. Am Bahnhof von Tries.[13]

Die Novelle vom guten alten Herrn und vom schönen Mädchen

I

Zum Abenteuer des guten alten Herrn gab es ein Vorspiel, das aber fast unbemerkt von ihm verlief. Während einer kurzen Arbeitspause mußte er in seinem Büro eine alte Frau empfangen, die ihm ein junges Mädchen, ihre Tochter, vorstellte und anempfahl. Die einführenden Zeilen eines seiner Freunde hatten den beiden Zutritt zu ihm verschafft. Mit seinen Gedanken noch bei den Geschäften, denen er entrissen worden war, betrachtete der alte Herr etwas geistesabwesend das Billett und zwang sich, rasch hinter den Zusammenhang zu kommen, um diese Belästigung ebenso rasch wieder loszuwerden.

Die alte Frau hielt nicht einen Augenblick den Mund, doch er merkte sich, vielmehr erfaßte er nur wenige kurze Sätze: Das Mädchen sei kräftig und intelligent, es könne lesen und schreiben, aber besser lesen als schreiben. Dann kam ein Satz, der ihm auffiel, weil er so merkwürdig war: «Meine Tochter ist zu jeder Arbeit bereit, den ganzen Tag über, wenn ihr nur das bißchen Zeit für ihr tägliches Bad bleibt.» Endlich sagte die Alte den Satz, der die Szene zu einem raschen Ende brachte: Bei der Straßenbahn würden jetzt Frauen eingestellt, als Wagenführerinnen und Schaffnerinnen.

Kurz entschlossen schrieb der alte Herr ein paar Empfehlungszeilen an die Direktion der Straßenbahngesellschaft und entließ die beiden Frauen. Wieder bei seinen Geschäften, hielt er noch einen Augenblick inne und dachte: Weiß der Teufel, warum die Alte mir sagen wollte, daß ihre Tochter sich täglich wäscht? Er schüttelte den Kopf, mit überlegener Miene lächelnd. Dies zeigt, daß die alten Herren wirklich alt sind, wenn sie zu tun haben.

II

Ein Straßenbahnwagen fuhr durch die lange Sant'Andrea-Allee[1]. Die Wagenführerin, ein schönes, zwanzigjähriges Mädchen, hielt ihre dunklen Augen auf die breite, staubige, sonnenüberflutete Fahrbahn geheftet, und es machte ihr Spaß, den schweren Wagen in einem Tempo dahinrasen zu lassen, daß die Räder in den Weichen kreischten und der vollbesetzte Kasten fast aus den Schienen sprang. Die Allee war völlig leer. Trotzdem bearbeitete das junge Geschöpf die Vorrichtung, die die Warnklingel in Bewegung setzt, ununterbrochen mit ihrem kleinen, nervösen Fuß. Sie tat es nicht aus Vorsicht, sie war vielmehr so kindisch, daß sie es fertigbrachte, die Arbeit in ein Spiel zu verwandeln; sie hatte ihre helle Freude daran, so dahinzusausen und mit der erfindungsreichen Vorrichtung Lärm zu erzeugen. Alle Kinder schreien gerne beim Laufen. Sie war in bunte Fetzen gekleidet. Aber sie war so schön, daß sie wie verkleidet aussah. Eine rote, verschossene Jacke ließ ihren Hals frei, der im Vergleich zu dem etwas abgezehrten Gesichtchen kräftig schien, und man konnte deutlich die Vertiefung sehen, die von den Schultern zur Zartheit des Busens führte. Das blaue Röckchen war zu kurz, vielleicht weil man im dritten Kriegsjahr nicht mehr genug Stoff bekam. Ihr kleiner Fuß schien nackt in den Tuchschuhen zu stecken, und die blaue Mütze zerdrückte ihre schwarzen, nicht sehr langen Locken. Für sich betrachtet, mochte dieser Kopf etwas Jungenhaftes haben, aber schon die Art, wie sie ihn hielt, verriet Koketterie und Eitelkeit.

Auf der Plattform drängten sich so viele Menschen um die schöne Wagenführerin, daß sie nur mit Mühe die Bremshebel bedienen konnte. Auch unser alter Herr stand hier. Bei einigen besonders heftigen Sprüngen des Wagens mußte er mühsam die Balance halten, um nicht gegen die Fahrerin geschleudert zu werden. Er war sehr sorgfältig gekleidet, aber auch mit der Seriosität, die seinem Alter zukam. Wirklich eine vornehme und angenehme Erscheinung. Seine Wohlgenährtheit inmitten der vielen blassen und unterernährten Menschen wirkte noch nicht aufreizend, denn er war weder zu dick noch zu blühend. Der Farbe seines Haares und seines gestutzten Schnurrbarts nach hätte man ihn auf sechzig oder etwas darüber geschätzt. Er unternahm sichtlich nichts, um jünger zu erscheinen. Die Jahre können zwar der Liebe – an die er übrigens seit vielen Jahren nicht mehr gedacht hatte – abträglich sein, dafür begünstigen sie die Geschäfte, und er trug seine Jahre mit Stolz, fast möchte man sagen mit Jugendlichkeit.

Seine Vorsicht hingegen entsprach seinem Alter, und er fühlte sich gar nicht wohl in diesem zu solcher Geschwindigkeit angetriebenen riesigen Gefährt. Das erste Wort, das er an das Mädchen richtete, war eine Mahnung: «Signorina!»

Sie richtete bei dieser höflichen Anrede ihre schönen Augen auf ihn, nicht ganz sicher, ob sie gemeint sei. Der gute alte Herr fand an diesem leuchtenden Blick so großen Gefallen, daß seine Angst sogleich geringer wurde. Er verwandelte die Mahnung, die nach Tadel hätte klingen können, rasch in einen Scherz: «Ich lege gar keinen Wert darauf, ein paar Minuten früher im Tergesteum[2] zu sein.» Der gute alte Herr schien über seinen eigenen Scherz zu lächeln, und das mochten wohl auch die umstehenden Leute denken, in Wirklichkeit aber galt sein Lächeln dem – wie er glaubte – zugleich schelmischen und unschuldigen Mädchenauge. Schöne Frauen erscheinen zunächst immer intelligent. Tatsächlich ist eine schöne Farbe oder eine schöne Linie der Ausdruck absoluter Intelligenz.

Sie hörte seine Worte nicht, aber das Lächeln des alten Herrn, das keinen Zweifel an seiner wohlwollenden Gesinnung zuließ, beruhigte sie voll und ganz. Sie begriff, daß ihm das Stehen beschwerlich war, und machte ihm Platz, so daß er sich neben ihr an das Geländer lehnen konnte. Und die Fahrt ging, schwindelerregend, weiter bis zum Campo Marzio[3].

Da sah das Mädchen den guten alten Herrn an, als erbäte es seine Zustimmung, und meinte seufzend: «Von hier ab wird es schrecklich langweilig.» Tatsächlich fing der Wagen jetzt an, langsam und schwer über die Schienen zu rumpeln.

Verliebt sich ein wirklich junger Mann, dann löst die Liebe in seinem Hirn oft Reaktionen aus, die mit seiner Begierde bald nichts mehr zu tun haben. Wie viele junge Leute, die auf einem gastlichen Lager in aller Ruhe Befriedigung finden könnten, stellen nicht wenigstens ihr Haus auf den Kopf, weil sie sich einbilden, es sei unbedingt nötig, etwas zu erobern, zu schaffen oder zu zerstören, ehe man mit einer Frau zu Bett geht. Die alten Herren hingegen, von denen es heißt, daß sie vor den Leidenschaften besser geschützt seien, überlassen sich ihnen mit voller Bewußtheit und begeben sich ins Bett der Sünde mit der einzigen Vorsicht, sich dabei nicht zu verkühlen.

Einfach ist die Liebe freilich auch für die alten Herren nicht. Bei ihnen wird sie in den Beweggründen kompliziert. Sie wissen, daß sie sich entschuldigen müssen. Unser alter Herr sagte sich: Das ist mein erstes echtes Abenteuer seit dem Tode meiner Frau. In der Sprache der alten Herren ist ein Abenteuer dann echt, wenn auch das Herz mitspricht. Man kann sagen, daß ein alter Mann selten so jung ist, ein Abenteuer zu erleben, das nicht echt wäre, denn es handelt sich um eine Steigerung, die dazu dient, eine Schwäche zu verschleiern. So wie die Schwachen, wenn sie zum Schlag ausholen, nicht nur die Hand, den Arm und die entsprechende Schulter, sondern auch noch die Brust und die andere Schulter einsetzen. Infolge dieser erweiterten Anstrengung fällt der Schlag schwach aus, das Abenteuer aber büßt an Klarheit ein und wird gefährlicher.

Außerdem glaubte der alte Herr, was ihn besiegt habe, sei das Kinderauge des Mädchens. Wenn ein alter Mann liebt, geschieht es stets auf dem Umweg über die Väterlichkeit, und jede seiner Umarmungen ist ein Inzest und hat dessen herben Beigeschmack.

Ein dritter, wichtiger Gedanke kam dem alten Herrn, der sich so wunderbar sündig und jung fühlte: Die Jugend kommt wieder. So groß ist der Egoismus eines alten Mannes, daß seine Gedanken keinen Augenblick beim Liebesobjekt verweilen, sondern sofort zur eigenen Person zurückkehren. Er erinnert, wenn er eine Frau begehrt, an König David, der sich von jungen Mädchen die Jugend erhoffte.

Der alte Mann aus dem klassischen Lustspiel, der meint, es mit den Jungen aufnehmen zu können, dürfte heute, wenn es ihn überhaupt noch gibt, höchst selten sein. Mein alter Herr jedenfalls setzte seinen inneren Monolog folgendermaßen fort: Diese Kleine werde ich kaufen ... falls sie zu kaufen ist.

«Das Tergesteum! Steigen Sie nicht aus?» fragte die Kleine, bevor sie den Wagen wieder in Bewegung setzte. Der gute alte Herr sah verlegen auf die Uhr. «Ich werde noch ein Stückchen mitfahren», meinte er.

Es waren nicht mehr so viele Leute im Wagen, und der alte Herr hatte keinen Vorwand mehr, so nahe bei dem Mädchen zu bleiben. Er richtete sich auf und drückte sich in eine Ecke, von wo aus er sie bequem betrachten konnte. Sie mußte spüren, daß sie beobachtet wurde, denn sobald die Schalthebel sie nicht in Anspruch nahmen, blinzelte sie neugierig zu ihm hinüber.

Er fragte sie, seit wann sie diesen anstrengenden Beruf ausübe. «Seit einem Monat!» Gar so anstrengend sei er nicht, sagte sie, gerade als sie ihren ganzen kleinen Körper in einen Hebel verwandeln mußte, um die mechanische Bremse zu betätigen, nur manchmal sehr langweilig. Das wirklich Schlimme aber sei die ungenügende Bezahlung. Ihr Vater arbeite zwar noch, doch bei den Lebensmittelpreisen sei es schwer auszukommen. Immer noch auf ihre Hebel konzentriert, sprach sie ihn mit seinem Familiennamen an: «Wenn Sie wollten, wäre es für Sie ein leichtes, mir etwas Besseres zu verschaffen.» Und gleich darauf sah sie ihn an, um die Wirkung ihrer Bitte von seinem Gesicht abzulesen.

Die unerwartete Nennung seines Namens brachte den guten alten Herrn etwas aus der Fassung. Der Name eines Alten ist immer ein wenig alt und verpflichtet daher seinen Träger. Er verbannte jede Spur von Anspannung aus seinem Gesicht, die seine Begierde hätte verraten können. Daß die Kleine seinen Namen kannte, schien ihm weiter nicht verwunderlich, denn damals hatten fast alle begüterten Familien die Stadt verlassen, und die wenigen, die geblieben waren, fielen daher um so mehr auf. Er sah in eine andere Richtung und sagte sehr ernst: «Jetzt ist das etwas schwierig! Aber ich werde daran denken! Was können Sie denn?» Sie konnte lesen, schreiben und rechnen. An Sprachen konnte sie nur Triestinisch und Friaulisch[4].

Ein altes Weib aus den unteren Volksschichten, das gleichfalls auf der Plattform stand, lachte hell auf: «Triestinisch und Friaulisch! Ha! Das ist gut!» Das junge Ding lachte mit, während das Lachen des alten Herrn, der immer noch krampfhaft bemüht war, seine innere Erregung zu verbergen, falsch klang. Das alte Weib, dem es sichtlich Vergnügen machte, mit einem so vornehmen Herrn ins Gespräch zu kommen, hörte nicht mehr auf zu plappern, und er ging darauf ein, um leichter Gleichgültigkeit vortäuschen zu können. Endlich ließ das Weib die beiden allein. Sogleich platzte der alte Herr heraus: «Um welche Zeit sind Sie frei?»

«Um neun Uhr abends.»

«Gut!» sagte er. «Kommen Sie heute abend zu mir, denn morgen habe ich keine Zeit.» Er nannte ihr seine Adresse, die sie zwei-, dreimal wiederholte, um sie nicht zu vergessen.

Die alten Herren haben es eilig, denn sie unterliegen dem Gesetz der Natur, das dem Alter Schranken setzt. Dieses Rendezvous, das mit der Miene des Wohltäters und Beschützers verlangt und mit der gebotenen Dankbarkeit gewährt wurde, versetzte den alten Herrn in freudige Erregung. Wie glücklich sich die Dinge doch entwickelten!

Die alten Herren lieben aber auch Klarheit in den Geschäften, und er konnte sich immer noch nicht entschließen, diese Plattform zu verlassen. An seinem Glück zweifelnd, fragte er sich bange: Genügt das? Müßte nicht noch etwas dazukommen? Und wenn sie wirklich glaubte, sie sei eingeladen worden, um ein Empfehlungsschreiben für eine Anstellung abzuholen? Er wollte die Zeit bis zum Abend nicht in unnötiger Aufregung verbringen und wäre seiner Sache gern sicherer gewesen. Wie aber das richtige Wort finden, ohne seinen angesehenen Namen vor diesem jungen Geschöpf zu kompromittieren, falls sie von ihm allen Ernstes nur eine Stellenvermittlung erwartete? Im Grunde handelte es sich um eine Situation, in die er auch in jüngeren Jahren hätte geraten können. Aber er war alt! Die Jungen finden mit etwas Erfahrung, ja, sogar ganz ohne Erfahrung, die richtige Methode, die Alten dagegen sind desorganisierte Liebhaber. Ihrem Liebesmechanismus fehlt mindestens ein Rädchen.

Schließlich erfand der alte Herr nichts, sondern erinnerte sich. Er erinnerte sich, wie er als Zwanzigjähriger, also vor gut vierzig Jahren, das heißt lange vor seiner Heirat, gegenüber einer Frau (viel älter als die hier auf der Plattform), die ihm unter irgendeinem Vorwand und vor Dritten bereits versprochen hatte zu kommen, leise, aber mit erregter Stimme seine Einladung wiederholt hatte: «Werden Sie kommen?» Das hätte auch jetzt genügt. Hier jedoch sah ihm die Straße, die die Liebe der Jungen beneidet und die der Alten verspottet, zu, und daher durfte seine Stimme keine Erregung verraten.

Während er ausstieg, sagte er zu der Kleinen: «Ich erwarte Sie also heute abend um neun.» Nachträglich entdeckte er, daß seine Stimme – wegen der Straße oder wegen der Begierde – doch gezittert hatte. Das fiel ihm aber nicht sofort auf, und als die Kleine, ihren Blick für einen Moment von den Schienen ab- und ihm zuwendend, «ich komme bestimmt» sagte, schien es ihm zunächst, daß ihre Zusage dem Wohltäter gelte. Dann aber, als er die Sache überdachte, war alles genauso klar wie vor vierzig Jahren. Im Aufblitzen ihres Auges war etwas Listiges gewesen, so wie in seiner Stimme eine bange Begier. Er war sicher, daß sie sich verstanden hatten. Mutter Natur gewährte ihm gütig noch einmal, ein letztes Mal, zu lieben.

III

Der alte Herr begab sich beschwingten Schrittes zum Tergesteum. Er fühlte sich sehr wohl, der gute alte Herr. Vielleicht hatte ihm das alles schon viel zu lange gefehlt. Im Drange seiner Geschäfte hatte er etwas vergessen, was sein noch jugendlicher Organismus tatsächlich brauchte. Da er sich so wohl fühlte, konnte er nicht daran zweifeln.

Er kam zu spät ins Tergesteum. Daher mußte er ans Telefon eilen, um das Versäumte nachzuholen. Eine halbe Stunde lang gehörte er wieder ganz den Geschäften. Auch diese Ruhe war für ihn ein Grund zur Zufriedenheit. In seiner Jugend, erinnerte er sich, bedeutete die Erwartung so viel Qual und Lust, daß später der erhoffte Genuß dagegen verblaßte. Seine jetzige Gelassenheit hielt er für einen Beweis von Stärke, aber darin täuschte er sich gewiß.

Nach Erledigung seiner Geschäfte begab er sich in das Hotel, in dem er zu speisen pflegte, wie viele andere Wohlhabende auch, die so die Vorräte zu Hause schonten. Während des Gehens prüfte er sich weiter. Sein Begehren war männlich ruhig, aber ungeschwächt. Er hatte keinerlei Bedenken, und er erinnerte sich nicht einmal mehr daran, daß in seiner Jugend derartige Abenteuer – schließlich war er ein feinfühliger Mensch – jedesmal alle Probleme von Gut und Böse in seiner Brust aufgerührt hatten. Jetzt hatte der Fall für ihn nur eine Seite, und ihm schien, daß das, was er sich nahm, ihm auch zustehe, und sei es als Entschädigung für die lange Zeit, in der er Freuden dieser Art hatte entbehren müssen. Im allgemeinen darf es für gewiß gelten, daß die meisten alten Leute überzeugt sind, viele Rechte – und nur Rechte – zu besitzen. Da sie wissen, daß keine Erziehung sie mehr erreichen kann, glauben sie, ganz so leben zu dürfen, wie ihr Organismus es verlangt. Der gute alte Herr setzte sich an den Tisch, mit einem Wunsch zuzugreifen, der ihn an die wahre Jugend erinnerte. Er dachte selig: Die gute und schöne Kur beginnt.

Als er am späten Nachmittag das Büro verlassen hatte und am Kai und auf der Mole[5] spazierenging, um sich die unausgefüllte Wartezeit zu Hause zu ersparen, meldeten sich gleichwohl leise moralische Bedenken, die sich nicht spurlos verscheuchen ließen. Sie hatten jedoch keinerlei Einfluß auf den weiteren Gang der Ereignisse, denn er tat – wie alle Alten und Jungen – das, was ihm gefiel, trotz besserer Einsicht.

Der sommerliche Sonnenuntergang war hell und blaß. Das schwer, müde und unbewegt daliegende Meer wirkte farblos im Vergleich zu dem immer noch leuchtenden Himmel. Man konnte deutlich die Linien der Berge sehen, die sich zur friaulischen Ebene hinabsenken. Man konnte sogar die Hermada-Höhe[6] erkennen, und man fühlte, wie die Luft von den ununterbrochenen Kanonenschüssen vibrierte.

Immer wenn der Krieg dem alten Herrn vor Augen trat, zog sich sein Herz zusammen, und er mußte daran denken, daß er durch den Krieg soviel Geld verdiente. Der Krieg brachte ihm Reichtum und Verworfenheit. An diesem Tag dachte er: Und ich versuche ein Mädchen des Volkes zu verführen, das dort leidet und blutet. Er war längst die Gewissensbisse gewöhnt, die die guten Geschäfte ihm verursachten, und er fuhr fort, gute Geschäfte zu machen, den Gewissensbissen zum Trotz. Die Rolle des Verführers aber war ihm neu, und so empfand er auch den moralischen Widerstand in sich neu und intensiv. Neue Untaten lassen sich nicht so leicht mit den eigenen hochmoralischen Überzeugungen in Einklang bringen, und es bedarf einiger Zeit, bis die einen friedlich neben den anderen bestehen können, aber das ist kein Grund zu verzweifeln. Hier auf der Mole indessen, angesichts der Hermada, die in Flammen stand, gab der gute alte Herr seine Absicht auf. Er wollte seinem jungen Mädchen eine gesunde Arbeit verschaffen und für sie nichts anderes sein als ein Wohltäter.

Die vereinbarte Stunde war fast da. Der moralische Kampf hatte ihm die Aufgabe, sie zu erwarten, wesentlich erleichtert. Der Vorsatz, den Wohltäter zu spielen, begleitete den guten alten Herrn nach Hause und ließ ihn weiterhin mit dem Schritt des Eroberers ausschreiten, mit dem er am Morgen von der Plattform der Straßenbahn gestiegen war.

Auch zu Hause änderte sich sein Entschluß nicht, nur die Handlungen standen in Widerspruch dazu. Dem Mädchen ein kleines Souper anzubieten, war nicht mehr Werk eines Wohltäters. Er öffnete Konserven mit köstlichen Speisen und bereitete ein exquisites kleines kaltes Abendessen. Zwischen zwei Kristallgläser stellte er eine Flasche Champagner auf den Tisch. Nur deshalb, weil ihm die Zeit lang wurde.

Dann kam das junge Ding. Sie war weit besser gekleidet als am Morgen, aber das war nicht entscheidend, denn begehrenswerter konnte sie nicht werden. Angesichts der Delikatessen und des Champagners nahm der alte Herr eine väterliche Haltung ein, was sie aber gar nicht bemerkte, da ihr unschuldiger Blick unverwandt auf das gute Essen gerichtet war. Er sagte, er wolle dafür sorgen, daß sie etwas Deutsch lerne, das sie für die Anstellung brauche, und da sprach sie einen Satz, der entscheidend wurde. Sie sei, so erklärte sie, bereit, den ganzen Tag zu arbeiten, wenn sie nur die halbe Stunde erübrigen könne, die sie für ihr Bad brauche.

Der alte Herr begann zu lachen: «Wir kennen uns also schon seit langer Zeit? Sie sind doch das junge Mädchen, das mit seiner Mutter zu mir gekommen ist ... Wie geht es der lieben Frau Mama?»

Der Satz war wirklich entscheidend, vor allem, weil der alte Herr auf diese Weise erfuhr, daß sie einander längst kannten. Die Dauer gibt einem Abenteuer einen seriösen Anstrich. Und dann ist auch die Gewißheit, daß jemand täglich ein Bad nimmt, besonders für einen alten Herrn von offensichtlicher Bedeutung. Spätestens jetzt hätte er, wenn er darüber nachgedacht hätte, den Grund erkennen können, warum die Mutter des Mädchens damals das Bad erwähnt hatte. Seine Wohltäterpose verschwand. Er sah ihr lachend in die Augen, fast als wollte er über seine eigenen moralischen Bemühungen lachen, ergriff ihre Hand und zog sie an sich.

Danach hätte der alte Herr gern sofort seine Haltung eines Wohltäters wieder eingenommen. Welchen Zweck hatte es noch, die widerwärtige Haltung des Verführers zu bewahren? Er besaß genügend Geschmack, nicht mehr von einer Anstellung zu sprechen. Statt dessen gab er ihr rasch Geld. Dann, nach kurzem Zögern, überreichte er ihr eine weitere, gesonderte Summe, die für die liebe Frau Mama bestimmt war. Um wohltätig zu erscheinen, muß man doch auch jenen etwas geben, die es nicht verdient haben. Wahr ist jedenfalls, daß die alten Herren mit dem Geld immer nur ratenweise herausrücken, im Gegensatz zu den Jungen, die mit einem Griff ihre Tasche leeren, auch wenn sie es später vielleicht bereuen.

So fiel dem Mädchen die schwierige Aufgabe zu, das Geld zweimal in Empfang zu nehmen und zweimal so zu tun, als wolle sie es nicht annehmen. Das erste Mal fällt es leicht, das bleibt keiner erspart. Aber das zweite Mal? Sie vermochte keine neuen Variationen zu erfinden und wiederholte mechanisch die gleichen Worte und Gesten wie beim erstenmal. Auch beim drittenmal hätte sie gesagt: «Geld? Nein, das will ich nicht!» Und sie hätte es genommen und dabei erklärt: «Aber ich habe dich doch lieb!» Nach dem zweitenmal war sie etwas verwirrt, und der alte Herr schrieb diese Verwirrung ihrer Uneigennützigkeit zu. Es kann aber auch sein, daß sie den Verdacht hatte, der erhaltene Betrag sei klein und werde zweigeteilt, um ihn größer erscheinen zu lassen.

Dieses so einfache Abenteuer nahm in dem erregten Geist des guten alten Herrn kompliziertere Formen an. Das ist Schicksal! Wenn ein alter Mann auch zahlt, weil er weiß, daß ihm die Liebesgunst nicht mehr geschenkt werden kann, verfälscht er, so oder so, die Liebesabenteuer am

Ende doch und verdient bald das Gelächter Beaumarchais' und Rossinis Musik. Mein guter alter Herr, der doch so intelligent war, lachte keineswegs über die so unbeholfenen Worte des jungen Mädchens. Das Abenteuer sollte «echt» bleiben, und er wirkte bereitwillig an der Fälschung mit. Die Kleine war so reizend, daß keines ihrer Worte als Mißton empfunden werden konnte. Diese Verfälschung war nicht ohne Bedeutung, allerdings nur für die seelische Verfassung des alten Herrn. Nach außen hin hatte sie lediglich zur Folge, daß sich diese erste Zusammenkunft – wie dann auch die späteren – etwas länger hinzog. Hätte sich der alte Herr so benehmen können wie er wollte, er hätte das Mädchen rasch verabschiedet, denn die unmoralischen Anwandlungen sind bei alten Herren von kurzer Dauer. Aber eine liebende Frau kann man nicht so rasch abfertigen. Dabei machte er sich keine Illusionen: Die Kleine liebt den Luxus meines Büros, meiner Wohnung, meiner Person. Vielleicht gefallen ihr auch meine sanfte Stimme und meine feinen Manieren. Sie liebt mein Zimmer hier, in dem es so viele gute Speisen gibt. Sie liebt so viele meiner Dinge, daß sie ein wenig auch mich selbst lieben kann. Das Angebot der Liebe ist ein wunderschönes Kompliment und man findet Gefallen daran, auch wenn man nichts damit anzufangen weiß. Im schlimmsten Fall ist es immer noch soviel wert wie die Adelstitel von Leuten, die mit Ochsen handeln – und die sind bekanntlich nicht wenig stolz darauf. Sie sagte ihm, aber ohne daraus ein Drama machen zu wollen, daß er ihr erster Liebhaber gewesen sei. Und er glaubte es. Kurz, der gute alte Herr mußte sich zurückhalten, ihr nicht noch ein drittes Mal Geld anzubieten. Er sonnte sich so in den angenehmsten Vorstellungen, daß er sich verletzt fühlte, als sie ihm erklärte, sie möge die jungen Burschen nicht, sondern ziehe die alten Herren vor. Es war ein böses Erwachen, sich als alt bezeichnet zu hören, und ein Schmerz, sich für diese liebenswürdige Erklärung auch noch dankbar verneigen zu müssen. Doch ansonsten war die Zusammenkunft, auch als sie nicht mehr so amourös verlief, für den guten alten Herrn durchaus keine Qual. Das Mädchen war vollauf damit beschäftigt, das ihm angebotene Souper zu vertilgen, und so konnte er sich bequem ausruhen.

Nichtsdestoweniger war er froh, als sie ging und er allein blieb. Er war Gespräche mit ernsthaften Leuten gewohnt und konnte das leere Geschwätz des schönen Mädchens auf die Dauer nur schwer ertragen. Man mag dem entgegenhalten, daß es ernsthaftere Leute als meinen alten Geschäftsmann gibt, Künstler, Denker, die in ihren jungen Jahren mit dem größten Vergnügen das Geplapper eines schönen Mundes ertragen. Aber da sieht man eben, daß die alten Herren in gewisser Hinsicht viel ernsthafter sind als die ernsthaftesten jungen Männer.

Gedankenvoll ging der gute alte Herr zur Ruhe. Im Bett sagte er sich: Denken wir nicht mehr daran. Vielleicht sehe ich sie nie wieder. Er war seiner eigenen Liebe so wenig sicher, daß er mit dem Mädchen vereinbart hatte, er werde es zur nächsten Zusammenkunft schriftlich einladen. Es genügte also, nicht zu schreiben, und er wurde wieder der tugendhafte Mann, der er stets gewesen war.

Kurz vor dem Einschlafen fühlte er sich von Durst geplagt. Er hatte zuviel getrunken und zu stark gewürzte Speisen gegessen. Er rief seine Haushälterin und erhielt ein Glas Wasser und einen vorwurfsvollen Blick. Sie war nicht mehr ganz jung und hatte immer gehofft, einmal die Frau des Hauses zu werden. Später hatte sie sich die Zurückhaltung des alten Herrn mit seinem Standesdünkel erklärt und sich damit abgefunden, denn man wird ohne eigene Schuld in dem einen oder anderen Stand geboren. Nun aber hatte sie das Mädchen beim Fortgehen für einen kurzen Augenblick sehen können. Da mußte sie erkennen, daß der Standesdünkel den guten alten Herrn von nichts abhielt. Sie empfand das wie eine regelrechte Ohrfeige. Man mag einwenden, daß auch die Eigenschaften, die einen mehr oder weniger begehrenswert machen, von eigenem Verschulden oder Verdienst unabhängig sind. Sie aber glaubte, diese Eigenschaften zu besitzen, und so war der alte Herr schuldig, weil er sie nicht bemerkte.

IV

Die Zeilen, mit denen der alte Herr das Mädchen wieder zu sich lud, wurden schon ein paar Tage später geschrieben, weit früher, als er es an jenem Abend beim Zubettgehen vorgesehen hatte. Er schrieb ihr lächelnd, mit sich selbst zufrieden. Außerdem versprach er sich von dem zweiten Beisammensein noch reicheren Genuß. Aber es verlief genauso wie das erste. Als er das junge Mädchen verabschiedete, war er ebenso vorsichtig wie das erste Mal und vereinbarte wiederum, daß sie seine neuerliche Einladung abwarten solle. Die Einladung zur dritten Zusammenkunft erfolgte noch rascher, die Verabschiedung aber war die gleiche. Er brachte es nie fertig, das nächste Treffen sofort festzusetzen. Denn der gute alte Herr war immer glücklich: wenn er das Mädchen einlud und wenn er es entließ, das heißt, wenn er sich vornahm, zur Tugend zurückzukehren. Hätte er das nächste Beisammensein sogleich beim Abschied festgesetzt, dann wäre diese Rückkehr zur Tugend weniger vollkommen gewesen. So dagegen fühlte er sich in keiner Weise kompromittiert, und sein Leben blieb geregelt und tugendhaft – mit Ausnahme einer ganz kurzen Unterbrechung.

Von diesen Zusammenkünften wäre weiter nicht viel zu berichten, hätte den alten Herrn nicht nach einiger Zeit eine unsinnige Eifersucht erfaßt. Unsinnig nicht wegen ihrer Heftigkeit, sondern wegen ihrer Seltsamkeit. Nämlich:

Sie regte sich nicht, wenn er dem jungen Mädchen schrieb, denn das war der Augenblick, in dem er sie den anderen wegnahm; auch nicht, wenn er sie entließ, denn das war der Augenblick, in dem er sie bereitwillig und ohne Einschränkung den anderen übergab. Die Eifersucht verband sich vielmehr in Raum und Zeit genau mit der Liebe. Sie gab der Liebe Bedeutung und machte das Abenteuer «echter» denn je. Eine Wonne und ein unbeschreiblicher Schmerz. Von einem bestimmten Augenblick an setzte sich in ihm die Idee fest, das Mädchen habe bestimmt noch andere Liebhaber, und alle jung – so wie er alt war. Er beklagte das für sich (und wie!), aber auch für das Mädchen, weil es sich dadurch jede Möglichkeit zu einem anständigen Leben verscherzen konnte. Wehe, wenn es anderen ebenso vertrauen würde wie ihm. Die Eifersucht machte ihm seine eigene Schuld bewußt. Um sein eigenes unmoralisches Beispiel wettzumachen, verfiel der alte Mann in die Gewohnheit, ihr Moral zu predigen, und zwar gerade dann, wenn er sie in die Arme nahm. Er setzte ihr auseinander, was für Gefahren ihr aus leichtfertigen Liebschaften erwachsen könnten.

Das Mädchen beteuerte, daß es nur einen einzigen Mann liebe: ihn. «Also schön!» rief der alte Herr, durch die Liebe wie durch die Moral veredelt. «Solltest du dich, um zur Tugend zurückzukehren, entschließen, mich nicht mehr wiederzusehen – ich wäre glücklich darüber.» Darauf antwortete das Mädchen nicht, und zwar aus guten Gründen. Für sie war das Abenteuer ein so klarer Fall, daß sie sich außerstande fühlte, zu lügen wie er. Im Augenblick bestand kein Anlaß, diese Beziehung aufzugeben. Übrigens wurde es ihr auch leichtgemacht zu schweigen, solange er sie mit Küssen bedeckte. Sobald er aber freimütiger wurde und von anderen Liebhabern sprach, die er ihr zuschrieb, fand sie die Sprache wieder: Wie könne er nur so etwas glauben? Erstens durchquere sie die Stadt nur mit der Straßenbahn, ferner werde sie von ihrer Mutter bewacht, und außerdem wolle von ihr Ärmsten niemand etwas wissen. Und schon flossen ein paar Tränen. Das ist eine schlechte Rhetorik, die so vieler Argumente bedarf, aber indessen schwanden dem alten Herrn Liebe und Eifersucht, und man konnte sich wieder dem Souper zuwenden.

Daraus kann man ersehen, mit welcher Regelmäßigkeit alte Herren funktionieren. Bei den Jungen ist jede Stunde ungeordnet, von den widersprüchlichsten Gefühlen erfüllt, während bei den Alten jedes Gefühl seine genaue Stunde hat. Das Mädchen zeigte sich dem alten Herrn gefügig. Wenn er sie wollte, kam sie; sie ging weg, wenn er sie nicht mehr wollte. Sie unterhielten sich, dann kam die Liebe an die Reihe, und schließlich speisten sie in bester Laune miteinander.

Vielleicht aß und trank der alte Herr zuviel. Als müsse er seine Kraft beweisen.

Ich möchte nicht unbedingt sagen, daß der alte Herr deswegen erkrankte. Es ist klar, daß ein Übermaß an Jahren weit gefährlicher ist als ein Übermaß an Wein, an Speisen und auch an Liebe. Mag sein, daß eins das andere ungünstig beeinflußt, aber nicht einmal das will ich fest behaupten.

V

Er hatte sich geruhsam ins Bett gelegt, so wie an jedem Abend und besonders an den Abenden, an denen das Mädchen, nachdem es alles Angebotene vertilgt hatte, endlich weggegangen war.

Er schlief rasch ein. Er erinnerte sich später, daß er geträumt hatte, aber so verworren, daß er sich auf nichts mehr besinnen konnte. Irgendwie war es gewesen, als hätten viele Menschen um ihn herumgestanden, die schrien und mit ihm und untereinander diskutierten. Dann hatten sich alle entfernt, und er hatte sich benommen auf ein Sofa gelegt, um auszuruhen. Da gewahrte er auf einem Tischchen, genau in der Höhe des Sofas, eine dicke Maus, die ihn mit ihren kleinen, funkelnden Augen ansah. Es war ein Lachen in diesen Augen, genauer ein Hohnlachen. Die Maus verschwand, zu seinem Schrecken aber mußte er feststellen, daß sie in seinen linken Arm eingedrungen war, sich wütend zu seiner Brust vorwühlte und ihm unerträglichen Schmerz bereitete.

Keuchend erwachte er, schweißbedeckt. Es war ein Traum gewesen, aber etwas Wirkliches blieb zurück: der unerträgliche Schmerz. Das, was den Schmerz verursachte, nahm sogleich eine neue Gestalt an. Es war keine Maus mehr, sondern ein Degen, den man in seinen Oberarm gestoßen hatte und dessen Spitze bis zum Brustbein reichte; sie war gekrümmt, nicht scharf geschliffen, sondern rauh und vergiftet, denn alles, womit sie in Berührung kam, begann zu schmerzen. Er durfte weder atmen noch sich rühren. Bei der geringsten Bewegung hätte der Degen zerbrechen und ihn zerfetzen können. Er schrie und wußte es, denn die Anstrengung, sich vernehmbar zu machen, zerriß ihm fast die Kehle, aber er war nicht sicher, ob er die Laute auch hörte, die er hervorstieß. Es gab so viele Geräusche in dem leeren Zimmer. Leer? In diesem Zimmer war der Tod. Von der Decke senkte sich eine tiefe Finsternis auf ihn herab, eine Wolke, die ihm, sobald sie ihn erreichte, auch den knappen Atem, der ihm gerade noch geblieben war, nehmen, ihn für immer von allem Licht trennen und ihn den elenden, schmutzigen Dingen zugesellen würde. Die Finsternis kam langsam näher. Wann würde sie ihn erreichen? Oh! Gewiß! Sie konnte sich auch von einem Moment zum anderen ausbreiten, ihn umfangen, ihn in einem einzigen Augenblick ersticken. So also war der Tod beschaffen, um den er von Kindheit an wußte? So hinterhältig und von so großem Schmerz begleitet? Er fühlte, wie die Tränen aus seinen Augen flossen. Er weinte vor Entsetzen und nicht, um Erbarmen zu erflehen, denn er wußte, es gab kein Erbarmen. Und das Entsetzen war so groß, daß er sich frei von Schuld und Sünde fühlte. Er wurde auf solche Weise erdrosselt – er, der so gut, so sanft und so wohltätig war.

Wie lange dauerte das Entsetzen? Er hätte es nicht zu sagen vermocht und hätte meinen können, daß es die ganze Nacht dauerte, wäre die Nacht danach nicht so lang gewesen. Es schien ihm, daß zuerst die bedrohliche Finsternis zurückwich und dann der Schmerz. Der Tod war nicht mehr da, und am nächsten Tag würde er die Sonne wieder begrüßen. Dann wanderte der Schmerz, und er fühlte sogleich Erleichterung. Der Schmerz zog sich nach oben zur Kehle hin zurück und verschwand dann ganz. Er hüllte sich in die Decken ein. Seine Zähne klapperten vor Kälte, und ein krampfartiges Zittern ließ ihn nicht zur Ruhe kommen. Gleichwohl kehrte er ganz ins Leben zurück. Er schrie nicht mehr und war froh, daß sein Jammern nicht gehört worden war. Die Haushälterin, diese boshafte Person, hätte den Anfall sicherlich mit dem vorangegangenen Besuch des Mädchens in Zusammenhang gebracht. Auf diesem Umweg erinnerte er sich wieder des Mädchens und sagte sich sofort: Mit der Liebe mache ich Schluß!

VI

Der Arzt, den er am Morgen kommen ließ, untersuchte ihn, forschte ihn aus und maß dem Anfall zunächst keine große Bedeutung bei. Der alte Herr hatte von seinem Erlebnis am Abend vorher berichtet, einschließlich der Speisen und des Champagners, und der Arzt meinte, das ganze Übel sei auf diese Störung der Ordnung zurückzuführen. Er war überzeugt, daß der Anfall sich nicht wiederholen würde, wenn der alte Herr ein ruhiges Leben führe, vorschriftsmäßig alle zwei Stunden ein bestimmtes Pülverchen schlucke und darauf verzichte, den Gegenstand seiner Liebe wiederzusehen, ja auch nur an ihn zu denken.

Der Arzt, ein langjähriger Freund des alten Herrn und ebenso alt wie dieser, redete offen mit ihm: «Du darfst mit deiner Freundin erst wieder zusammenkommen, wenn ich es erlaube.»

Der alte Herr aber, dem an seiner Gesundheit weit mehr lag, als der Arzt vermuten konnte, sagte sich: Auch wenn du es mir erlaubst, werde ich nicht mit ihr zusammenkommen. Ich fühlte mich weit wohler, bevor ich sie kennenlernte!

Wieder allein, dachte er allerdings an das junge Mädchen, daran, wie er sie endgültig loswerden könnte. Immerhin, fiel ihm ein, liebte sie ihn. Er hielt sie daher für fähig, ihn nach einiger Zeit auch unaufgefordert zu besuchen. Man kennt ja die Macht der Liebe. Und wie würde er dann vor ihr dastehen, wo er doch endgültig beschlossen hatte, sie auch mit ärztlicher Erlaubnis nicht mehr bei sich zu empfangen? Er schrieb ihr, daß er unerwarteterweise und für längere Zeit die Stadt verlassen müsse. Nach seiner Rückkehr würde er sie verständigen. Er legte dem Brief eine Geldsumme bei, die dazu bestimmt war, die Rechnung mit seinem Gewissen zu begleichen. Der Brief schloß sogar mit einem Kuß, den er nach einem Moment des Zögerns hinschrieb. Nein! Dieser Kuß hatte seinen Puls nicht beschleunigt.

Am nächsten Tag, nach einer ruhigen, wenn auch fast schlaflosen Nacht, fühlte er sich schon sicherer. Der große Schmerz war nicht wiedergekommen, obwohl der alte Herr, trotz der gegenteiligen Beteuerungen des Arztes, befürchtet hatte, der Anfall werde sich jede Nacht im Dunkeln wiederholen. Einigermaßen beruhigt, legte er sich zu Bett, fand das Vertrauen wieder, aber nicht den Schlaf. Man konnte das dumpfe Grollen der Kanonen hören, und der alte Herr stellte sich die Frage: Warum ist noch keine Methode erfunden worden, wie man sich ohne soviel Lärm umbringen kann? Der Tag, an dem der Schlachtenlärm großmütige Gefühle in ihm erweckt hatte, lag gar nicht so weit zurück. Die Krankheit aber tilgte auch jenen Rest sozialen Empfindens, den das Alter in ihm noch nicht zu zerstören vermocht hatte.

Während der folgenden Tage traktierte der Arzt ihn mit Tropfen zwischen den Pülverchen. Und um ihm den nächtlichen Schlaf zu sichern, gab er ihm allabendlich eine Injektion. Auch für den Appetit bekam er eine eigene Medizin, die er zu bestimmten Stunden einnehmen mußte. Dem alten Herrn fehlte es also nicht an Beschäftigung während des Tages. Und die Haushälterin, die er in den guten Tagen verschmäht hatte, wurde jetzt sehr wichtig. Der alte Herr, von Natur aus nicht undankbar, hätte sich vielleicht mit ihr befreundet, die manchmal sogar in der Nacht aufstehen mußte, um ihm eine Medizin zu verabreichen. Aber sie hatte einen argen Fehler: Sie verzieh ihm seine Ausschweifungen nicht und spielte immer wieder darauf an. Als sie ihm, wie die Kur es erforderte, zum erstenmal eine kleine Dosis Champagner vorsetzen mußte, konnte sie die Bemerkung nicht unterlassen: «Das ist noch von dem, der für ganz andere Zwecke angeschafft wurde.»

Eine Zeitlang protestierte der alte Herr und wollte sie glauben machen, ihn habe mit dem jungen Mädchen nur reine Freundschaft verbunden. Als sie sich aber von ihrer Überzeugung nicht abbringen ließ, schöpfte er den Verdacht, daß sie schon lange Bescheid wisse und ihn heimlich beobachtet habe. Wer weiß, in welchem Augenblick? Lange bemühte er sich, es herauszubekommen. Er errötete vor allem über das, was das Weib wußte, denn alles andere existierte für ihn nicht mehr, aber dank dieses vermaledeiten Weibes, das mit seinen vagen Anspielungen das ganze Abenteuer wieder in Erinnerung rief, existierte es am Ende doch. Die Folge war, daß er diese Person nicht mehr ausstehen konnte, und er duldete sie nur bei sich, wenn er sie brauchte. Allerdings brauchte er sie auch zum Plaudern, und so führte nicht einmal dieser Haß, der doch ziemlich vital hätte sein können, zu etwas. Er beschränkte sich darauf, leise zum Arzt zu sagen: «Sie ist häßlich wie die Sünde.»

Der Kampf mit diesem Weib erinnerte ihn zwar an das junge Mädchen, aber er trauerte ihm nicht nach. Er trauerte nur der Gesundheit nach, besser gesagt dem, was er für seine eigene Jugend hielt. Seine Jugend war mit dem letzten Besuch des jungen Mädchens gestorben, und die Trauer um dieses war eine Trauer um jene. Jetzt würde er dem Mädchen allen Ernstes eine Anstellung verschaffen ... wenn er die Gesundheit wiedererlangte. Dann würde er zu seinen einträglichen Geschäften zurückkehren und nicht zur Sünde. Sünde war, was der Gesundheit schadete.

Der Sommer verging. An einem der letzten schönen Tage gestattete man ihm, mit dem Wagen auszufahren. Der Arzt begleitete ihn. Das Ergebnis war nicht unbefriedigend, denn die Abwechslung heiterte ihn auf und sein Zustand verschlimmerte sich nicht, aber es kam schlechtes Wetter, und das Experiment konnte nicht wiederholt werden.

So verlief sein Leben weiterhin leer. Die einzigen Neuigkeiten brachten die Medizinen. Eine Weile nützte jede Medizin. Aber um die Wirkung zu sichern, mußte man die Dosis erhöhen und dann die bisherige Medizin durch eine andere ersetzen. Nach ein paar Monaten allerdings begann die Reihenfolge von neuem.

Sein Organismus kam jedenfalls in ein gewisses Gleichgewicht. Wenn er dem Tode entgegenging, so war die Bewegung unwahrnehmbar. Das hatte nichts mehr mit dem in seiner Intensität heroischen Schmerz jener Nacht zu tun, als der Tod seinen Arm zum entscheidenden Schlag erhoben hatte. Jetzt war alles ganz anders. So wie es jetzt um ihn stand, lohnte es vielleicht nicht mehr, den Schlag gegen ihn zu führen. Er glaubte, es gehe ihm mit jedem Tag besser. Es schien ihm auch, daß er wieder Appetit habe. Er brauchte Zeit, um seine faden Süppchen zu löffeln, und meinte tatsächlich, daß er esse. Die Konservendosen mit den anregenden Speisen waren immer noch im Haus. Der alte Herr nahm eine davon in seine zittrigen Hände: Er las den Namen der berühmten Fabrik und stellte sie wieder zurück. Er gedachte sie für den Tag aufzubewahren, an dem es ihm noch besser gehen würde. Für diesen Tag waren auch Champagnerflaschen reserviert. Es hatte sich gezeigt, daß der Sekt nicht gegen die Krankheit half.

Der wichtigste Teil des Tages war der, den er während der wärmsten Stunden an einem Fenster verbrachte. Dieses Fenster war eine Öffnung, durch die man das Leben sah, das sich, auch nachdem er daraus verbannt worden war, auf den Straßen abspielte. Wenn das Sündenweib (so nannte er seine Haushälterin) bei ihm war, kritisierte er mit ihr gemeinsam den Luxus, der immer noch auf den verarmten Straßen Triests zu sehen war, oder beklagte in ebenso emphatischem Ton das Elend, das wie in einer Prozession hier vorüberzog. Seinem Hause gegenüber befand sich ein Bäcker, und vor dessen Tür bildete sich oft eine Schlange von Menschen, die auf ihr Stück Brot warteten. Der alte Herr bedauerte diese Leute, die mit solcher Sehnsucht auf ein schlecht gebackenes Brot warteten, vor dem ihm ekelte, aber hier war sein Mitleid reine Heuchelei. Er beneidete vielmehr die Leute, die sich frei in den Straßen bewegten. Das war kindisch. Im großen und ganzen fühlte er sich sehr wohl in seinem schützenden, gutgeheizten

Zimmer, nur hätte er gerne auch über seine Straße hinausgesehen. Die Gestalten, die vorüberkamen und seine Neugier weckten, weil sie entweder zu gut oder zu schlecht gekleidet waren, bogen um die Ecke und waren dann für ihn verloren.

Eines Nachts, als er nicht schlafen konnte, ging er im Zimmer auf und ab und trat schließlich, aus Bewegungsdrang und um sich abzulenken, ans Fenster. Vor der Tür des Bäckers hatte sich bereits die Menschenschlange gebildet, so lang, daß sie sogar in der Nacht den ganzen Gehsteig schwarz färbte. Nicht einmal jetzt beklagte er ernsthaft diese Menschen, die müde waren und sich nicht schlafen legen konnten. Er hatte sein Bett und konnte nicht schlafen. Denen, die sich da anstellten, ging es bestimmt besser!

In jene Tage fiel die Schlacht bei Karfreit[7]. Die ersten Nachrichten von der Katastrophe brachte ihm der Arzt, der gekommen war, um gemeinsam mit dem alten Freund zu weinen, dem er (armer Arzt!) die gleichen Gefühle zuschrieb wie sich selbst. Der alte Herr aber empfand dieses Ereignis geradezu als Wohltat: Der Krieg entfernte sich von Triest und damit auch von ihm. Der Arzt jammerte: «Nicht einmal ihre Flugzeuge werden wir mehr sehen!» Und der alte Herr murmelte: «In der Tat! Vielleicht werden wir sie nicht mehr sehen!» Er spürte in seinem Herzen die freudige Hoffnung auf ruhige Nächte, versuchte aber, auf seinem Gesicht den Ausdruck des Schmerzes nachzuahmen, den er auf dem Gesicht des Arztes sah.

An den Nachmittagen empfing er, wenn er sich wohl fühlte, seinen Prokuristen, einen alten Angestellten, der sein volles Vertrauen genoß. In den Geschäften erwies sich der alte Herr immer noch als recht energisch und klarsichtig, und der Angestellte schloß daraus, daß die Krankheit des alten Herrn nicht sehr ernst sein könne und dieser früher oder später seine Geschäfte selbst wiederaufnehmen werde. Aber die Energie in den Geschäften war die gleiche wie diejenige, die ihn bei der Sorge um seine Gesundheit leitete. Die geringste Unpäßlichkeit veranlaßte ihn, die Geschäfte auf den nächsten Tag zu verschieben. Und um seines Wohlbefindens willen konnte er die Geschäfte auch ganz vergessen, sobald sein Angestellter gegangen war. Er setzte sich vor den Ofen und vergnügte sich damit, Kohlenstücke hineinzuwerfen und zuzusehen, wie sie verbrannten. Dann schloß er die geblendeten Augen und öffnete sie wieder, um das Spiel von neuem zu beginnen. So verbrachte er die Abende ebenso leerer Tage.

Sein Leben aber sollte so nicht enden. Es ist die Bestimmung gewisser Organismen, auch nicht das kleinste Restchen dem Tod zu überlassen, der so nur noch ein leeres Gefäß zu fassen bekommt. Alles, was brennen konnte, verbrannte, und die letzte Flamme war die schönste.

VII

Der alte Herr stand am Fenster und sah auf die Straße. Es war ein düsterer Nachmittag. Der Himmel war von grauem Nebel verhüllt und das Pflaster naß, obwohl es seit zwei Tagen nicht geregnet hatte. Die Hungernden begannen sich vor der Tür des Bäckers anzustellen.

Der Zufall wollte es, daß das junge Mädchen gerade in diesem Augenblick unter seinem Balkon vorüberging. Sie trug keinen Hut, doch schien sie dem alten Herrn, der über keine Einzelheit ihrer Kleidung hätte Auskunft geben können, besser angezogen als zu der Zeit, da er sie liebte. Sie war in Gesellschaft eines übertrieben modisch gekleideten jungen Mannes; er trug Handschuhe und einen eleganten Schirm, der zwei- oder dreimal zugleich mit dem Arm in die Höhe fuhr, mit dem er seine offenbar lebhafte Rede begleitete. Auch das Mädchen lachte und plauderte.

Der alte Herr schaute und keuchte. Es war nicht mehr das Leben der anderen, das sich dort auf der Straße abspielte, es war sein eigenes. Und die erste instinktive Regung des alten Herrn war Eifersucht. Mit Liebe hatte das nichts zu tun, es war nichts als niedrigste Eifersucht: «Die lacht und amüsiert sich, während ich krank bin.» Sie hatten gemeinsam gefehlt, und er war davon krank geworden, ihr war nichts geschehen. Was tun? Sie ging mit ihrem leichten Schritt, und bald würde sie die Straßenbiegung erreicht haben und verschwunden sein. Deshalb keuchte der alte Herr. Er hatte nicht einmal Zeit, seine Gedanken zu klären, und dabei hätte er ein solches Bedürfnis gehabt, mit ihr zu sprechen und ihr Moral zu predigen!

Als das junge Mädchen und ihr Begleiter verschwunden waren, wollte der alte Herr seiner Erregung, die ihm schaden konnte, möglichst rasch ein Ende setzen und sagte: «Um so besser! Die lebt und amüsiert sich!» Diese wenigen Worte enthielten zwei Lügen, denn erstens täuschten sie vor, daß der alte Herr sich während seiner Krankheit Sorgen über das Schicksal des jungen Mädchens gemacht habe, und zweitens, daß er froh sei, sie in dieser Weise durch die Straßen laufen und sich vergnügen zu sehen. Darum fand er keine Ruhe. Er blieb am Fenster und blickte in die Richtung, in der das Mädchen verschwunden war. Sollte sie zurückkommen, wollte er sie vom Fenster aus zu sich rufen. Es war nicht besonders kalt, außerdem schien es ihm erforderlich, sie zu sehen. Irgend jemand in seinem Inneren fragte ihn mißtrauisch: «Warum? Willst du von neuem beginnen?» Der alte Herr lachte: «Begierde? Nicht einmal im Traum!» Nichtsdestoweniger sah er weiterhin in die gleiche Richtung, mit dem Ausdruck heftigster Begierde. Ich wäre vollkommen beruhigt, dachte er, diesmal überzeugt, die Wahrheit zu sagen, wenn ich wüßte, daß der junge Mann sie liebt und heiraten will.

Niemand, auch er selbst nicht, hätte den Zustand des alten Herrn zu enträtseln vermocht, der mit dem jungen Mädchen und mit sich selber leidenschaftlich unzufrieden war. Er sah deutlich, daß er für das Verhalten des Mädchens mit verantwortlich war. Er bemühte sich, diese Verantwortung zu verringern, indem er sich vorhielt, daß er ihr ja stets Moral gepredigt habe, und suchte alles übrige zu vergessen. Um seine Ruhe wiederzugewinnen, müßte er ihr deutlicher (das heißt, indem er von ihr nichts für sich verlangte) die Grundsätze der Moral, die sie vielleicht vergessen hatte, einschärfen. Es bestand nämlich auch die Gefahr, daß sie seine Worte, nicht aber seine Taten vergessen hatte.

Er lief zum Tisch, um ihr zu schreiben, sie möge ihn besuchen. Warum nicht? Er würde sie mit der gleichen Gelassenheit empfangen wie seine Büroangestellten und ihr nahelegen, sich besser um ihre Zukunft zu kümmern.

Als er die Feder in der Hand hielt, wurde er verlegen. Er wollte ihr sogleich zu verstehen geben, daß der Brief nicht von einem Liebhaber, sondern von einem achtbaren alten Herrn kam, der sie einlud, ihn zu ihrem eigenen Besten aufzusuchen. Er nahm eine Visitenkarte und schrieb unter seinen Namen eine kurze Einladung. Er ließ die Visitenkarte auf dem Tisch liegen und trat wieder ans Fenster. Am besten wäre es, wenn sie noch einmal durch die Straße käme. Es bestand nämlich die Gefahr, daß sie seiner Einladung, die ihr seltsam vorkommen mußte, nicht Folge leistete. Aber es war wichtig, daß sie kam, wichtig für ihn.

Er kehrte zum Tisch zurück und schrieb wieder das gleiche Briefchen, das er ihr so oft geschickt hatte. Rot vor Scham, denn seine Schuld wurde ihm damit geradezu greifbar bewußt. Aber er brauchte diesem Kind gegenüber keine Rücksicht zu üben. Es genügte ihm, daß er sie zu kommen bewog, um sie dann endgültig aus seinem Leben zu entfernen; und um sein Leben von einer so unbequemen

Präsenz zu befreien, schien ihm nichts weiter nötig, als ihr klar (klarer, als es ihm in der Vergangenheit möglich gewesen war) sagen zu können: «Was mich betrifft, so verlange ich, daß du dich mir und allen anderen gegenüber tugendhaft benimmst.» Dann würde es ihm leichtfallen, nicht mehr daran zu denken.

Er wollte seine Ruhe wiedergewinnen, indem er seinen eigenen Entschluß unwiderruflich machte. Es gelang ihm, das Briefchen abzusenden, ohne daß es seine Pflegerin in die Hand bekam. Das Rendezvous war für die späten Nachmittagsstunden des folgenden Tages festgesetzt. Die frühen Nachmittagsstunden waren seiner Kur vorbehalten.

Er trat wieder ans Fenster. In dem Wunsch, sein Gewissen von allen Vorwürfen zu reinigen, ging er in Gedanken die Geschichte seines Verhältnisses mit dem jungen Mädchen noch einmal durch. Es wäre unangebracht, ihm irgendeine Bedeutung beizumessen. Es war zu leicht gewesen, dieses Mädchen zu haben. Ein ganz gewöhnliches Abenteuer. Nicht in seinem Leben jedoch und bedeutsam auch durch die Jugend und die Schönheit des Mädchens. Sicher ist, dachte der alte Herr, daß die anderen weit schlimmer sind als ich, und heute gar bin ich weit besser als alle anderen. Er glaubte, stolz darauf sein zu können, daß er keinerlei Begehren empfand, und mehr noch darauf, daß er das Mädchen zu sich bat, nur um ihr Gutes zu erweisen.

Er wollte ihr Geld geben. Wieviel? Zwei ... drei ... fünfhundert Kronen. Geld mußte er ihr geben, und sei es auch nur, um das Recht zu erwerben, sie zu erziehen. Er wollte sie sodann vor leichtfertigen Liebesverhältnissen warnen. Auch früher hatte er gegen derlei Liebschaften gepredigt, nun aber mußte er vergessen machen, daß er damals versucht hatte, die Liebschaft mit ihm unter die erlaubten einzureihen.

Auf der Straße spielte sich eine Szene ab, die seine ganze Aufmerksamkeit in Anspruch nahm. Die Akteure hatte er schon von weitem entdeckt, da sie sich aus der Richtung näherten, in die er starrte. Ein etwa acht- bis zehnjähriger Junge kam barfuß die Straße herunter und zog an der Hand einen Mann hinter sich her, der offensichtlich betrunken war. Der Junge schien sich seiner Verantwortung bewußt zu sein. Er ging mit kleinen, aber entschlossenen Schritten. Von Zeit zu Zeit warf er einen Blick auf den großen Mann hinter sich, der überzeugt schien, ihm folgen zu müssen, und dann blickte er wieder nach vorn, um auf den Weg zu achten. Ohne Zweifel wußte er, daß er zureden und führen mußte. So gelangten sie unter das Fenster des alten Herrn. An dieser Stelle verließ der Junge den Bürgersteig, um leichter vorwärts zu kommen, der Mann aber folgte ihm nicht gleich. So passierte es, daß sie mit den Händen, an denen sie sich hielten, gegen einen Laternenpfahl stießen. Der Junge erkannte nicht sofort, daß er sich hätte umwenden müssen, um dem Mann beizustehen. Er hatte es eilig, und wahrscheinlich tat er dem Betrunkenen weh, indem er dessen Hand gegen den Laternenpfahl drückte. Da packte den Mann plötzlich die Wut. Er riß sich von dem Jungen los und stieß ihn mit einem Fußtritt zu Boden. Glücklicherweise hinderte ihn die Trunkenheit an raschen Bewegungen, denn er wollte sichtlich noch einmal zuschlagen. Der Junge am Boden hob kindlich den Arm vors Gesicht, um sich zu schützen, er weinte und starrte angsterfüllt den Betrunkenen an, der sich über ihn beugte und vergebens bemüht war, das Gleichgewicht zu halten.

Der alte Herr am Fenster wurde von Schrecken erfaßt. Er öffnete das Fenster, vergaß für einen Augenblick die Sorge um seine Gesundheit und begann mit seiner heiseren Stimme um Hilfe zu rufen. Sofort eilten aus der Schlange vor der Tür der Bäckerei mehrere Personen herbei, so viele, daß der alte Herr bald weder den Jungen noch den

Betrunkenen mehr sehen konnte. Er schloß das Fenster, rief nach seiner Pflegerin und warf sich schwer atmend in einen Sessel. Es war zuviel für ihn. Die Beine trugen ihn nicht mehr.

In seiner langen Einsamkeit hatte er einen großen Ehrgeiz in sich genährt und sich für wohltätiger und besser gehalten als alle anderen, erst jetzt aber empfand er ein wirklich neues und überraschendes Gefühl wahrer, instinktiver Güte. Für kurze Zeit blieb er großmütig und gut, ohne daß irgendein Gedanke an seine eigene Person dieses Gefühl getrübt hätte. Es stimmt freilich, daß er nichts unternahm, um den armen Jungen, der Hilfe und Trost benötigte, zu sich zu holen. Er dachte nicht einmal daran; aber in Gedanken liebkoste er tief gerührt die mißhandelte kindliche Gestalt. Er entdeckte auch, als er an den Vorfall zurückdachte, einen Umstand, der sein Mitleid noch erhöhte: Er hatte das Kind weinen gesehen, aber keinen Schrei gehört. Vielleicht schämte sich der Junge, daß er öffentlich geschlagen wurde, und seine Scham, die es ihm verbot, die Aufmerksamkeit der anderen auf sich zu lenken, war stärker als sein Schrecken. Armes kleines Wesen, das dadurch noch wehrloser wurde.

Doch schon bald danach nahm der alte Herr seine gewohnte Beschäftigung wieder auf: die Sorge um die eigene Person. Das großmütige Gefühl hatte seine Brust jedoch so angenehm geweitet, daß er sofort eine wohltuende Wirkung dieser Anwandlung feststellen konnte. Um diese Wirkung noch zu verlängern, sprach er mit der Pflegerin über sein großes Erlebnis. Er, so sagte er, habe den Jungen gerettet: «Hätte ich nicht gerufen, dann hätte ihn dieser Kerl totgeschlagen.» Es war aber durchaus denkbar, daß sein heiserer Schrei gar nicht bis zur Straße gedrungen war.

Er dachte wieder an das Mädchen, und in seinen Gedanken stellte er eine Verbindung zwischen dem mißhandelten Jungen und der Kleinen her, die auf derselben

Straße von einem Stutzer ins Unglück geschleift wurde. Sein Mitgefühl mit dem Jungen brachte ihn schließlich so weit, daß er sich Vorwürfe machte, nichts anderes für ihn getan zu haben, als das Fenster aufzureißen und zu schreien.

Er schüttelte diese Last ab, indem er sich sagte: «Ich habe schon an ein Unglück zu denken, und das ist genug für mich!»

Er verbrachte die Nacht schlaflos bis zum Morgen. Er litt nicht, lag nur da und dachte nach. Sein Gewissen war nicht ruhig, das begriff er wohl, aber er konnte die Ursache nicht erkennen. Er beschloß, dem jungen Mädchen eine noch größere Summe zu geben. Wenn er sie dazu bringen konnte, Dankbarkeit für ihn zu empfinden, so würde das, meinte er, genügen, sein Gewissen wieder zu beruhigen.

Gegen Morgen schlief er ein und hatte einen Traum: Er ging in der Sonne und hielt das schöne Mädchen an der Hand, ganz so, wie der Betrunkene den Jungen an der Hand gehalten hatte. Auch das Mädchen ging ein wenig voran, und das ermöglichte ihm, sie besser zu betrachten. Sie war wunderschön, bekleidet mit den bunten Fetzen wie am ersten Tag, an dem er sie gesehen hatte. Im Gehen klopfte sie mit ihrem kleinen Fuß gegen den Boden, und bei jedem ihrer Schritte ertönte die Warnklingel wie damals in der Sant'Andrea-Allee. Der alte Herr, der bis dahin nur langsam Fuß vor Fuß gesetzt hatte, bemühte sich jetzt, die Kleine einzuholen. Sie war für ihn zur Frau seiner Wünsche geworden, so wie sie war, mit ihren Fetzen, ihrem Schritt und sogar mit dem silbernen Klang der Glocke, die an ihrem kleinen Fuß angebracht sein mußte. Plötzlich war er müde und wollte seine Hand aus der des Mädchens lösen. Das gelang ihm erst, als er erschöpft zu Boden fiel. Die Kleine ging wie ein Automat weiter, ohne ihn auch nur anzusehen, mit dem gleichen, immer vom Ton der

Warnklingel begleiteten Schritt. Trug sie ihr Geschlecht nun anderen an? Im Traum lag ihm nichts daran. Er erwachte. Er war schweißbedeckt wie in der Nacht des großen Anfalls.

«Oh, wie schmutzig!» rief er, erschrocken über seinen eigenen Traum. Er wollte sich durch die Feststellung beruhigen, daß der Traum nicht dem Träumenden angehöre, sondern von geheimen Mächten gesandt werde. Aber der Schmutz war offensichtlich seiner. Der Traum verursachte ihm sicherlich mehr Gewissensbisse als die jüngst vergangene Wirklichkeit, an der er bewußt teilgehabt hatte. Mitten unter den Kuren, die den ganzen Vormittag in Anspruch nahmen, drängte sich ihm, der sich von der Erinnerung an das nächtliche Erlebnis nicht lösen konnte, ein Gedanke auf: Zwischen dem zu Boden geworfenen und mißhandelten Jungen und dem Mädchen des Traums, das wie ein Automat seine Schönheit anbot, bestand eine Analogie. «Und zwischen mir und dem Betrunkenen?» forschte der alte Herr. Er wollte über den unmöglichen Vergleich lächeln. Dann dachte er: Ich kann immer noch alles gutmachen, wenn ich als ihr Wohltäter auftrete und sie besser erziehe.

Im Verlauf des Tages kamen ihm auch noch andere Zweifel. Und wenn er sich in der Wirklichkeit genauso benähme, wie er sich im Traum benommen hatte? Sicherlich, die Träume werden einem von anderswo gesandt und man ist nicht für sie verantwortlich, aber er war doch alt genug, um zu wissen, daß man sich auch in der Wirklichkeit bei gewissen Handlungen zuweilen nicht wiedererkennt. So hatte er sich zum Beispiel nach jenem denkwürdigen Spaziergang auf der Mole, wo er ganz andere Vorsätze gefaßt hatte, in jenes Abenteuer gestürzt. Sollten seine jetzigen Vorsätze keine stärkere Auswirkung haben als die von damals, dann war es geschehen um seinen Frieden, um seine Gesundheit und wohl auch um sein Leben.

Da aber reifte in dem alten Herrn ein Entschluß von wahrer Größe. Er beschloß, lieber auf das Leben zu verzichten, als wieder so einsam wie bisher inmitten seiner Apotheke weiterzuleben. Heute, besonders nach seinem Traum, fühlte er einen gesteigerten Lebens- und Tatendurst. Heute hätte er sich, wäre er nochmals Zeuge der Mißhandlung des Jungen geworden, nicht mehr in seinen ruhigen Winkel zurückziehen können wie am Tage zuvor. Er dachte sogar daran, daß er, wenn er seine Beziehung zu dem Mädchen einmal geklärt hätte, auch den Jungen ausfindig machen und beschenken könnte. Jetzt war die Sache freilich zu kompliziert, und er mußte erst den Besuch eines einflußreichen Freundes abwarten, den er mit den nötigen Recherchen betrauen könnte. An die vielen anderen Kinder, die sich in einer ähnlichen Situation befanden und für ihn erreichbar waren, dachte der alte Herr nicht, und auch dieses eine Kind, das er ins Herz geschlossen hatte, weil es vor seinen Augen geschlagen worden war, vergaß er bald.

Dem Arzt gegenüber erwähnte er sein nächtliches Erlebnis. Der alte Freund, der jeden Tag ein neues Indiz für die bevorstehende Genesung zu finden wußte, lächelte: «Siehst du, die Gesundheit kehrt wieder, ja sogar die Jugend.»

«So kündigen sich Gesundheit und Jugend an?» fragte der alte Herr verblüfft. Schön! Aber von dieser Jugend wollte er nichts wissen. Er wollte Ruhe, Heiterkeit, die wahre Gesundheit. Vor allem wollte er sich von jedem Vorwurf befreien, der sein Verhalten dem jungen Mädchen gegenüber betraf. Der Arzt konnte nicht ahnen, daß sein Patient nun entschlossen war, sich auf seine eigene Art zu kurieren, zumal der alte Herr selbst es ihm nicht hätte sagen können. Er wußte ja selber nicht, daß er auf dem Weg zu einer neuen Kur war.

Am Nachmittag schlief der alte Herr lange. Es war ein

erquickender, traumloser Schlaf. Er erwachte lächelnd wie ein kleines Kind aus diesem endlich unschuldigen, weil bilderlosen Schlaf.

Danach bereitete er das Abendessen für das Mädchen, genauso wie damals, als er sie das erste Mal erwartet hatte. Er zögerte einen Augenblick, ehe er an diese Arbeit ging. Aber dann sagte er sich, daß das Mädchen früher oder später von ihm harte Worte und nicht sonderlich unterhaltsame Predigten zu hören bekäme und es daher gut sei, ihr eine Entschädigung zu bieten, an der ihr offensichtlich viel lag. Also öffnete er sorgfältig die Konservendosen, die er so lange Zeit aufbewahrt hatte. Er lächelte, während er den Inhalt auf die Teller legte, die wieder auf dem kleinen Tisch bereitstanden: Das sollte die Pille versüßen, die ihr sonst allzu bitter hätte schmecken können.

Die vielen Vorbereitungen waren für die Pflegerin ein Alarmzeichen. War es nicht ihre Pflicht, den Doktor zu verständigen? Der alte Herr besänftigte sie mit überlegener Miene. Sein letzter Schlaf war ruhig gewesen und der vorausgegangene vergessen. Daher konnte der Verdacht der Pflegerin ihn nicht im geringsten verletzen. Er sagte ihr, sie könne der Unterredung vom Nebenzimmer aus beiwohnen. Zum erstenmal sprach er offen von der Vergangenheit und gestand ein, was sie bereits wußte oder zumindest argwöhnte. «Jugendsünden muß man vergessen. Jedenfalls kann man sie nicht wiederholen.» Die Pflegerin aber beruhigte sich nicht. Obwohl es ihr in diesem Hause an nichts fehlte, sah sie es doch ungern, daß diese guten Speisen für andere hergerichtet wurden. Giftig antwortete sie: «Vor fünf Monaten waren Sie also noch jung!»

«Nur fünf Monate sind seither vergangen?» fragte der alte Herr erstaunt. Ihm schien es, als wären seit dem letzten Besuch des Mädchens hundert Jahre verstrichen. Er rechnete nach und stellte fest, daß die inzwischen verflossene Zeit nicht einmal fünf Monate betrug. Er gab der

Pflegerin keine Antwort, aber er zweifelte daran, daß er wirklich alt sei, da er vor fünf Monaten noch so jung gewesen war. Doch zweifelte er nicht an seinem aufrichtigen Wunsch nach Moral und Güte.

VIII

Das junge Mädchen kam wie immer pünktlich zum Rendezvous. Diesmal hatte der alte Herr sie nicht mit der gleichen nervösen Spannung erwartet wie einst. Das gab ihm Trost: Wenn der Traum ihm auch sexuelle Erregung vorgetäuscht hatte, die Wirklichkeit – dessen war er sich jetzt gewiß – war doch ganz anders beschaffen. Aber eine große Überraschung war ihm die tiefe Bewegung, von der er ergriffen wurde, als er das liebe Gesicht des jungen Mädchens wiedersah. Jetzt wurde ihm klar, daß er ihr gegenüber unmöglich, wie er es sich vorgenommen hatte, die Haltung eines Bürovorstehers einnehmen konnte. Fast schwanden ihm die Sinne. Wie bezaubernd war doch dieses Gesichtchen mit den großen Augen, von dem er jede Linie kannte, weil er es geküßt hatte, und wie lieblich war diese Stimme, die er gehört hatte, als er jene Dinge tat, die ihm Gewissensbisse verursachten. Er fand keine Worte, um sie zu begrüßen, und hielt ihre kleine behandschuhte Hand lange in der seinen. Es war so schön, jemanden liebzuhaben. Brach für ihn eine neue, letzte Jugend an? Eine neue Kur, wirksamer als alle anderen?

Dann betrachtete er sie. Das Gesicht kam ihm weniger frisch vor. Um den Mund, der vor fünf Monaten noch einer eben aufgebrochenen Knospe geglichen hatte, war jetzt der eine oder andere Zug verändert. Der Mund selbst war ein wenig auseinandergezogen, und die Lippen schienen ihm schmaler. Etwas Bitterkeit? War sie ihm vielleicht böse? Denn er hatte ihr – jetzt erst erinnerte er sich daran –

Liebe und Schutz versprochen und sich dann allen Verpflichtungen, die er ihr gegenüber eingegangen war, plötzlich entzogen. Daher waren seine ersten Worte eine Bitte um Verzeihung. Er erzählte ihr, daß er damals, als er ihr geschrieben hatte, er müsse die Stadt verlassen, in Wahrheit erkrankt sei. Er schilderte den schweren Anfall, der weit hinter ihm lag, so, als hätte er bis gestern angedauert. In gewisser Hinsicht schwindelte er also, aber nur um sicher zu sein, sofort Vergebung zu finden.

Sie jedoch dachte gar nicht daran, ihm böse zu sein. Im Gegenteil! Sie hatte sofort Anstalten gemacht, ihn zu küssen, sogar auf den Mund. Er bot ihr seine Wange und berührte mit seinen Lippen die ihre. «Wie schade!» sagte sie. «Es wäre doch viel besser gewesen, du wärst verreist, statt krank zu werden.»

Um sie besser sehen zu können, hieß er sie am anderen Ende des Tischs Platz nehmen. Mutter Natur hat offenbar die Tatsache, daß die alten Herren in der Nähe weniger gut sehen, mit der verknüpft, daß es für sie ohnehin zwecklos wäre, die Objekte in Reichweite zu haben.

Er stellte sogleich verwundert fest, daß die Locken, die er tags zuvor in der Luft hatte flattern sehen, nun mit einem eleganten, in vornehmen und ernsten Farben gehaltenen Federhut bedeckt waren. Was bedeutete diese Verwandlung, wie man das in Triest wohl nennen konnte, wo der Hut einer Dame geradezu die Gesellschaftsklasse bezeichnet, der sie angehört? Sie trug einen Hut, wenn sie zu ihm kam, und keinen, wenn sie auf der Straße ging? Seltsam! Und wie verändert war ihre ganze Art, sich zu kleiden! Das war nicht mehr das Kind aus dem Volk, sie gehörte nun dem Bürgertum an, das bewiesen ihr Hut und ihr Kleid mit dem eleganten Schnitt und dem großen Stoffaufwand, wie es damals, als Stoffmangel herrschte, Mode war. Kennzeichen des Bürgertums, wenn auch eines etwas entarteten, waren auch die durchsichtigen Seidenstrümpfe, die das Bein nur wenig vor Kälte schützten, und die kleinen Lackschuhe. Nicht nur aus Zuneigung war der alte Herr außerstande, die strenge Miene aufzusetzen, die er sich vorgenommen hatte, sondern ein wenig auch aus Befangenheit. Sie war zweifellos die eleganteste Person, mit der er sich seit langer Zeit unterhalten hatte. Er hingegen war sehr lässig gekleidet und trug nicht einmal einen Kragen, weil er ihn drückte. Mit einer instinktiven Bewegung führte er die Hand zum Hals, um sich zu vergewissern, daß wenigstens das Hemd zugeknöpft war.

Woher bekam sie das Geld, um all die schönen Dinge kaufen zu können? Statt an das zu denken, was er ihr hatte sagen wollen, fing der alte Herr an nachzurechnen. Wieviel Geld hatte er ihr fünf Monate zuvor gegeben? Konnte dieses Geld genügen, um all den Luxus zu erklären?

Sie sah ihn lächelnd an und schien zu warten. Er war bereits entschlossen, vorläufig nicht die Rolle des Mentors zu spielen, zumal es ihm Ermahnung genug schien, selbst ein Beispiel von Tugend zu geben. Und da er nicht wußte, was er sonst sagen sollte, fragte er: «Bist du immer noch bei der Straßenbahn?»

Zuerst sah es aus, als habe sie nicht recht gehört: «Bei der Straßenbahn?» Dann schien sie sich zu erinnern. Das sei kein geeigneter Posten für ein junges Mädchen. Sie habe ihn schon vor längerer Zeit aufgegeben.

Er bat sie zu Tisch. Das war ein Mittel, Zeit zu gewinnen, denn er war unschlüssig, ob er ihr Vorwürfe machen sollte, weil sie ihre Arbeit aufgegeben hatte. Während sie sich zum Essen anschickte, indem sie langsam ihre Handschuhe auszog, fragte er: «Und was machst du jetzt?»

«Jetzt?» fragte das Mädchen, ebenfalls zögernd. Dann lächelte sie: «Jetzt suche ich eine Anstellung, und du sollst sie mir verschaffen.»

«Sehr gerne», sagte der alte Herr. «Sobald ich gesund bin, nehme ich dich in mein Büro. Hast du etwas Deutsch gelernt?»

«Ach ja, Deutsch!» sagte sie und lachte herzlich. «Mit Deutsch haben wir beide angefangen, uns zu lieben, und man könnte weitermachen, es gemeinsam zu lernen.» Er tat, als verstünde er diesen Vorschlag nicht.

Sie begann zu essen, doch mit sehr viel Anstand. Messer und Gabel wurden mit großer Sicherheit gehandhabt, die Bissen wanderten in der richtigen Größe zum Mündchen, während bei den Abendessen, zu denen er sie früher eingeladen hatte, auch die zarten Finger bei der Zerkleinerung und dem Transport der Speisen hatten mithelfen müssen. Der alte Herr meinte, er müsse sich darüber freuen, daß sie so fein geworden war.

Er war immer noch unschlüssig. Wenn er weiterhin mit ihr lachte und scherzte, wohin würde das führen? Um sie nicht zu kränken, entschloß er sich, nur von seiner eigenen Schuld zu reden: «Wenn ich dich an jenem Tag nur in der Absicht angesprochen hätte, dir zu deinem eigenen Besten zu raten ...»

Mit ihrem einfachen gesunden Menschenverstand fand die Kleine da einen Einwand, der den alten Herrn auch später noch beschäftigen sollte: «Aber wenn du dich nicht in mich verliebt hättest, dann hättest du mich doch gar nicht angesprochen.» Tatsächlich sah er sofort ein, daß er, wenn ihn sein Verlangen nicht auf jener Straßenbahnplattform festgehalten hätte, einfach beim Tergesteum ausgestiegen wäre, ohne auch nur daran zu denken, daß das junge Mädchen ihn brauchen könnte.

Sie hatte seine Worte nicht allzu ernst genommen, denn sie fragte sofort: «Habe ich hübsch ausgesehen in dieser Riesenkutsche? Sag die Wahrheit! Ich habe dir gut gefallen!» Sie erhob sich, trat zu ihm und streichelte seine Wange, die an diesem Tage rasiert war. Er konnte nicht umhin, ihre Zärtlichkeit zu erwidern, und schob seine Hand unter ihr Kinn.

Er wollte seine Rede wiederaufnehmen: «Ich war zu alt für dich, und ich hätte es wissen müssen.»

«Alt!» protestierte sie. «Ich mochte dich gleich, denn dein vornehmes Äußeres hat mir gefallen!» Bei diesem Kompliment mußte er ehrlich befriedigt lächeln. Er wußte, daß er auch als alter Herr eine vornehme Erscheinung war, und das tat ihm immer noch wohl.

«Aber wenn du mich», fügte sie zwischen zwei Bissen hinzu, «als Tochter adoptieren wolltest, dann denk daran, daß es dazu noch nicht zu spät ist. Wäre ich nicht eine schöne Tochter?»

Aus jedem ihrer Worte sprach eine große Selbstgefälligkeit, und ihm schien, das Kind aus dem Volk sei ganz anders gewesen. In ihren Fetzen, als sie ihn verführt hatte, war sie weit moralischer. Trotz des Essens fand sie die Zeit, sich in ihrem Sessel zurückzulehnen und dem alten Herrn ihre elegant bestrumpften Beine vor Augen zu führen. Sie adoptieren? Eine Frau, die ihn ihre Beine sehen ließ, an denen ihm nichts lag?

Der Zorn machte ihn gesprächiger: «Schon damals habe ich dich angesprochen, weil ich dir zu einem besseren Leben verhelfen, etwas Gutes für dich tun wollte. Erinnerst du dich, daß ich mit dir von Anstellung und von Lernen gesprochen habe? Dann hat die Leidenschaft die Überhand gewonnen. Aber erinnerst du dich, daß ich am ersten Abend sofort wieder von Arbeit reden wollte und dann am zweiten Abend, und jedesmal, wenn ich dich sah, davon sprach? Ich sagte dir auch, daß du vorsichtig sein und dich vor anderen leichtfertigen Liebschaften hüten sollst. Erinnerst du dich?» Er hatte ihr somit ganz nebenbei mitgeteilt, daß auch das Verhältnis mit ihm leichtfertig gewesen war.

Er atmete auf. Da das Mädchen sich an alles erinnerte,

was er wollte, und an nichts anderes, atmete er auf. Ihm schien, daß er sich von jedem Vorwurf reingewaschen habe, und er glaubte, nun dem Mädchen Moral predigen zu können, ohne durch das Beispiel widerlegt zu werden, das er selbst ihr gegeben hatte. Seiner Pflegerin gegenüber war er aufrichtiger gewesen und hatte die früheren Verirrungen mit seiner Jugend entschuldigt. Dem jungen Mädchen gegenüber war er hingegen bestrebt, diese Verirrungen durch die Worte auszulöschen, mit denen er sie damals begleitet hatte.

Dies schien ihm gelungen zu sein, und er war darüber unsäglich froh. Er glaubte, er könne jetzt die ganze Welt objektiv betrachten und befinde sich endlich jenseits all der Gefährdungen, denen jeder Mensch durch seine Schwächen ausgesetzt ist. Wäre er wirklich der objektive Betrachter gewesen, für den er sich hielt, dann hätte er bemerken können, daß das Mädchen immer noch etwas Volkstümliches, Einfaches und Naives an sich hatte, und er hätte sich darüber gefreut. Sie fuhr fort, mit gutem Appetit zu essen, und versicherte, sich an all das zu erinnern, was er wollte, und an nichts von dem, was er nicht wollte. Sie hatte absolut nicht verstanden, warum er so mit ihr redete, war aber von seinen Worten nicht weiter überrascht. Sie hätte sich gar nicht gewundert, wenn er sie anschließend geküßt und umarmt hätte wie früher. Es war ja möglich, daß er es früher gewohnt war, mit der Liebe zu beginnen und mit der Predigt zu enden, und daß er sich jetzt, nach seiner schweren Krankheit, entschlossen hatte, mit der Predigt anzufangen; und es war nicht ihre Aufgabe, den Grund dieser Veränderung zu verstehen.

Sie beteuerte jedoch, daß sie seine Ermahnungen stets befolgt habe. Sie habe sie nie vergessen, und nie habe sie sich in leichtfertige Liebschaften eingelassen. Sie sagte es heiter, weiterkauend und ohne auch nur das Gesicht ihres

Gesprächspartners zu prüfen, um zu sehen, ob er ihr glaube.

Er glaubte ihr nicht, hielt es aber für seine Pflicht, sich für ihr Entgegenkommen ein wenig erkenntlich zu zeigen: «Brav», sagte er, «ich bin zufrieden mit dir. Du machst mir ein richtiges Geschenk, wenn du anständig bleibst, und du wirst sehen, ich werde mich dafür dankbar erweisen.» Er meinte, bei dieser ersten Unterredung schon viel erreicht zu haben. Den Rest konnte er für den nächsten Tag aufsparen, nachdem er sich die nötige Zeit zur Überlegung genommen hätte. Es war ihm aber nicht möglich, das Gesprächsthema zu wechseln, nicht allein deshalb, weil alte Menschen ein wenig wie die Krokodile sind, die nur schwer die Richtung ändern können, sondern auch weil ihn jetzt mit dem Mädchen nur noch ein einziges Band verknüpfte. Im Grunde genommen hatte ihn nie mehr als ein Band mit ihr verbunden, nur war es jetzt nicht mehr das gleiche. «Und dieser junge Mann, mit dem du gestern unter meinem Fenster vorbeigegangen bist?»

Sie erinnerte sich nicht gleich, daß sie durch seine Straße gekommen war. Sie erinnerte sich erst nach einer großen Gedächtnisanstrengung, vielmehr einer umständlichen Überlegung: Sie mußte wohl auf dem Weg von zu Hause in eine andere Straße durch die seine gekommen sein. Der junge Mann sei ein Vetter von ihr, der vom Studieren heimgekehrt war. Ein Junge ohne jede Bedeutung.

Wiederum glaubte er ihr nicht, hielt es aber für angebracht, die Sache einstweilen auf sich beruhen zu lassen. Bevor er sie verabschiedete – er schützte große Müdigkeit vor –, gab er ihr Geld, diesmal nicht in einem Kuvert verschlossen, sondern sorgsam auf den Tisch gezählt. Er schaute die Kleine an, um ihre Dankbarkeit genießen zu können. Viel sah er davon nicht. Es hatte ihr ja immer widerstrebt, von Geld zu sprechen, und der alte Herr mußte sie mehrmals auffordern, dem Abzählen des Geldes zuzusehen, denn sie schaute weg; außerdem war die Summe, ehrlich gesagt, nicht groß, denn damals konnte man mit diesem Geld bestenfalls die Schuhe kaufen, die das junge Mädchen trug.

Sie ging, nachdem sie ihm einen herzhaften Kuß gegeben hatte, und sicherlich dachte sie, daß die Liebe der nächsten Begegnung vorbehalten sein werde.

IX

Wenn der alte Herr Ordnung in seine Gedanken bringen wollte, pflegte er mit der erstbesten Person zu reden, die gerade in seiner Nähe war, also stets mit seiner Feindin und einzigen Gesellschaft, der Pflegerin. Er erzählte ihr daher, daß er sich erleichtert fühle, weil sich das junge Mädchen auch des Moralunterrichts erinnerte, den er ihr seinerzeit erteilt habe, und er hielt auch nicht inne, als die Pflegerin ihm einen erstaunten Blick zuwarf. Arglos, so als denke er laut, erzählte er ihr dann, daß es nun seine Absicht sei, der Wohltäter des Mädchens zu werden, und er nannte auch die Summe, die er ihr an diesem Tag vorläufig gegeben hatte.

Die Pflegerin fuhr auf. Sie wurde immer böse, wenn man das Mädchen erwähnte, diesmal aber galt ihre Verachtung dem Betrag, der ihm so ansehnlich vorgekommen war. Sie war keine schlaue Person – wie man später sehen wird –, damals jedoch verfolgte sie eine bestimmte Politik, die darauf zielte, eine Gehaltserhöhung zu erlangen. Der alte Herr habe wohl immer noch nicht begriffen, daß das Geld heute weniger wert sei denn je. Gleich darauf fügte sie hinzu: «Was die da betrifft –» die vage Handbewegung galt dem Mädchen – «so kann sie sich leicht an Ihren schönen Moralunterricht erinnern, sie hat davon sicherlich viel profitiert.»

Diese zweite Bemerkung traf den alten Herrn weniger als die erste. Daß er sich als schmutziger Geizhals erwiesen hatte, während er sich doch besonders großzügig zeigen wollte, empfand er als schlimm. Wenn es stimmte, was die Pflegerin sagte, dann hatte er einen schweren Fehler begangen, denn diese Summe sollte sein Lösegeld darstellen, das kein kleiner Betrag sein durfte.

Das war der erste Grund zur Unzufriedenheit, nachdem er schon so sicher gewesen war, seine Ruhe zu finden. Gewissensbisse sind im Grund nichts anderes als das Ergebnis einer bestimmten Art und Weise, sich im Spiegel zu sehen. Und er sah sich schäbig und klein. Immer hatte er diesem Mädchen zuwenig gezahlt. Großzügige Männer gehen für bestimmte Freuden entsprechende Verpflichtungen ein. Um keine eingehen zu müssen, hatte er, wie er sich erinnerte, in der Vergangenheit nicht einmal die Zusammenkünfte mit ihr im voraus festgesetzt, so daß es einfach genügte, sie nicht zu bestellen, wenn er von ihr genug hatte. Andere Männer bezahlen die Frauen täglich, denn sie müssen ja auch dann essen, wenn man nichts von ihnen verlangt. Er hingegen hatte die Kleine bei der Straßenbahn arbeiten lassen, damit sie jeden Tag essen könne, und sie dann, wie er glaubte, großzügig bezahlt, in der Meinung, er schulde ihr nichts weiter als den Lohn für ein paar Stunden. So hatte er dieses Abenteuer unterhalten, das er, um es weniger anstößig erscheinen zu lassen, «echt» zu nennen beliebte.

Das, so schien ihm, waren die wahren Gewissensbisse, und nicht der Umstand, daß er, ein alter Mann, sich an ein junges Mädchen gehängt hatte. Warum hätte es ihm Gewissensbisse verursachen sollen, wenn er das Mädchen an Stelle dieser widerlichen Pflegerin zu sich genommen hätte? Der alte Herr lächelte, ein wenig bitter zwar, aber er lächelte. Die Kleine für immer an seiner Seite! Der schwere Anfall wäre noch viel früher gekommen. Jetzt bestand die

Gefahr nicht mehr, denn er war sicher, daß er in nächster Nähe des Mädchens leben könnte, ohne irgendwelche Versuchungen befürchten zu müssen. Es störte ihn, daß sie sich ihm gegenüber immer noch als Sirene gab, und das war der Grund, warum er sie jetzt nicht neben sich ertragen hätte.

Früher jedoch, als er sie geliebt hatte, wäre es seine Pflicht gewesen, sie bei sich zu behalten, und sie wäre auch besser erzogen worden. So machen es die Jungen, die Alten hingegen lieben und laufen dann davon oder stoßen den Gegenstand ihrer Liebe von sich.

Wie lächerlich mußte er gewirkt haben, als er sie gezwungen hatte, dem Abzählen jener großen Summe, mit der er sie bedachte, zuzusehen! Aber das ließ sich wiedergutmachen. Er gab sofort seinem Angestellten den Auftrag, ihm am nächsten Tag eine ansehnliche Geldsumme zu bringen.

Auch anderes ließ sich wiedergutmachen. Da er für sie nur eine väterliche Zuneigung empfand, konnte er wohl versuchen, sie zu erziehen. Er fühlte die Kraft dazu. Nur mußte er sich auf die nächste Begegnung gut vorbereiten. Ihm lag jetzt nichts mehr daran, sie an die dummen Worte zu erinnern, mit denen er seine eigene Verderbtheit zu verbrämen pflegte. Er war ihr gegenüber schwach gewesen, weil er immer noch von dem sinnlosen Wunsch geleitet wurde, rein zu erscheinen.

Eine Weile blieb er noch in seinem Sessel sitzen, um zu überlegen. Es wäre ihm jetzt sehr angenehm gewesen, sein Vorhaben mit jemandem besprechen zu können, ehe er es in die Tat umsetzte. Auch in seinen Geschäften war er es gewohnt, sich mit seinem Prokuristen zu beraten, um sich über seine eigenen Absichten klarzuwerden. In diesem Geschäft aber, das er allein durchführte, konnte er sich bei niemandem Rat holen. Mit seiner Pflegerin durfte er darüber gewiß nicht reden.

So kam es, daß mein guter alter Herr auf seine alten Tage zum Schriftsteller wurde. An diesem Abend machte er sich nur ein paar Notizen für den Vortrag, den er dem jungen Mädchen halten wollte. Ziemlich kurz: Er berichtete von seinen Vergehen, ohne sie abzuschwächen. Er hatte alle Vorteile genießen und sich jeglicher Verpflichtung entziehen wollen. Das waren seine beiden Vergehen. Es war ganz einfach, sie niederzuschreiben! Würde er auch den Mut aufbringen, das dem jungen Mädchen gegenüber zu wiederholen? Warum nicht, da er doch bereit war zu bezahlen? Mit Geld und mit seiner eigenen Person, das heißt, sie zu erziehen und zu beschützen. Dieser Stutzer würde kein so leichtes Spiel mehr haben. Jetzt, beim Schreiben, tauchte plötzlich auch der auf, der doch wohl seinen Anteil an den Leiden und an den Gewissensbissen des alten Herrn gehabt haben mußte.

Diese Aufzeichnungen wurden erst mit Bleistift notiert und dann sorgfältig mit der Feder übertragen. Die beschriebenen Blätter waren in diesem Zimmer sicher, denn die Pflegerin konnte nicht lesen. Als er die Notizen mit der Feder abschrieb, fügte er noch eine mehr allgemeine, ziemlich langweilige und rhetorische Moral hinzu. Er hielt sie für eine Verbesserung und Bereicherung. Statt dessen hatte er damit alles zunichte gemacht. Aber das war wohl unvermeidlich bei einem Neuling. In früheren Zeiten war der gute alte Herr ein Skeptiker gewesen. Jetzt, da sein Organismus durch die Krankheit aus dem Gleichgewicht geraten war, fühlte er sich geneigt, die Schwachen zu beschützen, und gleichzeitig empfand er den Wunsch nach Öffentlichkeit. Er glaubte plötzlich, daß er etwas zu sagen habe, und nicht bloß dem jungen Mädchen.

Er las sein Manuskript wieder durch, und, offen gestanden, es war eine Enttäuschung. Aber keine endgültige, denn er fand, daß er gut gedacht und schlecht geschrieben habe. Das konnte durch einen zweiten Versuch korrigiert werden. Immerhin meinte er, diese Notizen könnten ihm für das Mädchen nützlich sein. Ihm selber freilich, der sich von dem Augenblick an, da er denken konnte, so oft hatte Moralpredigten anhören müssen, lag dieses Zeug nicht. Das Mädchen hingegen mochte vielleicht schon von vielen Dingen dieser Welt genug haben, aber bestimmt nicht von Moral. Vielleicht würden sie die Worte, die ihm, als er sie schrieb, etwas bedeutet hatten, und nun, da er sie las, nichts mehr bedeuteten, doch rühren.

Auch diese Nacht verlief unruhig, aber nicht unangenehm. Andauernde Schlaflosigkeit hat immer etwas von Delirium. Nicht alle Zellen bleiben wach. Gewisse Wirklichkeiten sind ausgelöscht, und diejenigen, die lebendig bleiben, entfalten sich ungehemmt. Der alte Herr lächelte sich selbst als großem Schriftsteller zu. Er wußte, daß er der Welt etwas zu sagen hatte, nur wußte er in diesem Dämmerzustand nicht recht, was. Er war sich jedoch bewußt, halb zu schlafen, aber der Tag und das Licht würden seinem Geist zu Hilfe kommen.

Als er gegen Morgen endlich einschlief, hatte er einen Traum, der schön begann und häßlich endete. Er befand sich inmitten einer Gruppe von Männern, die im Kreis auf dem großen Exerzierplatz standen. Ihnen allen stellte er das junge Mädchen in seinen bunten Fetzen vor, und alle klatschten Beifall, als hätte er sie so schön gemacht. Dann klammerte sie sich an ein Trapez, das von einer Oberleitung hing und genau über all den Männern kreiste. Und als das Mädchen vorüberschwebte, streichelten alle ihre Beine. Auch er wartete sehnsüchtig darauf, diese Beine streicheln zu können, sie kamen aber nie zu ihm, und als sie zu ihm kamen, brauchte er sie nicht mehr. Und alle diese Leute begannen zu schreien. Sie schrien ein einziges Wort, das er nicht verstand, bis er mitgerissen wurde, es ebenfalls zu schreien. Es lautete: Hilfe!

Er erwachte, von kaltem Schweiß bedeckt. Der schwere

Anfall nagelte ihn aufs Bett wie an ein Kreuz. Er starb! Der Tod in diesem Zimmer war nichts als ein Flügelschlagen. Es war der Tod selbst, der in ihn eindrang, zusammen mit dem vergifteten Degen, der sich in seinem Arm und in seiner Brust krümmte. Er bestand nur noch aus Schmerz und Angst. Später meinte er, auch seine Scham über den schmutzigen Traum habe zu seiner Verzweiflung beigetragen. Aber in dem großen Schmerz konnten alle Gefühle, die ihm je im Leben das Gemüt verdüstert hatten, eingeschlossen sein, also auch sein Abenteuer mit dem jungen Mädchen.

Als der Schmerz und die Angst schwanden, kreisten seine Gedanken weiter um dieses sein größtes Problem. Möglicherweise dachte er, die Beschäftigung damit sei für ihn der Beginn einer großen Kur. Wie wichtig war das Mädchen in seinem Leben geworden! Ihretwegen war er krank geworden. Jetzt verfolgte sie ihn in seine Träume und bedrohte ihn mit dem Tode. Sie war wichtiger als alle anderen und alles andere in seinem Leben. Auch das, was er an ihr verachtete, war für ihn wichtig. So hatten ihre Beine, über die er sich im Leben empörte, im Traum ihre verführerische Wirkung erwiesen. Im Traum war sie ihm in ihren Fetzen erschienen, aber die Beine hatten genauso wie am Tage zuvor in Seidenstrümpfen gesteckt.

Der Arzt kam mit seinen üblichen Anweisungen und seiner üblichen vertrauensvollen Ruhe, unerschütterlich, solange ihn die Angina pectoris nur als Gegenstand der Behandlung betraf. Er erklärte, dieser Anfall sei der letzte gewesen. «Der große Schmerz war sogar ein günstiges Zeichen, da in zerrütteten Organismen nie große Schmerzen auftreten.» Und außerdem: man ging der guten Jahreszeit entgegen. Auch sei es sicher, daß der Krieg sich seinem Ende nähere, und der alte Herr würde dann die Möglichkeit haben, einen geeigneten Kurort aufzusuchen.

Die Pflegerin vergaß nicht, den Arzt von dem Besuch in

Kenntnis zu setzen, den der alte Herr am Tag zuvor gehabt hatte. Lächelnd empfahl der Arzt, derartige Besuche nicht mehr zu empfangen, solange er sie nicht erlaube.

Mit männlicher Entschlossenheit wies der alte Herr ein solches Verbot zurück. Man mußte ihn heilen, ohne ihm etwas zu verbieten. Der Besuch konnte ihm nicht geschadet haben, er empfand eine solche Vermutung als Beleidigung. Er würde das Mädchen demnächst wieder zu sich rufen, und er würde es häufig sehen. Der Arzt konnte sich ja – wenn er wollte – vergewissern, daß diese Besuche für ihn unschädlich waren.

Eine solche Haltung des alten Herrn, unmittelbar nachdem er so quälende Schmerzen gelitten hatte, war der Ausdruck wahrer Größe. Er fühlte, es war eine Kraftprobe. Die anderen konnten ja nicht wissen, daß der schwere Anfall nicht das wichtigste Erlebnis der vergangenen Nacht gewesen war. Sein Leben konnte sich nicht länger wie bisher zwischen Bett und Sofa abspielen. Es mußte intensiver und weiter werden, damit seine Gedanken sich nicht immer um seine eigene bescheidene Person drehten. Er war bereit, die Anordnungen des Arztes zu befolgen, glaubte aber zu wissen, daß auch noch etwas anderes für seine Kur wichtig sei, das er dem Arzt nicht sagen wollte.

Der Arzt ließ sich auf keine Diskussionen ein, denn als alter Praktiker glaubte er nicht an ihre Heilkraft.

Weicht ein großer Schmerz, so empfindet man ein großes Wohlgefühl, und der alte Herr war an diesem Tag ganz davon durchdrungen. Die Möglichkeit, sich frei zu bewegen und frei zu atmen, ist für jemanden, dem sie auch nur für wenige Augenblicke genommen wurde, ein wahres Glück. An diesem Tag fand der alte Herr überdies die Zeit, dem Mädchen zu schreiben. Er sandte ihr das Geld, das er ihr am Tag zuvor zugedacht hatte, und teilte ihr mit, daß er ihr auch in der Folge Geld schicken werde.

Er bat sie, ihn nicht zu besuchen, solange er sie nicht einlade, da er wieder erkrankt sei.

Er wußte jetzt, daß er das Mädchen in den bunten Fetzen liebte, liebte wie eine Tochter. Er hatte sie in der Wirklichkeit besessen und er hatte sie im Traum besessen, sogar in zwei Träumen. In beiden Träumen, sagte sich der alte Herr, der nicht wußte, daß Träume in der Nacht geträumt und am Tage ergänzt werden, sei vielleicht ein großer Schmerz die Ursache des Übels gewesen, das ihn befallen hatte, der des Mitleids. Das also war das Los, das der Kleinen beschieden war, und er hatte dazu beigetragen. Durch seine Schuld war sie mit der Warnklingel am Fuß durch die Straßen gegangen oder hatte sich, noch dazu an eine Oberleitung gefesselt, im Kreise schwebend den Augen und Händen der Männer dargeboten. Und es spielte dabei keine Rolle, daß das Mädchen, als es ihn am Tag vorher besuchte, keinerlei Gefühl von Mitleid oder Zärtlichkeit in ihm hatte erwecken können. Jetzt war sie nun einmal so und man mußte sie retten, indem man ihr half, wieder das gute, liebe kleine Mädchen zu werden, das – leider! – die Seine gewesen war und die er nun ihrer Schwäche wegen liebte, welche Zärtlichkeit und Schutz verlangte.

Wie süß war doch das Gefühl, das ihm aus diesem Vorsatz erwuchs! Ein Gefühl, das alle Fasern seines Wesens durchdrang, aber alle Dinge und Menschen verwandelte, sogar seine Pflegerin, ja selbst seine Krankheit, von der er glaubte, daß er sie bekämpfen könne.

Schon am nächsten Tag ließ er den Notar kommen und verfaßte ein Testament, in dem er, abgesehen von einigen Legaten, die ihm beträchtlich erschienen, aber im Vergleich zu seinem Vermögen geringfügig waren, dem jungen Mädchen alles vermachte, was er besaß. So würde sie es wenigstens nicht mehr nötig haben, sich zu verkaufen.

Die Erziehung des Mädchens sollte beginnen, sobald er, nachdem er sich erholt hätte, dazu in der Lage wäre. Er verbrachte einige Tage damit, die Notizen zu überarbeiten, die er verfaßt hatte und die die Grundlage der Predigten bilden sollten, die er dem Mädchen halten wollte. Dann aber vernichtete er sie, denn er war nicht zufrieden damit. Er wußte jetzt ganz genau, worin die Verfehlung bestand, die er und sie begangen hatten, die ihn krank gemacht und sie verdorben hatte. Nicht, daß er für die Liebe nicht angemessen gezahlt oder daß er das Mädchen verlassen hatte, mußte sein Gewissen beunruhigen. Er hatte schon durch die Art gefehlt, wie er sich an sie herangemacht hatte. Das war die Verfehlung, die er untersuchen mußte. Daher begann er mit neuen Aufzeichnungen über die Beziehungen, die zwischen Jungen und Alten möglich und erstrebenswert sind. Er fühlte, daß er kein Recht hatte, dem jungen Mädchen die Liebe zu verbieten. Die Liebe konnte für sie durchaus etwas Moralisches sein, aber man mußte ihr jede leichtfertige Liebschaft verbieten, und vor allem die Liebschaft mit alten Männern. In seinen Aufzeichnungen versuchte er eine Zeitlang, neben die alten Herren, die zu meiden waren, auch den jungen Stutzer mit dem eleganten Schirm zu stellen, den er immer noch nicht vergessen hatte. Das komplizierte seine Aufgabe, und die Notizen büßten so an Klarheit und Entschiedenheit ein. Schließlich verschwand der junge Stutzer aus den Aufzeichnungen, und sie standen sich allein gegenüber, der alte Herr und das junge Mädchen.

Die Zeit verging, und er fühlte sich nie bereit, das Mädchen zu sich zu bitten. Er hatte viel geschrieben, aber es war nötig, Ordnung in diese Notizen zu bringen, damit sie zur Hand wären, wenn er sie brauchte. Jede Woche ließ er dem jungen Mädchen durch seinen Angestellten eine bestimmte Summe zukommen und schrieb ihr, daß er sich immer noch nicht wohl genug fühle, sie zu empfangen. Er glaubte die Wahrheit zu sagen, der gute alte Herr, und es stimmte auch, daß er sich nicht ganz wohl fühlte, aber sicher nicht schlechter als vor seinem letzten Anfall. Jetzt jedoch wollte er die absolute Gesundheit des tätigen Mannes wiedererlangen, und so weit war es noch nicht.

Er fühlte sich besser, denn in ihm war das Vertrauen wiedererwacht. Dieses Vertrauen steigerte sich eine Zeitlang stetig und in direkter Beziehung zu seiner Hingabe an das Leben, das heißt an seine Arbeit. Als er eines Tages das Geschriebene wieder durchlas, entstand im Kopf des alten Herrn die Theorie, die reine Theorie, und aus dieser waren das junge Mädchen und er selbst ausgeschaltet. Vielmehr, die Theorie entstand eben durch diese doppelte Ausschaltung. Das junge Mädchen, das von ihm nur Geld erhielt, verlor bald jede Bedeutung. Selbst die stärksten Eindrücke lassen schließlich nur ein schwaches Echo in der Seele zurück, das man nur vernimmt, wenn man ihm nachspürt, und zu jenem Zeitpunkt hörte der alte Herr aus der Erinnerung an das Mädchen, das er geliebt hatte und das nicht mehr existierte, einen Chor jugendlicher Stimmen aufsteigen, die um Hilfe baten. Er selber aber machte infolge der Theorie eine doppelte Wandlung durch. Vor allem wurde er etwas ganz anderes als dieser alte Egoist, der ein junges Mädchen verführt hatte, um es zu genießen und nicht zu bezahlen, denn er sah, daß er nur einer von Tausenden gewesen war, die gerne das gleiche getan hätten oder taten. Deswegen mußte man nicht leiden. Sein schneeweißes Haupt trat neben tausend andere, und unter diesem Weiß verbarg sich bei allen die gleiche Gemeinheit. Nur er wurde jetzt ganz anders als alle andern! Er war der hohe, der reine Theoretiker, der sich durch seine Aufrichtigkeit von aller Gemeinheit befreit hatte. Die Aufrichtigkeit fiel allerdings leicht, denn es ging nicht darum, zu beichten, sondern zu studieren und zu entdekken.

Er schrieb nicht mehr für das junge Mädchen. Er hätte sich zu platt ausdrücken müssen, um von ihr verstanden zu werden, und das lohnte die Mühe nicht. Er schrieb jetzt, wie er glaubte, für die Allgemeinheit, möglicherweise auch für den Gesetzgeber. Erforschte er denn nicht ein wichtiges Gebiet der moralischen Gesetze, die seiner Meinung nach die Welt regieren müßten?

Unendlich war das Vertrauen, das ihm durch seine Arbeit zufloß. Die Theorie erforderte Zeit, und deshalb konnte man auch nicht sterben, ehe sie abgeschlossen war. Er glaubte, sich nicht beeilen zu müssen. Eine höhere Macht würde darüber wachen, daß er sein so wichtiges Werk zu Ende bringe. Mit seiner schönen und großen Handschrift schrieb er den Titel: «Über die Beziehungen zwischen Alter und Jugend.» Als er dann daranging, das Vorwort zu verfassen, dachte er, daß er für die Drucklegung eine schöne und sinnvolle Titelvignette zeichnen lassen sollte. Er konnte sich allerdings nicht vorstellen, wie sich die Plattform des Straßenbahnwagens mit dem jungen Mädchen an der Bremse und einem alten Herrn, der es von der Arbeit ablenkt, darin unterbringen ließe. Selbst dem besten Zeichner mußte es schwerfallen, mit diesen Elementen die Idee klar zum Ausdruck zu bringen. Dann hatte er eine Eingebung (es fehlte ihm also auch nicht an Eingebungen): Die Vignette sollte einen zehnjährigen Jungen darstellen, der einen betrunkenen alten Mann führt. Er ließ sogar einen Zeichner kommen, der die Zeichnung sofort ausführte. Es war ein Geschmiere; der alte Herr lehnte es ab und erklärte, sobald er wieder ganz gesund wäre, wollte er selber in der Stadt einen geeigneten Zeichner ausfindig machen.

Während der schönen Jahreszeit, die endlich gekommen war, begann der alte Herr schon in den frühen Morgenstunden zu schreiben. Bereitwillig hörte er dann mit dem Schreiben auf, um sich den üblichen Kuren zu unterziehen, denn das bedeutete für ihn keine Unterbrechung seiner Arbeit. Nichts vermochte seine Gedanken abzulenken, die weitergingen und sich ständig fortentwickelten. Sodann machte er sich bis zum Mittagessen wieder ans Schreiben. Danach schlief er ein Stündchen ruhig und traumlos in seinem Sessel und kehrte dann an seinen Arbeitstisch zurück, um schreibend und denkend bis zu seiner täglichen Ausfahrt mit dem Wagen dort zu verharren. Er fuhr nach Sant'Andrea, begleitet von seiner Pflegerin, zuweilen auch vom Arzt. Er tat ein paar Schritte am Strand. Er betrachtete den Horizont, an dem die Sonne unterging, mit einem ganz anderen Blick – so schien es ihm –, als er ihn früher für die Schönheiten der Natur gehabt hatte. Es war ihm, als habe er viel inniger teil an ihr, seitdem er über erhabene Probleme nachdachte, statt Geschäfte zu machen. Und er betrachtete das farbig leuchtende Meer und den klaren Himmel, gewissermaßen im Einklang mit all dieser Reinheit, weil er sich ihrer würdig fühlte.

Dann nahm er das Abendessen ein und verbrachte noch ein Stündchen damit, sich an seiner eigenen Arbeit zu erfreuen, indem er die beschriebenen Blätter durchsah, die sich nach und nach in einer Schublade seines Tisches anhäuften. In seinem keuschen Bett schlief er, in Gesellschaft seiner Theorie, einen ungetrübten Schlaf. Einmal träumte er von dem lieben Mädchen in den bunten Fetzen, und selbst im Traum erinnerte er sich nicht mehr daran, daß es auch das andere Mädchen mit den Seidenstrümpfen gab. Er sprach Deutsch mit ihr, das sie hinlänglich beherrschte. Es kam diesmal auch nichts mehr vor, was ihn erregte, und er hielt das für einen vortrefflichen Beweis wiedererlangter Gesundheit.

Er hätte gerne jemanden gehabt, dem er sein Werk hätte vorlesen können, um die Wirkung durch den eigenen Vortrag und in der Miene des Zuhörers zu erproben. Diese Erleichterung blieb ihm jedoch versagt. Aus der Erfahrung des Schriftstellers, die er sich bereits erworben hatte, wußte er, daß die Theorie einer großen Gefahr ausgesetzt ist: von der Linie abzuweichen, die die Wirklichkeit ihr vorzeichnet. Wie viele Manuskriptseiten hatte er nicht schon vernichten müssen, weil er sich vom Klang der Worte hatte verleiten lassen! Um sich zu helfen, hatte er auf einem besonderen Blatt, das er stets vor sich liegen hatte, seinen Ausgangspunkt niedcrgeschrieben: Der alte Mensch ist so beschaffen, daß die Macht, über die er verfügt, dem jungen gefährlich werden kann, der allein für die Zukunft der Menschheit wichtig ist. Darauf muß man ihn aufmerksam machen. Da er nun einmal durch sein langes Leben Macht erworben hat, ist es notwendig, daß er sie zum Nutzen des jungen Menschen einsetzt. Um bei der Wahrheit zu bleiben, bezog sich der Moralist dabei ausdrücklich auf sein eigenes Abenteuer: Es mußte erreicht werden, daß der alte Herr das junge Ding auf jener Plattform nicht begehrte, aber der Bitte des schönen Mädchens, ihm zu helfen, entsprach. Andernfalls würde das jetzt leidenschaftliche und verderbte Leben zwar rein, aber zu Eis.

Es folgten viele Ausrufungszeichen, um die Schwierigkeit der Aufgabe anzuzeigen, die der Moralist sich stellte. In der Tat, wie sollte man den alten Herren beweisen, daß es ihre Pflicht sei, sich um die Mädchen, die sie – falls es erlaubt wäre – gerne zu Geliebten hätten, nur wie um Töchter zu kümmern? Die Praxis lehrte, daß die alten Herren nur bereit waren, sich das Schicksal jener Mädchen zu Herzen nehmen, die sie bereits zu ihren Geliebten gemacht hatten. Es mußte bewiesen werden, daß es nicht nötig war, den Weg über die Liebe einzuschlagen, um zur Zuneigung zu gelangen.

Das Denken des alten Herrn kreiste um diesen Punkt: Einstweilen lächelte er, denn er meinte, mit dem Fortschreiten seiner methodischen Untersuchung werde es ihm gelingen, die Einzelheiten des Problems klarer zu sehen.

Er machte den Versuch, die Pflegerin zu seiner Arbeit

hinzuzuziehen. Er hätte von ihr nichts weiter verlangt, als daß sie ihm zuhörte. Schon bei seinen ersten Worten wurde sie wütend: «Was, Sie beschäftigen sich immer noch mit der da?»

Es war klar, daß jede Theorie im Keim erstickt wurde, wenn man damit anfing, das Mädchen, die eigentliche Mutter dieser Theorie, als «die da» zu bezeichnen.

Dann versuchte er es mit dem Arzt. Diesem schien die Theorie sehr zu gefallen. Der Arzt konstatierte eine ausgesprochene Besserung im Befinden des alten Herrn, und deshalb konnte ihm diese Theorie, die ihm nützlich schien, nur gefallen. Es fiel ihm jedoch schwer, sie für sich zu akzeptieren. Er war ebenfalls alt, da er sich aber der besten Gesundheit erfreute, betrachtete er das Leben mit dem intensiven Verlangen eines intelligenten Menschen und hätte es sich verbeten, von irgendeiner Lebensäußerung ausgeschlossen zu werden.

«Im Grunde genommen», sagte er zum alten Herrn, «mißt du uns da eine zu große Bedeutung bei. Gar so verführerisch sind wir nicht.» Er musterte erst den alten Herrn und dann sich selbst im Spiegel.

«Und doch verführen wir», sagte der alte Herr, durch seine eigene Erfahrung bestärkt.

«Wenn uns das gelingt, ist es doch gar nicht so schlecht», meinte der Arzt lächelnd.

Auch der alte Herr versuchte zu lächeln, aber es wurde eine Grimasse. Er wußte, daß es im Gegenteil sehr schlecht war.

Der Arzt besann sich nun darauf, daß er vor allem Arzt war, und diskutierte nicht länger über die Theorie, das heißt über das Heilmittel, dem er selbst Bedeutung beimaß. Er wollte sogar die Theorie unterstützen, etwas zu ihr beitragen, aber es versteht sich von selbst, daß er, wo immer er hingriff, die Phantasien des alten Herrn zerstörte: «Wenn du willst», sagte er zu dem alten Herrn, «besorge ich dir ein Werk mit dem Titel ‹Der alte Mensch›. Das Alter wird darin leider als eine Krankheit betrachtet. Freilich keine von langer Dauer.»

Der alte Herr wandte ein: «Das Alter eine Krankheit? Ein Teil des Lebens Krankheit? Und was wäre dann die Jugend?»

«Ich glaube, daß auch sie nicht die absolute Gesundheit ist», meinte der Arzt, «aber sie ist etwas anderes. Die Jugend zieht sich häufig Krankheiten zu, aber für gewöhnlich sind es Krankheiten ohne Komplikationen. Bei alten Leuten hingegen ist auch eine Erkältung eine komplizierte Krankheit. Das bedeutet immerhin etwas.»

«Es bedeutet nur, daß der alte Mensch schwach ist. Er ist» – der alte Herr schrie es triumphierend – «wirklich nichts anderes als ein schwächer gewordener junger Mensch.» Da hatte er es gefunden. Diese Entdeckung wurde zu einem Bestandteil seiner Theorie, und sehr zu ihrem Nutzen. «Eben deshalb, damit seine Schwäche nicht zur Krankheit werde, braucht er eine solide Moral.» Seine Bescheidenheit hielt ihn davon ab zu sagen, daß sein Werk diese Moral liefern werde, aber er dachte es.

Diese Unterhaltung mit dem Arzt, die so ergiebig für ihn verlaufen war, hätte ihn zu weiteren ermutigen sollen. Eines Tages aber verriet der Arzt allzu deutlich, was er wirklich dachte, und der alte Herr sah ein, daß es zwischen ihnen keinen Berührungspunkt gab.

Im Verlauf seiner umständlichen Untersuchungen mußte der alte Herr eines Tages auch die Frage klären, welche Rechte das Alter der Jugend gegenüber hat. Mein Gott! Die Bibel ist ja nicht umsonst geschrieben worden. Schuldete die Jugend dem Alter Gehorsam? Respekt? Liebe?

Der Arzt begann zu lachen, und wenn er lachte, enthüllte er gern seine innersten Gedanken. «Gehorsam? Unverzüglichen, denn alte Menschen darf man nicht warten lassen. Respekt? Alle jungen Mädchen von Triest auf die Knie, damit man leichter unter ihnen wählen kann. Liebe? Jene schöne und handfeste, den Arm um den Hals oder sonstwo und Mund auf Mund.»

Kurz, der arme alte Herr hatte kein Glück und fand nicht die ihm verwandte Seele. Er bedachte nicht, daß dem Arzt die Erfahrung des schweren Anfalls fehlte und er daher kein ebenso alter Herr war wie er.

Auch diese Auseinandersetzung hatte ihre Wirkung, aber eine negative. Verschiedene bereits beschriebene Blätter wurden von dem alten Herrn in Quarantäne geschickt, in einen weißen Bogen Papier eingeschlagen, auf den er schrieb: «Was schuldet die Jugend dem Alter?»

Zuweilen wurde die Theorie verworren, und es fiel schwer fortzufahren. Der alte Herr fühlte sich dann sehr schlecht. Er hatte die Arbeit beiseite gelegt, in der Meinung, eine kurze Ruhepause würde ihm die fehlende Klarheit verschaffen, aber wie leer verliefen die Tage! Sogleich war der Tod näher. Der alte Herr hatte jetzt Zeit, auf den unsicheren Schlag seines Herzens und auf seinen müden und geräuschvollen Atem zu achten.

In einem solchen Moment war es, daß er nach dem jungen Mädchen sandte und es bat, ihn aufzusuchen. Er hoffte, es würde genügen, sie wiederzusehen, um aufs neue die Gewissensbisse zu spüren, die der hauptsächliche Antrieb zum Schreiben gewesen waren. Aber nicht einmal von dieser Seite kam ihm die erhoffte Hilfe.

Das Mädchen hatte sich weiterentwickelt. Sie erschien hochelegant wie das letzte Mal und erwartete offenbar, mit Küssen empfangen zu werden. Der alte Herr war nicht sehr streng, und diesmal nicht aus Verlegenheit, sondern weil ihm wenig daran lag. Er liebte jetzt die Jugend in ihrer Gesamtheit, die männliche und die weibliche, das liebe Mädchen in den bunten Fetzen inbegriffen, aber ganz und gar nicht diese Puppe, die so stolz auf ihre Kleider war, daß sie vor dem Spiegel von ihnen sprach.

Sie hatte sich jedoch so weit entwickelt, daß sie sich bei ihm beklagte, sie komme mit dem Geld nicht mehr aus, und ihn bat, seine Zuwendungen zu erhöhen.

Da aber besann sich der alte Herr auf seine alte Erfahrung als Geschäftsmann. «Warum glaubst du denn, ich sei dir Geld schuldig?» fragte er lächelnd.

«Hast du mich denn nicht verführt?» fragte das arme Ding, das offenbar von irgend jemand instruiert worden war.

Der alte Herr blieb gelassen. Leider wurde ihm bei dem Vorwurf weder heiß noch kalt. Er widersprach und erklärte, zur Liebe gehörten zwei und er habe weder Gewalt noch List angewandt.

Sie ließ sich sogleich überzeugen und bestand nicht länger darauf. Vielleicht bereute sie es schon und es war ihr peinlich, daß sie so zu ihm gesprochen hatte, sie, die immer bemüht gewesen war, uneigennützig zu erscheinen.

Um sie noch sanfter zu stimmen und weil er hoffte, wenigstens einen Bruchteil der einstigen Gemütsbewegung wieder zu verspüren, erzählte er ihr, daß er sie in seinem Testament bedacht habe.

«Ich weiß es, und ich danke dir», sagte sie. Der alte Herr übersah den merkwürdigen Umstand, daß sie über sein Testament, das er doch völlig geheimgehalten hatte, etwas zu wissen glaubte, und nahm ihren Dank entgegen.

Diese Unterredung enttäuschte ihn derart, daß er sich vornahm, sein Testament zu ändern und den Rest seines Vermögens irgendeinem Wohltätigkeitsinstitut zu vermachen.

Er unternahm nur deshalb nichts, weil Theoretiker sehr langsame Menschen sind, wenn es darauf ankommt zu handeln.

X

Und so sah sich der alte Herr ganz allein mit seiner Theorie konfrontiert.

Inzwischen hatte er das überaus lange Vorwort zu seinem Werk beendet, und es war, seiner Meinung nach, glänzend ausgefallen, so daß er es immer wieder las, um sich zu weiterer Arbeit anzuspornen.

In diesem Vorwort hatte er sich lediglich vorgenommen zu beweisen, daß die Menschheit sein Werk brauche. Er wußte es nicht, aber das war der leichteste Teil seines Werkes. Jedes Werk nämlich, das eine neue Theorie aufstellen will, zerfällt in zwei Teile. Der erste gilt der Zerstörung der bisher vorhandenen Theorien oder, noch besser, der Kritik an den herrschenden Zuständen, während dem zweiten Teil die schwierige Aufgabe zufällt, die Dinge auf einer neuen Basis wiederaufzubauen; eine recht schwierige Sache. Da hatte ein Theoretiker zu Lebzeiten zwei dicke Bände veröffentlicht, um nachzuweisen, daß es auf der Welt schlecht und höchst ungerecht zugehe. Die Welt sprang aus den Angeln und renkte sich auch nicht wieder ein, als die Erben des Theoretikers den dritten, nachgelassenen Band veröffentlichten, der dem Wiederaufbau der Dinge gewidmet war. Eine Theorie ist stets etwas Kompliziertes, und wenn man sie aufstellt, übersieht man nicht gleich alle ihre Folgen. So können Theoretiker auftauchen, die die Ausrottung eines bestimmten Tieres predigen, zum Beispiel der Katzen. Sie schreiben und schreiben und bemerken nicht gleich, daß rings um ihre Theorie und als deren Folge die Mäuse zu wimmeln beginnen. Erst sehr spät kommt der Theoretiker darauf, in welche Verlegenheit er da geraten ist, und fragt sich besorgt: «Was fang ich jetzt mit den Mäusen an?»

Mein alter Herr war von einer solchen Verlegenheit noch weit entfernt. Es gibt nichts Schöneres und nichts liest sich flüssiger als das Vorwort zu einer Theorie. Der alte Herr machte die Entdeckung, daß der Jugend auf dieser Welt etwas fehlte, durch das die Jugend noch schöner würde: gesunde alte Menschen, die sie lieben und ihr beistehen. Auch das Vorwort erforderte Studien und Gedankenarbeit, denn es sollte die ganze Weite des Problems abstecken. Der alte Herr begann also mit dem Anfang, wie die Bibel. Die Alten hatten sich – als sie noch nicht so alt waren – in den Jungen fortgepflanzt, und dies mit großer Leichtigkeit und einigem Vergnügen. Es ist schwer festzustellen, ob sich das Leben beim Übergang von einem Organismus auf den anderen weiterentwickelt oder verbessert hat. Die hinter uns liegenden Jahrhunderte der Geschichte waren zu kurz, um aus ihnen Erfahrung schöpfen zu können. Die Fortpflanzung könnte aber einen geistigen Fortschritt mit sich bringen, wenn es zu einer vollkommenen Gemeinschaft zwischen den Alten und den Jungen käme und sich eine gesunde Jugend auf ein vollkommen gesundes Alter stützen könnte. Zweck des Buches war es also zu beweisen, daß zum Wohle der Welt ein gesundes Alter notwendig sei. Dem alten Herrn zufolge hing die Zukunft der Welt, das heißt die Kraft der Jugend, die diese Zukunft bildet, vom Beistand und der Unterweisung des Alters ab.

Das Vorwort hatte noch einen zweiten Teil. Wenn der alte Herr gekonnt hätte, hätte er noch viele Teile geschrieben. Der zweite Teil versuchte, den Vorteil nachzuweisen, der dem alten Menschen aus einem reinen Verhältnis zur Jugend erwüchse. Den eigenen Kindern gegenüber fiel die Reinheit leicht, aber sie durfte auch im Umgang mit den Altersgenossen der Kinder nicht befleckt werden. Die Alten würden – wenn sie rein blieben – länger und gesünder leben, was seiner Ansicht nach für die Gesellschaft von großem Nutzen wäre.

Das erste Kapitel war gleichfalls ein Vorwort. Man mußte doch den gegenwärtigen Zustand der Dinge beschreiben! Die Alten mißbrauchten die Jugend, und die Jugend verachtete die Alten. Die Jungen verfaßten Gesetze, um zu verhindern, daß die Alten weiter die Führung der Geschäfte behielten, und die Alten setzten ihrerseits Gesetze durch, um den Aufstieg der Jungen zu verhindern, solange sie noch zu jung waren. Offenbarte diese Rivalität nicht einen für den menschlichen Fortschritt verderblichen Zustand? Was hatte das Lebensalter mit der Wahrnahme öffentlicher Ämter zu tun?

Diese Vorworte, die ich hier nur in ihren wesentlichen Zügen wiedergebe, gaben dem armen alten Herrn für viele Monate Beschäftigung und Gesundheit. Es folgten weitere Kapitel, die ihm ziemlich leicht von der Hand gingen und ihn trotz seines geschwächten Körperzustands nicht sehr anstrengten: die polemischen Kapitel. Eines sollte die Behauptung entkräften, daß das Alter eine Krankheit sei. Der alte Herr meinte, dieses Kapitel sei ihm besonders gut gelungen. Wie konnte man denn glauben, das Alter, das nichts anderes war als die Fortsetzung der Jugend, sei eine Krankheit? Es mußte also ein weiteres Element hinzukommen, um die Gesundheit in Krankheit zu verwandeln; dieses Element vermochte der alte Herr nicht zu finden.

Das Werk sollte nach dem Plan des alten Herrn in zwei Teile zerfallen. Der erste Teil sollte davon handeln, wie man die Gesellschaft organisieren müßte, um gesunde alte Menschen zu bekommen, und der zweite von der Organisation der Jugend, um deren Beziehungen zum Alter zu regeln.

Hier aber fand sich der alte Herr immer wieder von nagenden Zweifeln in seiner Arbeit unterbrochen. Ich erwähnte schon jene Blätter, die er beiseite gelegt und in einen Bogen Papier eingeschlagen hatte, mit der Absicht, sie wieder hervorzuholen, sobald gewisse Zweifel geklärt wären. Danach kamen noch viele neue Bündel hinzu.

So mußte er immer daran denken, daß in seinem Abenteuer mit dem jungen Mädchen das Geld eine wichtige Rolle gespielt hatte. Während mehrerer Tage schrieb er, man müsse das Geld (das zumeist den alten Leuten gehört) beschlagnahmen, damit es nicht der Verführung dienen könne, und es ist erstaunlich, daß so viele Stunden verstreichen mußten, ehe er gewahr wurde, wie schmerzlich es für ihn wäre, wenn man ihn seines Geldes beraubte. Da hörte er auf, über dieses Thema zu schreiben, und legte die Blätter beiseite, bis er mehr Klarheit gewonnen hätte.

Ein anderes Mal gedachte er darzulegen, wie man schon von der ersten Volksschulklasse an darauf hinweisen müsse, daß es der Zweck des Lebens sei, ein gesunder alter Mensch zu werden. Wenn die Jugend sündigt, dann leidet sie nicht und verursacht auch keine besonderen Leiden. Die Sünde eines alten Menschen aber entspricht ungefähr zwei Sünden eines jungen. Eine zusätzliche Sünde ist das Beispiel, das er gibt. Somit müßte man – dem Theoretiker zufolge – von allem Anfang an erforschen, wie man gesund altert. Aber dann schien ihm, daß in diesem Gedankengang der Weg zur Tugend nicht genau vorgezeichnet sei. Wenn die Sünde des jungen Menschen von so geringer Bedeutung war, wo sollte dann die Erziehung des alten beginnen? Und auf das Umschlagblatt, in dem er diese Blätter begrub, notierte er: «Untersuchen, wann die Erziehung des alten Menschen beginnen soll.»

Es gab Manuskriptseiten, auf denen der alte Herr sich bemühte zu beweisen, daß man sich, um ein gesundes Alter zu erlangen, mit gesunden jungen Menschen umgeben müsse. Die Methode, die Blätter beiseite zu legen und nicht zu vernichten, förderte die Widersprüche, ohne daß der Autor ihrer gewahr wurde. Auf diesen letzten Seiten verriet der Autor einen gewissen Zorn auf die Jugend. Eigentlich war es doch so, daß das Alter gar nicht sündigen könnte, wenn die Jugend gesund wäre. Schon ihre größere physische Kraft schützte sie vor Anschlägen. Auf dem Bogen, der so viel Psychologie einhüllte, stand zu lesen: «Bei wem hat die Moral zu beginnen?»

So häufte der alte Herr Zweifel auf Zweifel und meinte, damit irgend etwas aufzubauen. Aber der Kampf überstieg seine Kräfte, und als der Winter wiederkam, mußte auch der Arzt einen weiteren physischen Verfall des Patienten feststellen. Er ging der Ursache nach und fand schließlich, daß die Theorie, die ursprünglich so sehr genützt hatte, nunmehr schade. «Warum wählst du nicht ein anderes Thema?» fragte er. «Du müßtest diese Arbeit zur Seite legen und dich mit etwas anderem befassen.»

Der alte Herr wollte sich ihm nicht eröffnen, sondern versicherte, daß er nur so vor sich hin schreibe, um sich irgendwie die Zeit zu vertreiben. Er fürchtete den Blick des Kritikers, meinte aber, er müsse ihn nur so lange fürchten, wie das Werk nicht vollendet sei.

Diesmal hatte das Einschreiten des Arztes keine günstige Wirkung. Der alte Herr wollte das Werk zu Ende bringen, indem er einen Zweifel nach dem anderen klärte, und er begann damit, nochmals die Frage zu prüfen, was die Jugend dem Alter schulde. Er schrieb mehrere Tage hindurch in wachsender Erregung, dann verweilte er weitere Tage am Tisch und las das Geschriebene wieder und wieder durch.

Er hüllte die alten und die neuen Blätter abermals in das Leichentuch, auf dem die Frage stand, die er nicht zu beantworten wußte. Darunter schrieb er keuchend mehrmals das Wort: «Nichts!»

Man fand ihn erstarrt, die Feder im Mund, über die sein letzter Seufzer geglitten war.

VII
Der ‹vierte› Roman

Ein Vertrag

Ich habe nie recht begriffen, wie ich in meinen jetzigen Zustand der Untätigkeit geraten bin, ich, der ich während des Krieges in der Stadt als überaus rührig bekannt war. Auch über diesen Punkt, der ebenfalls Auswirkungen auf meine Gesundheit hat, habe ich meinen Neffen Carlo konsultiert; er meinte, ich täte gut daran, mich ruhig zu verhalten, und beim nächsten Weltkrieg würde ich meine Tätigkeit einfach wiederaufnehmen.

Dieser Schlingel trifft oft in seinem triestinisch-argentinischen Jargon den Nagel auf den Kopf. Es stimmt, meine Betriebsamkeit war durch den Krieg bedingt gewesen, und als der Frieden kam, wußte ich mich nicht mehr zu rühren. Genau wie eine Windmühle, wenn kein Wind geht.

Ich versuche mich zu erinnern: Wäre ich nur früher stehengeblieben, aber ich hatte die große Umwälzung nicht bemerkt! Ich jubelte in den Straßen den italienischen Truppen[1] zu und wußte, daß meine Vaterstadt endlich aus einer Art Mittelalter heraustrat. Dann ging ich in mein Büro und wickelte meine Geschäfte ab, als gäbe es draußen noch die österreichischen Truppen und das österreichische Hungern. Und ich erinnere mich weiter: Als die Verbindungen mit Italien wiederhergestellt waren, nutzte ich sie sofort, um dem alten Olivi, der den Krieg in Pisa verbracht hatte, einen schönen Brief zu schreiben. Der Brief war einfach naiv, denn aus ihm sprach meine Überzeugung, daß nach dem Krieg alles genauso weitergehen werde wie während des Krieges. Ich schrieb Olivi, durch Schicksalsfügung sei das eingetreten, was mein armer Vater ausgeschlossen habe, nämlich daß ich der selbständige Herr meiner Geschäfte würde. Ich schilderte ihm die glänzende Position, in die ich unser Unternehmen gebracht hatte, die vielen Geschäfte, die ich gemacht hatte, und übermittelte ihm auch eine Abrechnung über die erzielten Gewinne. Alles sehr gelassen und ohne Angeberei. Es bedurfte keiner Worte: Die Tatsachen genügten, um ihn vor Wut platzen zu lassen. Er platzte tatsächlich. Als ich einige Tage später von seinem Tod erfuhr, dachte ich, er habe meinen Brief nicht ertragen können. Er war jedoch an Grippe gestorben. In meinem Brief hatte ich ihm trocken vorgeschlagen, den Dingen jenen Lauf zu lassen, der ihnen vom Schicksal nun einmal bestimmt sei, wobei ich mich vielleicht ein wenig über die letztwilligen Bestimmungen meines Vaters hinwegsetzte, die zu diesem Zeitpunkt völlig überholt waren. Ich erbat zwar Olivis und seines Sohnes weitere Mitarbeit, doch war es meine Absicht, selbst der Chef zu bleiben; ich würde ihm soweit freie Hand lassen, daß er seine alten Geschäftchen wiederaufnehmen könnte, und mich selbst um die größeren Geschäfte kümmern, bei denen ich meinerseits absolut freie Hand haben wollte. Auch die Aufsicht über die Angestellten sollte ihm obliegen. Ich war die Sache ziemlich leid, obwohl ich während des Krieges nur wenige Angestellte beschäftigt hatte.

Ich bin nicht sicher, aber es ist möglich, daß es für mich ein Glück gewesen wäre, wenn ich vom Tod des alten Olivi sofort Kenntnis erhalten hätte, doch erfuhr ich erst acht Tage später davon. Ich achtete nicht auf die Daten, vielleicht aber wäre es gut gewesen, der Tod hätte ihn einige Tage früher ereilt.

Wie dem auch sei, das verhängnisvolle Geschäft, in das ich mich stürzte, hing sicherlich mit meinem Mangel an

Fingerspitzengefühl zusammen, das heißt, ich glaubte, der Krieg dauere fort, obwohl ich doch wußte, daß der Frieden *ausgebrochen* war. Aber ich hatte es auch eilig, mich auf ein großes Geschäft einzulassen, damit Olivi bei seiner Ankunft einen Grund mehr fände, mich zu bewundern. Hätte ich von seinem Tod gewußt, so hätte auch ich mich ruhiger verhalten.

In Triest waren mehrere Waggons Seife aus Sizilien eingetroffen. Während des ganzen Krieges waren in Triest alle ganz versessen auf Seife gewesen, und besonders diejenigen, die damit ein Vermögen machen wollten. Ich griff also gierig zu und bezahlte bar. Weniger eilig hatte ich es mit dem Verkauf, wie es meine Taktik während des Krieges gewesen war. Als ich dann aber verkaufen wollte, mußte ich feststellen, daß in Triest kein Bedarf an Seife mehr vorhanden war. Man schien sie sich abgewöhnt zu haben. Noch Schlimmeres trat ein: Ich erhielt aus ganz Italien weitere Seifenangebote, und zwar zu einem günstigeren Preis, als ich ihn bezahlt hatte. Da wurde ich unruhig und begriff, daß auch für die Seife das Neue eingetreten war: der Frieden. Trotzdem glaubte ich, es gebe für die Seife noch eine Rettung, denn die meine befand sich bereits in Triest, während die anderen noch weit weg waren. So schickte ich meine Seife kurzerhand nach Wien, um als erster auf dem Platz zu sein, und versuchte, sie zu verkaufen. Ich weiß heute noch nicht genau, warum meine Seife zunächst einmal beschlagnahmt wurde. Anscheinend gab es zwei Gründe, sie aus dem Verkehr zu ziehen: die Tatsache, daß die Leute sie dringend brauchten, und dann der Umstand, daß diese Seife ihrer Zusammensetzung nach gewissen österreichischen Vorschriften, von denen auch ich etwas wußte, nicht ganz entsprach. Dann begannen die Verhandlungen, die sich über mehrere Monate hinzogen. Schließlich bekam ich meine Seife wieder frei, doch inzwischen hatte die Welt Zeit gehabt, sich mit dieser sich so langsam verbrauchenden Ware einzudecken, und ich mußte sie unter ihrem Preis verkaufen, und zwar in österreichischen Kronen, die mich erst erreichten, als die Umtauschfrist abgelaufen war. Sie waren fast nichts mehr wert. Dieses letzte Geschäft verschlang beinahe den ganzen Gewinn, den ich mit so glücklichem Unternehmungsgeist während des Krieges erzielt hatte. Es war hart, sich damit abfinden zu müssen, um so mehr, als der junge Olivi, der – noch in der Uniform eines Leutnants – inzwischen eingetroffen war, meine früheren Bilanzen mit den gewaltigen Gewinnen, die alle von diesem letzten, unseligen Geschäft wieder aufgezehrt worden waren, nicht anschauen konnte, ohne zu lachen. Er bekundete auch eine ausgesprochene Verachtung für die im Krieg getätigten Geschäfte, und eines Tages erklärte er, es sei nur allzu natürlich, daß Leute, die sich in Kriegszeiten das Arbeiten angewöhnt hätten, in Friedenszeiten gleich wieder zugrunde gingen. Er brummte sogar noch: «Wenn ich zu befehlen gehabt hätte, ich hätte alle erschießen lassen, die im Krieg Handel getrieben haben.» Dann besann er sich und fügte, ohne zu lachen, hinzu: «Sie ausgenommen... natürlich.»

Der schüchterne junge Mann war während des Krieges sehr dreist geworden. Anfangs hatte ich vor ihm Angst. Wie würde ein Mensch, der so vom Bolschewismus durchtränkt war, meine Geschäfte führen? Bei jeder Gelegenheit warf er mit Bemerkungen gegen die Reichen um sich. Er und sein Vater waren mit ihren österreichischen Wertpapieren unterm Arm nach Italien gerannt. Ohne sich viele Gedanken zu machen, war er in den Schützengraben gegangen, und als es endlich gelungen war, die feindlichen Schützengräben zu zerstören, mußte er gewahr werden, daß er damit auch sein eigenes Vermögen zerstört hatte. Das verbitterte ihn zutiefst.

«Und Ihr Vater?» wagte ich zu fragen. «Er war doch ein

Geschäftsmann. Zwar kein Kriegsgewinnler wie ich, aber auch kein Krieger wie Sie.»

Olivi seufzte: «Er dachte nicht an seine Geschäfte. Den ganzen Krieg hat er nur auf Nachrichten von mir gewartet. Der Arme!»

Triumphierend rief ich aus: «Auch ich habe auf die Nachrichten aus Florenz gewartet und mich dabei doch um meine Geschäfte gekümmert. Es stimmt zwar, daß ich wegen dieser verfluchten Seife mein Vermögen nicht vermehren konnte. Aber wenigstens habe ich es mir nicht vernichten lassen.»

Olivis Antwort klang ausgesprochen bitter: «Auf Ihre Familienangehörigen hat niemand geschossen, ich dagegen lag im Schützengraben.» Das klang gerade so, als beklagte er, daß meine Tochter nicht auch im Schützengraben gelegen hatte.

Trotz seines Bolschewismus wurde Olivi in geschäftlichen Dingen genauso, wie sein Vater gewesen war: umsichtig, gewissenhaft und hart. Die Angestellten waren von mir, der ich kein Bolschewik bin, verwöhnt worden. Er rief sie wieder zur Ordnung, zwang sie, die Arbeitsstunden genau einzuhalten, und wo es möglich war, kürzte er ihr Gehalt.

Ich kam bald darauf, daß ich mit ihm nicht zu reden brauchte, sondern mich auf ihn verlassen konnte. Er war ein Beispiel unermüdlicher Aktivität; so sehr, daß ich begann, mir die Sache bequem zu machen. Es fing damit an, daß ich eines Tages – an den ich mich genau erinnere, obwohl sich außer einer Aufwallung in meinem Gemüt nichts ereignete – dachte: Ich gewinne nur an Bedeutung, wenn ich herrsche, ohne zu regieren. Eine Zeitlang legte mir Olivi den einen oder anderen wichtigen Brief zur Unterschrift vor. Ich unterzeichnete nach einem gewissen Zögern und mit einer Grimasse, die besagen sollte: Nun ja, er geht halbwegs in Ordnung. Ich hätte ihn zwar besser geschrieben, aber es lohnt nicht die Mühe, ihn neu zu schreiben, darum setze ich meine Unterschrift mit einem Seufzer darunter.

Das einzige Geschäft, dem Olivi nicht die nötige Aufmerksamkeit schenken wollte, war das Seifengeschäft. Die Kronen ließen auf sich warten, und eines Tages rief ich aus: «Kann man diese Wiener nicht endlich dazu zwingen, ihren Verpflichtungen nachzukommen? Schließlich haben doch wir den Krieg gewonnen, oder?» Er lachte herzlich, allzu herzlich, so daß ich begriff, daß ich nicht zu denen gehörte, die den Krieg gewonnen hatten, und errötete. Ich bin gegenüber Vorwürfen dieser Art sehr empfindlich. Ich sagte nichts, denn ich brauchte Zeit, um die Rechnung aufzustellen, daß ich bei Kriegsausbruch siebenundfünfzig Jahre alt gewesen war. Am nächsten Tag fragte ich Olivi: «Glauben Sie, daß ich, wenn ich mich als Kriegsfreiwilliger gemeldet hätte, als General eingesetzt worden wäre? Denn bei der Infanterie hätten sie mich wohl kaum genommen.»

Er lachte: «Ja, Generale haben wir in allen Preislagen gehabt.»

Er war weniger bösartig. Weniger bösartig als ich, denn ich hatte mir in der Nacht alle Worte, die ich ihm sagen wollte, genau zurechtgelegt. Von seiner Gutmütigkeit völlig ungerührt, fuhr ich fort: «Auch die Charge eines Leutnants hätte mir noch nicht genügt, denn auch dafür muß man gute Beine haben: um vorzurücken und um davonzulaufen.»

Er bemerkte den Hieb nicht. Er wurde traurig. Er dachte an einen Rückzug.

Auch er war ein Mensch von langsamem Denken. Erst am nächsten Tag kam seine Antwort: «Die Leute, die vom Krieg nichts verstehen, meinen, man erkenne den guten Offizier nur an der Organisation des Angriffs. Ich glaube, meinem Vaterland gedient zu haben, und zwar dadurch, daß ich vielen während des Rückzugs Mut machte.»

«Es ist eine Frage der Beine», sagte ich unerbittlich. Da wurde er zornig. Aber nicht auf mich. Seine Wut richtete sich gegen andere: verschiedene Kommandanten, die sich mit seinen Verdiensten gebrüstet hatten; und dann gegen Leute, die noch weiter weg waren, nämlich gegen die Toten. Sie waren die Helden und wurden mit Freuden als solche gefeiert, weil sie wenig kosteten: ein Grab und eine Inschrift. Um die Lebenden, die schließlich auch etwas geleistet hatten, kümmerte sich niemand, und wenn sie nicht verhungern wollten, blieb ihnen nichts anderes übrig, als für den Herrn Zeno Cosini zu arbeiten.

Nun war ich es, der den Hieb nicht gleich bemerkte, und erst am nächsten Tag sagte ich zu ihm: «Das wäre ja noch schöner, wenn ausgerechnet der arme Zeno Cosini für alle Helden aufkommen müßte, denen es gelungen ist zu überleben.» Er lachte verächtlich. Ich erhob meine Stimme: «Sie haben ja noch für eine Menge anderer Leute gekämpft. Selbst hier in diesem Viertel finden Sie sicher jemand, der Ihnen genausoviel schuldet wie ich.»

Aber wenn ich auch die Stimme hob, so fühlte ich mich doch unsicher. Das Ganze wurde mir auch lästig. Im Grunde stimmte es ja, daß er gekämpft hatte, während ich Geschäfte machte. Doch das Schlimmste sollte noch kommen. Da ich herrschte, ohne zu regieren, wußte ich bald nichts mehr von meinen Geschäften. Wenn es sich zufällig ergab, daß ich einen Rat erteilte, wurde ich prompt ausgelacht. Mein Rat stammte aus vergangenen Zeiten. Ich nannte Amtsstellen, an die man sich wenden solle, die es aber gar nicht mehr gab, und Olivi antwortete mir: «Sie glauben wohl, wir leben noch in den Zeiten Albrechts des Bären?» Oder ich schlug etwas vor, was unter dem alten Regime durchaus möglich gewesen war, und dann erzählte mir Olivi, die Serben hätten 1914 einen Erzherzog erschossen und das habe solche Folgen gehabt, daß man meinen Vorschlag nicht mehr durchführen könne.

Ich begann mich in meinem Büro ehrlich zu langweilen. Manchmal nahm ich mir Urlaub. Der Ordnung halber teilte ich Olivi mit, daß ich am nächsten Tag nicht kommen würde, und er antwortete mir jedesmal: «Aber bitte, bitte sehr!» Und lachte. Er machte kein Hehl aus seiner Freude, mich weniger häufig zu sehen.

Schon damals kostete es mich Überwindung, ins Büro zu gehen. Ich ging immer in der Hoffnung hin, Olivi bei einem Fehler zu ertappen. Ich hoffte, er würde einen Brief nicht genau lesen oder falsch interpretieren, und war bereit, ihm die Notwendigkeit meiner Anwesenheit zu beweisen. Aber nie tat er mir diesen Gefallen. Im Gegenteil, einmal, als ich glaubte, ihn bei einem Fehler zu ertappen, antwortete er mir: «Ja, können Sie denn keinen Brief lesen?» und lieferte mir den Beweis, daß ich mich geirrt hatte. Dabei entdeckte ich einmal viele Monate nach einer solchen Auseinandersetzung, daß ich doch recht gehabt hatte, aber eingeschüchtert durch seine Sicherheit nicht imstande gewesen war, auf meiner Meinung zu beharren.

Diese Auseinandersetzungen, in denen ich teils wirklich unrecht hatte, teils widerrechtlich ins Unrecht gesetzt wurde, brachten es schließlich dahin, daß ich in meinem Büro nicht wie ein Mann dastand, der herrscht, sondern eher wie einer, der allen im Weg ist und um den sich keiner kümmert. Die Angestellten ließen es mir gegenüber zwar nicht an Respekt fehlen, aber nicht einmal wenn Olivi vorübergehend abwesend war, holten sie sich ihre Instruktionen bei mir. Ich tat so, als bemerkte ich nicht, daß in diesem Moment Instruktionen nötig waren, denn ich wußte, was immer ich auch sagte, man würde mir am Ende doch nur nachweisen, daß ich im Irrtum sei. Also verhielt ich mich mäuschenstill und war froh, daß mich keiner etwas fragte.

Eines Tages aber wurde ich offen angegriffen. Dieser Esel von meinem Schwiegersohn (der Ärmste, es tut mir leid, jetzt so von ihm zu reden, denn nun, da er tot ist, möchte ich ihm nicht unrecht tun) kam im Auftrag Olivis zu mir, um über einen neuen Vertrag mit diesem zu verhandeln. Die Geschäfte gingen schlecht. Man müsse die Firma reorganisieren, neue Tätigkeitsbereiche für sie finden. Olivi befasse sich daher mit entsprechenden Studien, Arbeiten und Reisen und sei bereit, sein Leben dieser Aufgabe zu widmen. Allerdings müsse er dafür ganz anders entlohnt werden. Er verlange ein etwas höheres Gehalt als bisher und zusätzlich 50 Prozent vom Gewinn.

Mein Schwiegersohn wandte mir sein blasses, dickes, etwas unförmiges Gesicht zu (ich habe nie begriffen, wie er meiner Tochter gefallen konnte) und entschuldigte sich, daß er den Auftrag, mir diese Botschaft zu überbringen, angenommen habe. Aber er habe es in meinem Interesse getan: besser er als ein anderer.

Ich war empört. Im Geiste ließ ich die ganze Geschichte meiner Beziehungen zu Vater und Sohn Olivi vorüberziehen. So viele Jahre lang hatte man sich an die von meinem Vater festgesetzten Bedingungen gehalten. Wenn sie nun geändert werden sollten, dann gäbe mir das die Freiheit, Olivi aus dem Büro zu entfernen und mich allein an die Spitze meiner Firma zu stellen. Aber gerade jetzt hatte ich Bedenken. Der Tag, an dem ich mich, durch den Krieg von allen Fesseln befreit, unternehmungslustig in die Geschäfte gestürzt hatte, lag allzuweit zurück. Mit teuflischer Schlauheit war es Olivi gelungen, alle von meiner Unfähigkeit zu überzeugen, auch mich selbst. Ich sah mich schon von Leuten umlagert, die von mir Weisungen verlangten und denen ich nichts anderes sagen konnte als: Wendet euch an Olivi!

Es stimmte einfach nicht, daß mein Schwiegersohn Valentino gut daran getan hatte, diesen Auftrag zu übernehmmen. Vor allem wußte ich, daß er von Olivi sehr viel hielt, von mir dagegen sehr wenig. Er war Prokurist einer großen Versicherungsgesellschaft und hatte seinerzeit versucht, mit mir eine Generalpolice über alle unsere Transporte abzuschließen. Ich zögerte (von Olivi selbst schlecht beraten), bis Valentino schließlich merkte, daß er mit mir nie ans Ziel kommen würde, und sich an Olivi wandte, mit dem die Police im Nu unterzeichnet war, und zwar – um die Wahrheit zu sagen – zu Bedingungen, die für uns weit günstiger waren, als ich sie mir je hätte träumen lassen. Valentino entschuldigte sich hinterher bei mir: «Du hattest mir ja dieses oder jenes nicht erklärt ...» Tatsache bleibt, daß er Olivi bessere Bedingungen zugestand, als er mir angeboten hatte, und zu guter Letzt – und das ist das Schlimmste von allem – auch noch eine hohe Meinung von Olivi gewann.

Deshalb hatte er schlecht daran getan, diesen Auftrag zu übernehmen. Ich wies zunächst einmal alle Vorschläge zurück und bat Valentino, Olivi auszurichten, er möge sich als gekündigt betrachten, und ich würde mich nach einem Ersatz für ihn umsehen, vielleicht auch einfach selbst seinen Posten übernehmen.

Wie so viele Geschäftsleute glaubte auch Valentino, man könne über die Dinge auf dieser Welt diskutieren. Aber wie sollte er das können, er, der nicht wußte, daß mir in diesem Augenblick mehr daran lag, vor ihm groß dazustehen, als meinen Vorteil gegenüber Olivi zu wahren? Er fing an, von Olivis vielen Dienstjahren und seiner großen Erfahrung zu reden. Er hatte eine unangenehme Stimme, der arme Valentino. Seine große Nase war mit daran beteiligt, den Ton dieser Stimme zu erzeugen. Und es war keineswegs eine kräftige Stimme (aber was war schon kräftig an Valentino?), so daß für mich zu der Unannehmlichkeit, ihm zuhören zu müssen, noch die Mühe kam, meine Ohren anzustrengen. Ich strengte sie also mit der nötigen

Mühe an, doch dann verschloß ich sie, um nicht jene Dinge anhören zu müssen, die mir völlig gleichgültig waren. Er sprach von meinen Interessen, der arme Valentino, während es jetzt doch um etwas ganz anderes ging.

Endlich war er fertig. Er erhob sich, um zu den anderen zu gehen, und bevor er ging, entschuldigte er sich noch, mich gestört zu haben. Daraufhin war ich sehr herzlich zu ihm – schließlich, wenn jemandem Vorwürfe zu machen waren, dann Olivi und nicht Valentino –; ich lächelte ihm zu, dankte ihm und geleitete ihn zur Tür. So konnte er nicht merken, wie aus meinem Innern ein Vorwurf aufstieg, den ich oft fühle: Wie gut ich doch bin! Wie gut ich doch bin! Und ich fahre fort, gegen jede bessere Überzeugung gut zu sein. Der arme Tote möge es mir verzeihen, doch in diesem Augenblick hätte ich, statt ihm zuzulächeln, wie ich es tat, lieber seinen Abgang durch einen Fußtritt beschleunigt.

Ich ging zu einem Anwalt, dem Advokaten Bitonti, Sohn des Rechtsanwalts meines Vaters und in meinem Alter, aber hinfälliger als ich; er war mager, das kleine Gesicht von einem weißen Bart umrahmt, seine Augen leuchteten jedoch klar und lebhaft. Er gehörte zu jenen Menschen, die, wenn sie sich voll Neugier mit einer geschäftlichen Angelegenheit befassen, nichts anderes mehr sehen. Die eigene Person verschwindet und mit ihr auch die des Gesprächspartners – es bleibt nur die Sache. Von dieser Angelegenheit wußte er nur das, was ich, der ich nicht fähig war, die Sache isoliert zu sehen, ihm sagte. Er wäre also mit mir zusammen verloren gewesen. Doch er hielt sich an die Sachlage, die er nicht begriffen, nicht gekannt und schlecht dargestellt bekommen hatte. Er sagte zu mir: «Du behauptest, daß du im Krieg deine Geschäfte allein führen konntest. Du mußt sehen, ob du das auch in Friedenszeiten kannst. Du behauptest, daß du im Büro mindestens ebenso wichtig bist wie Olivi. Untersuche einmal, ob du diese Position auch ohne Olivi beibehalten könntest. Ich meine jedoch, du solltest

Olivi nicht gleich durch einen anderen ersetzen. Du solltest zunächst die Leitung der Firma übernehmen und erst dann jemanden suchen, der dir helfen oder dich vertreten kann.»

Ich haßte ihn, als ich wegging, ließ es ihn aber nicht merken. Zum Glück! Denn eine Weile später am Grammophon erkannte ich voll Selbstmitleid – das heftigste Mitleid, das es gibt –, daß es für mich armen alten Mann nur zwei Möglichkeiten gab: mich an die Arbeit zu machen, voll Zweifel, ob ich dazu imstande sei, oder vor Olivi zu kapitulieren.

Da wandte ich mich an Augusta um Rat. Nicht daß ich hoffte, sie könnte mir einen Ausweg zeigen. Aber es war nützlich, die eigenen Gedanken zu klären, indem ich sie ihr gegenüber aussprach. Zunächst begriff Augusta noch weniger, als ich befürchtet hatte. Sie sagte: «Ja, bist denn nicht du der Chef? Wie kann er nur so etwas wagen, wie kann er nur?» Hätte ich mich nun damit beschäftigt, darüber nachzudenken, wie Olivi so etwas wagen konnte, ich hätte meine Zeit gut genützt. Ich war jedoch etwas ungeduldig und kehrte zunächst wieder zum Grammophon zurück.

Ich hätte mit Augusta nicht mehr darüber gesprochen, wenn sie mich nicht selbst nach dem Mittagessen, als wir allein waren, gefragt hätte: «Nun? Was hast du beschlossen?»

Ich erklärte ihr, ich fände es nicht so unrichtig, Olivi die 50 Prozent vom Gewinn zu gewähren. Das sei in der jetzigen Zeit gar keine so große Sache, denn es handle sich nicht mehr um die Gewinne wie vor dem Krieg oder um solche, wie ich sie während des Krieges hätte erzielen können. Jetzt sei es wirklich wichtig, daß Olivi und ich alle unsere Kräfte daransetzten, das Unternehmen auf einer neuen Grundlage wiederaufzubauen. Doch wenn ich dabei mitarbeiten müsse, warum sollte ich dann nicht auch das gleiche Gehalt bekommen wie Olivi?

Der Entschluß, alles mit Augusta zu besprechen, wurde

mir leichtgemacht. Da sich dieser dumme Olivi an Valentino gewandt hatte, der alles seiner Frau erzählte, die ihrerseits keine Geheimnisse vor ihrer Mutter hatte, war ich bereits einer absoluten Aufrichtigkeit ausgeliefert.

Augusta riet mir, das Doppelte von dem zu verlangen, was Olivi als Gehalt erhielt. Ich stimmte ihr ernsthaft zu, nahm mir jedoch sofort vor, von Olivi nicht soviel zu fordern.

Und ich machte einen verzweifelten Versuch, Valentino aus der Diskussion auszuschalten. Ich verhandelte direkt mit Olivi.

Er zeigte nicht die geringste Verlegenheit. Er behandelte diese Angelegenheit mit der gleichen Unbefangenheit, mit der er eine Warenpartie angenommen oder zurückgewiesen hätte. Ich dagegen wußte nicht, wo ich eine solche Unbefangenheit hernehmen sollte. Ich lächelte, überlegte, diskutierte, aber sicherlich merkte man, daß ich wie ein Hund war, der beim Herannahen des Feindes erstarrt und den Schwanz einzieht. Ich hatte Atembeklemmungen, wenn ich an die Bedeutsamkeit des Augenblicks dachte. Jetzt, da ich sah, wie sicher und unbefangen Olivi sich in einer solchen Angelegenheit verhielt, während ich mich unglücklich und unsicher fühlte, ahnte ich seine Überlegenheit und beschloß, ihn meiner Firma um jeden Preis zu erhalten.

Ich schlug vor, daß mir entweder ein gleiches Gehalt auszuzahlen sei wie ihm und man dann den Gewinn teile oder daß man überhaupt von einem Gehalt sowohl für ihn als auch für mich absehen und einfach den Ertrag teilen solle. Ich war der Auffassung, einen soliden Vorschlag gemacht zu haben. Nicht so Olivi. Zuerst erzählte er mir, daß er im Begriff sei zu heiraten, und aus der vorigen Bilanz könne er ersehen, daß ihm das Geld, wenn er meinen Vorschlag annähme, nicht reichen würde, um mit seiner Familie anständig zu leben: Er brauche daher unbedingt sein ganzes Gehalt und die Hälfte des Gewinns, der nicht durch eine Zahlung an mich geschmälert werden dürfe.

«Aber», sagte ich, «wenn ich für meine Arbeit nicht bezahlt werden soll, dann werde ich auch nicht arbeiten. Ich werde nur noch von Zeit zu Zeit zur Kontrolle herkommen, aber ich werde keine Feder mehr anrühren.»

Scheinheilig meinte Olivi: «Es tut mir leid, auf Ihre Mitarbeit verzichten zu müssen, doch läßt sich daran leider nichts ändern.»

Scheinheilig waren zwar seine Worte, nicht aber seine entschlossene Haltung, die deutlich ausdrückte: Die Mitarbeit, die du mir bietest, ist keinen Kreuzer wert.

Ich sträubte mich noch ein wenig. Ernst fragte ich: «Wie lange geben Sie mir Bedenkzeit?»

Er erklärte mir, es seien bereits acht Tage vergangen, seit er seinen ersten Vorschlag auf den Weg gebracht habe. Er würde ja gerne noch bis zum Abschluß der Bilanz warten, der nach dem alten Vertrag bis zum Monatsende durchgeführt sein müßte, doch sei ihm das leider nicht möglich, weil die Personen, mit denen er in Verhandlung stehe, eine prompte Antwort von ihm verlangten. Ich müsse ihm meine Antwort also am nächsten Morgen geben. Er wolle ganz offen mit mir verhandeln. Meinem Schwiegersohn Valentino habe er den Brief jener Leute übergeben, die ihn zu den gleichen Bedingungen anstellen wollten, die er von mir verlange, und mein Schwiegersohn würde ihn mir noch heute abend zeigen.

Ich fuhr hoch, und zwar aus zwei Gründen: Erstens erfuhr ich, daß Olivi, wenn wir uns nicht einigten, mir sofort Konkurrenz machen würde, und zweitens (und das schmerzte mich noch mehr), daß wiederum ein Mitglied meiner Familie in diese Verhandlungen eingeschaltet wurde, die – das war nun klar zu erkennen – für mich zwangsläufig mit einer Niederlage enden mußten.

Ich stammelte: «Aber wozu war es nötig, fremde Leute einzuschalten?»

«Fremde Leute?» lachte Olivi. «Ist er denn nicht Ihr Schwiegersohn?»

Ich besann mich und murmelte: «Natürlich.» Wieder etwas, über das man nicht diskutieren konnte. Es war zum Verrücktwerden. Olivi gegenüber zog ich immer den kürzeren.

Zwar wagte ich es nicht mehr, mich auf Diskussionen einzulassen, aber noch einmal, zum letztenmal, kehrte ich, wie es mir Augusta (als einzige) geraten hatte, den Chef heraus: «Nun gut! Morgen früh werden Sie meine Antwort hören.»

Das Merkwürdige ist, daß ich sofort das Büro verließ, und zwar zum erstenmal zu dem Zeitpunkt, da die Post geöffnet wurde. In dieser Jahreszeit und zu dieser Stunde wäre es in dem geheizten Büro weit gemütlicher gewesen als im Freien unter schweren Schneewolken. Ich handelte als Chef, das heißt, als mein eigener Herr, nicht aber als Herr dieses Büros, wo der wahre Chef, Olivi, zurückblieb, um zu arbeiten, im Warmen zu arbeiten, während ich herumlief auf der Suche nach einem anderen Unterschlupf.

Zu Fuß kletterte ich bis zu meiner Villa hinauf. Es bestand kein Anlaß, Augusta meine Niederlage zu verheimlichen, da Valentino davon erfahren würde. So erstattete ich ihr sofort Bericht. Um mich unverzüglich von dieser großen Last zu befreien, unterbrach ich Augusta in ihren häuslichen Arbeiten und hielt sie von ihrem Bad ab. Es sei richtig, gestand ich, daß ich nicht mehr fähig sei zu arbeiten. Sollten es die Jahre sein? Ich war damals zwar erst dreiundsechzig, aber es konnte sich ja um vorzeitige Vergreisung handeln. Ich betrachte es als ein sonderbares Zusammentreffen, daß damit zum erstenmal der Name dieser Krankheit in meinem Hause fiel. Als Valentino dann von ihr befallen wurde, verursachte mir dies einen Augenblick lang Gewissensbisse, so als hätte ich sie ihm angehängt.

Während ich von meinem unheilbaren Alter sprach, traten mir die Tränen in die Augen. Augusta tröstete mich gerührt und bereit, mit mir zu weinen. Sie hängt sehr am Geld, da sie viel ausgibt, doch verwendet sie es klug, denn sie scheut keine Kosten, wenn es darum geht, ihre eigene Bequemlichkeit zu erhöhen. Ich entsinne mich aber nicht, daß sie sich eingehend nach der finanziellen Einbuße erkundigt hätte, die mir aus dem neuen Vertrag erwachsen mußte. Sie hielt sie wohl für gering und sah darin einen Grund mehr, mich zu trösten.

Tatsächlich war sie auch gering. Sie konnte jedoch größer werden, sobald Verluste eintraten, denn dann würde ich außer den Verlusten auch noch die Ausgabe für Olivis Gehalt zu tragen haben, da Olivi nach dem neuen Vertrag an den Verlusten nicht beteiligt war; er war der Ansicht, daß derjenige, der in dem Kompagniegeschäft die Arbeit repräsentierte, in seiner Entlohnung nicht geschmälert werden dürfe. Es war, wie man so sagt, ein gut durchdachter Vertrag – von Olivis Standpunkt aus gesehen. Trotzdem kann ich heute, nach sieben Jahren Erfahrung, nicht behaupten, daß mir der neue Vertrag, obwohl er Olivi so große Vorteile brachte, nennenswert geschadet hätte – außer in meiner Gesundheit, wie ich noch berichten werde. In manchen Jahren waren die Bilanzen hervorragend, und die eigentliche Schwierigkeit bestand darin, den Steuerbeamten hinters Licht zu führen. Es gab auch weniger erfolgreiche Jahre; aber Verluste waren nie zu verzeichnen. Im Grunde betreute Olivi meine Geschäfte genauso, wie es sein Vater getan hatte, nur daß er besser dafür bezahlt wurde: ein wahres Zeichen der Zeit.

Nach der Kälte und Trostlosigkeit des Vormittags blieb ich an jenem ersten Tag zu Hause. Ich hatte noch nicht den Plan gefaßt, mein Büro nicht mehr zu betreten. Ich meinte, ich bliebe nur deshalb daheim, um darüber nachzudenken, wie ich Valentino gegenüber, den ich mit Sicherheit für den Abend erwartete, am besten meine Würde wahren sollte. In Wirklichkeit dachte ich überhaupt nicht darüber nach. Ich bin nicht imstande, meine Gedanken so zu lenken, wie ich es will. Sie sind völlig unabhängig von mir. Ich erinnere mich, daß ich den ganzen Tag über, wann immer ich allein war, nur darüber grübelte, ob ich an diesem Morgen Olivis Vorschlag nicht sofort hätte annehmen sollen oder ob es vielleicht besser gewesen wäre, ihn gleich zum Teufel zu schicken und selbst die Führung meiner Geschäfte zu übernehmen. Es ist leider wahr, daß ich meine Gedanken lieber der Vergangenheit zuwende, gleichsam um sie zu korrigieren – ja, ein offensichtlicher Versuch, sie zu fälschen –, als der Zukunft, in der die Gedanken noch nicht wissen, wo sie sich niederlassen sollen, da sich deren Plan noch nicht deutlich erkennen läßt.

Als dann der arme Valentino endlich erschien, wußte ich nichts Besseres zu tun, als ihn gleich wieder fortzuschicken (wenn ich einen Berg sehe, erwarte ich immer, daß er sich in einen Vulkan verwandelt), indem ich ihm erklärte, ich hätte vor kurzem Olivi gesehen und mich mit ihm geeinigt. Valentino schien argwöhnisch und verwirrt. Er musterte mich mit dem ihm eigenen Blick, der – was bedauerlich für ihn war – so unseriös wirkte. Dann sprach er seinen Argwohn offen aus: Er habe Olivi um sechs Uhr abends getroffen, und jetzt sei es acht Uhr. Es ginge ihm nicht ein, wo ich Olivi in der Zwischenzeit hätte sehen und mit ihm eine so wichtige Angelegenheit durchsprechen können.

Ich lüge höchst ungern, und daß ich mich dazu gezwungen sah, war für mich ein Grund mehr, dem armen Valentino zu zürnen. Und nach der ersten Lüge war ich nun tatsächlich gezwungen weiterzulügen. Aber warum war Valentino auch so hartnäckig? Später – als er starb – begriff und entschuldigte ich ihn. Er konnte eben nicht aus seiner Haut, und für ihn war eine Angelegenheit erst dann erledigt, wenn er sie von Grund auf verstanden hatte, was nicht wenig Zeit erforderte, denn er war langsam im Denken und sehr gründlich.

Ich sagte ihm, ich hätte Olivi zufällig auf der Straße getroffen und wir seien uns schon nach zwei Minuten einig geworden. Die ganze Angelegenheit habe keine allzu große Bedeutung. Zuvorkommend nannte ich ihm auch noch den geringen Gewinn, den wir im Vorjahr erzielt hatten. Die Angelegenheit habe für mich also keine große Bedeutung, ja nicht einmal für Olivi, der so viel ärmer sei als ich.

Bis zu diesem Punkt war es mir gelungen, die heftige Stimme zum Schweigen zu bringen, die mir aus den Tiefen meines Innern zuschrie: Wie gut du doch bist, wie gut du doch bist! Es scheint aber, daß dieser Ton doch irgendwie über meine Lippen kam und von dem armen Valentino wahrgenommen wurde. Meine Güte wurde von ihm aber auch überstrapaziert. Er hatte sich nämlich darangemacht, mir nachzuweisen, daß die Angelegenheit sehr wohl von großer Bedeutung sei, denn es könne ja vorkommen, daß ein Geschäftsjahr mit einem starken Verlust abschließe, der dann durch Olivis Gehalt noch spürbarer würde.

Was sollte das alles? Warum führte er jetzt plötzlich, nachdem er gehört hatte, daß die Sache perfekt war, noch all die Argumente ins Treffen, die gegen ihren Abschluß sprachen? Vielleicht um die Angelegenheit selbst besser zu verstehen? Ich weiß auch gar nicht, wie meine zornige Ungeduld von ihm wahrgenommen werden konnte, denn ich sprach ganz gelassen: Ich würde meine Firma und meine Geschäfte kennen, und solange ein so umsichtiger Mann wie Olivi sie führe, dürfe ich Verluste ausschließen. Aber meine zornige Ungeduld muß doch unüberhörbar und kränkend mitgeklungen haben, denn das sonst unbewegliche, die aufmerksame Beflissenheit eines guten Angestellten zur Schau tragende Gesicht Valentinos verzog sich plötzlich und wurde blaß; entschlossen ging er zur Tür. Er war so beleidigt, daß es schien, als wolle er jeglichen Anstand vergessen und wortlos fortgehen. Auf der Schwelle blieb er stehen, und mit einer Stimme, die unsicher klang, obwohl sie nach wie vor die Unterstützung der Nase genoß, sagte er: «Nun, gewiß, mich geht diese Geschichte nichts an. Ich habe nur darüber gesprochen, weil Olivi mich darum gebeten hatte. Und auch in deinem Interesse.»

Ich saß noch immer bequem in meinem Sessel, blickte ihn erstaunt an und versuchte herauszufinden, welches meiner Worte ihn gekränkt haben konnte. Aber ich fand es nicht, schon weil er mich dadurch verwirrte, daß er nun die Anstandsformen übertrieb und mir noch sagte, wenn wir uns nachher beim Abendessen sähen, wollten wir über ganz andere Dinge sprechen und nie mehr auf diese Angelegenheit zurückkommen. Nie mehr? War das nicht übertrieben? Es gab zu vieles, über das ich in einem einzigen Augenblick nachdenken mußte, und daher fand ich das beleidigende Wort, das offenbar meinem Mund entwischt war, nicht mehr. Vermutlich hatte ihn mehr der Ton als der Sinn meiner Worte verletzt.

Es folgten Stunden einer seltsamen Beklemmung. Als erstes mußte ich Augusta bitten, Valentino zu verschweigen, daß ich mich seit vielen Stunden nicht mehr aus dem Haus bewegt hatte, andernfalls wäre ihm klargeworden, daß ich an diesem Abend Olivi gar nicht begegnet sein konnte. Aber wie sollte ich ihr das beibringen? Augusta befand sich jetzt sicherlich mit Valentino und Antonia im Salon. Außerdem mußte ich noch am gleichen Abend Olivi aufsuchen und mich sofort mit ihm einigen, ehe er Valentino wiedersah. So stand ich ausgehbereit in Hut und

Wintermantel (in diesem auf Augustas Wunsch wie gewöhnlich überheizten Haus) einige Minuten angsterfüllt an der Tür meines Arbeitszimmers und wußte nicht, sollte ich in den Salon laufen, um Augusta zu rufen, oder gleich ins Tergesteum gehen, wo ich, wie ich wußte, Olivi, der sich von den Geschäften nicht trennen konnte – darin glich er ganz seinem Vater –, bis um neun Uhr abends antreffen konnte.

Da kam gerade Renata, Umbertinos Kindermädchen, vorbei. Sie konnte mir helfen. Ich rief sie. Sie hob ihre braunen Augen, erstaunt, fast ein wenig erschreckt, denn es war das erste Mal, daß ich in Abwesenheit des Kindes das Wort an sie richtete, wobei ich trotz meiner Aufgeregtheit nicht umhin konnte, ihre langen, noch ein wenig kindlichen, mit Seidenstrümpfen bekleideten Beine zu bestaunen.

Es war ein bißchen schwierig, ihr zu erklären, was ich wollte: Sie sollte Augusta herbeischaffen, ohne daß die anderen merkten, daß ich es war, der nach ihr verlangte.

Sie begriff sofort. Ihre hohe, etwas brüchige Stimme klang durch das Lachen, das ihre Worte unterbrach, jetzt noch schriller als sonst. Viele Töne durchlief diese Stimme, als sie vorschlug: «Die gnädige Frau hat mich hierhergeschickt, um ihre Brille zu suchen. Ich habe sie schon gefunden – hier ist sie –, aber ich werde ihr sagen, daß ich sie nirgends finden konnte, und dann wird sie bestimmt herauskommen, um selber nach der Brille zu suchen.»

Ich war nicht ganz überzeugt, daß es klappen würde, aber in meiner Unschlüssigkeit ließ ich Renata weggehen. Als Augusta kurz darauf herausgestürzt kam, bewunderte ich die Findigkeit des jungen Kindermädchens sehr.

Glücklicherweise hatte Augusta noch nichts gesagt, was mich Valentino gegenüber hätte bloßstellen können. Auch war sie keineswegs überrascht, daß ich mich dieser Lüge bedient hatte; sie verstand es und schien es sogar gutzuheißen. Vielleicht läßt sich ihr Verhalten, das mir heute ziemlich seltsam vorkommt, dadurch erklären, daß sie, wie ich mich jetzt erinnere, damals auf den armen Valentino gerade böse war, weil er an unserem Sohn Alfio etwas auszusetzen gehabt hatte. So war sie natürlich auch damit einverstanden, daß ich fortging, um Olivi aufzusuchen und ihm mitzuteilen, daß der von ihm vorgeschlagene Vertrag lange vor Valentinos Intervention akzeptiert worden sei; und Valentino selbst wollte sie sagen, ich ginge jetzt fort, um etwas für sie zu besorgen. Nur so war es mir nämlich möglich, das Auto zu benutzen, dessen Ausfahrt aus der Garage man im ganzen Viertel hörte.

Ich traf Olivi im Tergesteum. Meine Rolle ihm gegenüber war ziemlich merkwürdig. Ich befand mich meinem Angestellten gegenüber in einer ausgesprochen unterlegenen Position. Ich hatte es eilig, hatte keine Zeit, lange nachzudenken, und so ließ ich mich ganz von meinem Impuls treiben: Mir kam es nur darauf an, meinen Schwiegersohn endgültig aus dieser Angelegenheit auszuschalten.

Ich sagte Olivi, ich sei bereit, alle seine Bedingungen anzunehmen, er müsse mir nur ein Zugeständnis machen, ein einziges.

Olivi sah mich zögernd an. Dann begann er zu reden, langsam, wie immer, wenn es sich um Geschäfte handelte, und mit jener albernen Ehrfurcht, die er ihnen entgegenbrachte, als könnten sie außer dem Geld, das man mit ihnen verdienen wollte, noch irgendeine andere Bedeutung haben, als wären sie eine Wissenschaft, eine Kunst, eine Erfindung.

So fühlte ich mich in diesem Augenblick, in dem ich mich wie ein unartiges Kind benahm, Olivi weit überlegen, der mir mit so viel feierlicher Langsamkeit Dinge vortragen wollte, die mir völlig egal waren und über die zu diskutieren ich auch gar keine Lust hatte.

Würdevoll fing er an, mir auseinanderzusetzen, er habe seine Bedingungen, ehe er sie mir unterbreitete, sehr wohl durchdacht und könne daher auf keine wie immer auch gearteten Änderungen eingehen.

Ungeduldig schrie ich: «Aber ich denke doch gar nicht daran, Änderungen vorzuschlagen. Mir geht es um etwas ganz anderes.» Und ich erklärte ihm, worauf es mir ankam: daß Valentino niemals glauben dürfe, unsere Einigung sei durch seine Vermittlung zustande gekommen.

Olivi konnte eine Geste der Überraschung nicht unterdrücken. Er kannte mich seit vielen Jahren, aber so unvernünftig war ich ihm wohl noch nie vorgekommen. Er musterte mich, um sich zu vergewissern, daß ich nicht scherzte. Diese Gewißheit wurde ihm zwar nicht zuteil, aber – schließlich und endlich – was brauchte es ihn zu kümmern? Selbst wenn der Vertrag infolge eines Anfalls von Wahnsinn meinerseits zustande kam, so war das für ihn kein Anlaß zu zögern. Nachdenklich murmelte er: «Ich selbst hatte Herrn Valentino darum gebeten. Ich hielt ihn für den geeignetsten Vermittler in dieser Angelegenheit. Er ist ein alter Freund von mir, und außerdem zählt er zu Ihren Kindern.» Dann murmelte er noch: «Die Sache läßt sich machen. Ich war mit Valentino um sechs Uhr beisammen, es ist also sehr gut möglich, daß ich Sie um sieben Uhr getroffen habe.» Das ist die Art, in der sich Menschen, die langsam denken, konzentrieren: sie sprechen laut vor sich hin. Schließlich sagte er noch etwas höchst Merkwürdiges: «Nun, da ich erfahre, daß Valentino nicht zu Ihren Kindern zählt...»

Ich widersprach heftig: «Er zählt zu meinen Kindern, aber ich will nicht den Anschein eines Menschen erwekken, der sich von seinen Kindern herumkommandieren läßt.»

Ich sagte das sehr energisch, aber Olivis merkwürdiger Lapsus machte mir das Herz schwer. Handelte ich nicht eigentlich sehr wenig zartfühlend gegen meinen Schwiegersohn, der es mir und meiner Tochter Antonia gegenüber nie hatte an Achtung fehlen lassen?

Dieser Zweifel ging mir lange nach und machte meine ohnedies unerquickliche Lage nach der Unterzeichnung des Vertrags, der mich jeglicher Tätigkeit beraubte und mich überdies nicht wenig Geld kostete, noch schwieriger. Um meine innere Ruhe wiederzufinden, legte ich mich manchmal mit dem armen Valentino an, dessen Einmischung mich gezwungen hatte, diesem Vertrag so überstürzt zuzustimmen.

Erst als Valentino auf dem Sterbebett lag und nicht eher, fühlte ich klar und deutlich, daß ich Gewissensbisse hatte, und war tief unglücklich. Olivi hatte mit der ihm eigenen Seriosität Wort gehalten, und so erfuhr Valentino nie etwas von dem Streich, den ich ihm gespielt hatte. Gerade deshalb hätte ich ihm jetzt gerne alles gebeichtet und ihn um Verzeihung gebeten – aus der Schwäche heraus, die uns Ungläubigen eigen ist: Wenn wir jemanden sterben sehen, meinen wir, der Betreffende werde im Jenseits sofort alles erfahren. Und nicht nur diesen einen Streich hätte ich ihm gerne gestanden, sondern auch noch anderes, wie gewisse Dinge, die ich über ihn zu seiner Ehefrau Antonia gesagt hatte, was sie jedoch – allem Anschein nach – nicht sonderlich beeindruckte. Aber man ließ mich nie mit ihm allein. Er hörte schon sehr schlecht, und ich war zwar bereit, jemandem, der mich für immer verließ, zu beichten, nicht jedoch in Gegenwart so vieler, die mit mir zurückblieben und mich auslachen oder mir Vorwürfe machen konnten.

Indem ich nun hier meine Beichte ablege, muß ich bekennen, daß ich für den armen Valentino nie eine besondere Sympathie empfunden habe. Ich glaube, das wäre auch gar nicht möglich gewesen, denn er war sehr häßlich mit seinem dicken Körper und den kurzen Beinen, und ich war der Meinung, daß er meine Erbmasse verderbe. So blieb ich an seinem Sterbebett, abgesehen von den durchaus erträglichen Gewissensbissen, ziemlich kühl und konnte alles mit ungetrübtem Auge beobachten. Mir kam es vor, als ob alle, die um ihn herumstanden, weit mehr Lust hätten zu beichten als er, der ständig von seiner überaus religiösen Gattin dazu ermahnt wurde. Ich fürchte, daß sich dies in Sterbezimmern recht häufig ereignet.

An dem Streich, den ich dem armen Valentino gespielt hatte, war auch Augusta beteiligt gewesen, doch sie empfand keinerlei Gewissensbisse.

Als ich an jenem Abend heimkehrte, wußte sie es einzurichten, daß sie einen Augenblick mit mir allein blieb; im Ton einer richtigen Komplicin fragte sie mich: «Hast du mit Olivi sprechen können, und bist du mit ihm einig geworden?» Und als ich bejahte, seufzte sie erleichtert auf.

Die folgende Nacht verbrachte ich sehr unruhig. Ich wußte nicht genau, welcher meiner Zweifel – ich hatte deren mehrere – sich plötzlich in einen Alp verwandelte, aber irgend etwas lastete furchtbar auf mir. Der Vertrag als solcher? Meine endgültige Verurteilung zur Untätigkeit? Doch dann dachte ich: Wenn ich im Geschäftsleben noch etwas zu leisten vermag, dann wird es nicht schwer sein, irgendeine geeignete Beschäftigung zu finden. Aber auch diese Überlegung verhalf mir nicht zur Ruhe.

Nach einigen schlaflos verbrachten Stunden hielt ich es nicht länger aus und weckte Augusta. Sie gab mir ein Beruhigungsmittel. Die erste Wirkung dieses Beruhigungsmittels war, daß ich zu reden anfing: «Es ist dieser verfluchte Vertrag, der mich nicht schlafen läßt; außerdem habe ich Angst, daß Olivi Valentino erzählt, meine Zustimmung sei nur seiner Einmischung zu verdanken.» Damit sprach ich nicht meine wahren Gedanken aus, denn schon damals wußte ich, dessen bin ich sicher, daß ein so leerer, nur von Ernst erfüllter Mensch wie Olivi sein Wort halten würde.

Augusta konnte mir wenig Hilfe bieten. Sie war so blind, wenn es um mich ging, daß sie glaubte, ich sei tatsächlich noch der Chef, und mir riet, am nächsten Tag, wenn der Vertrag vor dem Notar unterzeichnet werden sollte, die Unterschrift einfach zu verweigern, da mir die Sache nicht mehr passe. Sie wußte nicht, daß ich alle Klauseln des Vertrags, von denen einige recht demütigend für mich waren, schon kannte und bereits akzeptiert hatte. Ich sagte: «Wenn sich Valentino nicht eingemischt hätte, hätte ich den Vertrag bestimmt nicht so rasch akzeptiert, aber so kann ich nicht mehr zurück.»

Und nachdem ich dies gesagt hatte, konnte ich für den Rest der Nacht etwas Frieden finden. Ich hatte die Möglichkeit entdeckt, Valentino eine Schuld aufzubürden, die die meine aufwog.

Die Unterzeichnung des Vertrags war schmerzlich. Zwar kannte ich alle seine Klauseln, aber als der Notar sie vorlas, erschienen sie mir neu. Vor allem eine, derzufolge es mir zwar gestattet war, mit Ratschlägen in meine geschäftlichen Angelegenheiten einzugreifen, es aber Olivi überlassen blieb, diese Ratschläge anzunehmen oder abzulehnen.

Ich unterschrieb sofort. Der Vertrag hätte auch eine Klausel enthalten können, die mein Todesurteil aussprach, denn nach jener Klausel, die es mir untersagte, an meine Geschäfte überhaupt noch zu denken, folgte ich der Verlesung des Vertrags nicht mehr. Ich dachte nur noch an die widerwärtige Tat Olivis, mit der er einen armen alten Mann wie mich so tief verletzte. Der Kampf war beendet. Daher fühlte ich mich jetzt so schwach und wehrlos. Und beim Gedanken an meine Schwäche und an die Stärke meines Gegners schien es mir, daß ich im Recht war: Endlich stand ich auf der Seite des Rechts, ich armes Opfer.

Und das Gefühl, ein armes, unschuldiges Opfer zu sein, dieses Gefühl, das mich so lange Zeit hindurch begleiten und sich schließlich in Krankheit verwandeln sollte, entstand in eben diesem Augenblick, als ich die Verlesung des Vertrags über mich ergehen lassen mußte.

Danach wollte ich fortlaufen. Es schien mir, als müsse ich mich von Olivi entfernen, um meine Gedanken in der Einsamkeit zu stärken und auf die Vergeltung zu richten. Höchst seltsam diese Eile, sich vom Gegner zu entfernen, um sich an seine Bestrafung zu machen.

Aber ich hatte das Wort nicht vorbereitet, das ich ihm sagen wollte, ich hatte überhaupt nichts vorbereitet. Als ich mich, nach Unterzeichnung des Vertrags, sofort entfernen wollte, streckte ich Olivi instinktiv die Hand hin, so wie ein Gentleman es tun muß, wenn er das Spiel verloren hat. Diese Geste macht man auch dann, wenn man den Verdacht hat, hereingelegt worden zu sein, es aber nicht beweisen kann.

Olivi drückte mir die Hand und sagte: «Sie werden sehen, Herr Zeno, Sie werden die Unterzeichnung des Vertrags nie zu bereuen haben. Erst jetzt hoffe ich, Ihre Firma wenn auch nicht zu ihrem früheren Ruhm zurückbringen zu können – denn die Geschäftslage ist heute nicht mehr das, was sie einmal war –, so doch zu einer geregelten und regelmäßigen Aktivität, die Ihnen Ihre Existenz sichert.»

Diese schönen Worte besänftigten mich ganz und gar nicht. Was konnte mir ein bißchen mehr oder weniger an Gewinn schon bedeuten? Man warf mich aus meinem Büro hinaus, wo ich so glücklich gewesen war, solange mich Österreich von meinen beiden «Vormündern»[2] befreit hatte, und wollte mich nun trösten. Das war zuviel.

Mit erstickter Stimme sagte ich: «Gewisse Klauseln hätten nicht in den Vertrag hineingehört. Wahrhaftig nicht! Man hätte bedenken müssen, daß man es mit einem alten Mann zu tun hat, der sich auf Grund der Naturgesetze sowieso bald von seinen Geschäften zurückgezogen hätte. Die eine Klausel da, die mir kaum mehr erlaubt, einen Muckser zu machen, wenn ich einmal den Wunsch haben sollte, daß ein Geschäft abgeschlossen oder ein anderes unterlassen wird, müßte gestrichen werden.»

Der Notar fuhr erschrocken hoch. Ehrlich gesagt, ich erinnere mich an diesen Notar gar nicht mehr, denn ich sah ihn überhaupt nicht. Ich weiß nur, daß an diesem so bedeutsamen Platz irgend etwas sehr Junges saß, blond oder rot und so lebhaft, wie sich niemand einen Notar vorstellt. Nur die goldene Brillenfassung ist mir haftengeblieben, von der ein dünnes Goldkettchen hing, das hinter dem Ohr vorbei mußte, um zu einem Knopfloch in der Weste zu finden. Ich bemerkte dieses Kettchen vielleicht deshalb, weil es mir in seiner pedantischen Anordnung als das einzige erschien, was bei diesem Mann tatsächlich an einen Notar erinnerte.

Er hob die Stimme: «Aber der Vertrag ist fix und fertig und schon gestempelt. Ich verstehe nicht, wie man auf den Gedanken kommen kann, ihn abzuändern.»

Mit überaus ernster und gelassener Stimme, die für mich die ganze Drohung eines starken, selbstsicheren Menschen zu enthalten schien, griff Olivi in die Auseinandersetzung ein. «Die Stempel spielen keine Rolle», sagte er. «Ich hatte Ihnen zwar bis gestern früh um acht Uhr Zeit zum Überlegen gelassen. Aber auch das spielt keine Rolle. Die Leute, die bereit sind, mit mir einen ebensolchen Vertrag abzuschließen, stehen mir immer noch zur Verfügung. Wenn Sie wollen, Herr Zeno, dann zerreißen wir diesen Vertrag. Es liegt mir nichts daran. Ich gebe Ihnen Ihre ganze Freiheit wieder. Dafür verlange ich aber, daß auch ich sofort heute meine Freiheit erhalte. Von heute an werde ich keinen Fuß mehr in Ihr Büro setzen.»

Mir drehte sich der Kopf. Ich machte alle Anstrengungen, um mich mit dem Verlust meines Büros abzufinden, und da wurde es mir auf einmal wieder angeboten, und zwar voll und ganz, mit all seinen Unannehmlichkeiten, der Verantwortung und der ganzen Sklaverei. Wie sollte ich mich von einem Moment auf den anderen in dieser neuen Position zurechtfinden? Es war nicht möglich, das fühlte ich sofort. Und als ich sah, daß sich Olivi entschlossen dem Tisch näherte, auf dem der Vertrag lag – vielleicht um ihn gleich zu zerreißen –, schrie ich: «Der Vertrag ist nun einmal unterzeichnet, und es ist Ihre Aufgabe, Herr Notar, ihn zu verteidigen. Ich habe nie vorgeschlagen, ihn zu vernichten.» Hier versuchte ich zu lachen, um Zeit zu gewinnen und über das nachzudenken, was ich noch sagen wollte. Nun hatte ich es. Triumphierend rief ich: «Ich wollte Ihnen nur beweisen, daß Sie sich einem alten Mann gegenüber nicht so benommen haben, wie es sich gehört. Man hätte das gleiche erzielen können, auch wenn man einige Klauseln fortgelassen hätte. Aber jetzt liegt mir gar nichts mehr daran, daß sie gestrichen werden. Nachdem ich einmal wußte, daß Sie sich diese Klauseln ausgedacht hatten, war das Übel bereits geschehen. Das kann nie wiedergutgemacht werden.»

Brüsk und selbstbewußt sagte Olivi: «Es war nicht anders möglich. Glauben Sie mir, Herr Zeno.»

«In Ordnung», sagte ich, «dann reden wir nicht mehr darüber.» Ich wandte mich zum Gehen. Aber dann kehrte ich wieder zurück, um dem Notar und noch einmal Olivi die Hand zu drücken. Zum Teufel! Entweder man war ein Gentleman oder man war es nicht. Als ich aber Olivis Hand ergriff, ließ ich sie sofort wieder los, als hätte ich mich an ihr verbrannt. Ja, man mußte ein Gentleman sein, und deshalb durfte man nicht eine Freundschaft heucheln, die man nicht empfand.

Ich ging schnell weg, denn ich hatte den Eindruck, daß Olivi Lust verspürte, mich zu begleiten. Ich wollte allein sein. So oft schon war es mir gelungen, mich in der Einsamkeit wiederaufzurichten, Trost zu finden, den Glauben an mich selbst, wenn ich der Stärke eines anderen unterlegen war. Wer weiß: Vielleicht würde mir meine Situation, wenn ich sie noch einmal in aller Ruhe überprüfte, weniger scheußlich erscheinen.

Das Wetter draußen war unangenehm. Von Zeit zu Zeit regnete es; ein feiner Regen. Die Luft war neblig und sehr feucht. Widerlich! Gähnend ging ich mit geschlossenem Schirm über die graue Straße. Um diese Zeit mußte im Büro die Post eingetroffen sein. Einen Augenblick überlegte ich, ob ich nicht hingehen sollte, um früher dort zu sein als Olivi und zu zeigen, daß ich der Chef war, indem ich die Post öffnete. Die Idee erschien mir so großartig, daß ich schon kehrtmachte, um die Straße wieder zurückzugehen. Doch dann besann ich mich. Hatte ich nicht erklärt, ich würde nicht arbeiten, da man mir kein Gehalt zahlen wollte? So fing ich an, in die entgegengesetzte Richtung zu laufen, aus Angst, ich könnte, da ich wieder in die Nähe der Notariatskanzlei geraten war, erneut mit Olivi zusammentreffen. Und während ich meinen Schritt beschleunigte, dachte ich etwas Sonderbares: Guter Gott, ich tue ja schon etwas.

In diesem Augenblick liebte ich nichts so sehr wie Tätigkeit. Vor allem die Tätigkeit, die mir für gewöhnlich zu dieser Stunde oblag. Wie schön war es doch, die Post zu öffnen! Man entnahm dem Briefumschlag ein Blatt Papier, ohne noch ahnen zu können, was es enthielt. Die Erwartung war etwas Schönes, auch wenn ihr oft Ärger oder Zorn folgten. Es stimmt allerdings, daß ich nach zehn Briefen nicht mehr konnte und den Rest Olivi überließ. Aber das hieß, daß ich das Vergnügen bereits ausgekostet hatte.

Während ich immer weiter in Richtung Meer ging, beschloß ich, Augusta nicht gleich zu sagen, daß ich mein Büro nicht mehr betreten wollte. Das wäre dem Geständnis gleichgekommen, daß ich mit diesem Vertrag buchstäblich aus meinem Büro hinausgeworfen worden war. In den ersten Tagen wollte ich irgend etwas finden, was ich außer Haus tun konnte. Später wollte ich ihr dann sagen, ich könne den Anblick Olivis nicht mehr ertragen und würde deshalb mein Büro nicht mehr betreten.

Vorläufig aber mußte ich Schutz vor dem Regen suchen und schlug den Weg zum Tergesteum ein. Unterwegs traf ich Cantari, einen Vertreter deutscher chemischer Fabriken. Das war mir unangenehm, denn Cantari kam manchmal mit Augusta zusammen, und er hätte ihr erzählen können, daß er mich auf der Straße getroffen hatte. Ich grüßte und wollte an ihm vorbei, aber er hielt mich auf. Olivi hatte ihn beauftragt, ihm die Preise einiger chemischer Produkte mitzuteilen, und er wollte wissen, ob er sich bei diesem Wetter den Weg zu Olivi ersparen könne, wenn er die Mitteilung mir mache.

Ich sagte ihm, Olivi probiere es mit allen überhaupt nur möglichen Waren, um einen Ersatz für die zu finden, mit denen infolge der neuen Verhältnisse in Triest nichts mehr zu verdienen war, doch ich glaube nicht, daß er mit chemischen Produkten etwas anfangen könne. Dabei machte ich eine verächtliche Handbewegung, die mir um so leichter fiel, als ich dabei an Olivi dachte. Deshalb wolle ich nichts von chemischen Produkten hören.

Der dicke Mann, den Olivi so schätzte, weil er nie seine Papiere verlegte, nie vergaß, seine Kundschaft aufzusuchen oder ihr die nötigen Informationen zukommen zu lassen, kurz ein Mensch, der nur aus Ordnung bestand, da sein Beruf keine anderen Eigenschaften von ihm verlangte, spannte daraufhin seinen Schirm auf und ging resigniert weiter.

Inzwischen aber hatte ich meinen Vorsatz geändert. Wozu meine Niedergeschlagenheit noch durch die Verwirrung und Anstrengung, kurz den Schmerz, Augusta zu betrügen, vergrößern? Was war denn schon dabei, wenn Augusta mutmaßen konnte, daß es ihnen gelungen war, mich aus meinem Büro zu werfen? Teilweise aber konnte man es ihr verheimlichen; ihr dieses erste Mal, an dem sie mich so früh heimkommen sah, sagen, es sei wegen eines heftigen Kopfwehanfalls. An diesem Tag fiel es mir leicht, jede Art von Krankheit zu simulieren. Sicherlich würde mich Augusta drängen, ein Abführmittel zu nehmen. Aber vielleicht brauchte ich das auch, da ich soviel unverdauliches Zeug zu verdauen hatte.

Als ich infolge der Erklärungen, die ich Augusta gegeben hatte, mit einer Kompresse auf der Stirn in meinem Arbeitszimmer saß, fragte ich mich: Was soll ich jetzt anfangen? Vielleicht hätte ich irgendeine Beschäftigung gefunden, irgendeine Lektüre oder das Grammophon. Da mir nun soviel Zeit zur Verfügung stand, hätte ich auch den großen Entschluß fassen können, mein Geigenspiel wiederaufzunehmen. Aber wie sollte ich mich beschäftigen, solange ich noch mit Olivi im Streit lag? Noch hatte ich ihm nicht alle Beschimpfungen gesagt, die ich für ihn auf Lager hatte.

Viele Tage nach der Unterzeichnung des Vertrags kam mir der Gedanke, daß ich, wenn der alte Olivi nicht gestorben wäre, eine solche Demütigung nicht hätte einstecken müssen; er hätte das nicht erlaubt. Das war ein Vorwurf, der den jungen Olivi sicher treffen würde, denn er ehrte das Andenken seines Vaters sehr. Ich konnte ihm auch noch sagen, daß mich mein Vater bestimmt nicht den Olivis ausgeliefert hätte, wenn er gewußt hätte, welchen Menschenschlag dieses Geschlecht noch hervorbringen würde.

Und erst jetzt studierte ich den Vertrag, von dem ich eine Kopie besaß. Mit welch teuflischer Schlauheit war er doch abgefaßt! Jede Klausel war eine Beleidigung für mich. Sollte ich die Firma auflösen wollen, würde dies für mich den Verlust des halben Kapitals zugunsten Olivis bedeuten.

Diese Klausel wurmte mich so sehr, daß ich nach einem Anlaß suchen mußte, um meine Wut zu entladen; ich glaubte ihn in Valentino zu finden, dem ich vorwarf, am Zustandekommen des Vertrags mitgewirkt zu haben. Ich meinte, ihm diesen Vorwurf mit bestem Gewissen machen zu können, denn ich wußte ja, daß allein Valentino die Ursache für die überstürzte Vertragsunterzeichnung gewesen war. Er aber fühlte sich verletzt: sein Vorschlag, den Vertrag Klausel für Klausel zu besprechen, sei von mir übel aufgenommen worden, und dann habe sich auch noch herausgestellt, daß ich Olivis vorgeschlagene Bedingungen bereits in Bausch und Bogen angenommen hatte, als wären sie ein unteilbares Ganzes. Genau das waren seine Worte.

Ich versuchte, mich nicht zu erinnern, aber das ging nicht, denn es gab Zeugen, und so mußte ich mich einmal mehr geschlagen zurückziehen.

Noch etwas anderes verschlimmerte einige Tage lang meine Lage. Mein Sohn Alfio, der Maler, wurde vorübergehend von Zweifeln an seiner seltsamen Malkunst ergriffen und sah sich nach einer anderen Beschäftigung um. Unter anderem dachte er daran, sich dem Handel zu widmen und mit Olivi zusammenzuarbeiten. Da aber stellte sich heraus, daß der Vertrag eine Klausel enthielt, die ihm das verwehrte. «Im Grunde», brummte Alfio, der sich nicht gerade durch besondere Rücksicht auszeichnet, «handelte es sich doch um Großvaters Erbe; das hätte nicht in dieser Weise angetastet werden dürfen.»

Ich dachte nun einige Tage lang darüber nach, welche Konzessionen ich Olivi anbieten könnte, um für Alfio die Erlaubnis zu erhalten, in seinem Büro mitzuarbeiten. Ich beabsichtigte, diese Erlaubnis mit einer hohen Geldsumme zu erkaufen. Inzwischen aber dachte Alfio schon nicht mehr daran und hatte wieder angefangen, mit seinen Temperafarben unzählige Blätter zu beschmieren. Gleichwohl fühlte ich mich in seiner Schuld, was mich in meiner sowieso schon schwierigen Beziehung zu ihm noch rücksichtsvoller machte.

Und eines Tages erlebte ich die Demütigung zu erfahren, daß es Valentino gelungen war, unabhängig vom Vertrag und gegen alle seine Vorsichtsmaßnahmen, von Olivi ein wichtiges Zugeständnis zu erlangen: Von nun an würde er allabendlich eine Stunde im Büro zubringen, um in meinem Namen die Buchungen zu überprüfen und sie mit den Originalunterlagen zu vergleichen.

Die Bekenntnisse des alten Mannes

4. April 1928

Mit diesem Datum beginnt für mich eine neue Zeitrechnung. Ich entdeckte dieser Tage etwas Wichtiges in meinem Leben, ja das einzig Wichtige, das mir je widerfahren ist: die von mir verfaßte Beschreibung eines Teils meines Lebens. Gewisse Aufzeichnungen, die ich für einen Arzt, der mir dies verordnete, gesammelt und dann beiseite gelegt hatte. Ich lese und lese sie immer wieder, und es fällt mir leicht, sie zu ergänzen, alle Dinge an den Platz zu setzen, an den sie gehören und den ich in meiner Unerfahrenheit nicht zu finden wußte. Wie lebendig ist doch dieses Stück Leben, und wie endgültig tot ist der Teil, den ich nicht erzählt habe. Ich suche ihn zuweilen angestrengt, denn ich fühle mich wie verstümmelt, doch er ist nicht mehr zu finden. Dabei weiß ich, daß der von mir beschriebene Teil meines Lebens gar nicht der wichtigste ist. Er wurde zum wichtigsten, weil ich ihn festgehalten habe. Und was bin ich nun? Nicht derjenige, der gelebt hat, sondern derjenige, den ich beschrieben habe. Oh! Das einzig Wichtige im Leben besteht in der Selbstbesinnung. Wenn dies einmal alle mit der gleichen Klarheit erkennen wie ich, dann werden alle schreiben. Das Leben wird literarisiert sein. Die eine Hälfte der Menschheit wird sich damit befassen, das, was die andere Hälfte niedergeschrieben hat, zu lesen und zu studieren. Die Selbstbesinnung wird die meiste Zeit in Anspruch nehmen und sie somit dem grauenvollen wirklichen Leben entziehen. Und sollte der eine Teil der Menschheit protestieren und sich weigern, die Ausführungen des anderen zu lesen, um so besser. Jeder wird sich selber lesen. Das eigene Leben mag dadurch klarer oder dunkler werden, aber es wird sich wiederholen, es wird sich korrigieren, es wird sich kristallisieren. Zumindest wird es nicht so bleiben, wie es ist, bedeutungslos, kaum geboren schon begraben, mit all diesen Tagen, die vorübergehen und sich – einer dem anderen gleich – ansammeln und zu Jahren fügen, zu Jahrzehnten, zu diesem leeren Leben, das nur geeignet ist, eine Ziffer in der Bevölkerungsstatistik abzugeben. Ich will wieder schreiben. Ich will mein ganzes Ich in diese Papiere legen, mein Dasein. Bei mir zu Hause nennen sie mich einen Brummbären. Ich will sie überraschen. Ich will meinen Mund nicht mehr auftun, sondern mich in diesen Papieren ausbrummen. Ich bin nicht für den Kampf geschaffen, und wenn man mir zu verstehen gibt, daß ich keine rechte Ahnung mehr von den Dingen habe, dann will ich nicht widersprechen und auch nicht zu beweisen suchen, daß ich noch durchaus imstande bin, für mich und für meine Familie zu entscheiden, sondern will hierher flüchten, um meine heitere Laune wiederzufinden.

Ich selber aber werde die Überraschung erleben, daß ich, wie ich mich jetzt hier beschreibe, sehr verschieden bin von dem Menschen, den ich vor Jahren beschrieben habe. Auch das nicht beschriebene Leben hat seine Spuren hinterlassen. Mir scheint, daß es sich im Laufe der Zeit etwas aufgehellt hat. Ich habe nicht mehr diese dummen Gewissensbisse, diese qualvolle Angst vor der Zukunft. Wovor sollte ich auch Angst haben? Was ich jetzt erlebe, ist ja diese Zukunft. Sie vergeht, ohne eine neue einzuleiten. Sie ist daher auch keine wirkliche Gegenwart. Sie befindet sich außerhalb der Zeit. In der Grammatik fehlt eine letzte Zeit. Es stimmt, daß mir die Sache mit der Verjüngungsoperation außerordentlich wichtig erschien. Aber nachdem ich mich in einer Anwandlung von Eigensinn zu dieser Operation entschlossen hatte, sah ich ihr ohne rechte Überzeugung entgegen, verstört, jederzeit bereit, mich anders zu besinnen, immer die Ohren gespitzt, ob nicht meine Frau, meine Tochter oder mein Sohn im letzten Moment doch noch einen Protestschrei ausstoßen würden, um mich davon abzuhalten. Keiner aber machte den Mund auf, möglicherweise brannten sie alle darauf, Zeugen eines so erstaunlichen Experiments zu werden, das sie nichts kostete. So fügte ich mich denn und litt dabei, ohne es zu zeigen. Ich hatte mir selbst den Rückweg abgeschnitten, indem ich zuerst meiner Frau und meiner Tochter lautstark meinen Entschluß verkündete, um sie zu erschrecken oder zu bestrafen, und mich dann am Telefon auch dem Arzt gegenüber festlegte, um sie noch mehr zu erschrecken, noch härter zu strafen. So endete ich ganz gegen meine Absicht auf dem Operationstisch. Dann kam diese Furunkulose, die mich seit einem Monat im Zimmer festhält.

Im übrigen aber ist das Alter ein ruhiger Lebensabschnitt. So ruhig, daß es schwerfällt, ihn aufzuzeichnen. Wo soll ich nur ansetzen, um zu schildern, was der Operation voranging? Das Weitere ist dann leicht. Die Erwartung der Jugend, die die Operation mir bringen sollte, war selber wie eine Art Jugend, etwas, was einem besonderen Lebensalter gleichkam und was ich mit all seinen großen Schmerzen und großen Hoffnungen zu beschreiben vermag. Ich sehe jetzt mein Leben, wie es mit der Kindheit begann, in die Wirrnis der Knabenzeit überging, die eines schönen Tages im Jünglingsalter Klärung fand – eine Art Zerstörung von Illusionen –, sodann unversehens in die Ehe mündete, in eine Resignation, gegen die ich dann und wann aufbegehrte, und schließlich ins Alter hineinglitt, dessen hauptsächliches Kennzeichen war, daß es mich in den Schatten verbannte und mir die Rolle des Hauptdarstellers entzog. Für alle, sogar für mich, hatte mein Leben jetzt nur noch den Zweck, die anderen, meine Frau, meine Tochter, meinen Sohn und meinen Enkel, stärker in den Vordergrund treten zu lassen. Dann kam die Operation, und alle blickten voll Bewunderung auf mich. Ich war erregt, ich kehrte ein paar Lebensstrecken zurück, und sie waren meinen eigenen einstigen Lebensstrecken sehr ähnlich, ich will sagen, den Strecken jenes Lebens, das noch keiner Operationen bedurfte, des natürlichen, allen Menschen gegebenen Lebens; und meine Erregung führte mich schließlich zu diesen Papieren, die ich, so glaube ich, nie hätte verlassen dürfen. Dieser Vorwurf, den ich mir mache, scheint mir gerechtfertigt, im Grunde aber ist er auch nicht vernünftiger als der Vorwurf, den sich jener andere alte Mann machte, der vermeinte, seine Kräfte seien versiegt, weil er den Frauen entsagt hatte. Jetzt schreibe ich, weil ich muß, früher dagegen wäre ich von Gähnen befallen worden, sooft ich die Feder zur Hand genommen hätte. Ich glaube daher, daß die Operation doch von heilsamer Wirkung gewesen ist.

I

Ich müßte nun meine Geschichte dort aufnehmen, wo ich sie abbrach: Als der Krieg das allen bekannte Ende genommen hatte, wartete ich darauf, dem Triumph der Allgemeinheit noch meinen persönlichen hinzuzufügen: Ich wartete darauf, den alten Olivi wiederzusehen, um ihm zeigen zu können, was ich in der Führung meiner Geschäfte ohne ihn erreicht hatte. Der alte Olivi aber, der nie etwas von mir hatte wissen wollen, entzog mir auch jetzt seine Anerkennung und starb in Pisa an Grippe, nachdem er mir bereits seine Ankunft angekündigt und ich ihm geschrieben hatte, worin von nun an seine Aufgaben bestehen würden. Ihm sollte lediglich die Leitung des Büros überlassen bleiben, die Führung der Geschäfte aber sollte von nun an mir vorbehalten sein. Ich erwartete ihn mit einiger Ungeduld: Wäre er zur Zeit eingetroffen, so wäre mir vielleicht ein großer Verlust erspart geblieben: der Ankauf all der Wagenladungen Seife in Mailand, wo man nur auf die Öffnung der Grenzen wartete, um ein Riesengeschäft zu machen. Ich hatte, als ich in dieses Geschäft einstieg, lediglich die im Krieg erworbenen Geschäftserfahrungen, Olivi hingegen verfügte auch noch über andere Erfahrungen, die nach Abschluß des Waffenstillstands nützlich hätten sein können. Ich kaufte den Großteil dieser Seifenpartie, eine, wie mir schien, ungeheure Menge, und glaubte, eben auf Grund meiner Kriegserfahrungen, daß es mit dem Wiederverkauf nicht sehr eile. Alle hatten es doch nötig, sich zu waschen! Man mußte nur eine Straßenbahn in Triest besteigen, schon wurde man von einem furchtbaren Gestank empfangen, den ich mit Wonne in mich einsog, denn er schien mir einen glücklichen Ausgang meiner Geschäftstransaktion zu gewährleisten. Als ich vom Tod Olivis erfuhr, ärgerte ich mich ein wenig: er hatte sich vor seiner Niederlage gedrückt! Später jedoch war ich darüber froh, denn in Triest wollte kein Mensch etwas von meiner Seife wissen: Wuschen sich die Leute nicht mehr? Es wäre doch betrüblich gewesen, wenn Olivi bei seiner Ankunft hätte feststellen können, daß der Großteil meiner Kriegsgewinne durch diese während des Waffenstillstands durchgeführte Transaktion wieder verloren war. So wickelte ich das Geschäft ganz allein ab. Ich hatte mir nichts vorzuwerfen. Die Welt hatte sich so rasch weiterentwickelt, daß ich vom Kurs abgekommen war und jetzt in unbekannten Gewässern segelte. Die in Mailand gekaufte Seife hatte nicht den Fettgehalt, den die österreichischen Gesetze in Triest vorschrieben, die trotz der Anwesenheit der italienischen Truppen immer noch in Kraft waren. Da verkaufte ich die Seife mit drei Monaten

Zahlungsziel an einen Österreicher, der nach Wien fuhr, um sie dort zu übernehmen. Dort aber wurde – ich weiß nicht, ob wegen des dringenden Bedarfs oder weil die Ware nicht den gesetzlichen Bestimmungen entsprach – die Seife sofort beschlagnahmt. Sie geriet dann in die Hände irgendeines Amtes, das sie schließlich auch voll bezahlte. Die Kronen aber trafen hier erst ein, als sie nicht mehr umgewechselt werden konnten. Sie gingen nach Österreich zurück und wurden dort gegen ein paar Lire eingetauscht.

Es war mein letztes Geschäft, und ich spreche noch manchmal davon. Man vergißt weder das erste Geschäft, das durch allzu große Ahnungslosigkeit scheiterte, noch das letzte, die Katastrophe durch allzu große Schlauheit. Ich vergesse es aber schon deshalb nicht, weil sich zu ihm ein gewisser Groll gesellte. Kurz vor der Liquidierung dieses Geschäfts war der junge Olivi aus dem Kriege heimgekehrt. Der bebrillte junge Mann war Oberleutnant, und ein paar Orden zierten seine Brust. Er war ohne weiteres bereit, in meinem Büro seinen alten Posten wiedereinzunehmen, und zwar unmittelbar mir unterstellt. Ich gewöhnte mich sofort an die bequeme Rolle eines Herrschers, der nicht regiert. Und bald wußte ich nichts mehr von meinen Geschäften. Täglich regnete es in Italien Gesetze und Verordnungen, die in einem unmöglichen Stil verfaßt waren: Klar an ihnen war lediglich die Zahl, mit der unser König sie versah. Ich überließ es ganz Olivi, sich mit den Stempelmarken (damals begann die Nation, die vielen Stempelmarken zu lecken) und den Dokumenten zu befassen. Später wurde mir dieser Mensch sehr unsympathisch, daher mied ich das Büro. Er sprach viel von seinen Verdiensten und von seinen Leiden im Krieg, und er ließ keine Gelegenheit vorübergehen, mir vorzuwerfen, daß ich nichts zum Sieg beigetragen hätte.

Eines Tages, als ich wieder einmal über die Seife und die

zu spät eingetroffenen Kronen sprach, sagte ich: «Es muß doch irgendeine Möglichkeit geben, gegen diese Wiener vorzugehen. Schließlich haben doch wir den Krieg gewonnen, oder?» Er lachte mir ins Gesicht. Und ich bin überzeugt, daß er nur deshalb keinerlei Schritte unternahm, die Österreicher zu zwingen, mir meine Seife entsprechend zu vergüten, weil er mir beweisen wollte, daß nicht *ich* den Krieg gewonnen hatte.

Im übrigen führt er meine Geschäfte nach wie vor mit all der ihm eigenen Redlichkeit. Er mag auch meinen Sohn Alfio, der, nachdem er das Gymnasium verlassen hatte, manchmal in mein Büro kam, um zu volontieren. Das hörte dann wieder auf, als Alfio begann, sich der Malerei zu widmen. Olivi aber war eine gewisse Aufsicht offenbar nicht unangenehm gewesen.

Nicht einmal die Aufsicht meines Schwiegersohns Valentino war ihm unangenehm. Das war ein besessener Arbeiter! Den ganzen Tag befaßte er sich mit der Führung seiner eigenen Geschäfte, und am Abend verbrachte er noch über eine Stunde damit, Olivis Bücher zu überprüfen. Leider erkrankte er dann und starb, doch auf Grund seiner Tätigkeit muß ich nun dem Sohn Olivis das gleiche Vertrauen schenken, das ich und mein Vater einst seinem Vater entgegengebracht hatten. Sogar noch größeres, kann man sagen, denn der alte Olivi war zeit seines Lebens nie so sorgfältig kontrolliert worden. Mein Vater hat, glaube ich, nichts von Buchführung verstanden, und ich selbst war wohl von Zeit zu Zeit ins Büro gegangen, aber mehr, um mich mit meinen eigenen Geschäften zu befassen, als um die Tätigkeit der anderen zu überwachen. Außerdem bin ich natürlich niemals ein Revisor gewesen. Ich bin wohl imstande, Geschäfte zu machen, das heißt, sie zu ersinnen und auch zu Ende zu führen, aber wenn sie einmal abgeschlossen sind, lösen sie sich für mich in einen Nebel auf, und ich verstehe es nicht, sie in Büchern festzuhalten. So ergeht es, glaube ich, jedem wirklichen Geschäftsmann, sonst könnte er, wenn er ein Geschäft abgeschlossen hat, sich kein neues ausdenken. Jedenfalls ging ich nun nicht mehr ins Büro. Aber ich bin da und halte mich bereit. Sollte ein neuer Krieg ausbrechen, werde ich mich wieder an die Arbeit machen.

Da ich ihn schon erwähnt habe, will ich jetzt von Alfio reden. Innere Sammlung kann mir da nur nützlich sein, denn ich weiß wahrhaftig nicht, wie ich mich ihm gegenüber verhalten soll. Nach dem Krieg hatte ich plötzlich einen fünfzehnjährigen Jungen – dürr, hochgeschossen und nachlässig gekleidet – im Haus, der mit dem Kind, das fort gefahren war, kaum noch etwas gemein hatte. Ich bemerkte an ihm gleich eine gewisse Zerfahrenheit, die Unfähigkeit, heute das fortzusetzen, was er tags zuvor begonnen hatte, kurz Eigenschaften, die ich nur zu gut kannte und von denen mich der große Orkan radikal kuriert hatte. Ich nahm mir vor, nicht in die Fehler meines Vaters zu verfallen, ich dachte, es würde mir gelingen, mit meinem Sohn anders umzugehen. Ach Gott! Wehe, wenn meinem Vater ein solcher Sohn beschieden gewesen wäre! Weit mehr als mein Vater fühlte ich mich auf Grund meiner Bildung und meiner ganzen Aktivität bereit, das Neue anzuerkennen, und doch wußte ich nicht, wie ich auf Alfio achtgeben, wie ich ihn ertragen sollte. Ich ließ ihn tun, was er wollte. Er ging vom Gymnasium, gleich nach der Schulreform Gentiles [1], die ihm nicht sehr zusagte, und ich protestierte mit keinem Wort. Ich hielt ihm nur vor, daß er sich dadurch um die Möglichkeit bringe, einen akademischen Grad zu erlangen, ich sagte es mit leicht bewegter Stimme, war doch auch ich um eine Hoffnung gebracht. Er hielt dies für eine unzulässige Einmischung und erklärte, zwischen ihm und mir stehe nicht nur der Altersunterschied, sondern noch etwas anderes. Was uns trenne, sei der Krieg. Wir lebten jetzt in einer neuen Welt, der ich nicht angehöre, weil ich vor dem Krieg geboren sei. Ich hielt mich für durchaus fähig, alles auf dieser Welt zu verstehen, und wurde wütend, als er mich für blöd erklärte.

Unser Zwist wurde, um die Wahrheit zu sagen, von anderen geschürt. Dieser Zwist brach an einem Sonntag nach dem Mittagessen aus. Wir saßen alle beisammen, meine Frau, meine Tochter Antonia, Valentino und Carlo, Adas[2] und Guidos Sohn, der in Bologna Medizin studierte und die Ferien bei uns verbrachte. Es begann damit, daß Carlo Alfio davon abbringen wollte, das Gymnasium zu verlassen, und meinte, die Zeit im Gymnasium oder Lyzeum sei zwar recht hart, die Universität danach jedoch weit angenehmer. «Man studiert natürlich», sagte Carlo, «aber man merkt es kaum.» Ich war ziemlich übler Laune. Die vegetarische Kost einzuhalten, die Doktor Raulli mir verordnet hat, fällt mir am Sonntag besonders schwer, wenn ich sehe, wie um mich herum das köstlichste Geflügel verschlungen wird. Trotzdem bin ich sicher, daß ich in die Diskussion nicht den bitteren Ton eines Menschen brachte, der sich als Opfer betrachtet. Ich war sogar sanfter als alle anderen. Es war mir nur nicht möglich, so viele Verbündete zurückzuweisen, die Alfio auf einen Weg führen wollten, den auch ich für richtig hielt, zu dem ich allein ihn jedoch nicht zwingen konnte. Valentino, dieser Bürokrat, der glaubte, alles auf dieser Welt lasse sich leicht beweisen und man brauche nur alles genau durchzurechnen, um es zu lösen, wurde sofort aggressiv. Er sagte, jeder Mensch auf dieser Welt müsse Opfer bringen: für seine Zukunft, für seine Würde, für seine Familie. So sei es nun einmal. Wer sich dem nicht zu fügen verstehe, werde es später bereuen. Das wisse er, weil er es wiederholt beobachtet habe. Aus eigener Erfahrung könne er freilich nicht sprechen, denn er habe dies alles von Anfang an erkannt und von frühester Jugend an alles getan, um seine Zukunft zu sichern.

Carlo machte sich ein wenig über Valentino lustig: «Zweifellos gibt es auf dieser Welt auch Menschen, die sich, statt immerfort an die Zukunft zu denken, lieber an die Gegenwart halten. Beide Zeiten gibt es, und in der Grammatik sind sie gleichberechtigt. Es steht jedem frei, sich für die eine oder die andere zu entscheiden.»

Es war ein Scherz, ich glaube aber, daß er das Gespräch vergiftet hat. Alfio schloß sich Carlo nicht an – er war so verschieden von ihm –, sondern wollte sich von ihm noch mehr distanzieren und attackierte darum Valentino besonders heftig: «Nicht alle auf dieser Welt können alles verstehen. Es ist klar, daß ein Beamter einen Künstler nicht verstehen kann ... Auch ein Arzt kann es nicht.»

Carlo jedoch, der von seinem Vater viele Fehler geerbt hat, nicht aber den Mangel an Witz, der diesem zum Verhängnis geworden war, als er die lächerlichsten Bilanzen aufstellte, ohne über sie lachen zu können, Carlo also wehrte den Angriff ungerührt ab, indem er sein Glas an die Lippen hob: «Gewiß können wir Ärzte die Künstler nur verstehen, wenn sie der Schlag trifft, was zuweilen vorkommt. Allerdings sind sie dann endlich keine Künstler mehr und fallen ihren Mitmenschen nicht mehr auf die Nerven.»

Valentino schwieg. Er war ein schüchterner Mensch. Seit ein paar Tagen befaßte er sich mit meinen Bilanzen und glaubte daher, er sei auch dazu bestellt, über das Wohlergehen der gesamten Familie zu wachen. Darin sah er sich nun getäuscht, und so war er, nach einem schwachen, gegen Alfio gerichteten Protest, bereit nachzugeben: «Ich kann nichts anderes tun als die Ratschläge erteilen, die mir meine Erfahrung eingibt.»

Antonia aber war fürchterlich. Gewöhnlich war sie Alfio gegenüber recht mütterlich eingestellt, jetzt aber sah sie ihren Gatten angegriffen. Auch erschien ihr die oberflächliche Unbekümmertheit, mit der Carlo über Dinge sprach, die Valentino so ernst nahm, als ein Ausdruck der Verachtung ihrem Gatten gegenüber. Sie wurde ausfallend: Mir warf sie vor, daß ich meinen Sohn nach Belieben die größten Dummheiten machen ließe (ich hob beide Arme, als wollte ich Gottes Hilfe herabbeschwören), und Alfio warf sie vor, er halte sich für den überlegensten Menschen auf dieser Welt; eine Anmaßung, die er früher oder später bereuen werde. Warum wolle er nicht wenigstens seine Schulbildung abschließen? So werde er sein Leben lang anderen unterlegen sein. Außerdem könne und dürfe man einem Menschen, der bereit sei, einem mit gutem Rat beizustehen, nicht wie ein Flegel antworten.

Obwohl ich ganz unschuldig in diese Auseinandersetzung verwickelt wurde, war doch sie der Grund, daß Alfio mir grollte. Es stimmt, daß ich ihn nicht unterstützte, ja, es stimmt sogar, daß ich mich nicht enthalten konnte, den anderen beizupflichten. Mein Gott! Es ist eben hart, zusehen zu müssen, wie der eigene Sohn von Anfang an eine Laufbahn ablehnt, die alle einschlagen, die dazu die Möglichkeit haben. Außerdem konnte ich es nicht darauf ankommen lassen, daß Valentinos Lage, die für Antonia ohnedies schmerzlich genug war, noch weiter verschlimmert würde. Seit Jahren schon hatte ich mir vorgenommen, alles zu tun, um zu verhindern, daß sich zwischen mir und meinem Sohn das gleiche Verhältnis entwickle, das zwischen mir und meinem Vater geherrscht hatte, und gerade das drohte nun einzutreten. Um meinen Zweck zu erreichen, hatte ich alles getan, damit es zwischen uns zu keiner übertriebenen Äußerung von Zuneigung komme, wie es die schmerzliche Sorge um meine Zukunft gewesen war, die meinen Vater im Augenblick des Sterbens erfüllt hatte. In jenem Augenblick, in dem er sowieso schon sehr litt, kam diese Sorge einem innigen Kuß gleich, und sie war später zweifellos die Ursache meiner langen, qualvollen Krankheit, einer Krankheit, die bewirkte, daß mir, auch als ich wieder genesen war, die Sonne weniger leuchtend und die Luft drückend erschien.

Das eben war der Grund, weshalb ich zwischen mir und meinem Sohn heftige Gefühlsäußerungen ausschließen und ihm gegenüber jede patriarchalische Autorität vermeiden wollte. Die Gefühlsergüsse konnten seit seiner frühesten Kindheit mit großer Leichtigkeit vermieden werden, zumal ich den zügellosen Kinderlärm nie ertragen konnte. Was die Autorität betrifft, so ließ sie sich freilich nicht ganz ausschließen. Wenn Augusta nicht mehr weiter wußte, rief sie mich zu Hilfe, und ich erschien mit lautem Gebrüll, das jedes Problem erledigte. Aber das war nur ein kurzer Auftritt, der für gewöhnlich unterschiedslos ihm wie seiner Schwester galt – wie wenn ein General ein Armeekorps abkanzelt – und den ich auch gleich wieder durch ein scherzhaftes Wort wettmachte, das zeigen sollte, daß ich weiter keinen Groll hegte. Ich hielt mich auch immer strikte davor zurück, von ihnen zu verlangen, sie sollten Reue bekunden. Was Antonia betrifft, so bin ich sicher, daß ich den Zweck erreichte: Sie wird durchaus imstande sein, mich mit aller Gelassenheit sterben zu sehen und ihr Leben an der Seite ihres Mannes und ihres Sohnes weiterzuführen, so als wäre ich nie gewesen. Sie wird mir auch frohgemut an jedem Jahrestag meines Todes Blumen aufs Grab legen, überzeugt, mir damit die Freude zu bereiten, auf die ich Anspruch habe.

Nicht so sicher bin ich, was Alfio betrifft. Ich weiß, daß er mich nicht besonders achtet. Für ihn als Künstler ist ein guter Kaufmann ein Hornvieh und keiner Beachtung wert. Aber gerade solche Urteile werden später durch den Tod richtiggestellt. Und dann: während es sehr leicht gewesen wäre, zwischen mir und meinem Vater, mit dem ich allein lebte, klare Verhältnisse zu schaffen – ohne allzu viele Komplikationen, da nur wir beide im Spiel waren –, mischen sich in das Verhältnis zwischen mir und Alfio eine

Menge Leute ein und trüben es. Bleiben wir, um nur einen Fall anzuführen, bei der Diskussion an jenem Sonntag. Einmal warf ich meine Arme empor, eine Geste, die wie keine andere eine Patriarchengeste ist, und ich tat es, um Antonia zu besänftigen. Dann aber war ich nicht imstande, es meinem Sohn zu überlassen, mit seinen Angelegenheiten fertig zu werden, sondern ich mischte mich mit einer Ermahnung ein, die ich mit meiner Liebe rechtfertigte, während es sich in Wahrheit um Rücksicht auf Valentino handelte.

Kurz, Alfio ist ein junger Mensch, der für mich viel schwieriger ist, als ich es je für meinen Vater war. Mein Vater warf mir vor, daß ich über alles lache, und mein Sohn wirft mir das gleiche vor. Abgesehen von der Bitterkeit, die eine solche Übereinstimmung in mir hervorrufen muß, empfinde ich den Vorwurf meines Sohnes weit härter, als ich je den meines Vaters empfunden habe. Der brachte mich im Grunde nur zum Lachen, der Vorwurf meines Sohnes aber trifft mich wirklich und hart. Ich zwinge mich, ernst zu sein, und wenn mir ein komischer Einfall durch den Kopf geht, bemühe ich mich nach Kräften, ihn zu unterdrücken. Dann verschwindet er und hinterläßt in mir ein Gefühl des Bedauerns. Unausgesprochen verliert er allen Reiz, und das Leben verläuft eintöniger und grauer.

Ich glaube tatsächlich, daß mein Sohn etwas gegen mich hat und auch gegen seine Mutter. Beim geringsten Streit ist aus seiner ein wenig schwachen Stimme ein schriller Ton der Erbitterung herauszuhören. Gleich nach dem Krieg hatte er etwas gegen uns im Namen des Kommunismus. Er war zwar überhaupt kein Kommunist[3], aber er war aufrichtig der Meinung, daß wir Verbrecher seien, weil wir auf dieser Erde soviel Platz (so viele Zimmer in unserem Hause) beanspruchten und ein so großes Vermögen mit Beschlag belegten, das der Allgemeinheit nützlich gewesen wäre. Augusta zitterte bei dem Gedanken, er könnte eines Tages mit neuen Hausbewohnern heimkommen. Er aber kannte keinen einzigen Arbeiter auf dieser Welt. Er ging einsam durch die Straßen, für dieses Mal mit der sozialen Gerechtigkeit beschäftigt, bald darauf aber in gleicher Weise mit der Kunst, mit der Persönlichkeit.

Damals war es, daß ich mich über ihn ein wenig lustig machte, und ich hatte unrecht. Die Gespräche drehten sich nur um Theorien, denn noch malte er nicht. Diese Geschichte mit der Persönlichkeit hielt ich für übertrieben, für eine Anmaßung. Erstrebenswert ist, wenn man will, die liebenswürdige Persönlichkeit, die verführerische. Aber Persönlichkeit an sich! Es sind schon Leute ins Zuchthaus gekommen, die wirkliche Persönlichkeiten waren. «Was für eine Persönlichkeit!» sagte ich auch von unserem Giacomo, dem Nachtwächter, den wir kurz zuvor zur besseren Bewachung unserer Villa in diesen wirren Zeiten angestellt hatten. Giacomo war eine wirkliche Persönlichkeit. Wenn er sich mit Wein hatte vollaufen lassen, wurde er stur wie ein Betrunkener, verstand sich aber nicht zu heroischen Verstellungen: Er wirkte stur, aber nicht betrunken. Er wankte nicht, er schritt genauso einher wie sonst, etwas steif, aber in einer geraden Linie. Ich mochte ihn nie entlassen. Er tat seine Pflicht, er war immer wach. Übrigens hatte er nie etwas zu tun, er störte kein einziges Mal unseren Schlaf, denn es ereignete sich nie etwas Besonderes. Eine wirkliche Persönlichkeit.

Alfio aber wurde wütend, und wie immer, wenn er sich klar ausdrücken wollte, beleidigte er mich. Auch ich wurde etwas grob und drohte, ihn zu enterben. Das Zerwürfnis dauerte viele Tage, und Augusta lief immer wieder von einem zum andern, um zu erklären, zu begütigen, zu versöhnen. Mein Zorn war bald verflogen, und Alfio bat mich schließlich seiner Mutter zuliebe um Verzeihung, aber das verzieh er mir dann nie mehr. Ich bin, um die

Wahrheit zu sagen, immer sehr beschäftigt und hätte mir nicht allzuviel Gedanken darum gemacht, doch tat es mir leid zu sehen, daß er bei meinem Anblick verwirrt wurde. Der Tod rückte immer näher an mich heran, und ich bedauerte Alfio, wenn ich daran dachte, es könnte ihm ein gleiches Erlebnis bevorstehen, wie es meine Jugend verdüstert hatte. Andererseits bedauerte ich auch mich bei der Vorstellung, daß mein einziger Sohn, wenn er mich einmal tot daliegen sähe, mit einem Seufzer der Erleichterung nichts als «Uff!» sagen würde. Alfio war ja von jener radikalen Aufrichtigkeit, die auf dem genau zutreffenden Wort beharrt. Ich aber wünschte mir, daß man meinen Tod betraure, wenn auch mit der nötigen Mäßigung.

Augusta erzählte mir, daß Alfio sich in seinen einsamen Stunden mit Malerei befasse. Er verließ am Morgen das Haus, mit einer Mappe unterm Arm und mit seinen Temperafarben. Auch etwas Proviant nahm er mit. Er hatte keinen Lehrer, denn er fürchtete, ein Lehrmeister könnte seine Persönlichkeit einengen. Nach Sonnenuntergang kam er todmüde wieder heim. Nichtsdestoweniger ging er noch einmal aus, um mit seinen Freunden im Kaffeehaus über Malerei zu diskutieren. Nur diesen Teil des Tages hatte er von mir geerbt. Alles übrige stammte nicht von mir, aber auch nicht von dem Großvater, den ich für ihn ausgesucht hatte, und auch nicht von seiner Großmutter. Wie kam er nur zu seiner Malerei und zu seiner Einsamkeit? Die Persönlichkeit? Ich, der ich stets vergebens bemüht gewesen war, so zu sein wie die anderen, hatte nie an sie gedacht. Auflehnung? Wenn ich je einen Wunsch danach verspürte, bereute ich es sofort. Und sein Großvater Giovanni wußte nicht einmal, was das war; groß und dick wie er war, saß er immer behaglich den anderen auf dem Buckel. Sich zur Auflehnung geboren zu fühlen, wie Alfio, ist ein untrügliches Zeichen von Schwäche.

Auch seine körperliche Erscheinung ist seine eigene Erfindung, denn keiner seiner Vorfahren hat so ausgesehen. Lang und spindeldürr; der Rumpf verläuft in einer merkwürdigen Linie: er scheint zurückzuweichen, sich weiter oben aber wieder anders zu besinnen, vorwärts zu streben, wobei sich eine Rundung bildet, die jedoch kein Buckel ist, den Kopf aber nach vorn schiebt, weshalb er nie ganz aufrecht sitzt und die Augen sich nach oben verdrehen müssen, um einem gleichgroßen Gesprächspartner ins Gesicht zu blicken. Alfio ist nicht schön, ich weiß es, denn andere haben es mir gesagt. Ich und Augusta jedoch bewundern sein weißes und sanftes Gesicht. Es ist ja etwas ganz anderes, wenn man einen Menschen durch und durch kennt, als wenn man ihn nur hin und wieder mit all seinen deutlichen Unvollkommenheiten vorübergehen sieht. Wir kennen Alfios Stärken und Schwächen. Seine langen Beine sind für uns mehr als nur Träger körperlicher Formen. Und oft habe ich mit Augusta über den herrlichen Ausdruck seiner intensiv blauen Augen gesprochen, von denen das eine zwar etwas verschoben ist, aber doch nicht so stark wie bei seiner Mutter; über die blauen Augen, die um Hilfe und Unterstützung bitten, die sich in ihrer verschobenen Stellung anstrengen müssen, um etwas zu sehen, die armen Augen, auch wenn der Mund häßliche Worte hervorbringt, die den Büchern von Marx entnommen sind, die Alfio nicht gelesen hat und an die er auch nicht glaubt.

Es erschien mir dringend, mit ihm rasch Frieden zu schließen. Eines Tages fühlte ich mich elender als sonst: Ich fühlte mich von einem Schlaganfall bedroht, von einem dieser Ereignisse, die das Gehör, die Sprache und das Gesicht lähmen, wenn sie nicht dem ganzen Leben ein Ende machen. Der Schlaganfall kündigte sich durch gewisse Geräusche in den Ohren an. Hatte man doch bei mir einmal schon einen Blutdruck von 230 festgestellt! Und mich erschütterte die Vorstellung, daß der arme Alfio an meiner Leiche die gleichen Worte vor sich hinsagen könnte wie ich seinerzeit: «Jetzt ist auch mein Leben zu Ende.»

Ich suchte ihn abends auf, sobald ich erfahren hatte, daß er heimgekommen war und sich umkleidete, um ins Café zu gehen. Er hatte ein kleines Arbeitszimmer am anderen Ende der Wohnung, ein bißchen finster zwar, aber von Augusta reizend eingerichtet.

«Darf man?» fragte ich zögernd, als ich die Tür halb geöffnet hatte. Ich erblickte Alfio sofort, wie er vor dem Spiegel stand, sich die Krawatte band und sich von oben bis unten betrachtete. Es zeugt von großer Aufrichtigkeit, sich in der gleichen Weise zu betrachten, wie man die anderen betrachtet.

Er wandte sich mir zu; die Krawatte hing ihm über das nicht mehr frische Hemd herab. Er schien erstaunt und meinte rücksichtsvoll: «Du hast dich selber herbemüht, Papa? Warum hast du mich nicht rufen lassen?»

Ich lachte erleichtert: «Es dreht sich um ein Geschäft, und es ist besser, wir handeln es unter uns aus. Ich weiß von Mama, daß du täglich ein ganzes Bild malst. Könnte ich nicht eines davon haben?»

Er sah mich zweifelnd, mißtrauisch an, mit seinen nach wie vor flehenden Augen: «Aber Vater! Diese Kunst ist nicht für jedermann. Es ist eine neue Kunst. Man muß sie verstehen. Da sie neu ist, ist sie noch roh, es ist eine Sammlung von fast unkontrollierten Zeichen einer Impression.»

«Das macht doch nichts», lachte ich. «Kunstwerke, ob alt oder neu, kann man kaufen. Man schafft sie, um sie zu verkaufen. Verkaufe mir eines deiner Bilder. Ich werde dein erster Käufer sein.»

Zunächst schien es, als wollte er widersprechen, dann aber, nach kurzer Überlegung, nickte er. Schüchtern sagte er irgend etwas, das nach einer Zahl klang.

«Wieviel?» fragte ich mit leicht erhobener Stimme.

Er sah mich unschlüssig an, wurde rot bis über beide

Ohren. Ich begriff, daß er der Meinung war, ich wollte über seine Zahl verhandeln. Ich war wirklich erschrocken. Wie, wenn er nun, um mir entgegenzukommen, den Preis herabsetzte und in ihm dann jener Groll zurückblieb, den alle empfinden, die mit ihrem Preis heruntergehen müssen? Was würde dann aus der Versöhnung?

Ich begann zu bitten: «Ich bin alt und höre nicht gut. Sag mir, was du verlangst. Ich zahle alles, was du willst, nur um dir, deiner Kunst näherzukommen. Ich werde dein Bild an die Wand meines Arbeitszimmers hängen und es jeden Tag ansehen. So werde auch ich es mit der Zeit verstehen. Ich bin nicht ganz so dumm, wie du glaubst. Ich bin alt, das ist richtig. Dafür aber habe ich einige Erfahrung. Es stimmt, daß ich mich niemals mit Malerei beschäftigt habe. Dafür aber mit Musik. Vor kurzem habe ich es sogar so weit gebracht, Debussy zu ertragen. Nicht ihn zu lieben. Ich habe das Gefühl, als seien seine Kompositionen gerade eben durch den Knall einer Bombenexplosion ausgelöst worden. Die Trümmer rauchen noch, aber das ist auch das einzige, was sie miteinander gemeinsam haben.»

Ich glaube, daß er sich auf mein Gewäsch über Debussy hin entschlossen hat, meiner Bitte nachzukommen.

Resolut nannte er seine Zahl: achthundert Lire.

Ich zog aus der Tasche einen Tausend-Lire-Schein und sagte mit dem Ausdruck eines sorgfältigen Kaufmanns: «Ich bekomme von dir zweihundert Lire.» Sodann täuschte ich eine gewisse Ungeduld vor: «Und das Bild?»

Er gab mir die zweihundert Lire. Ich weiß, daß er in Geldsachen von einer Genauigkeit ist, die in keinem Verhältnis zu seinen ungeordneten Ideen über den Reichtum steht. In dieser Hinsicht ist er mir weit überlegen, und ich freue mich über diese seine Überlegenheit, die die Bewunderung seiner Mutter findet. Er gibt kein Geld aus, und das könnte ihn den Armen unter seinen Mitmenschen nahebringen, aber seine Geldbörse ist stets gut versehen, und das entfernt ihn offensichtlich wieder von ihnen.

Was das Bild betraf, so konnte er sich noch nicht entschließen, es mir zu geben. Er würde es mir in zehn Minuten bringen. Er wollte unter seinen Arbeiten die beste auswählen. Offenbar schämte er sich, mich seine Stümpereien sehen zu lassen.

Ich ging zur Tür, kehrte aber dann wieder zu ihm zurück. «Siehst du», begann ich, «wir zwei sind allein auf dieser Welt.» Ich stockte erschrocken, ich hatte die gleichen Worte ausgesprochen, die einst mein Vater mit weit größerer Berechtigung zu mir gesagt hatte. Ich verbesserte mich: «Ich will sagen, wir sind die einzigen blutsverwandten Männer in diesem Haus. Warum sollten wir einander nicht verstehen? Ich werde stets alles tun, um dir näherzukommen. Willst du es auch tun? Ich kann dir nichts mehr beibringen, und ich will nicht den Eindruck eines Lehrmeisters erwecken. Ich bin zu alt, um dich etwas zu lehren, und du bist zu alt, um zu lernen. Du hast eben deine Persönlichkeit und mußt alles tun, um sie zu behaupten.»

Ich küßte ihn auf die Wange, und er küßte, verwirrt, die Luft. «Ja, Papa», sagte er gerührt.

Frohgemut ging ich zur Tür. «Du mußt kleine Nägel mitbringen, um dein Bild sofort an die Wand zu hängen. Du weißt, ich bin in diesen Dingen nicht sehr geschickt.»

«Ein Bild braucht aber einen Rahmen», sagte er. «Ich werde ihn morgen kaufen. Einen kleinen, bescheidenen Rahmen für ein kleines, bescheidenes Bild.»

«Gut», sagte ich, «inzwischen aber möchte ich gleich beginnen, dein Bild zu studieren. Du wirst es auch so befestigen können, ohne es zu beschädigen.»

Während der zehn Minuten, die ich auf Alfio wartete, war ich sehr aufgeregt. Ich hatte das Gefühl, etwas Großes getan zu haben, etwas Wichtiges, für mich, für ihn, für die Familie. Ich dachte auch, daß mein Vater dazu nicht imstande gewesen wäre. Obwohl *uns* kein Weltkrieg voneinander getrennt hatte! Ach was, Krieg! Es war lediglich eine Frage der Intelligenz, den Weg zur neuen Generation zu finden.

Doch wurde ich an den Krieg erinnert, als ich das Bild sah, ein kleines bemaltes Blatt Papier. Ich betrachtete es über Alfios Schultern hinweg, der eifrig dabei war, es an die Wand zu nageln. «Danke, vielen Dank», sagte ich. Er stand noch einen Augenblick davor, um es zu bewundern. Ich nahm die gleiche Haltung ein. Dann ging er mit seinem weichen Schritt.

Als ich zum Bild zurückkehrte, dachte ich: Er hat mich betrogen. Er hat mir die schlechteste seiner Arbeiten gegeben. Es ist gar kein übles Gefühl, wenn man entdeckt, daß der eigene Sohn ein fähiger Geschäftsmann ist. Ich fand mich damit ab.

Anfangs war es recht unangenehm, diese Kleckserei vor Augen zu haben. Ehe ich das Bild noch gesehen hatte, hatte ich Alfio gebeten, es so anzubringen, daß ich es an meinem Schreibtisch sitzend betrachten könne. In dieser Hinsicht war Alfio überaus geschickt gewesen. Ich sah das Bild nicht nur, wenn ich gerade saß, sondern auch wenn ich mich, die Lampe im Rücken, zum Lesen zurechtsetzte, und sogar wenn ich mich auf dem Sofa ausstreckte, um auszuruhen, es sei denn, ich drehte mich auf die linke Seite und drückte meine Nase gegen die Wand – eine Lage, die für mich ebenso unerträglich ist, wie sie es für meinen Vater war. Aber selbst dann spürte ich noch die Gegenwart dieser kleinen Scheußlichkeit im Zimmer.

Angesichts dieser Malerei kam ich zur Überzeugung, daß ich in unserer Familie (soweit sie aus mir, meinem Vater und meinem Sohn bestand) eine ausgesprochene Ausnahme bilde auf Grund meiner vernünftigen Ausgewogenheit.

Es war nicht möglich, das Bild zu entfernen, ohne Gefahr zu laufen, Alfio neuerdings zu verstimmen. Es kam der Rahmen, und das Bild blieb an seinem Platz, obwohl ich den schüchternen Vorschlag gemacht hatte, es an eine andere Stelle zu hängen, wo das Licht günstiger sei. Alfio aber erklärte mit fachmännischer Miene, daß es genau an diese Stelle gehöre. Er betrachtete sein Werk noch einmal liebevoll und bewunderte es in der Isolierung, in die es durch den Rahmen gestellt wurde. Dann ging er hinaus.

Gewiß, der Rahmen wirkte wie eine Art Erläuterung. Ich glaube, daß jedes Ding, wenn man es mit einem Rahmen umschließt, einen neuen Wert erhält. Man muß eine Sache isolieren, damit sie eine Sache für sich wird. Andernfalls wird sie von der stärkeren Augenfälligkeit der sie umgebenden Dinge verdunkelt. Auch Alfios Bild wurde jetzt zu etwas. Ich betrachtete es anfangs voll Wut, dann mit Nachsicht, wobei ich zu verstehen begann, was Alfio hatte darstellen wollen, und schließlich mit Bewunderung, denn ich entdeckte plötzlich, daß er tatsächlich etwas geschaffen hatte.

Klar war jedenfalls, daß Alfio einen Hügel hatte malen wollen. Darüber gab es keinen Zweifel. Ob Ferne oder Höhe, die Farben blieben unverändert, aber als ich das Bild zu begreifen und zu lieben begann, kam ich tatsächlich zu Erkenntnissen, die die gesamte Vorstellung vom Aussehen dieser Welt veränderten. Auf dem Hügel waren in drei parallelen Reihen Häuser errichtet oder im Bau. Während ich das Bild studierte, hatte ich das angenehme Gefühl, aktiv mit Alfio mitzuarbeiten. Auch ich malte. Unten war die Straße mit ein paar Pinselstrichen in violetter Farbe angedeutet. Es war nicht die übliche Farbe der Erde. Aber man konnte immerhin leicht erkennen, daß der Erdboden gemeint war. Darüber sah man die erste Reihe der Bauten: eine lange, gelbe, niedrige Mauer und an einem Ende ein einzelnes Haus, in seinem oberen Teil ebenfalls gelb, unten aber nackt und weiß belassen, in der

Farbe des Papiers. Gleichwohl war dieses Haus das bewohnbarste von allen. Die Mauern standen tatsächlich senkrecht, es war genau quadratisch, und sein einziger Mangel bestand darin, daß es nur wenige Fenster hatte, zwei im zweiten Stock und eines im ersten, doch waren sie mit regelrechten Jalousien versehen, deren graue Farbe ich später allen Ernstes liebte. Das war bestimmt das Sonntagshaus. Hinter dieser ersten Reihe gab es weitere Pinselstriche von jener violetten Farbe, die – nach dem Schlüssel, den das Bild selbst lieferte – wiederum eine Straße bedeutete. Es kamen zwei weitere Häuserreihen, durch die gleiche violette Farbe voneinander getrennt, die wegen der Entfernung, das heißt, um besser gesehen zu werden, noch intensiver wurde. Aber was für Häuser! Mein Gott! In ihnen steckte das ganze Erbarmen eines Dichters mit armen, verlassenen Häusern, ein verhaltenes Weinen. Wohl standen fast alle Wände senkrecht, die Häuser aber waren ohne Fenster, und wo es doch welche gab, waren sie tiefschwarz und unförmig, um deutlich zu machen, daß diese Fenster weder Jalousien noch Scheiben hatten. Statt das von außen kommende Licht widerzuspiegeln, ließen sie die düstere Finsternis aus dem Inneren hervortreten.

Man ahnt gar nicht, wie man sich an alles auf dieser Welt gewöhnen kann. Ich liebte dieses Bild, und wenn ich meinen Kopf vom Buch hob (ich frischte damals meine philosophischen Kenntnisse auf und studierte Nietzsche), empfand ich eine ausgesprochene Freude, diese Synthese des Lebens vor mir zu sehen, so wie Alfio sie empfunden hatte. Ich bevölkerte diese Häuser. In das Sonntagshaus steckte ich Arbeitgeber, die ebenso roh waren wie ihre Behausung und die Bewohner der Häuser mit den schwarzen Fenstern ausbeuteten. Allerdings gab es im Hintergrund, sehr weit entfernt und hoch oben, noch ein festgebautes, quadratisches Haus, das trotz seiner schwarzen Fenster gleichfalls ein Sonntagshaus sein konnte. Wenn es zwei

Sonntagshäuser gab, stellte ich mir vor, würde sich das Los der übrigen Häuser noch verschlimmern. Arme, sanfte, baufällige kleine Häuser, in denen man litt! Es gab sogar Anzeichen, daß sich die Häuser der Armen noch vermehren könnten: Es gab da gewisse windschiefe Türmchen, die nach und nach für Wohnzwecke eingerichtet werden konnten.

Es war dies eine sehr angenehme Zeit in meinen Beziehungen zu Alfio. Ich bewunderte ihn aufrichtig. Wie hatte er mich doch bloß durch die Art, wie er die Jalousien eines Hauses malte, dazu angeregt, eine ganze Landschaft vor mir erstehen zu lassen! Seine Kunst war in der Tat Kunst. Eine moderne Kunst, und indem ich sie verstand, wurde ich wieder jung.

Tief befriedigt sprach ich darüber mit Alfio. Er hörte mir zu. Aber mit der ihm eigenen jugendlichen Energie unterbrach er meine Lobesworte, die damit verlorengingen: Wenn man den Erdboden von einer gewissen Stelle aus und zu einer bestimmten Stunde betrachte, dann habe er genau diese Farbe, und es gehöre gar kein Mut dazu, sondern nur das analysierende Auge des Malers, um sie ihm zu geben. «Schau nur genauer hin», sagte er.

Ich wollte meine Bildanalyse fortsetzen und begann von jenen Häusern zu reden, die noch nicht da waren, deren Entstehen man aber sehen konnte.

Er widersprach lachend: «Aber das sind doch Häuser, wirkliche Häuser, man braucht sie doch nur anzusehen, um sie zu erkennen; man muß sie nur anzusehen verstehen. Man darf nicht vergessen, daß das Licht nicht immer enthüllt, sondern zuweilen auch verhüllt, verdunkelt. Sieh doch nur auf diesem Haus, von dem du sagst, es sei noch gar nicht da, den leichten dunklen Strich, der auf das Vorhandensein eines Fensters deutet.»

Das Bild erschien mir erträglicher als der Kommentar dazu. Ich sah es mir weiter mit Vergnügen an, aber wenn von ihm die Rede war, sprach ich Alfios Worte nach und es lag mir nichts daran, meine eigene Meinung darüber zu sagen. Ich war nichtsdestoweniger überzeugt, daß ich schließlich so weit kommen würde, in dieser Landschaft umhergehen zu können, ohne Gefahr, mich darin zu verirren. Jedenfalls dauerte die angenehme Zeit in meinen Beziehungen zu Alfio noch lange an. Sie wurde nur dadurch ein wenig getrübt, daß mir Alfio eines Tages ein zweites Bild schenkte, das ich nicht an die Wand meines Zimmers hängen wollte. Ich legte es in eine Schublade und versicherte Alfio, ich sähe es mir täglich an. Es war die Unwahrheit: Ich konnte doch nicht meine Zeit damit verbringen, die windschiefen Häuser meines Sohnes zu bevölkern. Außerdem hatte es wenig Zweck, sich allzuviel mit ihnen zu befassen, denn ich durfte ja doch nicht meine Meinung offen sagen, sondern mußte das wiederholen, was Alfio sagte. Daher war es einfacher, wenn ich mir seine Bilder gar nicht erst ansah.

Die glückliche Zeit nahm ein unvermutetes Ende. Gerade in einem Augenblick größter Fröhlichkeit und gerade, als ich es am wenigsten erwartete. Ich hatte einen alten Freund zum Mittagessen geladen, einen gewissen Cima, den ich schon fast ein halbes Jahrhundert nicht mehr gesehen hatte. Im Alter sind solche Begegnungen wie die kursiv gedruckten Wörter in einem Buch; ihnen kommt eine ganz eigene Bedeutung zu. Aus verschiedenen Gründen hatte ich diesen Cima nie vergessen. Er war ein Großgrundbesitzer aus Süditalien, der in jungen Jahren nach Triest gekommen war, um hier Deutsch zu lernen. Solche falschen Vorstellungen machte man sich damals in Süditalien. Dafür lernte der junge Mann sehr rasch Triestinisch. Er verbrachte seine Tage damit, den Frauen den Hof zu machen, zu jagen und zu fischen. Er war damals so reich, wie er es nie wieder in seinem Leben sein sollte.

Ich konnte ihn schon deshalb nicht vergessen, weil sich

mit seiner Person eine Reihe von Mißerfolgen, aber auch ein Erfolg für mich verbanden. Und ich, der ich mein Leben streng objektiv zu beurteilen gedenke, habe weder die ersteren noch den letzteren vergessen.

Den Erfolg verdankte ich meiner Beobachtungsgabe. Ich studierte damals Volkswirtschaft. Besser gesagt, ich studierte in jener Zeit Jura, aber in meinem Eifer befaßte ich mich viel zuviel mit Volkswirtschaft, die nur ein Nebenfach sein sollte.

Dieser Großgrundbesitzer war offensichtlich der klassische Vertreter des Absentismus[4], wie er in den Lehrbüchern beschrieben wird. Eines Tages erhielt Orazio in meiner Gegenwart einen Brief von seinem Verwalter. «Vom Verwalter», murmelte er. Auch jetzt, wo er alt ist, murmelt er die Worte, die er denkt, vor sich hin, wohl um sein zwar präzise, aber langsam arbeitendes Gehirn anzukurbeln. Dann, als er den Brief zu Ende gelesen hatte, murmelte er: «Nein.» Da sagte ich zu ihm: «Ich wette, daß dir dein Verwalter Meliorationen vorgeschlagen hat, die du ablehnst.» Er bestätigte es überrascht: «Woher weißt du das?» Ich zeigte ihm die Buchstelle, aus der ich meine Kenntnis hatte.

Die Mißerfolge waren so zahlreich, daß ich mich natürlich nicht an alle erinnern kann. Einmal bewog ich ihn, gleichzeitig mit mir das Rauchen aufzugeben. Selbstverständlich hielt ich vom ersten Moment an nicht durch. Er hingegen bestand eine ganze Woche lang alle möglichen Jagdabenteuer, gute wie schlechte, und blieb standhaft. Einmal durchwanderte er den Karst zehn Stunden lang, ohne auch nur ein einziges Tier zu erlegen, und am nächsten Tag erlegte er dafür in wenigen Stunden so viele, daß er in die Stadt zurückkehren mußte, um sich nicht zu sehr zu beladen: Auf seinen Vorsatz blieb dies ohne Einfluß. Für mich war das erstaunlich, denn ich behauptete, ich käme nicht dazu, das Rauchen aufzugeben, weil meine

Vorsätze durch gute Nachrichten oder durch schlechte Nachrichten oder aber durch das Ausbleiben von Nachrichten überhaupt ins Wanken gebracht würden.

Seine Willenskraft glich eher einer Art Beharrungsvermögen, einem existentiellen Zustand, dem Willen des Wassers, vom Gebirge herabzufließen. Wenn man von ihm etwas wollte, das mit seinen eigenen Wünschen nicht übereinstimmte, stellte er sich taub. Einmal – ich erinnere mich an diese Begebenheit, als wäre sie gestern geschehen, denn eine große Wut vergißt man nie – wurde ich von einer Frau erwartet, die sich eigens meinetwegen um sechs Uhr abends für eine Stunde hatte frei machen können. Um drei Uhr beging ich den Leichtsinn, in eine Kalesche zu steigen, die er lenkte, und er fuhr mich nach Lipizza [5]. Ich weiß, es war ein herrlicher, klarer Herbsttag, in meiner Erinnerung aber ist er düster, von meiner Wut getrübt.

Wir hätten um eine bestimmte Zeit bequem und rechtzeitig in Triest zurück sein können, er jedoch kutschierte mich, trotz meiner Mahnungen und ohne mir etwas zu sagen, durch den Karst spazieren, den ich so schlecht kenne, daß ich meinte, wir führen in Richtung Triest. Als wir endlich in Triest ankamen, stand ich auf dem Platz, auf dem er mich ablud, allein da, von Verlangen und Gewissensbissen gequält. Orazio meinte in aller Unschuld: «Du hättest mir, als wir fort fuhren, etwas sagen können.» Ich hatte es ihm gesagt, aber das gehörte eben zu den Dingen, für die er taub war. Das Ganze war – wie ich später herausfand – überhaupt nur unternommen worden, weil der Tierarzt ihm gesagt hatte, sein Pferd müsse täglich eine bestimmte Anzahl von Kilometern laufen.

Jetzt, da er nach Triest zurückgekehrt war, erklärte er mir niedergeschlagen, daß er nach soviel Leben und soviel Leid überhaupt keine Willenskraft mehr habe. Ich wiederum versicherte ihm, daß ich nicht mehr der schwache Mensch sei, den er gekannt habe. Ich konnte ihm jedoch nicht recht glauben, denn noch am gleichen Tag war es fast, als wäre ich mit ihm wieder auf dem Weg nach Lipizza, nur daß ich jetzt, statt vom Pferd gezogen zu werden, selber traben mußte. Er wollte, daß ich ihn dahin und dorthin begleitete. «Ich begleite dich dann nach Hause», sagte er, einstweilen aber gingen wir zuerst zu einer Versicherungsanstalt, wo er eine Erklärung über den Wechsel seines Wohnsitzes abgeben mußte, dann zu einem Spediteur, bei dem er noch ein paar Möbelstücke eingelagert hatte, und am Ende halste er mir auch noch den alten Ducci auf. Der alte Ducci war, so wie ich, nie von Triest fortgezogen, wir hatten aber, seitdem wir als Achtzehnjährige die Schule verlassen hatten, kein Wort mehr miteinander gesprochen. Ich erinnerte mich, daß er mir bei unserem letzten Zusammensein erklärt hatte, er wolle sein Glück in Japan versuchen. Danach hatten wir uns in unserer kleinen Stadt fast jede Woche gesehen und einander gegrüßt, ohne uns jedoch je in ein Gespräch einzulassen. Mit dem Fortschreiten der Jahre wurde unser Gruß immer höflicher. Die Tatsache, daß wir in der Stadt die einzigen waren, die einander schon so viele Jahre kannten, schuf zwischen uns eine gewisse Intimität. Ich fand es durchaus natürlich, daß er auf Japan verzichtete, da er sein Glück in Triest gemacht hatte. Da standen wir nun zu dritt auf dem Gehsteig, auf dem somit ungefähr zweihundert Lebensjahre lasteten. Wir sahen uns mit Sympathie in die etwas gläsern gewordenen Augen, und ich vergaß für einen Moment meinen Unmut. Er wurde erst wieder wach, als ich erkennen mußte, daß Ducci sich gar nicht mehr erinnerte, jemals die Absicht gehabt zu haben, nach Japan zu gehen. Mein Gott! Eine ganze Welt brach für mich zusammen, nachdem ich so viele Jahre hindurch, immer wenn ich diesen Menschen sah, bei mir gedacht hatte: Das ist der Mann, der beinahe nach Japan gegangen wäre. Sollte ich mich getäuscht haben und sollte ein anderer mir vor fünfzig

Jahren erzählt haben, er wolle auswandern? Als ich aber Ducci während der Zeit, die Cima in Triest blieb, ein paarmal wiedersah, entdeckte ich, daß er sich immer noch mit großen Plänen trug. So schwärmte er jetzt von einer Reise nach Norwegen. Da er stets so voller Pläne steckte, war es leicht denkbar, daß er in weiteren fünfzig Jahren auch seinen Norwegenplan vergessen haben würde. Ich hingegen, der ich niemals Pläne mache, weil sie mich beunruhigen, würde mich dann – wenn ich noch lebte – vielleicht an sein erstaunliches Vorhaben erinnern.

Das erste Mal aber, als Cima bei mir zum Mittagessen war, erzählte er eine alte Geschichte aus unserer Jugendzeit, die er nicht mehr ganz zusammenbrachte und die ich ergänzte, wir lachten uns fast krank, und in meiner ausgelassenen Fröhlichkeit geschah es, daß ich meinen armen Alfio in einer Weise kränkte, die nicht mehr gutzumachen war.

Man muß wissen, daß ich, als der junge Cima nach Triest kam, Vorbilder suchte, die Kraft und Entschlossenheit verkörperten und mich von meiner eigenen Schwäche heilen sollten, unter der ich immer mehr zu leiden begann. Wo hätte ich ein besseres Vorbild als diesen Cima finden können? Er, der, wo immer er ging, sofort wie der Herr wirkte und, obwohl er doch um vieles weniger intelligent war als ich, weder Verlegenheit noch Zweifel kannte, er sollte mir doch helfen können. Allerdings drückte schon sein Äußeres Jugend und Kraft aus, er trug einen kleinen, nach spanischer Art geschnittenen Bart, hatte schwarze Augen und üppiges, gelocktes Haar. An Schönheit und körperlicher Kraft konnte ich es ihm nicht gleichtun, aber ich glaubte nicht, daß davon seine Überlegenheit herkam, die ihm soviel Ruhe, soviel Sicherheit, soviel Glück bescherte. Er war der Herr, weil er sich als solcher fühlte.

Indessen schien es mir, daß die Übung im Töten von Tieren dazu beigetragen habe, Cimas Macht zu schaffen.

Eine meiner Schwächen – die größte – bestand tatsächlich darin, daß ich keine Tiere töten konnte. Diese Abneigung ging so weit, daß ich einmal abends, kurz vor dem Schlafengehen – ich erinnere mich daran deshalb so gut, weil ich eine ähnliche Abneigung, wenn auch gemildert, immer noch empfinde –, einer Fliege, die mich quälte, nur einen leichten Schlag zu geben vermochte. Dem verletzten kleinen Tier gelang es zu entkommen, und ich suchte es vergebens, denn ich wollte aus Mitleid sein Leben beenden. Ich konnte es nicht finden, und in der Nacht mußte ich immer wieder an das arme Tier denken, das in irgendeinem verborgenen Zimmerwinkel voll Schmerz und Haß in Agonie lag. Damals beschloß ich, mich unter Cimas Anleitung gegen solche Gewissensbisse abzuhärten. Ich bezahlte die hohe Gebühr für einen Jagdschein und kaufte mir einen schönen Jagdanzug, wie er damals modern war, und dazu einen Hut mit Feder. Das Gewehr lieh mir Cima.

Es begann mit einer Jagd auf Sumpfvögel. Wir fuhren zu den Sümpfen in der Nähe von Cervignano. Während der Fahrt versuchte ich, meinem Herzen Haß gegen die Tiere einzuflößen. Im Grunde waren ja diese Vögel, die zu töten ich auszog, ihrerseits Räuber. Sie lebten von Tieren, die kleiner waren als sie. Es hieß auch, daß sie imstande seien, Tiere, die ihnen gefährlich werden konnten, in die Luft zu entführen und dann fallen zu lassen, um sie zu töten. Ich hatte außerdem herausgefunden, daß ich, wenn ich Wild tötete, immer noch ein besserer Mensch war als Cima, der wie ein richtiger Jagdhund Wildfleisch nicht anrührte. Ich dagegen konnte hinterher wenigstens meine Gewissensqualen mit einem guten Bissen ersticken. Gleichwohl war ich sehr aufgeregt, und mein erster Gewaltakt gegen die Tiere erschien mir so bedeutsam, daß ich eine Unmenge von Zigaretten rauchte, wobei ich mir sagte, daß ich, sobald ich erst einmal einen starken

Willen in mir ausgebildet hätte – den Willen des Mörders –, überhaupt nicht mehr rauchen würde.

Ich wollte Ereignisse erzählen, die nur wenige Wochen zurückliegen, und da finde ich mich nun so weit in der Vergangenheit. Die lang vergangenen Dinge haben im Vergleich zu denen, die wenige Wochen zurückliegen, große Bedeutung. Ein Duft nach altem Wein, dessen ausgewogene Elemente einem sofort wieder vertraut sind, sobald sie die Nase erreichen. Dabei behauptet meine Frau, ich würde mich an nichts erinnern. Gewiß, wenn man mich fragt, wo ich meine Goldfeder oder meine Brille gelassen habe, dann bin ich erstaunt, daß man eine derartige Anstrengung von mir verlangt, die alten Dinge aber kommen von selber zu mir, in reicher Fülle, mit allen ihren Einzelheiten.

Da steckten wir also im Sumpf, in zwei großen Fässern verborgen, die in einem gewissen Abstand voneinander im Schlamm versenkt waren. Orazio hatte mich ermahnt, mich ja still zu verhalten und kein Lebenszeichen von mir zu geben, denn wir nähmen das Opfer, so viele Stunden in einem feuchten Faß auszuharren, auf uns, um die mißtrauischen Vögel zu täuschen, die, ehe sie sich regten, mit ihren kleinen, aber scharfen Augen den Weg, den sie zurückzulegen hätten, genau überprüften. Ein weiterer Grund, sie zu hassen: soviel Vorsicht! Es schien mir, als ob sich über den fernen Bergketten der Himmel aufhelle. War es das Morgengrauen? Ich wurde unruhig. Langsame Vorgänge machen mich ungeduldig. Wie konnte ich diesen hier, bei dem ich in so unbequemer Haltung stehen mußte, beschleunigen? Dieser Cima! Er hätte für mich wenigstens ein größeres Faß beschaffen und einen Stuhl hineinstellen können. Ich versuchte, auf die Uhr zu sehen. Das war eine Methode, die Zeit rascher verstreichen zu lassen. Aber all der Glanz der reglosen Sterne, die auf mich herabblickten – ein ungeheures Beispiel von Geduld –, genügte nicht, das kleine Zifferblatt zu beleuchten. Da kam mir eine Idee: Ich konnte mit dem Rauchen zu einer mir unbekannten Stunde Schluß machen. Das war ein ganz neuartiger Vorsatz und nicht so leicht zu brechen. Es gab keine Berechnungen mehr, keine Fristen. Man ging von einem unbekannten Punkt aus, um an einen anderen, weit entfernten unbekannten Punkt zu gelangen.

Ich prüfte, von welcher Seite der Wind kam, und lehnte mich an diese Seite des Fasses. Ohne Zögern entflammte ich das Streichholz.

Da geschah etwas Ungeheuerliches. Cima schoß auf mich. Ich hörte die Schrotkugeln um meine Ohren pfeifen. Eine unsagbare Wut erfaßte mich. Es war damals die Zeit, in der sich meine Wut gegen alle entlud, die mich daran hindern wollten, meine letzte Zigarette zu rauchen. Man kann sich also vorstellen, was ich bei einer derartigen Einmischung empfand. Ich besann mich nicht lange. Statt auf die Beschimpfungen zu antworten, die Cima jetzt zu mir herüberrief, schrie ich: «Ich bringe dich um.» Ich legte auf ihn an und schoß.

«Idiot», brüllte Cima, «was machst du?»

«Was hast denn du gemacht?» antwortete ich.

«Ich kann ja schießen.»

«Wenn ich meinen Kopf nicht rechtzeitig gesenkt hätte, säße mir jetzt eine Kugel im Auge.»

«Mein Hut ist durchlöchert», und damit sprang er aus dem Faß, um ihn mir zu zeigen.

Es tat mir leid. Ich hätte sagen können, daß ich eben auf seinen Hut und nicht auf seinen Kopf gezielt hatte, er aber hätte es mir nicht geglaubt.

«Es tut mir leid», sagte ich, «aber du hast mich wütend gemacht.»

Er warf einen bedauernden Blick auf das ausgedehnte Sumpfgelände und wandte sich zum Gehen.

«Du kannst ruhig dableiben», sagte ich verdrossen und rauchte wutentbrannt. «Ich räume das Feld.»

«Wozu?» fragte er und zündete sich eine Zigarette an. «Inzwischen wissen alle Vögel weit und breit, daß es hier Gewehre gibt. Außerdem könntest du nicht allein aus dem Sumpf herausfinden. Siehst du denn nicht, daß du bis zu den Knien im Schlamm steckst?» Er kehrte mir den Rücken und marschierte los.

Auf diese Art wollte er mich zwingen, ihm zu folgen, und ich versuchte, ihm nicht zu gehorchen. Aber ich war tatsächlich in Gefahr, zu versinken. Ich sprang mit aller Kraft aus dem Sumpf und erreichte den Pfad, auf dem er dahinschritt. Es blieb mir nichts anderes übrig, ich mußte mich damit abfinden und mich ihm ein letztes Mal fügen. Da tat ich ein Gelöbnis: Wenn er in Zukunft in den Boschetto ging, dann würde ich nach Servola[6] gehen. Dort hat man festen Boden unter den Füßen.

Wir schritten ungefähr zehn Minuten dahin, als er plötzlich stehenblieb und in schallendes Gelächter ausbrach. «Du bist mir eine schöne Type!» Er lachte derart, daß es ihn fast umwarf. Er brachte nur ein paar abgerissene Worte hervor: «Ich schieße... du schießt... als ob es dasselbe wäre!» Er strich ein Zündholz an. «Und jetzt bist du auch noch auf mich böse.» Er hängte sich bei mir ein und streichelte meinen Arm. Schließlich mußte auch ich mit ihm lachen. Es wäre wirklich dumm gewesen, zu einer unbekannten Stunde mit dem Rauchen aufzuhören.

Ein Lachen ist wahrlich nie verloren. Zumal wir es jetzt voll und ganz, ja sogar noch gesteigert wiederentdeckten. In diesem mageren alten Männchen, dessen kleine Gestalt sich zwar noch aufrecht hielt, aber nicht mehr dank der ihr innewohnenden Kraft, sondern weil es dazu, schwach und leichtgewichtig wie sie war, gar keiner Anstrengung bedurfte, solange sie nicht jemand aus Versehen umstieß; in diesem Männchen also, dessen Schädel zwar noch teilweise, viel dichter als der meine, mit weißen Haaren bedeckt war, aber doch wieder nicht dicht genug, um die rote

Haut darunter zu verbergen, fand ich nun meinen alten Freund wieder – sanfter geworden und weniger gefährlich. Natürlich zollte ich ihm nicht mehr die Achtung, die er mir in meiner Jugend als Lehrer und Vorbild eingeflößt hatte, sondern er war für mich jetzt eher wie ein Lehrer, der nichts mehr zu lehren hat und der zufrieden sein kann, wenn man sich mit ihm auf gleichen Fuß stellt. So lachte man jetzt sowohl über meine Torheit, weil ich auf die Jagd hatte gehen wollen, als auch über die seine, weil er mich zu ihr verleitet hatte. Später dann lachte man nur noch über meine Torheit, denn Augusta begann von meinen lang andauernden Anstrengungen zu reden, mir das Rauchen abzugewöhnen. Man kam, was ein Lob für mich sein sollte, zu dem Schluß, daß ich von dieser Krankheit geheilt sei, da ich nie mehr darüber redete, wenngleich ich immer noch rauchte. Und ob ich geheilt war! Hatte ich doch meine Krankheit zwingen müssen, sich nicht zu äußern, außer in Selbstgesprächen, die sofort vergessen waren, in Vorsätzen, die weder niedergeschrieben noch ausgesprochen, weder im Kalender noch auf dem Zifferblatt irgendwie festgehalten wurden und die mich in einem recht angenehmen Zustand von Freiheit beließen. Zum Teufel! Wenn man so lange lebt, gesundet man von allen Krankheiten.

Während dieses Mittagessens nun hatte ich nichts getrunken und sogar auf das gute Fleisch verzichtet, das alle anderen aßen. Nichts, was es erhitzen konnte, war in mein armes Blut geraten. Es kochte vor Lachen. Ich lachte über mich, der ich ausgezogen war, wilde Tiere zu töten, und dabei so gut schoß, daß ich den armen Cima auch nicht mit einer Kugel getroffen hatte. Dann, um Cima einen Hieb zu versetzen, korrigierte ich mich: Ich war ausgezogen, um auf wilde Tiere zu schießen, und am Ende waren es die wilden Tiere, die auf mich schossen. Auch Cima fand etwas, was weiß ich nicht mehr, worüber alle lachten, außer mir, denn es war so dürftig, daß ich mich hätte kitzeln müssen, um lachen zu können. Aber keiner von uns nahm dem anderen etwas übel. Nur lachte man, wie es ganz natürlich ist, danach nicht mehr weiter, ich hingegen hatte den Wunsch, das Lachen fortzusetzen. Es ist eine gesunde Übung, das einzige gewaltsame Training, das sich die Alten erlauben dürfen.

Und um es fortzusetzen, begann ich von Alfios Bildern zu reden. Über sie hatte ich früher, wenn auch mit Bitterkeit, gelacht, dann, dank meiner Anstrengung, in das bemalte Papier all das hineinzulegen, was gar nicht da war, gelächelt, und schließlich hatte ich angefangen, dieses Papier zu lieben, auch wenn ich weiterhin darüber lachte. In jenen Tagen war viel von Erdbeben die Rede, und da erzählte ich, vor Lachen berstend, daß ich zu dem Bild hingelaufen sei, um nachzusehen, ob diese Häuser nicht etwa eingestürzt seien: «Nein, sie waren es nicht. Sie sahen zwar so aus, aber sie standen genauso da wie zuvor.»

Nicht einmal die Blässe, die das an sich schon fast weiße Gesicht Alfios noch weiter entfärbte, konnte mich zurückhalten. Mein Angriff war so unerwartet gekommen, daß er den über den Teller geneigten Kopf hob und seinen sanften Blick in mein Gesicht bohrte, um herauszubekommen, ob sich hinter meiner offensichtlichen Verspottung nicht irgendeine andere Absicht verberge. Ich begriff nichts. Ich fühlte mich unschuldig. Ich hatte Lust zu lachen, und dazu war mir jeder Anlaß recht.

Alfio aber brach los: «Hör mal, wenn du willst, gebe ich dir das Geld, das du mir gezahlt hast, zurück und nehme mir meine Arbeit wieder.»

Ich jedoch widersprach: «Und wer bezahlt mir die Arbeit, die ich in dieses Bild hineingesteckt habe?» Da Cima mit seinem langsamen Verstand nicht begriff, was ich damit sagen wollte, erklärte ich ihm, daß ich mit großer und fortgesetzter Mühe die Häuser meines Sohnes vervollständigt und bevölkert hätte und daß ich sie nun, nachdem sie in Ordnung gebracht worden seien, nicht mehr hergeben wolle. Von mir vollendet, gefalle mir das Bild jetzt. Und sobald ich wieder im vollen Besitze meiner Gesundheit wäre (schon seit einem Monat nahm ich zu diesem Zwecke ein Kräftigungsmittel), würde ich mich auch mit dem zweiten Bild befassen, das ich noch verborgen hielte, um mich nicht zu überanstrengen.

Nun versuchte Alfio, mich anzugreifen: «Weißt du, das, was dich so große Anstrengung kostet, gelingt anderen Leuten, die in der Kunst besser bewandert sind als du, ganz ohne Mühe: Sie sehen es sich einfach an, wie man die Natur ansieht.»

Ich ärgerte mich und bestritt, daß diese Anstrengung auf meine Unzulänglichkeit zurückzuführen sei. Ich ärgerte mich derart, daß ich alle guten Vorsätze vergaß und meinen Sohn einen Dummkopf nannte. Ich bereue es und schäme mich. Wie seltsam ist doch die Beziehung zwischen Vätern und Söhnen! Keiner Bemühung gelingt es, sie zu verbessern. Ich, der ich immer zugegeben hatte, daß ich nichts von Malerei verstehe, ärgerte mich jetzt, weil mein Sohn laut verkündete, ganz meiner Ansicht zu sein.

Die anderen verschlimmerten alles noch mehr. Valentino sagte mit der Bedächtigkeit eines tüchtigen Verwalters: «Eines ist gewiß, ein Künstler ist nicht auf dem richtigen Weg, wenn er nicht vielen gefällt.»

Alfio verachtete Valentinos Meinung derart, daß er überhaupt keine Antwort gab. Doch Antonia, der dieser zweite Einmischungsversuch ihres Gatten unangenehm war, nachdem sein erster bereits ein schlechtes Ende genommen hatte, zog Valentino am Ärmel, um ihn zu warnen. Valentino aber, der ja nicht sehr gewitzt war, zupfte die Jacke wieder zurecht und prüfte erstaunt, warum man an ihr gezogen hatte. Da sagte Alfio nach kurzem Zögern zu seiner Schwester: «Laß ihn doch reden. Du glaubst doch nicht, daß es mir etwas ausmacht?»

Das war eine neuerliche Beleidigung, der bald eine weitere, überaus schwere folgte. Orazio wollte nach dem Mittagessen das Bild sehen. Alfio erklärte, er werde dieser Musterung nicht beiwohnen, und ging in sein Zimmer. Dann aber konnte er es doch nicht aushalten, und gerade, als Orazio vor diesen Gebilden stand und sich den Bauch vor Lachen hielt, erschien Alfio in der Tür meines Arbeitszimmers. Er lehnte sich an den Türpfosten und sah aufmerksam zu. Ihm war nach allem anderen als nach Lachen zumute, aber er beherrschte sich so, daß er nicht zu leiden schien. «Reitende Häuser», sagte Orazio, und tatsächlich entdeckte er unter einem dieser Häuser etwas, das einer Pferdemähne ähnlich sah.

Ich aber fühlte, daß sich seit diesem Tage meine Beziehungen zu Alfio verschlimmert hatten. Ich tat alles, um sie zu bessern, nur eines konnte ich nicht: ihm sagen, daß seine Malerei mir gefiel. Er hatte mich einen Esel genannt, wenn auch nur auf dem Gebiet der Malerei. Ich konnte ihm doch nicht sagen: Ja, ich bin ein Esel, wenn auch nur auf dem Gebiet der Malerei. Ich machte ihm den Hof, ich gab ihm Geld, ich liebkoste ihn, ich küßte ihn unzählige Male auf die Wange, während er die Luft küßte. Es nützte alles nichts, denn ich wagte es nie wieder, mit ihm über Malerei zu sprechen. «Hast du gut gemalt?» fragte ich ihn eines Tages, als ich ihm begegnete, wie er mit seinem Farbkasten und seiner Mappe gerade nach Hause kam. «Ich tue, was ich kann», und damit lief er weg. Er hatte ausgesprochene Angst, ich könnte ihn bitten, er solle mir etwas von seinen Arbeiten zeigen.

Es fiel mir schwer, sein Benehmen zu ertragen. Alle meine Theorien, die ich aus meinen Beziehungen zu meinem Vater abgeleitet hatte, nützten da nichts mehr, denn ich hatte mich meinem Vater gegenüber ganz anders benommen. Trotzdem war ich weiterhin sanft, höflich. Wenn es bei Tisch zu einer Auseinandersetzung kam, ergriff ich stets Alfios Partei. Wenn er mich um Geld bat, gab ich es ihm, ohne mit der Wimper zu zucken. Ich sagte ihm nur gute Worte. Dabei hatte ich sicherlich einen seltsamen, nicht sehr zärtlichen Ausdruck. Während ich ihn streichelte, rief ich mir innerlich zu: «Wie gut ich doch bin, wie gut ich doch bin!» Das Gefühl, allzu gut zu sein, bringt einen leicht dazu, gleich weniger gut zu sein.

Ich glaube, daß es auch deshalb zu keinen besseren Beziehungen zwischen uns kam, weil ihm seine Beziehungen zu mir in Wirklichkeit ziemlich gleichgültig waren. Ich hatte ihn mehrmals gebeten, mir Gesellschaft zu leisten. Er lief davon, sobald er konnte.

Er entflammte in leidenschaftlicher Freundschaft bald für den einen, bald für den anderen seiner Kollegen. Eine Zeitlang galten seine ganzen Sympathien einem Maler, der wirklich prächtige Porträts malte. Da sagte ich voll Ärger zu ihm: «Aha! Man kann die Dinge also auch so malen, wie sie wirklich sind.» Er wurde blaß, wie nur er blaß werden kann, und antwortete: «Jeder hat seine eigene Persönlichkeit.» Ihm, das heißt uns, war diese verschrobene Persönlichkeit mit ihrem wirren Farbengekleckse beschieden. Es blieb nichts anderes übrig, als sie zu ertragen. Er rächte sich bei jeder Gelegenheit.

So mußte ich zu dem Schluß kommen, daß, wenn mein Sterben und mein Tod für Alfio eine schwere Strafe sein sollten, er diese Strafe tatsächlich verdient habe. Ich konnte mit aller Ruhe dem Tod entgegensehen. Der Tod war das Abenteuer, das alle erwartete, und ich mußte mich mit dem meinen abfinden. Ich hatte jetzt allen Grund anzunehmen, daß seine Folgen nicht allzu schwerwiegend sein würden: Augusta würde mich beweinen, ohne ihr seelisches Gleichgewicht zu verlieren, Antonia würde überhaupt nicht weinen, und ob Alfio sich so verhalten würde, wie ich mich einst verhalten hatte, oder ganz anders, konnte mir vollkommen gleichgültig sein.

II

Meine Tochter ist ehrbar, wie es ihre Mutter war, ja mehr noch, sie ist allzu ehrbar. Äußerlich sieht sie Ada ähnlich, sie hat Adas aufrechte, zierliche Gestalt, die Eleganz ihres Kopfes und ihres ganzen Körpers. Ich weiß, daß sie den Männern sehr gefällt, ich weiß es von Augusta, aber schon als junges Mädchen faßte sie einen festen Vorsatz zur Tugend, dem sie treu blieb mit jeder ihrer Handlungen, aber auch mit jedem ihrer Worte und sogar mit jedem ihrer Blicke. Eine derartige Tugend ist übertrieben. Es kann damit zusammenhängen, daß sie einen Teil ihrer Erziehung bei Klosterschwestern erhielt, ich glaube aber, daß sich unmittelbar in ihrem Organismus durch Vererbung Zellen befinden, die eine solche Übersteigerung hervorgebracht haben. Ich liebe es, mir vorzustellen, daß sie die große Tugend von ihrer Mutter und den Hang zur Übertreibung von mir geerbt hat. Ich sitze hier allein über diesen Papieren, die vielleicht niemand je sehen wird: So wird man über sie auch weder lachen noch denken können, ich sei anmaßend. Bei mir war die Tugend nie sehr groß, aber das Verlangen nach ihr war übertrieben. Ich glaube, ich habe, was das Vererbungsgesetz angeht, eine große Entdeckung gemacht, deren Richtigkeit man leicht erforschen und bestätigen können wird. Eine eindeutige Bestätigung bietet jedenfalls Antonia: Sie hat von ihrer Mutter eine bestimmte Eigenschaft geerbt, der Grad aber, in dem sich diese Eigenschaft äußert, ist das Erbe ihres Vaters. Ich bin im Grunde von einer übertriebenen Mäßigkeit. Es ist ein Unglück, daß Augustas gute Eigenschaften in Antonia ihre Dosierung durch mich erhalten haben.

Als sie noch ein junges Mädchen war, entwickelte sich ihr Leben bereits zu einer Reihe von Pflichten. Das Studieren zwar war, um die Wahrheit zu sagen, nicht ihre Stärke. Sie lernte keine Fremdsprache und kein wissenschaftliches

Fach. Aber sie war eine Heilige. Die Klosterschwestern liebten sie und machten ihr das Leben so bequem wie möglich. Es gab eine Zeit, da Antonia den Wunsch äußerte, sich selbst dem Klosterdasein zu weihen. Augusta und ich durchlebten schlimme Stunden, denn wir hatten den Verdacht, daß dies auch der Wunsch der Schwestern sei, gegen die man nicht würde aufkommen können. Spricht man doch immer von dem großen Interesse, das die Orden hätten, sich Nachwuchs heranzuziehen. Die guten Klosterschwestern jedoch wollten nichts davon wissen und unterstützten uns wirksam darin, Antonia von einem solchen Schritt abzubringen. Nun, da ich dies schreibe, fällt mir ein, daß sie möglicherweise Antonia durchschaut und geahnt hatten, daß sie im Kloster zum gleichen Plagegeist werden könnte, der sie gerade jetzt bei uns zu Hause ist.

Im Grunde war sie als junges Mädchen unsere Freude, und diese Freude wurde noch durch die Bewunderung für ihre so große Reinheit gesteigert. Was mich betrifft, so entlockte es mir überdies ein Lächeln der Überraschung, als ich sah, welch seltsames Produkt aus meinem Blut hervorgegangen war.

Antonia lehnte mit aller Entschiedenheit die freien Sitten ab, die in der Nachkriegszeit unseren jungen Damen gestattet wurden. Sie wollte nicht nur keine Bälle besuchen, sondern auch nicht allein aus dem Hause gehen. Stets mußte entweder ihre Mutter oder ein Dienstmädchen sie begleiten, und die Aufteilung dieser nicht geringen Überwachungstätigkeit, zu der sie uns verurteilte, schuf im Hause ein richtiges Problem. Zuweilen mußte auch ich spät noch ausgehen, um sie irgendwohin zu begleiten oder von irgendwo abzuholen. Kurz, sie war wie ein kleiner Warenballen, der einen Spediteur braucht, um in Bewegung zu kommen.

Und sie verstand es, ihre freiwillig erwählte Sklaverei genauso zu verteidigen wie Alfio seine Malerei. Wenn sie von anderen Mädchen sprach, wurde sie so boshaft wie eine illusionsloses altes Weib, und wenn man sie so reden hörte, konnte man ihr frisches Gesichtchen und ihre vor Jugend strahlenden Augen vergessen.

Dieser Wunsch aber, sich wie in einem versiegelten Schrein eingeschlossen zu fühlen, bewies, daß sie sich als etwas Kostbares erachtete, als ein Juwel. Tatsächlich widmete sie der Verschönerung ihrer Person die größte Sorgfalt, und ihre Kleider bedeuteten eine nicht geringe Ausgabe in unserem Familienbudget. Ich habe sogar den Verdacht, daß mir Augusta einen Teil dieser Ausgaben verheimlichte, was nicht schwierig für sie war, denn ich kümmere mich um Geldsachen nur, wenn ich sehr schlecht aufgelegt bin und mich austoben muß. Allerdings war auch Augusta nicht viel anders als ich, ihre Stimmungen wechselten mit dem Wind. Wenn sie glaubte, bei der Erziehung Antonias meiner Unterstützung zu bedürfen, dann war sie als erste imstande, sich über die vielen Ausgaben zu beklagen. Sprach ich aber als erster davon, dann wurde mir mit aller Bestimmtheit die Beteuerung entgegengehalten, daß Antonia überaus bescheiden sei und nicht mehr ausgebe als andere Mädchen ihres Standes. Ich war dann sowohl über Antonia als auch über Augusta verstimmt, denn ich erblickte darin die Absicht, mich immer ins Unrecht zu setzen. Seit ich so alt bin, ist es für mich schon hart genug, durch eigene Schuld oder eigenes Versehen im Unrecht zu sein, aber es macht mich rasend, wenn es ohne meine Schuld, durch die Machenschaften anderer, die ich als feindselig empfinde, geschieht.

Doch all diese Dinge sind längst vergessen, und ich erwähne sie nur, um das, was zur Zeit geschieht, besser zu verstehen.

Mit fünfzehn Jahren hatte Antonia nur eine einzige Freundin, ein ziemlich häßliches Mädchen, untersetzt und schlecht gebaut. Schön an ihr waren lediglich die schwarzen Augen; sie hatten einen seltsamen Glanz und schienen diesem Organismus nur zu dem Zweck beigegeben, die Schönheit der anderen zu betrachten, zu bewundern und zu beneiden. Dieses Mädchen, eine gewisse Marta Crassi, mußte auf jeden Fall Antonias Schwägerin werden. Ich sage: auf jeden Fall, weil Antonia sich in eine so merkwürdige gesellschaftliche Position manövrierte, daß ihr gar keine andere Möglichkeit blieb, als den einen oder den anderen der beiden Brüder Martas zu heiraten: Es war dies eine Verliebtheit in eine ganze Sippe, welche, um die Wahrheit zu gestehen, in unserer Familie ja nicht neu war. Nicht viel, aber immerhin ein schwacher Zug meiner eigenen Wesensart lebt da in meiner Familie weiter.

Ich glaubte allerdings, daß auch ein bedeutsamerer Zug noch weiterlebe, und als ich aus Florenz die Nachricht erhielt, daß Eugenio, einer von Martas Brüdern, jedesmal wenn er auf Urlaub war, Antonia aufsuchte und ihr eine stets wachsende Zuneigung entgegenbrachte, dachte ich schon, daß der arme Junge einem bösen Abenteuer entgegengehe. Man wird gleich sehen, wie wenig ich mein eigenes Blut kannte.

Diesen armen Eugenio hatte auch ich liebgewonnen. Großmütig, nie auf den eigenen Vorteil bedacht und entflammt für die Ideale der Menschheit und des Vaterlandes, war er nach Ausbruch des Krieges aus Triest geflüchtet und zur italienischen Armee gegangen. Solange er in Triest war, hatte niemand seine Sympathien für Antonia bemerkt. Ich denke, daß er erst später, als er vom Leben im Schützengraben Urlaub nehmen konnte und seine Schwester besuchte, bei der er Antonia antraf, sich so ohne weiteres in diese verliebte, denn zweifellos war Antonias kleiner Salon dem Schützengraben vorzuziehen. Ich weiß nicht, ob die beiden jungen Leute miteinander über Liebe sprachen. Augusta, die ihre Tochter kennt, schließt es aus. Sie meint, Antonia hätte, ehe sie ein Gespräch über Liebe zuließ, verlangt, daß man von Heirat rede. Und das halte ich auch für höchst wahrscheinlich.

Liebe aber war sicherlich im Spiele gewesen. Ich weiß dies deshalb, weil Antonia nach dem Tode Eugenios sofort bereit war, sich mit seinem Bruder Valentino zu verloben, der weit weniger liebenswert war. Dieser rasche Entschluß war eine offenkundige Liebeserklärung an den Verstorbenen. Arme Antonia! Mit was für einem Ersatz mußte sie sich zufriedengeben!

Eugenio war nach Italien geeilt, um sich selbstvergessen dem Vaterland zur Verfügung zu stellen. Er hatte seine erst kurz zuvor von seinem Vater geerbten österreichischen Wertpapiere bei einer Bank deponiert und nicht weiter an sie gedacht. So hatte er, als die feindlichen Linien auch durch seine Mitwirkung nachgaben, auch sein eigenes Vermögen vernichtet, ohne es zu merken. Ein herrliches Beispiel von Heldentum und Zerstreutheit. Aber wenige Tage vor dem Waffenstillstand stolperte er über eine Bombe, die ihn auf entsetzliche Weise zerriß und tötete.

Der arme Valentino (er ist sehr arm, denn heute ist auch er tot) hatte sich gleichfalls als Freiwilliger gemeldet, es scheint jedoch, daß ihm der Schützengraben nicht gefiel, und so fand er Mittel und Wege, den Rückzug bis nach Mailand anzutreten, wo er einen guten Posten bei einer Versicherungsgesellschaft bekam. Ich will, weiß Gott, nicht schlecht von ihm reden, eines aber ist sicher, daß er nicht der richtige Mann für meine arme Tochter war. Er war dick und von nicht besonders gesundem Aussehen, und als ich ihn nach dem Kriege, das heißt vor seiner Heirat, sah, faßte ich Augusta gegenüber meinen Eindruck folgendermaßen zusammen: «Soll das wirklich der Mann für unsere schöne Antonietta sein?»

Augusta machte eine resignierte Geste, um auszudrücken, daß nicht sie ihn ausgesucht habe. Dann aber, von dem Wunsch erfüllt, in Ruhe und mit allen in Eintracht zu leben, fügte sie hinzu: «Er hat aber versprochen, eine Abmagerungskur zu machen. Wenn man ihn genau ansieht, ist er gar nicht so häßlich.»

Ich tat mein Bestes, um mich an ihn zu gewöhnen. Er war in seinen Urteilen von professoraler Sicherheit. Selbst die aufregendste Nachricht wurde, wenn sie aus seinem Munde kam, langweilig; ich weiß nicht, ob das an dem näselnden Ton seiner Stimme lag oder an der bedeutenden Miene, die er aufsetzte, sobald er etwas erzählte. Und er wußte alles ganz genau! Und wie! Er kannte jede Sache von allen Seiten, in ihren sämtlichen Einzelheiten. So erteilte er bei jeder Mitteilung eine Lektion. Schließlich aber gewöhnte ich mich daran, seiner Stimme, der ich mich anfangs zu entziehen suchte, aufmerksam zuzuhören. Um sie nicht allzu lange ertragen zu müssen, war es angezeigt, ihr sogleich bereitwillig zu lauschen, sie zu studieren, ihr in jeder Klangfarbe zu folgen. Denn er ließ nicht locker, bevor ich nicht alles begriffen hatte.

Aber ich möchte wirklich nicht allzu schlecht von ihm reden. Erstens ist er der Vater meines Umbertino, und außerdem hinterließ er Antonia ein schönes Vermögen.

Ich wollte nur sagen, daß ich nicht recht verstehen konnte, warum sich Antonia in ihn verliebte. Und später verstand ich nicht, warum Antonia weiterhin so an ihm hing und keine Anstalten machte, ihn zu betrügen, obwohl die Abmagerungskur, der er sich unterzog, keinen Erfolg hatte. Kurz, die Evolution des Fleisches ist ein großes Mysterium. Wenn man mir sagt, daß die Geschichte der Menschheit sich wiederholt, so fällt es mir leicht, das zu glauben: Sie wiederholt sich, man weiß nur nicht, wo. Darin liegt das Überraschende. In meinem Hause könnte heute ein zweiter Napoleon geboren werden, ich würde mich darüber absolut nicht wundern. Und alle anderen würden erklären, daß die Geschichte sich wiederhole, obwohl keinerlei Voraussetzungen hierfür gegeben waren.

Plötzlich, vor einem Jahr, begann Valentinos dicker Körper runzelig zu werden, ohne abzumagern. Sein Gesicht wurde noch fahler, und er fing an, ständig wie ein Fisch außer Wasser zu atmen, in gewissen Augenblicken so heftig, daß es fast wie ein Schreien klang. Doktor Raulli war sich sogleich der Schwere des Falles bewußt und stieß einen Alarmruf aus. Antonia hockte sich ans Bett ihres Mannes und rührte sich von dort nicht fort, bis zu seinem Tod.

Mein Neffe Carlo erklärte uns, was das für eine Krankheit war: vorzeitige Vergreisung. «Plötzlich, in wenigen Wochen, ist sein Organismus in den Zustand geraten, in dem sich jetzt der deine, lieber Onkel, befindet. Das aber, was du, lieber Onkel, mit deinen geschlagenen siebzig Jahren ertragen kannst, konnte er mit seinen vierzig nicht aushalten. Du, lieber Onkel, benötigst weniger Luft, dir genügt eine schwächere Blutzirkulation, alles in dir, lieber Onkel, ist weniger lebendig. Daher kannst du leben ... immer noch.»

All dies schien mir nicht sehr logisch. Aber ich sagte keinen Ton, ich zog mich vielmehr in mich selbst zurück, in meinen alten Organismus, um ihn vor soviel Beschwörungen zu schützen und um zu leben ... immer noch. Was wissen denn die vom Leben? Mein Denken ist heute weit lebendiger, als es das des armen Valentino je war. Mir passiert es nicht, daß ich mich in nichtssagende Dinge verstricke, sie analysiere, obwohl sie es nicht wert sind, und erst dann von ihnen ablasse, wenn alle rings um mich bereits halbtot vor Langeweile sind. Das sollte doch beweisen, daß ich meinen Atem weit besser zu nützen verstehe, als Valentino es je vermocht hat. Man wirft mir heute meine Zerstreutheit vor, meine Unfähigkeit, mich an Namen und Personen zu erinnern. Diese Mängel aber hatte ich, mehr oder weniger ausgeprägt, schon immer, und wenn es Alterserscheinungen sein sollten, dann ist damit erwiesen, daß ich, kaum geboren, schon das Alter zu ertragen verstand, während Valentino von ihm mit vierzig Jahren umgebracht wurde.

Als Valentino gestorben war, standen wir den Schmerzensausbrüchen Antonias fassungslos gegenüber. Zuerst bewunderten wir sie alle. Sie rührte uns zu Tränen, und ich muß sagen, sie brachte es zuwege, daß ich den armen Valentino so lange beweinte wie noch nie einen Toten. Sogar Carlo und Alfio, die beiden Jungen, die sich am meisten über die Schwerfälligkeit und Langsamkeit des Verstorbenen lustig gemacht hatten, vergaßen ihre Abneigung und liebten ihn nun im Schmerze Antoniettas. Wer dachte noch daran, wessen Witwe sie war? Das Schicksal hatte sie furchtbar geschlagen. Jeder war bereit, ihr beizustehen und sie zu bemitleiden.

Nach einer Woche aber lehnte sich Carlo als erster auf, als er sah, daß Antoniettas Schmerz, statt nachzulassen, immer größere Ausmaße in Handlungen und in Worten annahm. Alle mußten wir Trauer anlegen, nicht nur Antonietta und Umbertino, an dem sich das Schwarz sehr lustig ausnahm, wenn er herumtollte, sondern auch ich, Augusta und Alfio, sogar mein Auto. Antonietta fand jeden Tag neue Gründe, um noch heftiger zu weinen und uns zu zwingen, unseren bereits ausgetrockneten Tränendrüsen neues Naß abzupressen. Carlo war in der ersten Woche sehr gut zu ihr gewesen, sehr sanft, so daß er Antonietta jetzt fehlte, und als sie ihn nicht mehr bei sich sah, grollte sie ihm, ein Groll, den anfangs auch Alfio teilte. Bald danach aber war auch Alfio nicht mehr imstande, bei soviel Schmerz mitzutun, und so blieben wir, ich, Augusta und Antonietta, allein, um den armen Valentino zu beweinen. Um die Abwesenheit der beiden anderen wettzumachen, erhob Antonietta ein noch größeres Geschrei. Sie ersann immer neue Ausdrücke, um das schwere, unerhörte Unglück, das sie betroffen hatte, besonders wirksam zu beschreiben, doch mit einem dieser Ausdrücke verletzte sie mich tief. Jeden Tag, sobald sie mich sah, rief sie aus: «Das Schicksal hat ihn, ehe es ihn tötete, auch noch entehrt, indem es ihn zum alten Mann machte.» Da zog auch ich mich beleidigt zurück. Das Alter eine Entehrung! Es mußte erst der Weltkrieg kommen, um eine solche Auffassung möglich zu machen. Ich war genötigt, Augusta den Grund meines Fernbleibens zu erklären, und sie gab meine Erklärung an Antonietta weiter, die das – statt zu warten, daß ich wieder zu ihr käme, um mit ihr zu weinen – zum Vorwand nahm, mich aufzusuchen und wieder mit ihrer Trauer zuzudecken. Es war wie in der Tragödie und für sie sicherlich eine nützliche Erleichterung, ich aber blieb wie ein zerknüllter Fetzen zurück und wußte nicht mehr, wo ich den Kopf und wo ich die Füße hatte. Ganz in Schwarz gekleidet und von Schleiern umhüllt, umklammerte sie meine Knie und erklärte mir weinend und schreiend, daß das Alter, in dem ich gedieh, Valentino sofort getötet habe. Aus diesem Grunde könne man doch eindeutig sagen, daß das Alter für mich nicht entehrend sei, für Valentino aber sei es eine Schande gewesen.

Ich war von neuem gerührt, als wäre Valentino in eben diesem Augenblick gestorben. Ich half ihr auf, umarmte sie und blieb ein paar Tage bei ihr, in dem Wunsche, diesem armen Kind zu helfen, das so unschuldig und unglücklich war. Ich fühlte geradezu, wie die Väterlichkeit in mir wieder erwachte, und um die Selbstvorwürfe zu beschwichtigen, weil ich mein Kind gekränkt hatte, durchforschte ich angespannt mein Inneres nach Schmerz und Mitleid. Nie hatte ich den armen Valentino so geliebt wie in diesen Tagen, ihn, dem das Unglück zugestoßen war, erst als Halbtoter leben zu müssen und nun ganz und gar tot zu sein, und zwar so vorzeitig tot, daß er nachträglich erst eine so große Zuneigung zu wecken vermochte.

Die Szene, die ich nie wieder vergaß, ereignete sich eines

späten Abends nach dem Abendbrot. Es war in den ersten Septembertagen. Es war aber noch sehr heiß, und Augusta, Antonia und ich saßen in der Laube vor unserer Villa, von wo aus man früher einmal die Stadt und den Hafen sehen konnte, jetzt aber nur mehr einen fernen Schimmer des Meeres sieht, das ansonsten von den düsteren, großen Kasernen verdeckt wird. Nachdem sie ihre originelle Theorie über das ehrenvolle und das entehrende Alter von sich gegeben hatte, fuhr Antonia fort zu schluchzen, während ihr Kopf an meiner Schulter ruhte. Ihr Weinen war eine weit bessere Waffe als ihre Worte. Auch Augusta weinte, ich wußte aber, daß sie uns sehr fern war. Sie weinte nicht, wie wir zwei, über Valentino. Kurz zuvor hatte ich ihr nochmals auseinandergesetzt, wie sehr Antonia uns alle beide beleidige und mir meine letzten Lebensjahre verderbe. Sie konnte jetzt nicht gleich bemerken, daß ich mich Antonia wieder genähert hatte, und ich fand auch nicht die Gelegenheit, ihr dies zu verstehen zu geben. Sie weinte ausschließlich über den Zwist an sich. So hatte sie früher auch nicht wegen Alfios Malerei geweint, sondern nur über den Zwist, der dadurch zwischen mir und ihm ausgebrochen war. Sie haßte jeglichen Zwist, den Zwist, der zwischen menschlichen Wesen und besonders zwischen Vätern und Söhnen unvermeidlich ist und den sie aus der großen Gemeinschaft ihrer Hunde, Katzen und Vögel, all der Tiere, denen sie den besten Teil ihres Lebens widmete, auszuschalten verstanden hatte.

Ein Betrunkener ging allein vor sich hin singend den Weg entlang, der an meiner Villa vorbei ins Gebirge führt. Ich kannte diesen Betrunkenen. Ich hatte ihn schon viele Male belauscht. Der Wein weckte seinen musikalischen Instinkt, und er gab sich ihm ganz hin, während er ohne Arg und ohne Eile seines Weges ging. Nur zwei alte Lieder waren es, die er jedesmal sang, ein überaus beschränktes Repertoire; zwar brachte er einige Varianten an, aber sie waren so geringfügig, daß man seine Inspiration nicht eben als überwältigend bezeichnen konnte. Auch seine Stimme war nicht eben überwältigend, sondern sanft, schwach und sehr müde. Wie gut dieser Mensch doch war, zufrieden dank dem Wein, den er durch seine Kehle gegossen hatte. Und wie bescheiden! Soviel zu singen, ohne ein Publikum.

Und während Antonietta weinte, dachte ich an diesen Betrunkenen, der das Problem des Lebens so leicht gelöst hatte. Des Tages Arbeit und des Abends – nicht des Nachts – Musik! Die leisen Töne entfernten sich und verklangen.

«Der Ärmste!» schluchzte Antonietta.

«Wer?» fragte ich und fürchtete schon, sie spreche immer noch von Valentino.

«Dieser Ärmste, der so traurig auf dem Weg dort singt», murmelte sie. «Er muß jemanden verloren haben und tröstet sich nun beim Wein.»

Mir schien es übertrieben anzunehmen, daß alle, die sich betrinken, es nur deshalb tun, weil sie jemanden verloren haben, obwohl es nicht unmöglich ist, daß sich auch dies an Hand von Statistiken nachweisen ließe. Ich war ihr aber sehr dankbar, daß sie von dem armen, einsamen Sänger und nicht von dem verstorbenen Valentino gesprochen hatte. Ich schmiegte mich ebenfalls zärtlich an sie und schlug ihr in einer Anwandlung von Großmut vor, aus ihrem einsam gewordenen Haus auszuziehen und mit Umbertino zu uns zu übersiedeln. Antonia lehnte zunächst mit solcher Heftigkeit ab, daß ich es nicht wagte, darauf zu bestehen. Doch da hatte Augusta den Kopf erhoben, und aus ihrem Gesicht war jede Spur von Niedergeschlagenheit verschwunden: Sie sah, daß sich Eintracht ankündigte, das war für sie der Hauptzweck des Lebens. Sie litt darunter, daß sich alle von Antonietta zurückzogen, deren Wunsch es doch war, daß alle gemeinsam um den Tisch herumsitzen und in alle Ewigkeit mit ihr weinen sollten.

Einige Monate später begann freilich auch Augusta aufzubegehren, aber nicht, weil es ihr an Tränen fehlte, um sie mit denen ihrer Tochter zu vereinen, sondern weil diese nichts von den vielen Tieren wissen wollte, mit denen Augusta sich abgibt, und verlangte, daß man sie aus dem Haus entferne. Sie haßte diese Tiere, weil sie, unter anderem, die Totentrauer nicht kennen. Mit welcher Neugier beschnuppert doch ein Hund das Aas eines Gefährten. Einen Augenblick scheint er erstaunt, dann aber springt er fort, froh darüber, daß ihm etwas Derartiges nicht zugestoßen ist.

Jener Abend hatte kein anderes Ergebnis, als daß Antonia weinte und protestierte: Nie würde sie das Haus verlassen, in dem er gestorben war. Und dann, wo hätte sie in unserer Villa die Möbel unterbringen sollen, die er mit soviel Liebe angeschafft hatte und von denen sie sich niemals trennen würde?

Augusta jedoch gab sich nicht geschlagen. Zunächst überzeugte sie mich davon, daß wir das Erdgeschoß, in dem wir früher unsere Empfänge gegeben hatten, nicht mehr brauchten und es nach entsprechender Renovierung Antonia schenken konnten. Ich hatte nichts dagegen, zumal ich ja schon durch mein Angebot gebunden war, das ich in meiner Rührung über den zu Herzen gehenden Gesang jenes lieben Betrunkenen gemacht hatte. Augusta nahm Messungen vor, um zu sehen, ob all die schweren, wuchtigen Möbel Valentinos in der neuen Wohnung untergebracht werden könnten. Sie gingen hinein, nur für die Menschen blieb keine sehr große Bewegungsfreiheit.

Antonia wies mit unerhörter Hartnäckigkeit jeden Vorschlag zurück, und jedes Angebot war für sie ein neuer Anlaß, in Tränen und Schreie auszubrechen, die das Haus erfüllten.

Dann aber, genau am 19. eines bestimmten Monats, drei oder vier Monate nach Valentinos Tod, änderte sie ihre Meinung. Am Morgen verständigte sie uns, daß sie mit uns auf den Friedhof fahren wolle. Wir holten sie mit dem Auto ab. Sie war erstaunt, daß Alfio nicht mit uns gekommen war. Ich sagte ihr, er fühle sich nicht sehr wohl. Augusta fügte hinzu, daß Alfio, abgesehen von seiner Unpäßlichkeit, auch deshalb zu Hause bleiben müsse, weil er einen Freund erwarte. Dieser doppelte Grund, nicht mitzukommen, erfüllte Antonia mit einer solchen Erbitterung, daß sie an diesem Tage sogar ihre Schmerzensbekundungen mäßigte. Sie machte sich an dem frischen Grabe zu schaffen und streute Blumen darüber. Wir warteten auf Carlo, der versprochen hatte zu kommen, falls er sich vom Krankenhaus frei machen könne, aber wir warteten vergebens. Als alle Hoffnung, ihn zu sehen, geschwunden war, gab Antonia ihre Beschäftigung mit den Blumen auf und überließ sich in unseren Armen ganz ihrem Schmerz.

Es war ein etwas nebeliger Herbsttag, einer jener Tage, die zur Mittagsstunde sehr hell sind, jedoch von einer ausgesprochen kalkartigen Farbe, weil das Licht nicht offen hervortritt. An solchen Tagen, so scheint es mir, sieht man alles besser, die Zypressen, die Gräber mit ihren Inschriften und Bildern, die Einfassungsmauer, die dunkle Kapelle. Ich war von dieser Entdeckung betroffen, und ehe ich hier zu schreiben begann, sprach ich darüber mit Alfio, der an eben diesem Tag gemalt hatte. «Durchweg indirektes Licht», sagte er kurz, «wie herrlich!» Mir aber bleibt unvergeßlich, wie mein Kind bebend in den Armen meiner Frau lag, während ich selbst mich, aus Gründen der Bequemlichkeit, bald etwas abseits von ihnen gestellt hatte. Unter ihren Trauerschleiern leuchtete ihr schönes Gesichtchen trotz seiner Blässe noch immer frisch vor Kraft und Jugend. Sie weinte heftig, und wir mußten sie stützen, aber ohne Zweifel ging es ihr besser als uns. Vom Eingang her nahte jemand, den ich für Carlo hielt. Er hatte ganz seine aufrechte und dabei doch nachlässige Art zu gehen, seinen langsamen Schritt, die in die Luft gestreckte Nase, die glänzenden Brillengläser. «Carlo», rief ich. Einen Augenblick hörte Antonia auf zu weinen und sah ebenfalls hin. «Nein, es ist nicht Carlo», sagte sie. Tatsächlich ging der junge Mann an uns vorüber und betrachtete uns mit Neugier.

Antonia beruhigte sich, und bald danach verließen wir den Friedhof. Im Wagen schwieg sie lange, ihre geröteten Augen auf die Straße gerichtet, die sie sicherlich nicht sah. Da wandte sie sich unvermittelt an Augusta und fragte, wo in unserem Hause, wenn sie zu uns zöge, das Schlafzimmer für die Dienstboten eingerichtet werden könnte. Augusta sagte es ihr. Wiederum wandte Antonia ein paar Sekunden lang ihre schönen Augen der fliehenden Straße zu, und als sie sich uns wieder zukehrte, murmelte sie: «Ich will's versuchen. Sollte ich es nicht ertragen oder sollte ich merken, daß ich euch störe, kann ich ja in mein Haus zurückkehren.»

So kam es, daß sie sich entschloß, bei uns zu wohnen. Und wenn ich an sie in dem kalkigen Licht zurückdenke, an ihr kleines Gesicht, aus dem die Kindheit noch nicht ganz gewichen war, an ihr Grübchen im Kinn, dann denke ich: Meine liebe, schöne, kleine Megäre, die immerzu weinen will, aber nicht allein.

So kam es aber auch, daß Umbertino sich mir anschloß und immer wichtiger wurde in meinem Leben.

Umbertino

Ich bin ein Mensch, der ausgesprochen zur Unzeit geboren wurde. In meiner Jugend ehrte man nur die Alten, und die Alten von damals, das kann man sagen, ließen es nicht einmal zu, daß die Jungen über sich selber redeten. Sie geboten ihnen sogar dann zu schweigen, wenn man über Dinge sprach, die eigentlich ihre Angelegenheit gewesen wären, über die Liebe zum Beispiel. Eines Tages, so erinnere ich mich, unterhielten sich einige Altersgenossen meines Vaters in seiner Gegenwart über eine große Leidenschaft, die einen reichen Triestiner erfaßt hatte und durch die er sich zugrunde richtete. Es waren alles Leute um die Fünfzig und darüber, die mich meinem Vater zuliebe in ihrer Gesellschaft duldeten und mich mit dem Kosenamen «junges Füllen» bezeichneten.

Ich brachte den Alten natürlich den Respekt entgegen, den die damalige Zeit forderte, und brannte darauf, sogar die Liebe von ihnen zu lernen. Etwas aber war mir an der Geschichte nicht klar, und um die gewünschte Aufklärung zu erhalten, warf ich folgende Worte ins Gespräch: «Ich hätte in einem solchen Falle...» Mein Vater fuhr mir sofort über den Mund: «Sieh einmal an! Jetzt wollen sich auch schon die Flöhe kratzen.»

Nun, da ich alt bin, respektiert man nur die Jungen, so daß ich mein Leben verbracht habe, ohne jemals respektiert worden zu sein. Das dürfte auch der Grund sein, warum ich sowohl gegen die Jugend, die man jetzt respektiert, als auch gegen die Alten, die man damals respektierte, eine gewisse Antipathie empfinde. So stehe ich denn isoliert in dieser Welt, da mir sogar mein Alter immer als Minderwertigkeit angelastet wurde.

Und ich glaube tatsächlich, daß ich Umbertino deshalb so liebe, weil er außerhalb dieser Altersgruppen steht. Er zählt jetzt siebeneinhalb Jahre und hat noch keines unserer Laster. Er liebt nicht und haßt nicht. Der Tod seines Vaters war für ihn eher eine merkwürdige Erfahrung als ein Schmerz. Am Abend des Tages, an dem sein Vater gestorben war, hörte ich, wie er das Kindermädchen voll Überraschung und Neugier fragte: «Einem toten Menschen kann man also sogar einen Fußtritt geben, ohne daß er böse wird?» Er hatte gewiß keinerlei Absicht, sich an seinem Vater durch Fußtritte für die vielen Lektionen zu rächen, die er von ihm empfangen hatte. Er informierte sich einfach. Das ganze Leben war für ihn nichts als ein streng von ihm getrenntes Panorama, das ihm, solange es nicht direkt auf ihn einstürzte, weder Böses noch Gutes bescheren konnte, sondern lediglich Informationen.

Zweifellos begann ich ihn schon zu lieben, als ich mich noch darauf beschränkte, ihn von Zeit zu Zeit zu betrachten. Ich ging täglich einmal zu meiner Tochter und zu meinem Schwiegersohn und konnte sehen, wie unser kleiner, schöner und blonder Held heranwuchs. Er hatte zwei sympathische negative Eigenschaften: er weigerte sich, in Gegenwart anderer gewisse Verslein aufzusagen, die er hatte auswendig lernen müssen, und er wollte sich von fremden Leuten nicht küssen lassen. Ich küßte ihn nicht, und mir lag auch nichts daran, seine Gedichte zu hören. Ich brachte ihm täglich die gleiche kleine Schachtel Süßigkeiten mit. Noch hatte ich ihn nicht genug liebgewonnen, um daran zu denken, ihn durch neue Geschenke zu überraschen, sondern trat, sooft ich zu ihm ging, automatisch für einen Augenblick immer in denselben nahe gelegenen Laden. Ich bemerkte aber, daß er recht sehnsüchtig auf mein Geschenk wartete. Eines Tages überraschte er Antonia damit, daß er ihr vorführte, wie man diese kleinen Schachteln zu einem Haus zusammenfügen konnte, zum Haus des Großvaters, der darin Platz finden würde, wenn man ihm einen Teil seines Körpers abschnitt, eigentlich den ganzen Körper, bis auf den Kopf. Und der kleine Mann betrachtete meinen Kopf und dann das Haus, um die Proportionen abzuschätzen. Antonia wandte ein: «Möchtest du wirklich, daß Großpapa tot wäre? Mit dem Kopf könnte er doch gar nicht atmen.»

Der Kleine musterte mich: «Siehst du denn nicht, daß er nur mit dem Kopf atmet?»

Die große Phantasie dieses kleinen Menschen steckte mich an. Ich litt in der folgenden Nacht unter Atemnot, und diese Atemnot ließ in einem entsetzlichen Traum Umbertinos Vorstellung neu erstehen. Man hatte mir den ganzen Körper weggenommen, und von mir blieb nur der Kopf übrig, der auf einem Tisch lag. Ich redete sogar und ertrug alles, als ob ich Umbertinos Willen ausführen wollte. Aber mein Atem war zwangsläufig kurz, ich hatte einen quälenden Hunger nach Luft und dachte: Wie lange werde ich so atmen müssen, bis mir der Körper nachwächst?

Ich litt so sehr, daß ich den Alptraum einen ganzen Tag lang nicht loswurde; so sehr, daß ich dachte: Ein Leben, in dem man etwas derart Ungeheuerliches ersinnen kann, sollte man gar nicht leben.

Und doch war es von diesem kleinen blonden Kopf ersonnen worden.

Ich könnte keinen einzigen von Umbertinos Lauten wiedergeben, um eine Vorstellung von ihrer Eigenart und Anmut zu vermitteln. Man versteht sie, aber sie bleiben einem nicht in Erinnerung. Man erinnert sich nur an das eigene Lächeln. Immerhin habe ich eine Entdeckung gemacht: Das Gesicht Umbertinos wird ungemein ausdrucksvoll, sobald ihm die Worte fehlen. Er reißt zuerst seine tiefblauen, großen Augen weit auf, um besser sehen zu können, dann schließt er sie, um sich innerlich ganz zu sammeln, und schließlich blickt er schräg zur Seite – wodurch sein kleines rosiges Gesicht einen hinterlistigen Ausdruck annimmt –, um das fehlende Wort in irgendeinem Winkel aufzustöbern, oder nach oben, um es am Himmel zu suchen. Jawohl! Der Mangel an Worten ruft die ausdrucksvollste Geste hervor. Ich liebe alles, was ich selber entdecke. Und ich entdeckte nach und nach einen Umbertino, den nicht alle sehen; deshalb liebe ich ihn so sehr. In meiner Umgebung – ich bemerke es, denn mir entgeht nichts – murrt man, daß ich immer schlechter sehen, hören und verstehen würde. Mag sein, aber das, was ich sehe und höre, führt mich stets zu interessanten Entdeckungen.

Seitdem Umbertino bei mir wohnt, ist er mir schon manchmal lästig geworden. In dem großen Hause hat er keinen angenehmeren Aufenthaltsort finden können als mein Arbeitszimmer, und überall stoße ich auf ihn. Endlich haben meine Bücher Verwendung gefunden: Sie dienen ihm dazu, Pyramiden zu bauen. Eine ungeheure Unordnung. Immerfort muß das Grammophon in Betrieb sein, aber im Gegensatz zu anderen Freunden des Grammophons findet er jede Platte zu lang. Wenn es ihm gelingt, mit seinen kleinen Händen hinzukommen, hält er sie an und würde sie am liebsten zerbrechen. Als ich ihn das erste Mal daran hinderte, fragte er mich in aller Unschuld: «Großpapa, warum gehst du denn nicht anderswohin?» So sehr empfindet er jede Einschränkung seiner Freiheit als ungerecht, daß er meine Anwesenheit für rein zufällig, ja unrechtmäßig hält. Dieses Kind ist geradezu ein verkörperter Protest gegen seinen eigenen Vater. Ich glaube ehrlich, daß auch der Vererbungsprozeß zuweilen nichts anderes ist als eine Äußerung von Ungeduld, mit der die alte Rasse beiseite geschoben und eine ganz neue erfunden wird.

Zu Hause bin ich nicht gern allein mit Umbertino. Wenn das Kind allein und unbeschäftigt ist, wird es sehr aggressiv. Ich kann ihm keine Geschichten erzählen. Der arme Valentino konnte (bei der Phantasie!) stundenlang erzählen. Ich war manchmal bei diesen Erzählungen dabei. Das Kind lag in den Armen des Vaters und betrachtete regungslos den Mund, aus dem die erfundenen Geschichten kamen, die es entzückten. Und Antonia, die gleichfalls hingerissen zuhörte, sagte zu mir: «Es ist schon das fünfte Mal, daß er sich die gleiche Geschichte anhört!» Er wollte sie immer wieder hören, die Geschichte von der Fee, die zu allen Kindern geht, um das bravste herauszufinden, und als sie es findet, ist es das Kind, das man für das böseste hielt. Wenn man uns Erwachsenen eine Geschichte zum zweitenmal erzählt, unterbrechen wir sie ungeduldig. Mein kleiner Enkel aber verlangte nach der Wiederholung der Begebenheit. Wie die Fee durch den Wald ging und die Pflanzen sich vor ihr zum Gruße neigten. Und auch das Kind grüßte heiter, als wäre es selber eine Pflanze. Es war Nacht oder heller Sonnentag, und nachts öffnete das Kind seine großen Augen, um allen Hindernissen ausweichen zu können, oder es schloß sie bei Tag, damit das starke Licht ihnen nicht weh tue. Am Ende war er, Umbertino, dieses Kind, das alle für bös hielten, während es doch so gut und brav war, aber das bemerkte niemand, sondern es mußte erst eine Fee kommen, um dies zu entdecken. Es bedurfte jedoch der armseligen Worte Valentinos. Ohne sie gerieten Umbertinos Nerven nicht in Spannung. Diese armseligen Worte übten ihre volle Wirkung aus. Sobald Valentinos dicker Mund sich öffnete, entquollen ihm so bedeutungsvolle Worte, daß sie sich sofort zu Dingen und Personen materialisierten.

Als Umbertino zu mir übersiedelte, entdeckte er eine

Methode, wie er den fehlenden Vater ersetzen konnte. Die Geschichten erzählte nun er. Er kannte – wie ich glaube – nur zwei, die ich nicht wiedergeben kann, weil ich sie mir niemals richtig anhörte. Hatte ich eine davon über mich ergehen lassen, wobei ich die interessanten Gesten des Kindes beobachtete, das mit den Worten im Kampf lag, blickte er mich an, um zu sehen, ob er seine Geschichte gewürdigt habe, und fragte: «Hat sie dir gefallen? Willst du, daß ich sie dir noch einmal erzähle?» Ich sagte, er möge sie ruhig noch einmal erzählen, ich wolle währenddessen etwas lesen oder schreiben oder Geige spielen. Aber nein, ich mußte zuhören, sonst kam ihm die Geschichte nicht wirklich vor. Ich versuchte ruhig zuzuhören, aber sofort erhob sich in mir der übliche Aufruhr: «Wie gut ich doch bin, wie gut ich doch bin!» Und um meinen Beschäftigungen nachgehen zu können, übergab ich das Kind Renata.

Renata ist ein liebes, dunkelhaariges Mädchen aus dem Friaul. Sie ist Waise. Sie ist seit vier Jahren in unserem Hause und erst achtzehn Jahre alt. Sie gehört zu jener Generation von Mädchen, die während des Krieges heranreifte und es nicht nötig hatte, ihre kurzen Röcke, wie sie früher nur von den kleinen Mädchen getragen wurden, länger zu machen. Sie hatte wenig Bildung genossen, und sie machte keine Entdeckungen wie ich, vielleicht aber weil sie dem Kinde näher war, ertrug sie sein Geplapper leichter. Von meinem Zimmer aus, in dessen Nähe der eigensinnige Junge stets bleiben wollte, konnte ich hören, wie das erzählende Kinderstimmchen von Zeit zu Zeit durch das frische, herzliche und ausgelassene Lachen des jungen Mädchens unterbrochen wurde.

Schließlich aber kam es zwischen mir und Umbertino zu einer Übereinkunft. Zu Hause sahen wir uns nur während des Mittagessens, dafür ging er mit mir jeden Tag eine Stunde vor der Mahlzeit spazieren. Dies entsprach auch einer Weisung Doktor Raullis, der mir täglich eine Stunde Bewegung verordnet hatte. Im Gehen erzählte Umbertino keine Geschichten, sondern schritt dahin und legte dabei seine liebe, kleine weiche Hand in meine dicke und rauhe. Ich mußte sehr darauf achten, diese kleine Hand in der meinen festzuhalten, denn er stolperte häufig. Er sah ja so viele Dinge, eine ferne, halbzerstörte Mauer und die Straßenbahnwagen mit ihren Nummern, die er schon lesen konnte, und den bald nahenden, bald verschwindenden Eisenbahnzug mit der schnaubenden Lokomotive; nicht aber die Hindernisse und auch nicht die Pfützen, in die er mit seinen kleinen Füßen getappt wäre, hätte ich nicht achtgegeben.

Wie viele Dinge dieses Kind doch sah! Immer dieselben, denn unsere Spaziergänge konnten nicht weit führen, meine Lungen waren ja schon schwach, und wenn man aus unserer Stadt ins Freie hinausgeht, gelangt man gleich in die Berge. Ich glaube, Umbertino erfährt jede Nacht im Schlaf eine solche Erneuerung, daß am Morgen alle Dinge für ihn wieder neu sind. So neu, daß auch ich sie neu sehe. Gleise! Warum sah er sie immerfort an, warum wollte er ihnen folgen? Solange es mich keine Anstrengung kostete, tat ich ihm den Gefallen und folgte ihnen ebenfalls. Sobald man aber auf dem Kies zwischen den Schienen gehen mußte und die Schwellen zu weit voneinander entfernt waren, als daß man von der einen zur anderen springen konnte, wurde ich ungeduldig und zog den Jungen fort. Er aber konnte sich von dem Anblick nicht trennen. Die Schienen waren das Fundament des großen Zuges, der auf ihnen so geheimnisvoll dahinglitt. Und es war so wichtig, herauszufinden, wo sie begannen, denn jeder Anfang ist wichtig, und es war so schmerzlich, nicht auch jenen anderen wichtigen Teil erspähen zu können, das Ende der Gleise. Ich lachte und meinte, er könne ja dieses äußerste Schienenstück statt als Anfang auch als Ende der Gleise ansehen. Das war für den Kleinen ein umwerfender Gedanke, mit dem er sich erst auseinandersetzen mußte. Zunächst zögerte er, dann aber sah er, er sah es! Ja, das war das Ende der Gleise.

Eines Tages konnten wir, als wir auf eine Mauer geklettert waren, eine lustige Szene beobachten. In einem kleinen Hof lief ein scheugewordenes Pferd herum, gefolgt von einem Burschen, der sich bemühte, es in den Stall zu führen. Das Pferd bäumte sich auf und schlug mit den Hufen in die Luft. Umbertino amüsierte sich von seinem sicheren Platz aus königlich, und er schrie vor Vergnügen. Seine lärmende Art, sich zu freuen, gefällt mir zwar sehr, scheint mir aber doch auch ein Zeichen jener Hysterie zu sein, die bei seinen Vorfahren grassierte. Diesmal konnte sein Freudenausbruch niemanden verletzen, denn der arme Teufel dort unten, der sich mit dem Pferd herumquälte, konnte uns weder sehen noch hören. Er faßte einen Entschluß. Er verschwand durch eine Tür und kam dann mit einem Büschel Heu wieder zurück. Das Pferd schnupperte, und als der Bursche wieder gegen dieselbe Tür zurückwich, folgte es ihm gehorsam, reckte sich ihm hungrig entgegen und verschwand hinter ihm. Umbertino schrie: «Nicht mitgehen! Du bist ja dumm! Der will dich doch fangen!» Und sooft wir später an dieser Stelle vorüberkamen, blickte er in den Hof: «Der Hof des dummen Pferdes.» Wir sahen aber weder das Pferd noch den Burschen jemals wieder. Und Umbertino dachte: Vielleicht hat sich das Pferd beim nächstenmal nicht wieder einfangen lassen, vielleicht hat es sich mit ein paar Hufschlägen losgemacht und weidet jetzt frei auf irgendeiner Wiese, ganz weit weg.

Weiß Gott, warum es mir so große Freude macht, Zeuge von Umbertinos Kindereien zu sein! Jetzt, da ich mich vor diesen Aufzeichnungen innerlich sammle, veranlaßt mich Umbertino, den ich mit seinen kleinen, unsicheren Schritten neben mir hergehen sehe, darüber nachzudenken, daß die ja immer unvernünftige Freude auch unvernünftig unter die Menschen verteilt ist.

Den kleinen Kindern, die nichts verstehen, wird sie reichlich und in diesem – einzigen – Fall auch ziemlich vernünftig zuteil. Später dann, wenn wir im Verlauf der Kindheit das Leben, diesen kolossalen Apparat, der uns übergeben wurde, zu studieren beginnen, jene Gleise, die enden, wo sie anfangen, erkennen wir die Beziehung, die zwischen uns und diesem Apparat besteht, noch nicht, und wir studieren ihn mit Objektivität und einer Freude, die zuweilen blitzartig von Entsetzen unterbrochen wird. Schrecklich ist die Jugend, denn nun beginnt man zu entdecken, daß der Apparat uns unweigerlich in sein Räderwerk ziehen wird, und wir wissen nicht, wohin wir inmitten all dieser Maschinenteile unseren Fuß sicher setzen können. In meinem Leben war mir heitere Gelassenheit erst spät beschieden, vielleicht deshalb, weil sich bei mir – infolge meiner Krankheit – die Jugend länger als gewöhnlich hinzog, während meine Altersgenossen ringsum bereits dahinlebten, ohne den Apparat noch wahrzunehmen, dem Müller gleich, der friedlich neben seiner klappernden Mühle schläft. Die heitere Gelassenheit aber – die aus Resignation und einer stets wachen Neugier besteht – wird schließlich allen zuteil, und wenn ich neben Umbertino dahingehe, bin ich ihm sehr ähnlich. Wir kommen sehr gut miteinander voran. Da seine Beine noch schwach sind, findet er nicht, daß ich zu langsam gehe, und da meine Lungen bereits schwach sind, bleibe ich stets an seiner Seite. Er ist heiter, weil der Apparat für ihn noch unterhaltsam ist; und ich bin es, nicht etwa weil ich glaube, der Apparat könne mir nicht mehr weh tun, da der Tod mich bald von ihm befreien wird – in Wahrheit steht mir der Tod noch fern und rückt nur auf dem Weg über den Verstand gelegentlich nahe an mich heran –, sondern weil ich inzwischen den Apparat so gewohnt bin, daß ich manchmal bei dem Gedanken erschrecke, die Menschen könnten besser sein, als ich immer geglaubt habe, oder das Leben ernster, als es mir erschienen ist. Dann schießt mir das Blut zu Kopf, als würde ich gleich umkippen.

Armer Umbertino! Plötzliche Ängste unterbrechen seine Freude und seine Neugier. Eine solche Angstvorstellung, unter der er vor einigen Jahren litt, ist in unserer Familie berühmt geworden. Er braucht immer lange Zeit, ehe er im Finstern einschlafen kann, und seine Mutter wollte ihn eines Tages davon überzeugen, daß er keinen Grund habe, sich zu fürchten: Löwen gebe es nicht in unseren Zonen, und die Türen und Fenster unseres Hauses seien stets hermetisch geschlossen. Er aber entgegnete, er fürchte sich vor den Menschen, die durch die «Rutzen» (Ritzen) eindringen. Es war eine große Entdeckung, daß Türen und Fenster nie fest genug verschlossen sind, um der Gefahr den Eintritt zu verwehren.

Zuweilen hält er diese Welt sogar für noch schlimmer, als sie ist. Einmal bekam er neue Schuhe geschenkt, die glänzten und mit einer Schnalle verziert waren. Er wollte sich erst zu Bett bringen lassen, als man ihm erlaubte, die Schuhe an den Füßen zu behalten, und ich werde dieses kleine Menschenwesen nie vergessen, wie es, vom Schlaf erhitzt, auf dem Rücken dalag, die Schuhe an den nackten, gegen das Fußende gestemmten Füßen. Selbst der Schlaf konnte seine Wachsamkeit nicht vermindern. Dabei ist es klar, daß das Leben besser ist, als er es sich damals vorstellte, denn wir alle ziehen ruhig unsere Schuhe aus, wenn wir zu Bett gehen.

So ein dreijähriges Kind ist wie ein kleiner Mechanismus, mit dem alle gerne spielen. Man drückt auf einen kleinen Knopf an dem einen Ende, und schon wird am anderen Ende eine Reaktion ausgelöst. Ich habe ein schlechtes Gewissen, weil auch ich einmal den geregelten Ablauf dieses kleinen Mechanismus gestört habe.

Ich war bei Valentino zum Abendessen geladen und kam so frühzeitig, daß ich Umbertino noch antraf, der nach seinem Abendbrot gerade einen Apfel verzehrte. Sofort nahm ich aus dem Obstkorb einen zweiten Apfel, tat, als zöge ich ihn Umbertino aus dem Halse, und redete dem Kleinen ein, es sei derselbe, den er eben gegessen hatte. Erstaunt und erschrocken begann er nun auch diesen zu verzehren, denn der war ja sein Apfel, und ich erlaubte es ihm, als verstünde sich das von selbst. Als ich ihm auch den zweiten Apfel aus dem Hals zog, hätte ich nichts dagegen gehabt, wenn er auch den noch aufgegessen hätte. Das Kind aber weigerte sich, denn sein kleiner Magen fühlte keineswegs die Erleichterung, die meine Operation ihm hätte verschaffen müssen.

Ich vergaß die Sache und wurde erst wieder daran erinnert, als ich mit Augusta aufbrach. Antonia wollte uns den schlafenden Jungen zeigen. Er schlief in einem kleinen Gitterbett. Man schaltete ungeniert das Licht ein, denn man wußte, daß Umbertino, wenn er einmal fest schlief, nicht so leicht zu wecken war. Sein Kopf war, statt auf dem Kissen zu liegen, gegen das Gitter gedrückt. Seine Wangen brannten und sein Atem ging rascher als sonst – jedenfalls schien es mir so. Antonia legte ihn zurecht, er ließ es geschehen, murmelte aber: «Ich esse ihn ... und schau ... er ist wieder ganz.» Antonia lachte: «Er phantasiert, daran ist der Großpapa schuld.» Mir aber wurde es etwas schwer ums Herz.

Ja! Er ist ein wenig furchtsam, unser Umbertino. In seinem kurzen Leben hat er schon Drohung und auch Strafe erfahren. Nun ist die Furcht ohne Zweifel eine Eigenschaft des Leibes. Sie umgibt ihn wie eine Schutzhülle von dem Moment an, wo er an die Luft kommt. Sie führt ihn vom Weg ab, sicherlich aber schützt sie ihn auch. In dem kleinen Umbertino steckt die Furcht vor den Löwen, die es nicht gibt, und auch vor den Karabinieri, die sich nie um ihn kümmern und hoffentlich auch nie Anlaß haben werden, sich um ihn zu kümmern. Wenn er sie sieht, geht er kleinlaut weiter. Er weiß, daß sie zur Aufsicht bestellt sind, und er weiß, daß ihre Aufsicht strenger ist als jene, der er unterworfen wird, die zwar stetig und etwas lästig, aber von Zärtlichkeiten und Zuckerwerk begleitet ist. Er ist gar nicht so sicher, daß die Löwen nicht früher oder später auch nach Triest kommen und daß die Karabinieri nicht eines Tages auf dieses Kind aufmerksam werden könnten, das schon manchmal den Zorn des Vaters und des Großvaters erregt und seiner Mutter Tränen entlockt hat.

Die Zornesausbrüche des Großvaters waren immer nur kurz, und es folgten ihnen sogleich sanfte Erklärungen, Ermahnungen, die sowohl dem Kind als auch mir selber galten; doch mir sagte ich sie nur in Selbstgesprächen, die mich gütig machten, ohne daß ich mich dessen schämte. Wir gingen sehr einträchtig miteinander durch alle Straßen der Stadt. Ich war weit weniger zerstreut als er, denn ich wurde immer wieder in die Wirklichkeit zurückgerufen, entweder durch ein heranbrausendes Auto oder durch meine Bewunderung für dieses Kind, dessen Kopf so voller Unsinnigkeiten war. Das unterschied uns voneinander, einzig dies, und auch das nur, weil ich nicht ungebunden war, sondern verpflichtet, auf ihn aufzupassen. Andernfalls wären wir in sehr ähnlicher Weise dahingeschritten, oft ohne ein Wort zu reden, denn Umbertino hat sich bereits daran gewöhnt, nicht alles zu sagen. Als wir das letzte Mal miteinander ausgingen, huschte er in den Schatten eines Baumes und staunte darüber, daß nun er selber keinen Schatten warf. Er machte sich noch kleiner, um ganz in den Baumschatten zu geraten, und zog einen Arm, der noch herausragte, enger an sich. Es gelang ihm, und wir gingen schweigend weiter. Vielleicht hielt er seine Gedanken für zu kindisch, um sie anderen mitzuteilen.

Mit Antonia und Umbertino tauchte im Hause oft eine weitere Belästigung auf, aber auch eine Hoffnung: Herr Bigioni. Nicht Baglioni und nicht Grigioni, so hießen zwei andere Freunde, die vor Jahren in unserem Haus verkehrten, sondern Bigioni. Sooft ich ihn mit seinem Namen ansprechen will, muß er mir zu Hilfe kommen, denn ich bringe diese drei Namen immer wieder durcheinander, und das erschwert unseren Umgang. Er ist mir nicht sympathisch, denn er hat einige Eigenschaften Valentinos. Hat er einmal eine Meinung gefaßt, dann ist er ihrer ganz sicher: Er verkündet sie, erläutert sie, verdeutlicht sie mit den handgreiflichsten Vergleichen, die manchmal verletzend ausfallen. Als er mich in sein Vertrauen zog, mußte er sich zunächst entschuldigen, daß er den Tod Valentinos nicht besser zu betrauern wisse als durch den Entschluß, dessen Gattin unverzüglich zu heiraten. Er gebe ja zu, so erklärte er mir, daß er sich dadurch nicht eben als Valentinos Freund ausweise, andererseits aber, und das gleiche alles wieder aus, sei Valentino ihm gegenüber immer ungeheuer großzügig gewesen, ganz wie jener Matrose, der, nachdem er wochenlang allein mit einem Freund auf dem Ozean umhergetrieben war, gerade rechtzeitig starb, um dem anderen zur Nahrung und Rettung zu dienen. Ein gräßlicher Vergleich, und sicher würde er ihn, so wie er ihn mir erzählt hatte, auch Antonia vortragen. Dieser Vergleich sollte alles verständlich machen, und Bigioni vertrat den Grundsatz, es sei wichtig, alles auf der Welt zu verstehen.

Ich war der erste, der die große Hoffnung erkannte. Ich sprach darüber gleich mit Carlo, der mich öfter aufsucht. Carlo behauptete in seiner selbstsicheren Art, daß sich die Wunder auf dieser Welt nicht wiederholen könnten.

«Was denn für Wunder?» fragte ich erstaunt.

«Das Wunder, daß Valentino Antonia heiratete.»

Ich war beleidigt. Was für ein Wunder brauchte es, um eine der schönsten Frauen Triests zu heiraten? Dieses schöne Kind war die Freude unserer Familie gewesen, unser Juwel, die Bewunderung unserer Freunde, und noch heute spricht man von ihr als von einer schönen Frau, schön wie ihre Tante Ada, während Adas Tochter, die in Buenos Aires lebt, häßlich ist, genauso häßlich, wie es meine liebe Augusta war. Jedes Wesen setzt sich aus Häßlichkeit und Schönheit zusammen – man muß ihm nur die Zeit lassen, sich ganz zu verwirklichen.

Um Carlos Beleidigung zu parieren, erzählte ich ihm von Bigionis Absichten, dem ich allerdings versprochen hatte, darüber mit niemandem zu reden, außer mit Antonia selbst. Carlo war so verblüfft, daß er die Zigarette zu Boden fallen ließ. Er begann zu lachen: Die Wunder wiederholten sich also doch. Von da an ertrugen wir, Carlo inbegriffen, Bigionis Gegenwart weit leichter. Alle nahmen wir ihn in unsere Obhut, alle erduldeten wir ihn und mochten ihn – außer Antonia und Umbertino.

Bigioni (es ist wirklich gut, daß ich mir diesen Namen immer wieder notiere) handelte als der Mensch, der er war: blind für alles, außer für seine eigenen Begierden.

Als wir den armen Valentino zu Grabe getragen hatten, waren wir, nämlich ich, Carlo, Alfio und Bigioni, gemeinsam vom Friedhof zurückgefahren. Im Wagen benahm sich Signor Bigioni tadellos. Er sprach nur von seiner langen Freundschaft mit Valentino und beklagte lebhaft dessen vorzeitiges Ende. Er fügte sogar die Bemerkung hinzu: «Was werde ich jetzt ohne ihn tun?» Hier jedoch lächelte er, dessen bin ich sicher. Ganz sicher. Damals allerdings hielt ich es für ein nervöses Zucken seines Mundes, denn ich dachte nicht, daß man in einem solchen Moment lächeln könnte. Es goß wie aus Eimern, und wir waren alle tropfnaß. Valentino war noch kaum unter der Erde. Auch ich hatte ein wenig gelächelt, als ich mir ausmalte, wie Valentino, wenn er bei seiner Ankunft im Grabgewölbe sogleich von all den Toten, die ihm vorangegangen waren, umdrängt wurde, mit der für ihn typischen Handbewegung erklärte: «Nur langsam, wenn ich bitten darf!» Aber wenn ich bei unpassenden Gelegenheiten lächle, so geschieht das ohne böse Hintergedanken. Bigioni hingegen strich sich, nachdem er gelächelt hatte, mit großer Wollust seinen dichten blonden Bart und fuhr mit der Hand über seinen kahlen Schädel. Das sind Bewegungen wie von wilden Tieren, die gerade einen guten Happen verschlungen haben, und ich verstand den Sinn dieser Gesten erst, als Bigioni ausgerechnet mich in sein Vertrauen zog. Er wollte die Frau des Verstorbenen heiraten, und deshalb hatte er gleich damit angefangen, sich in den Familienwagen zu setzen.

Es war einigermaßen lächerlich, mich um Diskretion zu bitten, denn noch bevor er mich zum Mitwisser seiner Absichten machte, hatte er sie unbedachterweise niemand anderem als Umbertino verraten, und zwar gleich am Trauertag selbst, als das Kind vom Regen während der Beerdigung des Vaters noch ganz durchnäßt war. Das Haus machte jetzt einen recht leeren Eindruck. Kurz vor dem Begräbnis war es von einer Masse von Verwandten und Bekannten angefüllt gewesen, die sich auf dem Friedhof dann von uns getrennt und uns allein nach Hause hatten fahren lassen. Bigioni blickte heiter um sich. Wieviel Platz hier für ihn war, eigentlich zuviel. Er fühlte sich seiner Sache so sicher, daß er vielleicht sogar schon daran dachte, einen Teil der Wohnung, sobald sie ihm gehörte, unterzuvermieten.

Und als er Umbertino weinen sah – Antonia war es gelungen, ihn durch das Verbot, am Tage der Beerdigung seines Vaters zu spielen, traurig zu stimmen –, zog er ihn an sich und küßte ihn, obwohl das Kind alles tat, um sich diesem großen, wenngleich zugegebenermaßen gepflegten und nicht struppigen Bart zu entziehen. Bigioni sagte, Umbertino müsse froh sein, daß es regne. Das sei ein Zeichen, daß der Himmel sich weit öffne, um seinen Vater aufzunehmen.[1]

Ich kenne eine andere Triestiner Redensart, nach der schönes Wetter als das Zeichen guter Aufnahme im Himmel für einen Verstorbenen gilt. Lauter gute Leute leben in meiner Stadt. Soweit es von ihnen abhängt, finden alle Verstorbenen eine gute Aufnahme im Himmel.

Das Kind wurde plötzlich sehr ernst. Nun gab es einen neuen Apparat zu studieren, den Himmels-Apparat, wie Bigioni ihn geschildert hatte. Als Bigioni den Kleinen so ernst sah, wollte er ihn noch besser trösten und sagte ihm alles: «Jetzt hast du keinen Vater mehr. Möchtest du gerne einen neuen Vater bekommen? Mich zum Beispiel?»

Auch dieser Ausspruch kam Umbertino nicht mehr aus dem Sinn. Vorläufig jedoch beeilte er sich, von dem großen Bart wegzukommen. Doch jetzt konnte er vor den Augen seiner Mutter, und ohne daß sie es merkte, auch am Tag der Beerdigung seines Vaters spielen. Er spielte mit diesem Himmel. Der blieb tagelang verschlossen, und die Toten mußten draußen warten, bis es regnete. Bei den ersten Tropfen öffnete er sich, und alle stürzten hinein.

Aber es blieb ihm noch ein Zweifel, und er fragte seine Mutter: «Wenn einer stirbt, und es regnet nicht, bleibt er da vom Paradies für immer ausgeschlossen, oder muß er bloß vor dem Eingang warten?» Die Mutter erwachte aus der Betäubung, in die der Schmerz sie versetzt hatte, und verlangte nähere Erklärungen. Sie bekam sie, und dabei konnte sie auch erfahren, wer dem armen Kind den Kopf so verwirrt hatte. Sie wandte sich daraufhin mit großer Liebenswürdigkeit an Bigioni und bat ihn, dem Kleinen keine solchen Dinge zu erzählen. Mit großer Liebenswürdigkeit, denn bis dahin sah sie in Bigioni noch nicht den Anwärter auf Valentinos Hinterlassenschaft, sondern seinen intimsten Freund, und daher wurde er besser behandelt als alle, besser als Vater, Mutter, Bruder und Vetter.

Für Umbertino war nun die Geschichte mit dem Himmel und dem Regen erledigt. Kinder haben ein großes Talent, Dinge einfach abzutun. Ach so! Zwischen der Himmelstür und dem Regen gibt es keinerlei Zusammenhang? Dieser Herr Bigioni hatte sich also geirrt. Es lohnte nicht mehr, davon zu reden.

Aber es blieb noch etwas anderes, womit sich spielen ließ: der zweite Vater. Als man ihn zu Bett brachte, erkundigte er sich bei der Kinderfrau: «Wie viele Väter kann ein Mensch auf dieser Welt haben?» Die alte Kinderfrau erklärte ihm, daß jeder Mensch nur einen einzigen Vater haben könne, außer, man würde wiedergeboren. Der Gedanke, wiedergeboren zu werden, war nicht minder reizvoll; auch damit ließ sich spielen. Umbertino schlief darüber ein, aber er vergaß es nicht. Und am anderen Morgen hatte Antonia alle Mühe, die vielen sonderbaren Ideen aus seinem Köpfchen wieder auszutreiben. Dabei aber erfuhr sie auch Bigionis unvorsichtige Bemerkung.

Sie verzieh es ihm nie. Von nun an galt Bigioni nicht mehr als der Freund, sondern als der Feind Valentinos und daher auch als ihr Feind, als der Feind der überlebenden Gattin. Sie sagte mir das am nächsten Morgen. Sie unterbrach ihr langes Weinen in meinen Armen und schrie: «Nicht genug, daß mich dieses ungeheure Unglück getroffen hat, das größte, das je einer Frau widerfahren ist – ich muß mir auch noch alle erdenklichen Beleidigungen gefallen lassen!» Und dann erzählte sie mir, was ihr von Umbertino ziemlich genau berichtet worden war.

Antonias Satz vereinte in knappster Form mehrere Übertreibungen. Alle erdenklichen Beleidigungen? Schließlich hatte sich der arme Bigioni nur eine einzige zuschulden kommen lassen: Er hatte zu früh von Heirat gesprochen. Von der Übertreibung, ihr Unglück als das größte zu bezeichnen, das je einer Frau widerfahren war, will ich jetzt ganz absehen. Man muß jedem Menschen, der Schmerz erfährt, die Genugtuung, oder sagen wir ruhig die Freude, lassen, seinen Schmerz über alles andere zu erheben. Auch als ich im Buch Hiob ähnliche Worte las, habe ich seinen Aufschrei als einen Schrei stolzer Freude empfunden.

Ich erwartete jetzt, daß der arme Bigioni mit Fußtritten aus dem Haus gejagt würde. Nichts dergleichen geschah. Er war zwar der Feind, aber er war auch der Freund des armen Valentino gewesen, mithin mußte man ihn respektieren. Alles was in irgendeinem Zusammenhang mit Valentino stand, mußte im Haus unverändert bleiben, daher auch Bigioni, der mit mir rauchte und Anteil nahm an Alfios Malerei, Carlos Medizinstudium und Augustas Fürsorge für ihre Tiere. Es war ihm auch gestattet, mit Antonietta über Valentino zu reden, aber über nichts anderes, und es war ihm nicht gestattet, sich zuviel mit Umbertino abzugeben. Übrigens ließ auch ich mich nur höchst ungern von Bigioni bei meinen Ausflügen begleiten. Mit uns beiden, dem alten und dem jungen Träumer, fügte er sich nur schwer zusammen, wie sehr er sich auch bemühte. Eines Tages langten wir mit ihm oberhalb des Tunnels an, der durch einen Berg führt, in dem Umbertino eines Tages einen Zug hatte verschwinden sehen. Kurz vorher waren wir ganz nahe an der Tunnelöffnung vorübergekommen, da aber hatte Umbertino sie kaum beachtet. Jetzt von oben aber starrte er, nachdem er auf eine kleine Mauer geklettert war, regungslos in diesen offenen Mund, den er zum erstenmal von dieser Stelle aus sah. Bigioni begriff nichts und gähnte. Er hatte die Öffnung kurz vorher aus der Nähe gesehen, und sie hatte ihn nicht interessiert. Welchen Zweck sollte es haben, jetzt in einer so unbequemen

Stellung zu verharren, die überdies gefährlich war und mich zwang, besonders aufzupassen, nur um dieses Loch von der Ferne zu besehen? Umbertino aber hatte Glück. Eine Lokomotive fuhr mit ihrem Tender pfeifend aus dem Loch. Umbertino schrie vor Vergnügen, und erschrocken faßte auch Bigioni ihn beim Rock und sagte: «Jetzt scheut er.» Der arme Bigioni hatte sich mit Pferden abgegeben, ehe er sich ganz Antonietta widmete.

Kurz und gut, Bigioni flog nicht aus dem Haus. Antonietta erklärte unter Tränen: «Ich kann den Freund Valentinos nicht schlecht behandeln, auch wenn er ein Verräter ist.» So ertrug sie ihn. Merkwürdigerweise wurde ihr Verhalten dem Freunde des armen Valentino gegenüber immer rüder, je mehr Zeit nach dessen Tod verstrich. Schließlich erwiderte sie kaum noch seinen Gruß. Manchmal tat sie sogar, als bemerke sie seine Anwesenheit überhaupt nicht. Man gewann den Eindruck, als stelle sie Experimente an, um genau herauszubekommen, wie weit sie gehen könne, ohne ihn hinauszuwerfen. Ich möchte nicht allzu schlecht von meiner einzigen Tochter reden, aber wenn diese Aufzeichnungen irgendeinen Wert haben sollen, dann muß ich hier aufrichtig sein und bekennen, daß meiner Ansicht nach Bigionis Gegenwart Antonietta zustatten kam, um ihre Schmerzensbekundungen über den Tod des armen Valentino zu steigern und länger hinzuziehen. Dank Bigionis aufreizender Gegenwart wurden sie ganz von selbst heftiger.

Ich muß gestehen, daß wir alle insofern ihrem Beispiel folgten, als wir gleichfalls herauszubekommen suchten, wie weit wir bei Bigioni gehen konnten, ohne ihn aus dem Haus zu treiben. Das trifft in erster Linie auf mich zu. Wenige Tage nach Valentinos Tod erschien er bei mir, um sich mir anzuvertrauen und meinen Rat einzuholen. Ich hörte ihn mit Neugier und Interesse an und ließ mir nicht anmerken, daß ich schon alles durch Antonietta wußte, die es ihrerseits von Umbertino erfahren hatte. Antonietta hatte mir nahegelegt, mich so zu verhalten, denn sie meinte, eine offene Erklärung Bigionis würde ihr die Verpflichtung auferlegen, ihn aus dem Hause zu weisen.

Es war mir gar nicht unangenehm, die Geschichte eines Mannes zu hören, der eine einzige Frau auf dieser Welt heiraten will, die und keine andere. Antonia hatte jeden Verdacht, Bigioni könnte ihr aus materiellem Interesse nachstellen, in mir zerstreut. Nein, er sei sehr reich, bedeutend reicher noch als Valentino, der ständig mit ihm geschäftlich zu tun gehabt und daher seine Verhältnisse genau gekannt habe. In seiner kurzatmigen Art begann Bigioni zu versichern, daß er bisher in seinem ganzen Leben noch nie geliebt habe. Ich tat sofort, als glaubte ich ihm, denn ich selbst hatte das manchmal schon von mir behauptet und es immer sehr höflich von den anderen gefunden, wenn sie mir Glauben schenkten. Bald aber, als ich ihn besser kennenlernte, glaubte ich ihm wirklich. Er bemerkte tatsächlich nicht, daß es auf der Welt noch andere Frauen außer Antonia gab. Um sich davon zu überzeugen, genügte es, mit ihm durch die Straßen zu gehen. Die vielen nackten Frauenbeine, die sich da in zarter Seide zur Schau stellten, sah er überhaupt nicht.

Und er erzählte mir: Er und Valentino (nur wenig jünger als er) seien schon von Kindheit an eng befreundet gewesen. Beiden gemeinsam war der egoistische Drang nach Reichtum, und es hatte den Anschein, daß für das kompromittierende und kostspielige Wesen Frau in ihrem Leben kein Platz wäre. Das war zwar kein fester Vorsatz, aber etwas Derartiges kam ihnen überhaupt nicht in den Sinn. Sie lachten über Männer, die aus Liebe alle Rücksichtnahme auf sich und ihre Zukunft außer acht ließen. Wie konnte man nur so etwas tun? Beide lebten sie wie Höhlenbären und gingen nie in Gesellschaft. Offensichtlich mußte erst sein Bruder vorzeitig sterben, damit Valentino zu einer Braut kam, und nun hatte er sterben müssen, damit Bigioni ein solches Abenteuer erlebte. Und er schilderte mir in aller Naivität die Wirkung, die Valentinos Heirat auf ihn gehabt hatte. Das Gesetz, das beider Leben bisher bestimmt hatte, war gebrochen worden. Er fühlte sich frei, so wie einer, der mit einem anderen abgemacht hat, daß beide das Rauchen aufgeben, und dann geht der andere hin und bricht die Abmachung. Was aber sollte er mit seiner Freiheit anfangen? Bigioni konnte sich nicht entschließen, die weite Welt nach einer Frau abzusuchen, sondern verbrachte sein Leben weiterhin zwischen seinem Büro, seiner eigenen und Valentinos Wohnung, und obwohl er den Entschluß gefaßt hatte zu heiraten, wartete er nur ab. Natürlich fand er bei Antonia keine passende Frau. Und während er wartete, verliebte er sich in Antonia.

Er schwor, daß er nie auf den Gedanken gekommen sei, Valentino könne sterben, und er habe seinen Tod auch nie herbeigewünscht. Er war ganz und gar unschuldig an diesem Tod, aber als er eintrat, liebte er seinen toten Freund mehr als den lebendigen. Er hatte stets das Familienglück seines Freundes bewundert. Und jetzt, sagte er, wolle er Antonietta heiraten, weil sie den Beweis erbracht habe, daß sie die richtige Frau für einen fleißigen, bescheidenen Mann sei. Umgekehrt konnte ich jedoch leicht feststellen, daß er sie wirklich liebte und daß sich sein Verlangen durch die Hindernisse bis zur Raserei gesteigert hatte. Ich erinnere mich, daß auch mir einmal etwas Ähnliches widerfahren war. Heute, nach langjähriger Erfahrung, fällt es mir natürlich schwer, für einen solchen Irrsinn Verständnis aufzubringen. Nichts erstrebenswerter, als Frauen aller Art zu besitzen, große, kleine, blonde, schwarze. Ich meine für die Männer, denen sie zustehen, für die jungen, starken, schönen, die von den Frauen geliebt werden können.

Aber Bigioni brachte mich dazu, lange über diese einzige Frau nachzudenken, die allein imstande ist, das Verlangen eines Mannes zu befriedigen, die eine ganz bestimmte Größe hat, ein ganz bestimmtes Lächeln, eine ganz bestimmte Stimme und eine ganz bestimmte Art sich zu kleiden, die ihr auch dann noch eigen ist, wenn sie nichts anhat. Man sieht also, daß ich doch noch nicht so alt bin, denn ich verstand Bigioni.

Daher verlief meine erste Unterredung mit Bigioni recht angenehm. Er beobachtete mich, als könne ein Wort von mir über sein Leben entscheiden. Und ich beobachtete ihn und verstand ihn völlig; dabei entdeckte ich bei ihm auch ein gewisses Gefühl der Demütigung, so ganz vom Willen anderer abhängig zu sein, eine Demütigung, die er jedoch resigniert, wie ein trauriges Schicksal, hinnahm, ohne an Auflehnung überhaupt zu denken. Zugleich beobachtete ich auch mich selbst, nicht ohne eine gewisse Bangnis. Erwies ich mich als blind und verstand gar nichts? Ich glaubte, alles zu verstehen. Das war für mich nicht eben einfach, denn ich konnte ja nicht – um mich in ihn hineinzuversetzen – an dieselbe Frau denken, die meine Tochter war, sondern mußte, um das Experiment durchzuführen, eine andere Frau für mich finden. Und ich dachte also an eine – wie der gewiß sachkundige Aretino sagte – schöne und große Frau, eine Frau, die ich manchmal treffe und der zuliebe ich mich sogar entschließe, meine Brille aufzusetzen, um besser in die Ferne zu sehen. Alles an ihr ist Harmonie, Kraft und Fülle, doch ohne Übertreibung, ihr Fuß ist nicht klein, aber schön beschuht, und die Fesseln sind schmal und wohlproportioniert. Kurz, eine Frau, die man sich als einzige vorstellen kann, für mehr oder weniger lange Zeit.

Ich verstand alles, und Bigionis Geständnisse machten mir daher Freude. Ich mußte seine Ungeduld mäßigen, ihm klarmachen, daß in einer Familie wie der unseren die

Trauerzeiten lange eingehalten werden. Später würde es Antoniettas Sache sein, sich zu entscheiden. Was mich betraf, so drückte ich ihm gerne und freundschaftlich die Hand und versprach ihm meinen Beistand.

Dann aber wiederholten sich seine vertraulichen Unterredungen mit mir allzuoft. Jedesmal wenn Antonietta ihn besonders kalt behandelte, kam er zu mir. Eine Zeitlang hörte ich ihn auch geduldig an: Ich hatte nämlich den Eindruck, daß er unser Haus ein für allemal verlassen wolle, und ich hatte gute Gründe, ihn davon abzuhalten. Ich stellte das Grammophon ab, auch wenn ich es eben erst angestellt hatte, und fügte mich ins Unvermeidliche. Das heißt, ich blieb, um die Wahrheit zu gestehen, mit meinen Gedanken weiterhin bei dem musikalischen Motiv, das ich hatte unterbrechen müssen, und ließ den Mann reden. Ich bin absolut imstande, jemandem, der zu mir spricht, zuzuhören, ohne auch nur ein Wort von dem aufzunehmen, was er sagt. Es ging ausgezeichnet. Ich wußte ja schon alles, was er mir erzählte. Als Antwort gab ich ihm, was er von mir erwartete, nämlich einen kräftigen Händedruck und ein Wort des Mitgefühls. Schließlich aber wurden seine Besuche in meinem Arbeitszimmer doch zu häufig. Jede Gleichgültigkeit Antoniettas trieb ihn mir in die Arme. Er trat bei mir ein und erwartete, daß ich sogleich aufhören würde, Musik zu hören oder zu lesen. Einmal erschien er genau in dem Moment, in dem es mir mit größter Mühe gelungen war, Umbertino abzuschieben, der unbedingt herausbekommen wollte, warum das Grammophon so laut tönte. Ungeduldig schlug ich ihm vor, er möge doch sprechen, ohne daß ich deswegen gezwungen sei, das Musikstück zu unterbrechen. Ich hatte gerade die «Neunte Symphonie» aufgelegt, die ich mir einmal wöchentlich genehmigte, und diese Musik zu unterbrechen gehört sich nicht. Ich bat ihn, leise zu reden, versicherte ihm, ich würde ihm zuhören und jedes seiner Worte verstehen. Er aber blieb stumm, wartete, bis die Platte abgelaufen war, und als ich mich eben anschickte, die andere Seite aufzulegen, begann er zu reden. Er halte es nicht länger aus. Jedesmal wenn er komme, verlasse Antonietta jetzt das Haus. Warum nur? Er verlange doch zunächst nichts anderes, als mit ihr gemeinsam um ihren verstorbenen Gatten trauern zu dürfen.

In der kurzen Zeit, die nötig war, um die Platte zu wenden, konnte ich ihm gerade sagen, daß er eine große Unvorsichtigkeit begangen habe, als er sich Umbertino anvertraute, und ich hörte sofort auf zu reden, als die Musik wieder erklang. Ich war bereit, ihm zuzuhören, aber absolut entschlossen, selbst nicht zu reden, solange die Musik andauerte. Er ging rasch wieder fort. Was Musik anlangt, war er der würdige Freund Valentinos. Nur daß Valentino schwerhörig war und sich ohne ein Zeichen von Ungeduld stundenlang Musik anhören konnte. Er rauchte seine mächtige Zigarre und sog an ihr im Takt der Musik. Bigioni hingegen war wie ein Hund mit empfindlichem Gehör. Er wurde sogleich nervös und lief schließlich davon. Dankbar streichelte ich mein Grammophon.

Bigioni aber räumte das Feld nicht, obwohl auch alle anderen mit ihm ihre Experimente anstellten. Augusta behandelte ihn immer liebenswürdig, nützte ihn aber aus. Er mußte ihre Hündin Musetta spazierenführen, und einmal zwang sie ihn sogar, das Tier, das die Räude bekommen hatte, mit einer Salbe einzureiben. Augusta hielt das freilich für ein Privileg, das sie ihm gewährte. Aber nicht einmal dieses Privileg vermochte es, Bigioni aus dem Haus zu vertreiben. Er war gut zu Musetta, die ihn als einen von der Familie betrachtete.

Alfio aber machte, wie es seine Art ist, nicht erst viele Experimente, sondern ließ sich zu einem Benehmen hinreißen, das eigentlich genügt hätte, jeden Gegenstand, selbst wenn er an der Wand befestigt gewesen wäre, aus dem Haus zu treiben, nicht aber einen lebendigen Menschen vom Schlage eines Bernardo Bigioni. Eines Tages sprach Antonietta bei einem ihrer Schmerzausbrüche in Gegenwart ihres Verehrers auch über Alfio, der durch seine Extravaganzen und seine unverständliche Malerei allen soviel Kummer bereite. Das war für Bigioni endlich die Gelegenheit, sich in der Familie nützlich zu erweisen, und mit jenem Eifer, mit dem er alles unternahm, was ihn Antonietta näherbringen sollte, machte er sich an Alfios Bekehrung. Ich weiß nicht, was er Alfio gesagt hat, aber zufällig traf ich ihn kurz nach der Unterredung in dem kleinen Korridor vor Alfios Arbeitsraum: Er wischte sich den Schweiß von der Stirn. Sein Kopf, kahl auf dem Gipfel, aber dicht behaart an der Basis bis zum Hals hinab, neigte sehr zu Schweißausbrüchen.

Alfio dachte nicht daran, seine Malerei zu ändern, aber Bigioni beeilte sich, seinen Geschmack zu ändern. Um jeden Preis wollte er ein Bild Alfios kaufen. Immer mehr überzeugte er sich von der Schönheit dieser Werke. Alfio aber blieb hart. Er wollte sicher sein, daß derjenige, der eines seiner Bilder kaufte (ich bezeichnete sie als Gouachemalerei), es auch zu würdigen wisse. Und so kam eines Tages Bigioni zu mir und bat mich nicht mehr darum, ihm die Liebe Antoniettas zu verschaffen, sondern lediglich die Freundschaft Alfios; ich sollte diesen bewegen, ihm ein Bild zu verkaufen. Man konnte nicht mehr behaupten, Bigioni sei monoton. Ich jedenfalls langweilte mich nicht, als ich ihm zuhörte. Ganz im Gegenteil. Seine Bitte trieb mir das Blut zu Kopf, weil ich erkennen mußte, daß ich in meinem eigenen Haus ohne jeden Einfluß war. Ich konnte ihm Antoniettas Liebe nicht verschaffen, und damit mußte ich mich abfinden, denn das lag offenkundig nicht in meiner Macht, aber ich konnte nicht einmal Alfio dazu bringen, den armen Bigioni besser zu behandeln. Gar nichts konnte ich. Da ich mich aber trotzdem in gewisser

Weise verantwortlich fühlte, machte ich Bigioni, um ihn zu begütigen, einen Vorschlag, von dem ich einen Augenblick lang in unvorstellbarer Ahnungslosigkeit glaubte, er könne ihn für Alfios Weigerung entschädigen: Ich wollte ihm das Bild Alfios verkaufen, das ich in meiner Schublade verborgen hielt, und zwar zu dem gleichen Preis, zu dem es mir überlassen worden war. Bigioni aber wollte das Bild nicht einmal sehen, sondern stürzte aus dem Zimmer, als hätte ich die «Neunte Symphonie» erklingen lassen, und dabei blickte er mich an wie einer, der aus Angst, man wolle ihn hereinlegen, eine Diskussion abbricht. Diesmal, so schien es mir, benahm *er* sich unhöflich, und ich sah ihm voll Ärger nach. Gleich darauf aber wurde mir klar: Bigioni wollte Alfio kaufen und nicht eines seiner Bilder. Kaufte er das Bild von mir, dann bestand die Gefahr, daß Alfio sich noch mehr über ihn erboste.

Ich glaube aber, daß Bigioni aus unserem Haus, das für ihn ein richtiges Zuchthaus war, doch geflüchtet wäre, wenn es nicht Clara, Valentinos Schwester, gegeben hätte. Sie war ein paar Jahre älter als Antonia und kam nach dem Tod des Bruders täglich zu uns, um Antonia zwei Stunden lang am Nachmittag Gesellschaft zu leisten. Anfangs mochte ich sie nicht. Vor allem gefiel sie mir nicht, sie war dick und vierschrötig, und es wäre besser gewesen, sie hätte ihre fleischigen Beine unter ordentlich langen Rökken versteckt, wie sie zu meiner Zeit Mode waren. Sie hatte schöne, lebhafte Augen, die sich manchmal, wenn sie lächelte, schelmisch verschleierten, aber sie paßten nicht zu diesem Körper und betonten daher dessen Häßlichkeit nur noch mehr. Als ich jedoch sah, wie gut und sanft sie war, begann auch ich sie liebzugewinnen. Augusta war ihr vor allem aus Dankbarkeit zugetan. Diese ständig weinende Tochter war ihr eine wahre Last, und wenn Clara kam, fühlte sie sich zwei Stunden lang von Antonietta befreit. Ich kann zwar nicht aus eigener Erfahrung sprechen, Augusta aber versicherte mir, daß Antonia, wenn sie in Claras Gesellschaft sei, weit weniger weine. Ich verstehe: Sie nehmen sich vor, eine bestimmte Menge Tränen zu vergießen, und zu zweit schaffen sie es schneller.

Besonders lieb gewann ich Clara, als ich sah, wie sie sich Bigioni gegenüber benahm. Ich hatte erwartet, daß sie als Schwester Valentinos mithelfen würde, Bigioni aus dem Haus zu treiben. Statt dessen war sie ihm gegenüber bestimmt, aber höflich. Sie vertraute sich Augusta an und sagte, sie sei ehrlich überzeugt, daß eine so junge Frau wie Antonietta früher oder später wieder heiraten würde. Da sei es doch besser, sie heirate Bigioni, der ein verläßlicher Freund Valentinos gewesen sei, als einen anderen. Bigioni begehe nur den Fehler, etwas erreichen zu wollen, was ihm so rasch nicht zukomme. Ihre und unser aller Aufgabe sei es daher, ihn hinzuhalten und für bessere Zeiten aufzubewahren.

Ich war begeistert. Wieviel praktischer war doch Clara als die arme Antonietta, die nichts von der Welt verstand. Genau so mußte man vorgehen. Sicherlich litt auch sie unter dem Tod ihres Bruders, aber sie mit ihren schönen, klaren, allzu scharfblickenden Augen blieb klug und wohlbedacht. Ja, man muß sich an diese Augen erst gewöhnen, aber Augen können nie scharfblickend genug sein. Diese bewahrten ihren klaren Blick sogar durch die Tränen hindurch.

Von nun an war sie unsere liebste Gesellschaft. Wenn Antonietta am Vormittag, vor Claras Eintreffen, ihre Ausbrüche hatte, waren sie uns jetzt weniger lästig, denn wir wußten, der Trost würde bald kommen. Und er kam unfehlbar. Sobald uns Claras Ankunft gemeldet wurde, gingen Augusta und ich ihr erleichtert entgegen und geleiteten sie, wie in Prozession, zu Antoniettas Zimmer. Sie ging uns voran, hörte uns zu und unterbrach unsere Klagen, indem sie uns an die Schwere des Verlustes, den Antonietta erlitten habe, erinnerte. Sie war sehr darauf bedacht, jedem Gerechtigkeit widerfahren zu lassen. Und kein Tag verging, an dem wir uns nicht an sie wenden mußten, damit sie beispielsweise Antonietta den Kopf zurechtrücke, die darüber empört war, daß wir während der Trauerzeit für ein paar alte Freunde ein Mittagessen gegeben hatten; oder aber wir wurden ermahnt, weil wir gemeint hatten, Antonia solle nach und nach ihre vielen Trauerschleier ablegen, die ihr in der bevorstehenden Sommerzeit doch eine große Last sein würden. Am einen Tag gab Clara uns recht, am andern neigte sich die Waage eher zu Antoniettas Gunsten. Und alle unterwarfen wir uns willig ihrem Urteil.

Ich beschäftigte mich häufig in Gedanken mit diesem häßlichen Mädchen. Durch sie wurde mir klar, daß unsere Triebe unter keinen Umständen ausgelöscht, sondern bestenfalls abgelenkt und zu Zielen hingelenkt werden können, für die sie nicht geschaffen wurden. Im Grunde konnte Clara, wie sehr sie auch dem Andenken ihres Bruders verbunden war – und diese Verbundenheit bewies sie durch die Ausdauer, mit der sie ihn täglich in Antoniettas Gesellschaft beweinte –, doch nicht umhin, es zu verunglimpfen, indem sie Bigionis Liebe begünstigte. Ganz einfach: Wenn jemandem die Möglichkeit genommen ist, die Liebe auf eigene Rechnung auszuüben, dann wird er von dem gebieterischen Trieb gezwungen, sie auf Rechnung eines anderen zu betreiben.

Nur selten kam es vor, daß unsere Unstimmigkeiten mit Antonietta noch am selben Nachmittag wieder aufflakkerten. Es war, als dauere Claras wohltätiger Einfluß verläßlich bis zum nächsten Morgen an. Man mußte nur auf die Worte achten, die man sagte, und eben das fällt mir in meinem Alter etwas schwer. Auf meine alten Tage mache ich einen Fauxpas nach dem anderen.

Wir saßen nach dem Abendessen auf unserer Veranda,

um die Zeit, zu der für gewöhnlich der Gesang meines Betrunkenen erklang. Wir hatten miteinander geplaudert, und im Vergleich zu früheren Abenden wage ich zu sagen, fröhlich geplaudert, wenngleich diese Fröhlichkeit von mir dazu verwendet wurde, mich mit einiger Bitterkeit über meinen Neffen Carlo, Guidos Sohn, zu beklagen, an dem ich an jenem Abend alles mögliche auszusetzen wußte und den ich wenig liebevoll und unernst fand. Antonietta unterstützte mich darin, und das trug dazu bei, daß meine Rede leichter und wortreicher dahinfloß. Es war für mich ein großer Trost, mich von meiner Tochter unterstützt zu fühlen. Ich bin immer so allein! Es war mir, als wandelte ich auf ihren Arm gestützt dahin oder als stützte ich ihren leichten Körper mit dem meinen.

Meine Zerstreuung kam durch einen Spaziergang auf dem Weg längs der Einzäunung unserer Villa; ich wollte sehen, ob mein Betrunkener nicht vorbeikomme, um mich noch vergnügter zu machen. An diesem Abend kam er nicht. Ich mußte bei dem Gedanken lachen, daß er vielleicht über das übliche Maß getrunken habe und nun sein sanftes Lied auf einer Parkbank vor sich hin singe. Auch wenn er kein großer Sänger war, ohne Musik würde er sicher nicht einschlafen können.

Es war spät, und ich wollte zu Bett. Vorher aber wollte ich noch Antonietta für die schöne Stunde danken, die sie mir verschafft hatte. Ich küßte sie auf die Stirn und murmelte: «Danke, mein Kind. Wir haben einen schönen Abend miteinander verbracht.»

Ihr liebes Gesicht verfinsterte sich sofort. Einen Augenblick schwieg sie, dann sagte sie langsam, wie nach einer Gewissenserforschung: «Ja, ein Abend, als wäre Valentino nicht gestorben.» Sie zögerte noch einen Moment. Dann brach sie in Schluchzen aus und eilte auf ihr Zimmer zu. Augusta lief ihr sogleich nach, aber als Antonietta sie sah, ging sie ins Zimmer und schloß sich ein. Augusta blieb vor der Tür stehen und bat mit leiser Stimme, sie möge doch öffnen. Antonietta antwortete nicht. Da wandte ich dieser Tür empört den Rücken und ging zu Bett. Ich war nicht nur empört, sondern auch tief beleidigt. Mein Gott! Mit siebzig Jahren ist es schwer, sich nicht gekränkt zu fühlen, wenn einem der nötige Respekt versagt wird.

Mein Zorn dauerte lange an. Ich hatte mich zu Bett gelegt, fand aber keinen Schlaf. Später stellte sich etwas anderes ein: der Verdacht, ich könne etwas falsch gemacht haben. Warum nur hatte ich das Bedürfnis verspürt, festzustellen, daß mein Geplauder über Carlos Charakter sie abgelenkt hatte? Sie bekam Gewissensbisse, wenn sie auch nur für ein paar Stunden ihren Schmerz vergaß und nicht an den Verstorbenen dachte. Ich wußte es, und dennoch hatte ich das Bedürfnis verspürt, sofort darauf hinzuweisen, daß sie sich hatte ablenken lassen? Und plötzlich ahnte ich die Möglichkeit, daß jemand, der von mir abstammte, zu so totaler Hingabe und zu Gelübden neigen könnte. Ich erkannte mich selber in Antonietta wieder, wenn auch verzerrt und noch weniger liebenswert. Es war ein kleiner Alptraum. Dann ließ sich vielleicht auch Alfios Malerei auf mich zurückführen? Jetzt, wo ich mit Hilfe des Grammophons gute Musik machte, mußte ich daran zurückdenken, daß meine Musik, solange ich Geige spielte, aus unsauberen Tönen und falschen Rhythmen bestanden hatte, und das entsprach ungefähr Alfios Malerei. Von Gewissensbissen geplagt, warf ich mich im Bett umher.

Als mir Augusta ins Schlafzimmer nachkam, versuchte ich, mich wieder zu fassen und gegen die Verurteilung meines Benehmens aufzubegehren, wie auch gegen das Hirngespinst, ich sei – wenngleich unschuldigerweise – der Ursprung all der Narreteien, die mein Haus verseuchten. Ich fragte Augusta: «Was hat sie zu dir gesagt?» und tat, als wachte ich eben auf, um meine absolute Unschuld zu bekunden, jene Unschuld, die dem Schlaf so verwandt ist.

Als sie mir aber erzählte, daß Antonietta gesagt habe, sie sei, als sie mich die fröhliche Stimmung dieses Abends loben hörte, von der Vorstellung überwältigt worden, Valentino in höchsteigener Person mache ihr Vorwürfe, fiel ich besiegt auf mein Kissen zurück. Dennoch kämpfte ich weiter. Ich hatte doch nur sagen wollen, diese Stunde sei so wohltuend gewesen, daß sie mir sofort einen besseren Schlaf verheißen hätte. Sich darüber zu freuen konnte doch die Trauer nicht schänden.

Augusta legte sich mit einem Seufzer im Bett zurecht, nachdem sie vorher den Fauteuil herangeschoben hatte, auf dem, schön zugedeckt, ihre kleine Hündin schlief. Sie murmelte: «Du weißt ja, wie sie ist.»

Mir schien es, als wolle sie mir die Schuld zuschieben, daß Antonietta so war. Ich schwieg still. An diesem Abend vermochte ich nicht zu protestieren. Und ich sah jenen ganzen Teil meines Lebens, der von Gewissensbissen und Reue erfüllt war, während ich, ehrlich gestanden, keine Vergehen entdecken konnte. Vielleicht hatte es sie gegeben, aber ich erinnerte mich ihrer nicht, so wie sich auch Antonietta, die meine weniger angenehmen Eigenschaften geerbt hat, keiner Vergehen erinnerte. Manche erben vom Vater die lange, schlecht geformte Nase, während ihre Geschwister seine schöne Gestalt oder seine ausdrucksvollen Augen mitbekommen. Antonia waren meine Gewissensbisse zuteil geworden, die bei ihr um so unerträglicher wirkten, als sie völlig unsinnig waren.

Bald hörte ich an Augustas Atmen – das mit den Jahren recht geräuschvoll geworden ist –, daß sie schon schlief. In der Finsternis streckte ich ihr die Zunge heraus, wie ein ungezogener Junge. Soviel Unschuld schien mir denn doch übertrieben. Es blieb mir ganz allein überlassen, an meinen Gewissensbissen zu leiden. Sie waren einigermaßen begründet, soweit sie mein unangebrachtes Gerede betrafen. Sie waren heftig, unerträglich, soweit sie sich auf die Erkenntnis bezogen, daß meine schlimmsten Fehler in meinen Kindern wiederauflebten.

Carlo ist ein wirklich unterhaltsamer Mensch, schon mit ihm zu reden bedeutet eine Zerstreuung. Dem Anschein nach hat auch er nichts von seinem Vater. Vielleicht dessen Sicherheit, Guidos Sicherheit beim Geigenspiel. Ich suche die Analogie mehr in der Ferne zu entdecken. Nur daß Carlo keinerlei Instrument spielt und sich seine Sicherheit in der Kunst zu leben und zu genießen zeigt. Umsichtig zu leben, ohne Fehler zu begehen, die ihm schaden könnten, und dabei das Leben doch ausgiebig zu genießen. Manchmal wirkt er müde, aber außer seiner Gesundheit (um die er sich nicht viel kümmert, obwohl er Medizin studiert, was an der Ernsthaftigkeit seines Studiums Zweifel aufkommen lassen könnte) setzt er nie etwas aufs Spiel. Er bekommt von daheim einen nicht allzu üppigen Monatswechsel, der ihm jedoch vollauf genügt. Er ist gegen die Wiederaufwertung der Lira, sie käme ihm nicht gelegen, da er seinen Monatswechsel in ausländischer Valuta erhält, ansonsten aber beschäftigt er sich nicht mit Politik. Vielleicht ist er unserem Land durch sein neues Vaterland entfremdet worden, um das er sich freilich, wie ich glaube, auch nicht viel kümmert. Er spricht jetzt fließend Italienisch, und es scheint mir, daß seine Ausdrucksweise lebhafter ist als die seiner Altersgenossen. Im Munde der meisten von uns ist die Sprache durch den langen Gebrauch ein wenig welk geworden. Wer von uns bemüht sich schon um eigene Prägungen? Er hingegen übersetzt munter Redewendungen aus seinem argentinischen Spanisch, und in seinem Munde gewinnt alles eine ungezwungene Frische. Er lernt alles, was für ihn notwendig ist. Er kann auch griechische und lateinische Texte auswendig, und er zitiert sie mit großer Wut, weil er sich noch erinnert, welche

Mühe es ihn gekostet hat, sie zu lernen. Seiner eigenen Aussage nach ist sein Körper deshalb so schlank geworden, weil er im Gymnasium von Klasse zu Klasse durchs Schlüsselloch schlüpfen mußte.

Er liebt die Frauen mit Entschiedenheit und Überzeugung. Obwohl er an allen Arten von Spielen (namentlich Kartenspielen) Vergnügen findet, erklärt er doch laut und vernehmlich, daß es auf dieser Welt nur einen einzigen Genuß gebe. Und er kann es nicht lassen, sich ständig in Anspielungen auf diesen Genuß zu ergehen, die, wenn sie nicht immer so geistreich wären, uns schockieren müßten. Er ärgert sich manchmal über Augusta, weil sie die versteckten Bedeutungen nie gleich versteht. Wir zwei Boshaften aber lachen sehr, wenngleich nicht so sehr wie Augusta, wenn sie schließlich doch verstanden hat. Sobald sie die Pointe begriffen hat, fällt sie beinahe vom Sessel vor Lachen. Eine unbeschwerte Heiterkeit verbreitet sich in jeder Gesellschaft, in der Carlo erscheint, natürlich nur, wenn in dieser Gesellschaft nicht so große Widerstände auftauchen wie bei uns zu Hause: ein in seiner Malerei gekränkter Alfio oder eine in tiefe Trauer versunkene Antonietta.

Seine eigene Heiterkeit jedoch wird durch keinerlei Sorgen beeinträchtigt. Er erzählte uns, daß er einige Tage lang im Spiel vom Pech verfolgt worden sei: «Das Unglück», sagte er, als entdecke er gerade etwas Ungewöhnliches, «ist nicht groß, wenn man schlechte Karten hat. Beim Poker kommen die großen Verluste von den guten Karten. In dieser Woche war ich unglückseligerweise vom Glück begünstigt.» Er verlor selten, denn er spielte immer ein klein wenig besser als seine Gegner. Und er kannte sämtliche Spiele. Seit ein paar Jahren weiß ich, daß es ein überaus schwieriges Spiel gibt, das Bridge heißt. Als ich zum erstenmal von der Existenz dieses gerade aus England herübergekommenen Spieles hörte, erfuhr ich gleichzeitig, daß der beste Bridge-Spieler der ganzen Stadt Carlo sei. So ein

Hundesohn, dachte ich, ohne mir gleich bewußt zu werden, daß er Guidos Sohn ist, sämtliche Spiele kann er. Sogar mir ist er in dem einzigen Kartenspiel überlegen, das ich noch spiele, einer nicht sehr komplizierten Patience. Alle anderen Spiele habe ich schon seit vielen Jahren aufgegeben. Wenn ich mich in den letzten Jahren an einen Spieltisch setzte, fühlte ich mich sogleich wie ein Verurteilter, und dieses Gefühl war so qualvoll, daß ich aufhören mußte. Seltsam! Ich fühle mich so jung und bin doch so verschieden von dem Menschen, der ich in meiner Jugend war. Ob dies das wirkliche, das große Alter ist?

Mit einem kurzen Blick auf meine Patience machte er mich auf einen Fehler aufmerksam. Dann ging er weg, versenkte sich in seine Zeitung und mischte sich wieder in mein Spiel ein, um mir einen überaus wertvollen Tip zu geben, mit dem er mir, der ich ununterbrochen auf die Karten starrte, entscheidend half. Trotzdem war mir seine Einmischung lästig und störte mich, auch wenn ich es nicht zeigte, denn ich liebe das Patience-Spiel eben deshalb, weil man dabei allein ist. Dann aber fand ich mich drein: Es ist ja bekannt, daß der Kiebitz das Spiel besser durchschaut als der Spieler, der durch die Anstrengung, zu der er sich zwingt, abgelenkt wird.

Seine Gesellschaft war mir höchst willkommen. Ich war zwar noch immer bei Doktor Raulli in Behandlung, aber das Abführmittel, das ich damals täglich einnahm, hatte mir Carlo verordnet, und seit einem Monat stammt auch mein Hustenmittel von ihm (das mir anfangs wie ein Wundermittel vorkam, jetzt aber, ehrlich gestanden, weniger). Die Diät schließlich, die ich nach seiner Vorschrift einhielt, wurde immer noch strenger. Ich magerte ab, und ich fühle mich jetzt, das muß ich sagen, weit besser als vor Jahren. Weiß Gott, welche Sprünge ich mit achtzig machen werde, wenn ich so fortfahre. Man muß der Diät die nötige Zeit lassen, denn ihre Wirkung stellt sich langsam ein.

Aus all diesen Gründen bin ich ihm sehr verbunden. Wenn ich niedergeschlagen bin, ermuntert er mich nicht durch Worte, sondern fühlt mir den Puls und lacht mich hinterher aus. Das spöttische Lächeln in seinem schönen, blassen Gesicht wirkt recht liebevoll. Im übrigen besteht gar kein Anlaß, sich darüber zu ärgern, denn in diesem Gesicht liegt stets ein leicht spöttischer Ausdruck, hervorgerufen durch die sorgsam rasierte Oberlippe, die ein wenig herabhängt, ein leichter Wulst, der einem bei diesen sonst so klar und sauber gezeichneten Zügen sofort auffällt.

Und noch etwas gibt es, das mich ihm verbindet. Er ist der erste Mensch, dem gegenüber ich, seit ich lebe, also seit geschlagenen siebzig Jahren, aufrichtig zu sein vermochte. Und die Aufrichtigkeit ist eine große Erholung, eine außerordentliche Erholung nach all meinen Mühen. Weiß Gott, was mich dazu bewogen hat. Vielleicht auch die Notwendigkeit, meinen Arzt nicht zu betrügen. Ich war aufrichtig zu Carlo, aber nicht uneingeschränkt. Er ist nicht indiskret, aber intelligent, weshalb es ihm möglich war, aus einer leisen Andeutung von mir alles zu verstehen. Weder Carla[2] noch die anderen wurden namentlich erwähnt, und von den Damen aus der Vorstadt ahnte er nicht einmal etwas. Er amüsierte sich ungemein, und ich mit ihm. Er prahlte mit seinen Abenteuern, und dieses Prahlen hat etwas so Erfrischendes, daß auch ich mich dessen nicht enthalten konnte. Daher wurde ich ein bißchen weniger aufrichtig und fing an, etwas zu übertreiben. Nicht sehr und nicht oft. Bloß bei der Anzahl der Frauen. Häufiger allerdings übertrieb ich ihre Qualitäten. Doch ging ich nie so weit, aus ihnen reinblütige Prinzessinnen zu machen. Lediglich eine erhob ich zur Herzogin, weil ich nicht sagen wollte, daß es sich um die Gattin eines Commendatore handelte. Ich hätte sie auch nur für die Gattin eines Cavaliere ausgeben können und dabei die Diskretion genauso gewahrt, aber was tut's? Es machte mir Spaß, mich Carlo gegenüber aufzuspielen. Und außerdem fühlte ich mich bei meiner Aufrichtigkeit so wohl, daß ich meinte, sie noch zu steigern, wenn ich übertrieb. Auf diese Weise würde ich vielleicht herausfinden, was ich getan hätte, wenn die anderen es mir erlaubt hätten. Das Geständnis wurde noch aufrichtiger.

Und Carlo war sehr diskret.

Jeden Sonntag kam er zu uns zum Abendessen. Für mich war es das beste Abendessen der Woche. Er war so unempfindlich gegen die Sturheit der anderen, daß er deren schlechte Laune gar nicht bemerkte, solange sie nicht lautstark zum Ausdruck kam, und daher konnte er selbst dann ausgiebig lachen, wenn er neben Antoniettas Trauer saß. Er mißachtete diese Trauer nicht, denn er nahm sie überhaupt nicht wahr. Und ich machte es ihm nach, soweit ich konnte. Natürlich war es mir, im Gegensatz zu ihm, keinen Moment möglich, Antoniettas Trauer und Alfios Groll zu vergessen. Leichter fiel es mir, wenn auch Cima da war. Zu dritt kamen wir besser gegen die Griesgrämigkeit von zweien auf und gegen die Bedrücktheit der armen Augusta, die zwar fähig war, sich später, unter vier Augen, bei mir zu beklagen, aber völlig unfähig, sich gegen die eigene Tochter zur Wehr zu setzen.

Eines Abends nun sprach man über die Treue der Ehemänner. Natürlich kam sogleich Valentinos Treue zur Sprache, und ich verstehe nicht, was das für einen Sinn haben sollte, denn sie war ja nunmehr besiegelt. Augusta hatte den wenig geschmackvollen Einfall, auch meine Treue zu erwähnen, und man redete ziemlich lange darüber, denn Antonietta kam es dabei zum Bewußtsein, daß ihr treuer Gatte tot war, und sie beweinte diese tote Treue um so mehr, als Augusta das große Glück hatte, daß ihr fügsamer, guter und treuer Gatte noch lebte.

Plötzlich brach Carlo in Lachen aus, und ich durchlebte

einen wahrhaft grauenvollen Augenblick. Er konnte vor Lachen nicht sprechen, und daher verlängerte sich meine Verlegenheit so sehr, daß ich anfing, mich zur Gegenwehr zu rüsten. Ich wollte das Glück meiner Ehe auch weiterhin mit Händen und Füßen verteidigen, so wie ich es im Verlauf all der vielen Jahre erfolgreich getan hatte. Ich fand einen Ausweg! Ich wollte sagen, ich hätte Carlo angelogen, um mit ihm lachen zu können. Der Betrogene, von mir Betrogene, sei also er und niemand anderer. Augusta würde dies genügen. Wie aber stand es mit Alfio und Antonietta, die jünger und boshafter waren?

Als Carlo wieder reden konnte, fragte er mich: «Seit wie vielen Jahren bist du nicht mehr treu?»

Ich stammelte: «Ich verstehe nicht.» Ich beteuerte nicht meine Unschuld, denn soviel war mir klargeworden, daß Carlo nicht auf meine jüngsten Seitensprünge anspielen wollte, die vielleicht gar keine waren und von denen er sicherlich nichts wissen konnte. Hätte er hingegen gefragt, seit wie vielen Jahren ich treu sei, dann hätte ich sogleich protestiert: «Ich war immer treu, und ich habe mich über dich nur lustig gemacht und nur dich betrogen, du Gauner.»

«Das gegenwärtige Verhalten des Onkels nämlich», erklärte Carlo, «kann nicht als Treue bezeichnet werden. Deshalb wollte ich wissen, seit wie vielen Jahren er nicht mehr treu ist.»

Er berührte da einen recht heiklen Punkt, aber er war immerhin weniger heikel als der, den er zu berühren gedroht hatte. Ich steckte meine Nase in den Teller, um mein Gesicht zu verbergen, das Zeichen der Verlegenheit tragen mochte. Dann bemühte ich mich zu lachen: «Auch dir wird sie noch blühen, diese unfreiwillige Treue.»

Carlo aber, und damit bewies er seine Diskretion, erwiderte: «Bei mir wird sie anders heißen, denn ihr wird keine freiwillige Treue vorangegangen sein.»

Ich atmete auf, aber ich hatte doch eine so böse Viertelstunde durchlebt, daß ich mir vornahm, ich würde, sobald Carlo endlich nach Buenos Aires zurückgekehrt sei, ein für allemal auf die Aufrichtigkeit verzichten, so schmerzlich das auch für mich sein mochte. Warum sollte ich mich nun, da ich keine anderen Risiken mehr einging, selbst aufgeben, nur aus Freude an einer dummen Plauderei?

Damals schon sprach man von einem Verhältnis, das Carlo mit einer verheirateten Frau hatte, und das dürfte ihn in Triest zurückgehalten haben, denn ich bin überzeugt, daß es auch in Buenos Aires nicht an Kranken mangelt, die ärztliche Behandlung brauchen. Seine Mutter hatte ihn brieflich zurückberufen, er aber stellte sich taub. Er war sonst recht rücksichtsvoll dieser Mutter gegenüber, die nur für ihn lebte, zumal er nach dem Tod des anderen Zwillings ihr einziges Kind war, und er schrieb ihr täglich eine kurze Postkarte. Aber er lebte nicht gerne mit ihr zusammen. Anscheinend plagte sie ihn durch allzu große Zärtlichkeit und behandelte ihn immer noch wie einen kleinen Jungen, der Fürsorge und Ermahnungen braucht. Diese Postkarten, die in Buenos Aires haufenweise eintreffen mußten, brachten mich zum Lachen. Carlo erklärte mir schicksalsergeben, so sei eben seine Mutter. Sie ordne diese Postkarten, kontrolliere, ob tatsächlich täglich eine abgesendet worden sei, und würde sich zweifellos beklagen, wenn sie mit den Kalendertagen nicht übereinstimmten. «Ich sehe ein», fügte er mit einem Seufzer hinzu, «daß ich früher oder später zu ihr zurück muß.» Und dann: «Nun ja, auch in Buenos Aires gibt es Frauen.»

Die Exaltiertheit Adas interessierte mich sehr, ja sie verschaffte mir eine gewisse Erleichterung. Hier war ich, leider, unbeteiligt. Zu der Exaltiertheit in meiner Familie hatte also auch die Familie Malfenti beigetragen.

Eines Tages wollte ich dies Augusta beweisen. Dabei entdeckte ich zum erstenmal, wie sie über mich dachte. Sie gestand es mir sanft und zärtlich lächelnd. Ich ähnele Alfio. Äußerlich und auch geistig. Frauen tun sich immer schwer, die genauen Worte zu finden. Sie konnte das, was sie empfand, nicht beweisen. Aber sie sah es, sie fühlte es, und vor allem hatte sie ihn und mich gleich lieb. Auch Antonietta sei mir ähnlich. Und auch das konnte sie nicht beweisen. «Irgendeine Ähnlichkeit aber besteht zwischen euch. Irgend etwas, das mir nicht gefällt, in gleicher Weise nicht gefällt, das aber bei dir mein Mitleid geweckt hat, das mir leid tat, für dich leid tat, verstehst du, bei ihr aber macht es mich fast wütend.»

Wir fuhren im Auto in Richtung Miramare[3]. Die Sonne war vor kurzem untergegangen, und es war beseligend, den Blick auf der riesigen Wasserfläche ruhen zu lassen, auf der sanfte, erholsame Farben schaukelten, als seien sie nicht eine Abwandlung jener grellen, die ihnen vorangegangen waren. Ich gab mich dieser beruhigenden Stimmung hin und versuchte, die sanfte Frau neben mir zu vergessen, die mich besser durchschaut hatte als ich mich selbst und besser, als sie, wie ich hoffe, es selbst wußte.

Und einen Augenblick lang sah ich, wie die menschlichen Charaktereigenschaften sich von einem auf den anderen vererben, in völlig entstellter Form, aber doch durchschimmernd identisch, so daß selbst Augusta dessen gewahr werden konnte, einer Eingebung folgend, die sich auf keine verstandesmäßige Überlegung gründete. Gleich danach aber begehrte ich auf: Wozu dienten denn die Vererbungsgesetze, wenn aus allem alles werden konnte? Warum soll man sie überhaupt kennen, wenn sie einem doch nicht erklären können, wie Carlo von diesem Dummkopf Guido abstammen kann und diese dummen Geschöpfe Antonia und Alfio von mir.

Carlo hatte sich schon damals in der Stadt als junger Arzt einen gewissen Namen gemacht. Er verstand es, mit allen umzugehen, den Leuten Respekt entgegenzubringen, an denen ihm lag, und gar keinen denjenigen, von denen er nicht abhing, und stets sich selbst Respekt zu verschaffen. Auch Raulli schätzte ihn, ich glaube aber, daß er ihn zugleich ein wenig fürchtete. Es scheint, daß Carlo schon wenige Tage nachdem er am Krankenhaus zugelassen worden war, unter Kollegen eine etwas kühne Diagnose zu stellen gewagt hatte. Raulli warf ihm im Beisein der anderen Ärzte Unwissenheit vor. Carlo verteidigte sich, indem er einen Ausspruch tat, der zuerst unter den Ärzten die Runde machte, dann aber auch in die Öffentlichkeit drang und ihm ein Renommee verschaffte, als hätte er einem Sterbenden das Leben gerettet. Auch jetzt noch beginnen die Leute zu lachen, wenn vom Doktor Speyer die Rede ist: «Aha, das ist der mit Unwissenheit und Irrtum.» Der war er. Er hatte Raulli gegenüber erklärt, sicher, den jungen Ärzten lasse sich Unwissenheit vorwerfen, aber dafür befänden sich die alten Ärzte allesamt im Irrtum, wie die Geschichte der Medizin beweise. Raulli verschlug es zuerst die Sprache, dann antwortete er leise, wohl wissend, daß er unrecht hatte: «Das konnte man bis vor einem halben Jahrhundert sagen, aber nicht jetzt, junger Mann.»

Und da komme mir nun einer und entdecke eine Ähnlichkeit zwischen Guido und Carlo. Guido war unverschämt, solange er angreifen konnte, aber er verstummte, sobald er spürte, daß man ihm selber auf den Leib rückte.

Der ausgeprägte Geschäftssinn dieses großartigen Arztes, und das war die Eigenschaft, die mich an ihm am meisten fesselte, konnte natürlich von seinem Großvater Giovanni Malfenti stammen. Ich weiß aber genau, daß sich bei meinem Schwiegervater der Geschäftssinn erst spät entwickelt hat, zur gleichen Zeit wie sein mächtiger Bauch. Wie aber sollte der zierliche Carlo zu Eigenschaften dieses dicken, groben und ungebildeten Mannes gekommen sein, zu Eigenschaften, die ich in einem direkten, natürlichen Zusammenhang mit dessen Schmerbauch zu sehen gewohnt war, mit dessen Art zu denken, die selbstverständlich gesetzt und ruhig war?

Carlo war lebhaft und etwas nervös, was seine Lebhaftigkeit noch steigerte. Wenn er neben einem saß, war seine Gegenwart regelrecht zu spüren. Er blieb nie ruhig an seinem Platz, zuweilen klopfte er rasch hintereinander mit dem Absatz auf den Fußboden. «Ein Absatz-Triller», meinte er mit resigniertem Lächeln. Er raucht viel und gern und immer ausgezeichnete Zigaretten. Auch Alfio raucht, aber er saugt wütend an seiner stinkenden toskanischen Zigarre. Nicht einmal im Rauchen hat er etwas von mir geerbt.

Meine große Zuneigung für Carlo rührt ein wenig auch daher, daß ich von meinen eigenen Kindern allein gelassen wurde. Ein Beweis dafür ist die Tatsache, daß Augusta, die noch weit liebebedürftiger ist als ich, sich zunächst ihren Carlo bei den Tieren suchte, und als diese ihr nicht mehr genügten, sich Renata anschloß, von der sie jetzt unzertrennlich ist.

Renata kam vor nunmehr vier Jahren in Antoniettas Haus, um die alte Amme Umbertinos zu ersetzen, die sich in ihr Heimatdorf zurückgezogen hatte. Sie kam zu uns, als Antonietta in unser Haus übersiedelte, und wechselte in den Dienst Augustas über, als Umbertino sie nicht mehr brauchte, weil er in die Schule kam. Renata leistete ihm von da an nur mehr abends Gesellschaft, denn allein konnte er nicht einschlafen, weil in seiner Vorstellung das Zimmer von einer Unzahl wilder Tiere bevölkert war, und Antonietta blieb nach dem Abendessen immer bei uns.

So hatte Renata ein sehr leichtes, wenn auch ziemlich kompliziertes Leben. Sie hatte nicht viel zu tun (momentan braucht sie nur das Speisezimmer, das Empfangszimmer und mein Arbeitszimmer sauberzuhalten), aber gerade deshalb ist sie den ganzen Tag beschäftigt. Sie richtet das Brot her, das den Spatzen täglich auf der Terrasse gestreut wird, sie hält zwei Kanarienvogelkäfige in Ordnung, und sie wird auch zur Bedienung von Musetta herangezogen. Das alles macht ihr offenbar ungeheuren Spaß, denn sie ist immer gut aufgelegt, und es ist so schön, von lächelnden Menschen bedient zu werden. Man hat die ganze Bequemlichkeit und keinerlei Gewissensbisse! Wenn ich in mein Arbeitszimmer gehe, muß ich an der Küche vorbei, aus der mir unfehlbar Renatas ein wenig rauhes, anhaltendes und herzliches Lachen entgegenschallt.

Wie ich es schon verstanden hatte, mich in Augustas Tierliebe einzufühlen, so fiel es mir jetzt erst recht leicht, ihre Liebe für Renata zu teilen. Natürlich handelt es sich bei mir nur um eine väterliche Liebe, alt, wie ich bin. Aber ich sehe sie gern an: so jung, gut gewachsen, das zierliche Figürchen auf den ein wenig langen Beinen so flink und lebensvoll. Ihr Köpfchen ist zwar nicht vollkommen, aber doch sehr anmutig mit diesen braunen, lockigen Haaren, den lebhaften Augen und den prachtvollen Zähnen. Sie stammt aus dem Friaul und verbringt jedes Jahr ihren vierzehntägigen Urlaub bei ihrer Mutter, doch wenn sie zurückkommt, ist sie immer ein bißchen abgemagert.

Augusta wollte einmal nachsehen, wie ihre Renata dort behandelt würde, und so fuhren wir mit dem Auto in ihr Dorf, unweit von Görz. Wir hatten unseren Besuch angesagt, und Renata erwartete uns auf der recht sauberen und schmucken Dorfstraße. Errötend sagte sie, sie sei uns entgegengekommen, weil ihr Haus in einem Gäßchen liege, in das man mit dem Auto nicht hineinfahren könne.

Augusta wollte auf ihrer Absicht bestehen: «Aber ich hätte gern deine Mutter kennengelernt.»

«Da ist sie», rief Renata über und über rot, mit ihrem gewohnten, ein wenig brüchigen Lachen.

Auf ihren Wink erhob sich ein altes Mütterchen, das allein unter einem großen Kastanienbaum auf einer Bank saß, und kam auf uns zu. Sie war ganz offensichtlich festlich herausgeputzt, auf eine sehr altmodische Weise, mit langen Röcken und einem elegant um den Kopf gebundenen bunten Tuch. Doch wirkte alles stark verschossen, sie selber, grau und zahnlos, inbegriffen. Sie wollte Augusta die Hand küssen. Sie sprach fast reines Friaulisch[4], und weder ich noch Augusta verstanden etwas von diesen ungeformten Lauten, die bald rechts, bald links aus diesem Mund quollen, dem die Organe zur Regulierung der Laute fehlten.

Unser Chauffeur Fortunato sprang helfend ein, wodurch sich die Unterhaltung etwas fröhlicher gestaltete. Er stammt aus dieser Gegend, und er erzählte der Alten – auf friaulisch – Dinge, über die sich die Frau halb totlachte. Sie bog sich geradezu vor Lachen. Übertrieben, vielleicht um die Verlegenheit zu verbergen, die unsere Gegenwart ihr bereitete. Augusta gab ihr die Geschenke, die sie mitgebracht hatte, dann suchte Renata sie zu bewegen, uns allein zu lassen und nach Hause zu gehen, wo es einen Mann gab, den Bruder, der bald von der Arbeit heimkommen und sein Essen verlangen würde. Die Alte protestierte: das Essen sei schon seit heute morgen fertig. Trotzdem gehorchte sie der Tochter und setzte sich in Bewegung.

Fortunato lachte: «Ja, die Polenta ist die geduldigste Speise der Welt. Man kann sie nicht lange genug stehenlassen.»

Wir begriffen, daß Renata uns ihr Haus nicht sehen lassen wollte. So mußten wir uns damit abfinden und wieder wegfahren, ohne es gesehen zu haben.

Ich fragte Fortunato, woher er Renatas Mutter kenne. Der falsche Kerl antwortete, daß in den Dörfern hier alle miteinander bekannt seien, als wohnten sie in ein und derselben Stadt. Bald aber wußten es alle, daß er und Renata eine Liebschaft miteinander hatten.

Zuerst waren wir davon unangenehm berührt. Es schien uns unter Renatas Würde zu sein. Fortunato war erst seit kurzer Zeit Chauffeur. Er wurde es erst nach dem Tode unseres armen Hydran, eines prachtvollen Pferdes, das zwei Jahre nachdem wir es gekauft hatten, plötzlich dämpfig geworden war und das wir aus falscher Güte die Krankheit bis zum Ende hatten erleiden lassen. Sein Tod hatte uns so erschüttert, daß wir von nun an nichts mehr von Pferden wissen wollten: Aus reiner Pferdeliebe vermieden wir jeden weiteren Kontakt mit dieser Tiergattung, die soviel Geduld mit dem Menschen gehabt hatte, bis der hastende Mensch alle Geduld mit ihr verlor.

So stieg Fortunato nach einer langen Ausbildungszeit, während der ich Monate ohne Kutsche und ohne Auto auskommen mußte, vom Kutscher zur Würde eines Chauffeurs auf. Er ist von langsamer Auffassung, wenn er aber einmal etwas begriffen hat, dann vergißt er es nicht mehr. Anfangs schien es, als würden wir mit ihm nie ans Ziel kommen, jetzt hingegen fährt er ganz schön schnell, manchmal auch zu schnell, denn nach jedem längeren Ausflug regnet es von allen Seiten Geldstrafen. Fortunato behauptet, es sei einfach unmöglich, die Verkehrspolizisten zufriedenzustellen, denn die Strafen, die sie auferlegen, seien für sie anscheinend eine Einnahmequelle. Das mag sogar stimmen. Von Fortunato als Chauffeur ist noch zu sagen, daß gewisse Pannen ihn verblüffen und empören, und er weiß nicht, wie er sie beheben soll. Als alter Kutscher möchte er am liebsten die Peitsche anwenden. Einmal mußten wir mitten auf freiem Feld aussteigen und zu Fuß in die Stadt zurückkehren, zu der es Gott sei Dank nicht sehr weit war. Er selbst kam erst spätnachts nach Hause, und zwar, wie mir berichtet wurde, fluchend. Er hatte vergessen, auf die Benzinuhr zu achten, und so hatte er erst spät, zu spät, bemerkt, daß der Tank leer war. Seither fällt sein Blick jedesmal, wenn der Wagen stehenbleibt, automatisch auf die Benzinuhr. Jede Erkenntnis auf Grund von Pannen also, und ich hatte die zerschundenen Knochen davon. Augusta aber meinte resigniert: «Wir alten Leute haben nicht gern neue Gesichter um uns.» So blieb Fortunato weiterhin bei uns. Er betätigt sich auch als Gärtner, ohne großes Geschick, aber mit einer gewissen Liebe. Viel zu tun hat er ja nicht. Jedenfalls blieb ihm Zeit genug, unsere kleine Freundin zu verführen.

Sie behandelte ihn bereits wie einen Ehemann, das heißt nicht sehr liebevoll. Sie nannte ihn gern den «Pannen-Mann», was mir stets ein boshaftes Lächeln entlockte, seitdem Carlo mich darüber aufgeklärt hatte, was das noch bedeuten könnte. Zwischen den beiden gab es auch Streitigkeiten wegen der Arbeitsteilung. Renata hatte verlangt, daß Fortunato auch zum Aufräumen im Empfangszimmer herangezogen werde, da dort einige Pflanzen stünden, und als er protestierte, lachte sie: «Ist nicht alles, was mein ist, auch dein?»

Er ist unglaublich langsam, während sie flink ist und sofort alles begreift, noch ehe man ausgeredet hat. Es stimmt allerdings, daß Renata häufig etwas wieder vergißt, während man sich auf Fortunato, wenn man ihm einmal mit beträchtlichem Atemaufwand etwas beigebracht hat, verlassen kann.

Es ist merkwürdig, wie er zunächst auch die für ihn unwichtigen Details durchdenken muß, bevor er etwas begreift. So erhielt er einmal den Auftrag, Augusta mit dem Auto von einer ihrer Freundinnen abzuholen und ihr dabei etwas zu bestellen. Fortunato wiederholte: «Also ... um sechs Uhr muß ich vor dem Hause Guggenheim sein, und wenn die gnädige Frau die Treppe herunterkommt ...» Er gab eine tiefgründige Analyse des Verhaltens aller Anwesenden. Ich unterbrach ihn ungeduldig und schrie: «Lassen Sie gefälligst die gnädige Frau von selber die Treppen herunterkommen.» Er wankte, als könne er jeden Moment das Gleichgewicht verlieren, und da begriff ich, daß man ihn reden, all die

Worte sagen lassen mußte, die er brauchte, um seine Gedanken in Ordnung zu bringen.

Abends, beim Schlafengehen, sagte ich zu Augusta: «Wie wird das Mädchen nur mit diesem Mann auskommen? Er ist so unintelligent.»

Und Augusta erwiderte: «Ich glaube nicht, daß es zum Glücklichsein einer besonderen Intelligenz bedarf.»

Ich wurde nachdenklich: Weiß Gott, wozu die Intelligenz dient.

Nichtsdestoweniger setzte sich Fortunato einem nicht geringen Risiko aus. Wir hatten beschlossen, das Mädchen noch fester an uns zu binden. Das Haus, in dem Fortunato jetzt wohnte, sollte ausgebaut werden. Ich schlug ein zusätzliches Zimmer vor, das später eventuell als Kinderzimmer dienen könnte. Aber Augusta berichtete mir eines Abends, daß die beiden beschlossen hätten, keine Kinder zu bekommen. Trotzdem wäre ihnen ein zusätzliches Zimmer sehr willkommen: für das Grammophon, ein Ding, das nur losschreit, wenn es aufgezogen ist.

Ein paar Abende später erfuhr ich ebenfalls von Augusta, daß dieser Fratz Renata erklärt hatte, sollte sie einmal Kinder haben wollen, dann würde sie sich die von einem machen lassen, mit dem etwas mehr los sei als mit Fortunato.

Wir lachten sehr, ich und Augusta. Sie, weil sie die Sache als einen harmlosen Scherz ansah, ich, weil mir der Ausspruch wirklich gefiel und mir nichts daran lag zu erfahren, ob er ernst gemeint war oder nicht. Beschäftigte sich also auch Renata mit den Gesetzen der Vererbung?

Carlo, dem ich wie immer alles erzählte, um das, was mir manchmal nicht ganz einleuchtete, dem Urteil der neuen Generation zu unterbreiten, meinte aber: «Da irrst du aber, Onkel. Sie denkt absolut nicht an die Vererbung. Sie denkt nur an die Bedürfnisse des Augenblicks.»

Ich verstand nicht gleich, lachte aber aus Höflichkeit, und als ich verstand, lachte ich aufrichtig und noch mehr.

Dann dachte ich noch einmal darüber nach: Vielleicht hatte Carlo recht, aber gleichzeitig konnte auch ich recht haben. Denn was sind die Bedürfnisse des Augenblicks? Werden sie nicht von einem herrischen Gebot bestimmt, das die Zukunft vorbereiten will?

Notiz [1]

Hungeranfall gleichbedeutend mit Jugendlichkeit, gefolgt von der gewaltigen Entkräftung durch die Verdauungsanstrengung, echte Periode des Alters.

Ich schlief immer nach dem Mittagessen. Eines Tages meinte Dr. Raulli, es sei besser, vorher zu schlafen. Das war eine Katastrophe. Schließlich ging alles gut, weil ich zur Eingewöhnung vorher und nachher schlief.

Kleines, anmutiges Organ, das Herz. Es will schlagen. Daher ist es im Organismus die Glocke. Viele Jahre lang schrieb man ihm die Liebe zu, bis eines schönen Tages jemand, der gerade liebend tätig war, sagte: – Aber damit hat doch das Herz nichts zu tun! Und alles gab ihm recht. Es hatte wirklich nichts damit zu tun. Solche Entdeckungen gibt es in Hülle und Fülle auf dieser Welt, Entdeckungen wie das Ei des Kolumbus. Ja, die Geschichte liefert noch ein ähnliches Ei. Und das ist wirklich historisch. Man glaubte, es seien tausenderlei Hexereien nötig, damit ein Küken aus dem Ei schlüpfe. Da kam ein junger Mann und erklärte: Das Ei enthält alles, was es braucht, um sich in ein Küken zu verwandeln.

Und nun ist das Herz auf die Funktion reduziert, die ihm zukommt und die es so beschäftigt, daß ihm keine Zeit für andere Funktionen bleibt. Ich kenne seine Arrhythmie, und die genügte, um mich von der Bedeutung dieses geräuschvollen Organs zu überzeugen. Einer seiner Schläge fehlt: tack, tack, tack ... tack – und wenn man sich den Puls hält, fühlt man sofort das Leben dahinschwinden in diesem Intervall, das ganz kurz ist, aber doch lang genug, um die Frage aufkommen zu lassen: Fängt es noch einmal an oder macht es Ernst?

Und manchmal frage ich mich ängstlich: Wann ruht das Herz sich eigentlich aus? Wenn ich schlafe, ruht es nicht. Aber einem lebendigen Ding darf doch die Ruhe nicht fehlen. Und um mich aufzuheitern dachte ich, daß Dinge denkbar seien, die sich nicht ausruhen.

Mein Müßiggang

Ja, die Gegenwart kann man nicht einfach auf dem Kalender suchen oder auf der Uhr, die man beide nur betrachtet, um das eigene Verhältnis zur Vergangenheit festzulegen oder um mit einem Anschein von Gewissenhaftigkeit den Weg in die Zukunft zu beschreiten. Ich, die Dinge und die Personen, die mich umgeben, wir sind die wahre Gegenwart.

Meine Gegenwart setzt sich ihrerseits aus verschiedenen Zeiten zusammen: Da ist einmal eine erste sehr lange Gegenwart: mein Abschied von den Geschäften. Sie dauert jetzt acht Jahre. Ein rührendes Nichts-mehr-zu-tun-Haben. Sodann gibt es besonders wichtige Ereignisse, die diese Gegenwart unterteilen: zum Beispiel die Heirat meiner Tochter, ein längst vergangenes Ereignis, das in jene andere lang andauernde Gegenwart einfließt, die durch den Tod ihres Ehemanns unterbrochen – vielleicht auch neu hergestellt oder, besser gesagt, korrigiert – wurde. Die Geburt meines kleinen Enkels Umberto, die gleichfalls weit zurückliegt, denn die wahre Gegenwart in meiner Beziehung zu Umberto ist die Liebe, die ich ihm inzwischen entgegenbringe: ein Erfolg, den er für sich buchen kann, obwohl er nichts davon weiß, sondern glaubt, er habe von Geburts wegen Anspruch darauf. Aber glaubt dieses winzige Wesen überhaupt etwas? Seine, das heißt meine Gegenwart in bezug auf ihn ist eben sein selbstsicherer kleiner Schritt, den zuweilen schmerzliche Ängste zum Stocken bringen, die aber in der Gesellschaft seiner Puppen wieder vergehen, falls es ihm nicht gelingt, seiner Mutter oder meinen, des Großvaters, Beistand zu erzwingen. Meine Gegenwart, das ist auch Augusta, so wie sie jetzt lebt – die Ärmste! –, mit ihren Tieren, den Hunden, Katzen und Vögeln, und in ihrer ewigen Unpäßlichkeit, die sie nicht mit der nötigen Energie kurieren will. Sie tut nur das Wenige, das Doktor Raulli ihr verordnet, und hört weder auf mich – der ich doch mit übermenschlicher Kraft die gleichen Zustände, Abnutzungserscheinungen des Herzens, zu überwinden wußte – noch auf Carlo, unseren Neffen (Guidos Sohn), der erst kürzlich von der Universität zurückgekehrt ist und somit die modernsten Heilmittel kennt.

Ein Großteil meiner Gegenwart wird zweifelsohne von der Apotheke bestritten. Diese Gegenwart begann zu einer Zeit, die ich nicht genau angeben kann, doch erfuhr sie immer wieder Einschnitte durch neue Medikamente und Heilmethoden. Wohin sind die Zeiten, als ich noch glaubte, allen Bedürfnissen meines Organismus Genüge zu tun, wenn ich allabendlich eine reichliche Dosis Lakritzenpulver oder einfache Brompräparate in Pulverform oder als Brühe einnahm? Jetzt verfüge ich mit Carlos Hilfe über ganz andere Kampfmittel gegen die Krankheit. Carlo sagt mir alles, was er weiß, ich hingegen sage ihm nicht alles, was ich denke, denn ich habe Angst, er könnte mir nicht beipflichten, könnte mit seinen Einwänden die Festung zerstören, in der ich mich mit so großer Mühe verschanzt habe und die mir eine Ruhe und Sicherheit gewährleistet, wie sie Menschen in meinem Alter gewöhnlich nicht haben. Eine richtige Festung! Carlo glaubt, daß ich alle seine Ratschläge aus Vertrauen zu ihm so prompt befolge. Ach wo! Ich weiß, daß er vieles weiß, und ich versuche, es zu lernen und anzuwenden, jedoch mit Bedacht. Meine Arterien sind nicht in Ordnung, das ist sicher. Im vergangenen Sommer stieg mein Blutdruck auf 240. Es war eine Zeit tiefster Niedergeschlagenheit, ob aus diesem oder einem anderen Grunde, weiß ich nicht. Schließlich gelang es mir, durch ein Jodpräparat, das ich in großen Dosen nahm, und durch ein anderes Medikament, dessen Namen ich mir nie merken kann, den Blutdruck auf 160 zu senken, und da ist er bis heute geblieben... Ich habe einen Augenblick meine Aufzeichnungen unterbrochen, um ihn mit dem kleinen Apparat, der immer auf meinem Tisch bereitsteht, zu überprüfen. Genau 160! Früher fühlte ich mich ständig vom Schlaganfall bedroht, ich spürte geradezu, wie er herannahte. Die Nähe des Todes machte mich nicht eben gütig, denn es ist schwer, Leute zu lieben, die, von keinerlei Schlaganfall bedroht, einen mit dem Ausdruck hassenswerter Unbeschwertheit bedauern, bemitleiden und sich dabei unterhalten.

Unter Carlos Anleitung aber behandelte ich auch jene Organe, die bisher in keiner Weise Hilfe verlangt hatten. Es ist jedoch klar, daß sich jedes meiner Organe nach so vielen arbeitsreichen Jahren müde fühlen kann und ihm Hilfe also nur guttut. So schicke ich ihm die nicht verlangte Hilfe. Wie oft seufzt der Arzt, wenn die Krankheit bereits ausgebrochen ist: «Man hat mich zu spät gerufen!» Es empfiehlt sich daher, vorzubeugen. Gewiß kann ich keine Leberkuren anwenden, wenn an der Leber keine Krankheitszeichen festzustellen sind, aber ich kann mich auch nicht der Gefahr aussetzen, so zu enden wie der Sohn eines meiner Freunde, der mit 32 Jahren und bei voller Gesundheit eines schönen Tages infolge eines heftigen Anfalls von Gelbsucht die Farbe einer Melone annahm und innerhalb von achtundvierzig Stunden starb. «Er war nie krank gewesen», sagte mir sein armer Vater, «er war ein Koloß und mußte sterben.» Viele Kolosse nehmen ein schlimmes Ende. Ich habe dies wiederholt beobachten können und freue mich daher, daß ich kein Koloß bin. Vorsicht aber ist eine gute Sache, und so beschenke ich jeden Montag meine Leber mit einer Pille, die sie vor plötzlichen akuten Krankheiten schützen soll, wenigstens bis zum nächsten Montag. Die Nieren kontrolliere ich durch regelmäßige Analysen, und bis jetzt hat sich noch kein Krankheitssymptom an ihnen gezeigt. Ich weiß aber, daß sie Hilfe nötig haben könnten. Die strenge Milchdiät am Dienstag verschafft mir eine gewisse Sicherheit für den Rest der Woche. Das Allerschönste wäre freilich, wenn sich die anderen Leute, die nie an ihre Nieren denken, einer tadellosen Nierenfunktion erfreuten und ich, der ihnen allwöchentlich ein Opfer darbringt, eines Tages die gleiche Überraschung erleben sollte wie einst der arme Copler[1].

Vor ungefähr fünf Jahren befiel mich eine chronische Bronchitis, die mir den Schlaf raubte; ich mußte immer wieder aus dem Bett springen und jede Nacht mehrere Stunden in einem Fauteuil sitzend verbringen. Der Arzt wollte es mir nicht sagen, aber es handelte sich dabei gewiß auch um Herzschwäche. Raulli verordnete mir damals, das Rauchen aufzugeben, abzunehmen und wenig Fleisch zu essen. Da es schwer war, das Rauchen aufzugeben, versuchte ich, die ärztliche Verordnung zu kompensieren, indem ich auf den Fleischgenuß ganz verzichtete. Aber auch das Abnehmen war nicht leicht. Ich wog damals vierundneunzig Kilo netto. Im Verlauf von drei Jahren gelang es mir, zwei Kilo abzunehmen. Ich hätte also, um auf das von Raulli gewünschte Gewicht zu kommen, weitere achtzehn Jahre gebraucht. Es war einfach schwer, wenig zu essen und zugleich auf Fleisch zu verzichten.

Ich muß hier zugeben, daß ich meine Abmagerung einzig Carlo verdanke. Sie war einer seiner ersten Heilerfolge. Er riet mir, eine meiner drei täglichen Mahlzeiten zu überspringen, und ich beschloß, das Abendessen zu opfern, das wir in Triest um acht Uhr abends einnehmen, im Gegensatz zu den anderen Italienern, die mittags ein zweites Frühstück essen und die Hauptmahlzeit um sieben Uhr. So fastete ich täglich achtzehn Stunden ununterbrochen.

Dafür schlief ich besser. Ich fühlte sofort, daß das Herz jetzt, da es sich nicht mehr mit der Verdauung abplagen mußte, jeden seiner Schläge dazu verwenden konnte, Blut in die Venen zu pumpen, die Rückstände aus dem Organismus zu entfernen und vor allem die Lungen zu versorgen. Ich, der ich schon die Schrecken der Schlaflosigkeit erfahren hatte, die furchtbare Erregtheit eines Menschen, der die Ruhe mit aller Macht herbeisehnt und sie gerade deshalb nicht finden kann, lag nun reglos da, in gelassener Erwartung der Wärme und des Schlafes. Er hielt lange an, eine richtige Pause in diesem anstrengenden Leben. Der Schlaf nach einer üppigen Mahlzeit ist dagegen etwas ganz anderes: Da kümmert sich das Herz allein um die Verdauung und ist von jeder anderen Sorge entbunden.

Dabei zeigte sich mir vor allem eines: daß ich besser zum Verzicht als zur Mäßigung geeignet war. Es fiel mir leichter, überhaupt nichts zu Abend zu essen, als das Mittagessen und das Frühstück einzuschränken. Hier gab es nun keine weiteren Einschränkungen mehr. Zweimal am Tage konnte ich soviel essen, wie ich wollte. Das schadete nicht, denn es folgten ja achtzehn Stunden der Selbstverzehrung. Anfangs ergänzte ich das aus Pastasciutta und Gemüsen bestehende Mittagessen durch ein paar Eier. Dann aber strich ich auch sie, nicht weil Raulli oder Carlo es so wünschten, sondern um die vernünftigen Ratschläge des Philosophen Herbert Spencer zu befolgen: Er hatte ein Gesetz entdeckt, wonach die Organe, die sich – infolge Überernährung – zu rasch entwickeln, nicht so kräftig werden wie jene, die für ihr Wachstum mehr Zeit benötigen. Natürlich ging es dabei um Kinder, aber ich bin überzeugt, daß auch der Stoffwechsel eine Entwicklung ist und daß auch ein siebzigjähriges Kind gut daran tut, seine Organe zu lieben, anstatt sie zu überfüttern. Hinterher war Carlo mit meiner Theorie sehr einverstanden, ja manchmal möchte er mir sogar einreden, er selber habe sie erfunden.

Bei meiner Bemühung, auf das Abendessen zu verzichten, war mir das Rauchen von großem Nutzen, und zum erstenmal in meinem Leben versöhnte ich mich auch theoretisch mit ihm. Ein Raucher fastet leichter als ein Nichtraucher. Ein tüchtiger Zug aus der Zigarette schläfert jeglichen Appetit ein. Dem Rauchen, so meine ich, habe ich es zu verdanken, daß ich mein Körpergewicht auf achtzig Kilogramm netto herunterbringen konnte. Es ist außerordentlich beruhigend, jetzt aus gesundheitlichen Gründen zu rauchen. Man raucht ein bißchen mehr, mit absolut ruhigem Gewissen. Im Grunde ist die Gesundheit ein Zustand, der einem Wunder gleichkommt. Da er durch die Zusammenarbeit verschiedener Organe erreicht wird, deren Funktion wir, obwohl wir sie kennen, nie ganz ergründen können (das gibt sogar Carlo zu, der die ganze Wissenschaft beherrscht, selbst die unserer Ignoranz), darf man annehmen, daß es eine vollkommene Gesundheit überhaupt nicht gibt. Andernfalls wäre es ja ein noch größeres Wunder, daß sie nachläßt.

Die Dinge, die in Bewegung sind, könnten sich ewig weiter bewegen. Warum nicht? Ist dies nicht das Gesetz des Himmels, wo sicherlich das gleiche Gesetz herrscht wie auf der Erde? Ich aber weiß, daß von der Geburt an auch die Krankheit vorgesehen und angelegt ist. Irgendein Organ ist von allem Anfang an schwächer, arbeitet mit einer gewissen Anstrengung und zwingt so ein Bruderorgan ebenfalls zur Anstrengung; und auf jede Anstrengung folgt Erschöpfung und damit, am Ende, der Tod.

Deshalb, und nur deshalb, bedeutet die Krankheit, auf die der Tod folgt, keinerlei Unordnung in unserer Natur. Ich bin zu unwissend, um sagen zu können, ob es dort oben im Himmel, so wie hier unten auf der Erde, möglicherweise auch Tod und Fortpflanzung gibt. Ich weiß nur, daß die Bewegungen einiger Sterne, auch einiger Planeten, etwas fehlerhaft sind. Es darf als sicher gelten, daß ein Planet, der sich nicht um sich selber dreht, lahm ist oder blind oder bucklig.

Unter unseren Organen aber gibt es eines, das im Zentrum steht, sozusagen die Sonne eines Planetensystems darstellt. Bis vor wenigen Jahren glaubte man, es sei das Herz. Heute wissen alle, daß unser ganzes Leben vom Sexualorgan abhängt. Carlo rümpft die Nase, wenn er von Verjüngungsoperationen hört, aber sogar er zieht den Hut, sobald von den Sexualorganen die Rede ist. Er sagt: Wenn es gelänge, die Sexualorgane zu verjüngen, dann würde sich sicherlich auch der ganze übrige Organismus verjüngen. Das brauchte man mir nicht erst beizubringen. Das hätte ich von selber gewußt. Aber es wird nicht gelingen. Es ist unmöglich. Weiß Gott, welche Wirkungen die Affendrüse hat. Vielleicht fühlt der Operierte beim Anblick einer schönen Frau den Drang, auf den nächsten Baum zu klettern. Das wäre ja auch ein Akt von Jugendlichkeit.

Es ist klar: Mutter Natur ist manisch, das heißt, sie hat die Manie der Fortpflanzung. Sie hält einen Organismus so lange am Leben, wie Hoffnung besteht, daß er sich fortpflanzt. Danach tötet sie ihn, und sie tut es auf die unterschiedlichste Weise, denn sie hat auch noch die Manie, geheimnisvoll zu bleiben. Sie liebt es nicht, ihre Absicht zu enthüllen, indem sie sich etwa immer der gleichen Krankheit bediente, um die Alten zu beseitigen. Einer Krankheit, welche die Ursache unseres Todes klar erkennen ließe, ein kleiner Krebs, immer an der gleichen Stelle.

Ich bin stets sehr unternehmungslustig gewesen. Da eine Operation nicht in Betracht kam, wollte ich Mutter Natur überlisten, wollte sie glauben machen, ich wäre immer noch zur Fortpflanzung befähigt, und nahm mir eine Geliebte. Es war die ruhigste Liebesbeziehung meines Lebens. Vor allem hatte ich nicht das Gefühl, einen Seitensprung zu begehen oder Augusta zu betrügen. Das wäre ja auch ein absurdes Gefühl gewesen: Ich empfand meinen Entschluß, mir eine Geliebte zu nehmen, so, als schickte ich mich an, in die Apotheke zu gehen.

Natürlich komplizierten sich in der Folge die Dinge ein wenig. Man kommt schließlich darauf, daß sich ein ganzer Mensch nicht wie ein gewöhnliches Medikament verwenden läßt: Man hat es mit einem komplizierten Medikament zu tun, das auch eine starke Dosis Gift enthält. Ich war noch nicht richtig alt. Die Geschichte liegt drei Jahre zurück, ich zählte also 67 Jahre: Ich war noch kein Greis. Daher geschah es, daß mein Herz, das als Organ von zweitrangiger Bedeutung mit dem Abenteuer nichts zu tun haben sollte, schließlich doch daran teilhatte. Und so kam es, daß an manchen Tagen auch Augusta aus meinem Abenteuer ihren Vorteil zog, sie wurde verwöhnt, geliebt, entschädigt wie zu Carlas[2] Zeiten. Merkwürdig ist nur, daß Augusta darüber überhaupt nicht erstaunt war, sie bemerkte dieses Neue nicht einmal. Sie lebt seelenruhig dahin und findet es ganz natürlich, daß ich mich mit ihr weniger abgebe als in früheren Zeiten, aber unsere jetzige Passivität vermindert in keiner Weise unsere gegenseitige Bindung, die einst durch Zärtlichkeiten und Koseworte geknüpft worden war. Diese Zärtlichkeiten und Koseworte müssen nicht ständig wiederholt werden, damit die Bindung zwischen uns fortdauere, immer lebendig und gleich innig bleibe. Als ich eines Tages, um mein Gewissen zu beruhigen, zwei Finger unter ihr Kinn schob und ihr lange in die treuen Augen blickte, schmiegte sie sich hingebungsvoll an mich und bot mir ihre Lippen: «Du bist immer gleich zärtlich geblieben.» Im ersten Augenblick war ich ein wenig überrascht. Als ich dann aber aufmerksam in die Vergangenheit zurückschaute, erkannte ich, daß ich es tatsächlich nie so sehr an Zärtlichkeit hatte fehlen lassen, daß dadurch die Liebe, die ich Augusta einst entgegengebracht hatte, verleugnet worden wäre. Ich hatte sie auch jeden Abend etwas zerstreut umarmt, ehe ich die Augen zum Schlafe schloß.

Es war einigermaßen schwer, die Frau zu finden, die ich suchte. Im Hause gab es keine, die für diese Aufgabe in Betracht kam, zumal ich es auch vermeiden wollte, mein Heim zu besudeln. Ich hätte es gleichwohl getan, angesichts der Zwangslage, in der ich mich befand, Mutter Natur zu überlisten, damit sie den Augenblick noch nicht für gekommen erachte, mir die Todeskrankheit zu schicken, und auch angesichts der großen, ungeheuren Schwierigkeit, die für einen betagten, mit Nationalökonomie befaßten Mann darin bestand, das Geeignete außer Haus zu finden – doch hier bot sich wirklich gar keine Möglichkeit. Die schönste Frau in unserem Hause war tatsächlich Augusta. Es gab noch ein vierzehnjähriges Mädchen, das Augusta für bestimmte Arbeiten heranzog. Hätte ich mich diesem Mädchen genähert, Mutter Natur hätte mir nicht geglaubt, das war mir klar; sie hätte mir schleunigst den Garaus gemacht, irgendeinen ihrer Blitze auf mich herabgeschleudert, die sie ja stets zur Verfügung hat.

Unnötig zu erzählen, wie ich Felicita fand. Der Gesundheit zuliebe ging ich, um mich mit Zigaretten zu versorgen, täglich weit über die Piazza Unità hinaus und zwang mich so zu einem mehr als halbstündigen Spaziergang. Die Verkäuferin war ein altes Weib, die Besitzerin des Ladens aber, die alle Tage für ein paar Stunden kam, um sie zu kontrollieren, war eben Felicita, ein etwa vierundzwanzigjähriges Mädchen. Anfangs dachte ich, sie hätte die Tabaktrafik geerbt; viel später erfuhr ich, daß sie sie gekauft hatte, mit ihrem eigenen Geld. Dort lernte ich sie kennen. Wir waren bald handelseinig. Sie gefiel mir. Sie war eine Blondine, stets bunt gekleidet, zwar schienen mir die Stoffe nicht eben kostbar zu sein, aber es waren immer wieder neue und überaus auffallende. Sie war stets stolz auf ihre Schönheit, die aus einem kleinen, durch kurzgeschnittenes, aber dichtgelocktes Haar aufgebauschten Köpfchen und einem zierlichen Figürchen bestand, das so kerzengerade war, als hätte sie einen Stock verschluckt und hielte sich etwas nach hinten geneigt. Ihre Vorliebe für lebhafte Farben fiel mir sofort auf. Diese Vorliebe sprang besonders in die Augen, wenn sie zu Hause war. Die Wohnung war nicht immer gut geheizt, und einmal registrierte ich, wie viele Farben Felicita auf sich geladen hatte: ein rotes Tuch um den Kopf, nach der Art unserer Bäuerinnen geknotet, ein gelbes Brokattuch um die Schultern, eine rot-gelb-grün abgesteppte Schürze über dem blauen Rock und in verschiedensten Farben bestickte Wollpantoffeln. Eine geradezu orientalische Erscheinung; das blasse kleine Gesicht aber stammte unverkennbar aus unserer Gegend, es hatte diese Augen, die Dinge und Menschen aufmerksam betrachten, um allen Vorteil aus ihnen herausschlagen zu können. Wir machten sogleich ein Monatsgehalt aus, und es war, ehrlich gestanden, so ansehnlich, daß ich es nicht ohne Wehmut mit jenen so viel geringeren Vorkriegshonoraren verglich. Und die teure Felicita begann schon am 20. von dem fällig werdenden Gehalt zu reden, was mir einen guten Teil des Monats verdarb. Sie war aufrichtig, offen. Ich war es weniger, und sie erfuhr nie, daß ich auf Grund des Studiums medizinischer Texte zur ihr gekommen war.

Auch ich vergaß es bald. Ich muß gestehen, daß ich heute dieser Wohnung nachtrauere, die ländlich-primitiv war, bis auf ein geschmackvoll eingerichtetes Zimmer, dessen Luxus meinen Zahlungen entsprach. Es war in sehr strengen Farben gehalten und nicht sehr hell, Felicita wirkte darin wie eine bunte Blume. Felicita hatte auch einen Bruder, der in derselben Wohnung wohnte: ein sehr ernster Mensch, ein tüchtiger Elektrotechniker, der ziemlich gut verdiente. Er machte einen etwas schlecht ernährten Eindruck, das kam aber nicht daher, daß er unverheiratet war, sondern, wie man leicht erraten konnte, von seiner Sparsamkeit. Ich unterhielt mich jedesmal mit ihm, wenn Felicita ihn rief, damit er in unserem Zimmer die elektrischen Sicherungen überprüfe. Ich erkannte bald, daß Bruder und Schwester gemeinsam daran arbeiteten, sich so rasch wie möglich ein gewisses Vermögen zu schaffen. Felicita führte ein streng geregeltes Leben zwischen Geschäft und Wohnung, und Gastone zwischen Werkstatt und Wohnung. Felicita schien weit mehr zu verdienen als Gastone, das spielte aber keine Rolle, da sie – wie ich später erfahren sollte – die Mithilfe ihres Bruders für unerläßlich hielt. Er war es auch gewesen, der den Ankauf der Tabaktrafik organisiert hatte, die sich als eine gute Geldanlage erwies. Er war so überzeugt, das Leben eines rechtschaffenen Menschen zu führen, daß er für die Arbeiter, die ihren ganzen Verdienst ausgaben, ohne an das Morgen zu denken, nur Worte der Verachtung übrig hatte.

Kurz, es war ein recht gutes Miteinander. Das Zimmer, das so ernst wirkte und so ordentlich gehalten war, erinnerte ein wenig an einen ärztlichen Ordinationsraum. Nur daß Felicita eine etwas bittere Medizin war, die man hinunterschlucken mußte, ohne den Gaumennerven Zeit zu lassen, sie zu lange auszukosten. Gleich zu Beginn, eigentlich noch vor Abschluß des Vertrages und um mich zu ihm zu ermutigen, schmiegte sie sich an mich und sagte: «Weißt du, es graust mir gar nicht vor dir.» Da es mit großer Liebenswürdigkeit gesagt wurde, klang es ziemlich liebenswürdig, aber ich war erstaunt. Ich hatte, offen gestanden, noch nie an die Möglichkeit gedacht, es könnte jemandem vor mir grausen. Ich hatte vielmehr gemeint, zur Liebe, derer ich mich infolge einer falschen Auslegung der Gesundheitsvorschriften so lange enthalten hatte, zurückgefunden zu haben, um mich einem Menschen, der mich begehrte, hinzugeben, zu schenken. Das wäre die richtige gesundheitsfördernde Praxis gewesen, die ich anstrebte, andernfalls mußte die Kur unvollständig bleiben und konnte nicht sehr wirksam sein. Aber trotz des Geldes, das ich für die Kur bezahlte, wagte ich es nicht, Felicita auseinanderzusetzen, wie ich sie mir wünschte. Und sehr oft verdarb sie mir die Kur in aller Ahnungslosigkeit, während sie sich mir hingab: «Merkwürdig! Es graust mir gar nicht vor dir.» Eines Tages flüsterte ich ihr, mit der Brutalität, zu der ich gelegentlich fähig bin, zärtlich ins Ohr: «Merkwürdig! Auch mir graust es gar nicht vor dir.» Das brachte sie so sehr zum Lachen, daß die Kur unterbrochen werden mußte.

Und doch, um mich innerlich aufzurichten, um mich sicherer zu fühlen, würdiger, gehobener, um zu vergessen, daß ich einen Teil meines Lebens mit dem Bemühen verbrachte, kein Grausen zu erregen, wage ich es manchmal, zu mir selbst voll Stolz zu sagen, daß mich Felicita während einiger kurzer Augenblicke unserer langen Beziehung auch geliebt habe. Und wenn ich nach einem aufrichtigen Ausdruck ihrer Zuneigung suche, dann sehe ich ihn nicht in der stets unveränderten Liebenswürdigkeit, mit der sie mich empfing, nicht in ihrer mütterlichen Fürsorge, mit der sie mich vor Zugluft schützte, auch nicht in der Beflissenheit, mit der sie mich einmal in den Mantel ihres Bruders steckte und mir einen Schirm lieh, weil draußen, während wir beisammen waren, ein Unwetter losgebrochen war, sondern ich erinnere mich eines in aller Aufrichtigkeit hervorgestammelten Satzes: «Wie mir vor dir graust! Wie mir vor dir graust!»

Als ich eines Tages mit Carlo, wie üblich, über Medizin sprach, sagte er: «Du würdest ein Mädchen brauchen, das an Gerontophilie leidet.» Wer weiß? Ich gestand es Carlo nicht, aber vielleicht hatte ich dieses Mädchen schon einmal gefunden und dann verloren. Allerdings glaube ich nicht, daß Felicita eine aufrichtige Liebhaberin alter Männer war. Sie knöpfte mir zuviel Geld ab, als daß man annehmen könnte, sie habe mich um meiner selbst willen geliebt.

Sie war wirklich die kostspieligste Frau, die ich in meinem Leben kennengelernt habe. Mit ihren heiteren Augen, die sie oft halb zusammenkniff, um schärfer sehen zu können, studierte sie in aller Unbefangenheit, bis zu welchem Grad ich mich ausplündern lassen würde. Anfangs und lange Zeit hindurch begnügte sie sich genau mit der vereinbarten Monatssumme, denn da war ich noch nicht zum Sklaven der Gewohnheit geworden und hatte ihr zu verstehen gegeben, daß ich weitere Spesen ablehnen würde. Sie versuchte mehrmals, Hand an meine Brieftasche zu legen, steckte dann aber zurück, um sich nicht dem Risiko auszusetzen, mich zu verlieren. Einmal aber gelang es ihr doch. Sie erhielt von mir das Geld für einen ziemlich teuren Pelz, den ich nachher nie an ihr sah. Ein anderes Mal ließ sie sich ein Kleid von mir bezahlen, ein Pariser Modell, und sie zeigte es mir sogar: So blind ich aber auch sein mochte, ihre bunten Kleider prägten sich einem unvergeßlich ein, und ich entdeckte, daß ich dieses Kleid schon früher an ihr gesehen hatte. Sie war eine sparsame Frau und täuschte mir nur Launen vor, weil sie dachte, daß ein Mann einer Frau leichter eine Laune als Geiz zugestehe. Meine Beziehung zu Felicita endete folgendermaßen:

Ich hatte das Recht, sie zweimal wöchentlich zu bestimmten Stunden zu besuchen. An einem Dienstag nun, als ich schon auf halbem Wege zu ihr war, merkte ich plötzlich, daß ich mich allein wohler fühlen würde. Ich kehrte in mein Arbeitszimmer zurück und widmete mich unbeschwert am Grammophon der «Neunten Symphonie» von Beethoven.

Am Mittwoch dann empfand ich zwar kein besonderes Bedürfnis nach Felicita, aber mein Geiz trieb mich zu ihr. Ich zahlte ihr ein beträchtliches Monatsgehalt, und wenn ich meine Rechte nicht ausnützte, kam sie mir gewissermaßen zu teuer. Man darf auch nicht außer acht lassen, daß ich mich Kuren, wenn ich sie einmal begonnen habe, mit äußerster Gewissenhaftigkeit unterziehe, mit wissenschaftlicher Präzision. Nur so kann man ja beurteilen, ob die Kur einem genützt hat oder nicht.

So rasch meine Beine mich tragen konnten, eilte ich in das Zimmer, das ich für das «unsere» hielt. In diesem Augenblick aber gehörte es einem anderen. Der dicke Misceli, ein Mann etwa meines Alters, saß in einer Ecke auf einem Sessel, während Felicita bequem auf dem Sofa ausgestreckt lag und genußvoll eine große, erlesene Zigarette rauchte, eine von denen, die man in ihrer Trafik nicht bekam. Eigentlich war es genau die gleiche Situation, in der Felicita und ich uns befanden, wenn wir allein waren, nur mit dem Unterschied, daß Misceli nicht rauchte, während ich mir noch vor Felicita die Zigarette anzuzünden pflegte.

«Sie wünschen?» fragte Felicita eisig und betrachtete aufmerksam die Fingernägel der Hand, mit der sie die Zigarette hielt.

Ich wußte nicht, was ich ihr sagen sollte. Ich fand aber um so leichter die Sprache wieder, als ich, ehrlich gestanden, keinerlei Groll gegen Misceli empfand. Der dicke Mann, der so alt war wie ich, aber viel älter aussah, weil er durch sein großes Gewicht behindert war, betrachtete mich unschlüssig durch die blitzenden Augengläser, die auf seiner Nasenspitze ruhten. Andere alte Männer kommen mir immer älter vor als ich.

«Oh, Misceli», sagte ich und war fest entschlossen, keine Szene zu machen, «wir haben uns lange nicht mehr gesehen.» Und ich reichte ihm die Hand, in die er seine dicke Hand legte und schlaff darin ruhen ließ. Noch immer brachte er kein Sterbenswort heraus! Er wirkte tatsächlich viel älter als ich.

Mit der Objektivität eines vernünftigen Menschen hatte

ich zu diesem Zeitpunkt längst begriffen, daß meine Situation genau die gleiche war wie die Miscelis. Ich fand daher, daß keinerlei Anlaß vorlag, mich über ihn zu ereifern. Genaugenommen glich das Ganze einem zufälligen Zusammenprall auf der Straße. Man geht weiter, auch wenn einen der verletzte Körperteil schmerzt, und murmelt eine Entschuldigung.

Bei dieser Erkenntnis erwachte in mir wieder der Gentleman, der ich immer gewesen bin. Ich hielt es für meine Pflicht, auch Felicita die Situation zu erleichtern, und sagte zu ihr: «Hören Sie, Signorina, ich brauche hundert Päckchen ‹Sport›-Zigaretten, aber sorgfältig ausgesuchte, denn es handelt sich um ein Geschenk. Sie sollten möglichst weich sein. Ihre Trafik ist etwas entlegen, und so habe ich mir erlaubt, auf einen Sprung in Ihre Wohnung zu kommen.»

Felicita hob den Blick von ihren Fingernägeln und war sehr höflich. Sie stand auf und geleitete mich zur Tür. Mit leiser Stimme, aus der ein heftiger Vorwurf herausklang, brachte sie hervor: «Warum bist du gestern nicht gekommen?» Und gleich darauf: «Und warum bist du heute gekommen?»

Sie beleidigte mich. Es war widerlich, auf bestimmte Tage verwiesen zu werden, noch dazu bei dem Preis. Ich verschaffte mir sogleich Erleichterung, indem ich meinem Groll freien Lauf ließ: «Ich bin nur gekommen, um dir mitzuteilen, daß ich nichts mehr von dir wissen will und daß wir uns nicht mehr sehen werden!»

Sie schaute mich überrascht an, sie trat sogar, um mich besser betrachten zu können, von mir zurück, wobei ihr Körper für einen Moment noch stärker als sonst hintenüber geneigt war. Es war gewiß eine seltsame Haltung, sie verlieh ihr aber eine gewisse Grazie, die Grazie eines sicheren Menschen, der selbst in der schwierigsten Lage das Gleichgewicht zu halten versteht.

«Wie du willst», sagte sie und zuckte die Achseln. Um sich aber ganz zu vergewissern, daß sie mich richtig verstanden habe, fragte sie mich doch noch, während sie die Tür öffnete: «Wir sehen uns also nicht mehr?» Dabei sah sie mir forschend ins Gesicht.

«Gewiß werden wir uns nicht mehr sehen», sagte ich in einer Anwandlung von Zorn. Ich schickte mich an, die Stiegen hinunterzugehen, als der dicke Misceli in der Tür erschien und schrie: «Warte doch, warte, ich komme mit. Ich habe dem Fräulein auch schon gesagt, wie viele ‹Sport›-Zigaretten ich brauche. Hundert. So wie du.» Wir gingen die Stiegen zusammen hinunter, und erst nach längerem Zögern, das mir eine innige Befriedigung bereitete, schloß Felicita die Tür.

Wir schritten die steil abfallende Straße, die zur Piazza Unità führt, langsam hinab, indem wir vorsichtig einen Fuß vor den anderen setzten. Auf dieser abschüssigen Straße wirkte er, der um so viel mehr wog, ganz ohne Zweifel älter als ich. An einer Stelle stolperte er sogar und wäre beinahe hingefallen, wenn ich ihn nicht prompt gestützt hätte. Er dankte mir nicht. Er war etwas außer Atem und der anstrengende Abstieg noch nicht zu Ende. Deshalb, nur deshalb, sprach er nicht. Erst als wir den ebenen Platz hinter dem Rathaus erreichten, löste sich seine Zunge: «Ich selbst rauche gar keine ‹Sport›. Aber sie ist im Volk die beliebteste Zigarette. Ich muß meinem Tischler ein Geschenk machen, und da wollte ich mir gute besorgen, wie Fräulein Felicita sie hat.»

Jetzt, wo er zu sprechen begonnen hatte, konnte er nur noch Schritt vor Schritt setzen. Er mußte stehenbleiben, um in einer seiner Hosentaschen zu stöbern. Er zog eine goldene Zigarettendose hervor, drückte auf einen Knopf, und die Dose sprang auf. «Willst du eine?» fragte er. «Es sind nikotinfreie.» Ich nahm eine und blieb gleichfalls stehen, um sie anzuzünden. Er aber stand immer noch da, nur um die Zigarettendose wieder in seiner Tasche zu verstauen. Und ich dachte: Sie hätte einen Rivalen für mich finden können, der meiner würdiger ist. Ich kam tatsächlich sowohl beim Abstieg als auch auf der ebenen Strecke viel leichter voran als er. Mit ihm verglichen, war ich geradezu ein Jüngling. Außerdem rauchte er diese nikotinfreien Zigaretten, die gar keinen Geschmack haben. Da war ich doch weit männlicher: Ich hatte immer versucht, das Rauchen aufzugeben, aber diese Feigheit mit den nikotinfreien Zigaretten wäre mir nie in den Sinn gekommen.

Mit Gottes Hilfe langten wir beim Eingang zum Tergesteum[3] an, hier galt es, sich zu verabschieden. Misceli sprach jetzt von ganz anderen Dingen: von Börsengeschäften, in denen er überaus bewandert war. Aber er schien mir irgendwie erregt und gleichzeitig etwas abwesend. Kurz, es schien mir, daß er zwar redete, aber sich selbst nicht zuhörte. In dieser Hinsicht war er wie ich, denn ich hörte ihm überhaupt nicht zu, sondern sah ihn an und versuchte gerade das zu erraten, was er nicht sagte.

Und ich wollte mich nicht von ihm trennen, ohne den Versuch gemacht zu haben, mich über das, was er dachte, genauer zu unterrichten. Zu diesem Zwecke begann ich, mich ihm ganz zu eröffnen. Das heißt, ich platzte heraus: «Diese Felicita ist wirklich ein Luder.» Misceli bot mir ein neues Schauspiel, nämlich das seiner Verlegenheit. Sein mächtiger Unterkiefer geriet in Bewegung wie bei einem Wiederkäuer. Bereitete er seine Rede dadurch vor, daß er zunächst einmal diesen Körperteil in Bewegung setzte, noch ohne zu wissen, was er sagen würde?

Er sagte dann: «Das finde ich nicht. Sie hat ausgezeichnete ‹Sport›.» Er wollte also die dumme Komödie bis ins Endlose fortsetzen. Ich geriet in Wut. «Du denkst also daran, noch einmal zu diesem Fräulein Felicita zu gehen?»

Er zögerte wieder. Sein Unterkiefer schob sich vor, wanderte nach links, dann nach rechts, ehe er wieder in die richtige Lage zurückfand. Dann sagte er, und zum erstenmal konnte er ein Lachen nicht ganz unterdrücken: «Sicher werde ich zu ihr gehen, sobald ich wieder ‹Sport› brauche.»

Auch ich lachte. Ich gab mich aber mit seinen Erklärungen immer noch nicht zufrieden. «Warum bist du dann heute gleich von ihr weggegangen?»

Er zauderte, und ich bemerkte in seinen dunklen Augen, die fest auf das Ende der Straße gerichtet waren, eine große Traurigkeit. «Ich habe meine Vorurteile. Wenn ich in irgendeiner Sache unterbrochen werde, dann sehe ich darin sogleich den Finger der Vorsehung und lasse alles bleiben. Einmal sollte ich eines wichtigen Geschäftes wegen nach Berlin fahren. Ich brach die Reise in Sesanna [4] ab, weil der Zug dort aus irgendwelchen mir unbekannten Gründen mehrere Stunden lang nicht weiterfahren konnte. Ich glaube, daß man nichts auf dieser Welt erzwingen darf... besonders nicht in unserem Alter.»

Auch das genügte mir nicht, und ich fragte: «Hat es dir nichts ausgemacht, als du gesehen hast, daß auch ich mich bei Fräulein Felicita mit ‹Sport› eindecke?»

Er antwortete sofort und mit einer Entschiedenheit, die seinem Unterkiefer keine Zeit zum Rotieren ließ. «Was sollte mir denn das ausmachen? Eifersüchtig? Ich? Woher denn! Wir sind alt, wir zwei. Wir sind alt! Gelegentlich können wir uns die Liebe gestatten. Eifersüchtig aber dürfen wir nicht sein, wir würden sonst allzu leicht lächerlich. Nur keine Eifersucht! Wenn du auf mich hörst, dann zeige dich ja nicht eifersüchtig, man würde dich sonst auslachen.»

So, wie sie da auf dem Papier stehen, klingen diese Worte recht gutmütig, der Ton aber, in dem sie gesagt wurden, verriet eher Zorn und Verachtung. Sein dickes Gesicht war rot angelaufen, er trat an mich heran und maß mich, da er kleiner war als ich, von unten nach oben, als suche er an meinem Körper die verwundbarste Stelle. Warum war er so aufgebracht gegen mich, da er doch eben erklärt hatte, er sei nicht eifersüchtig? Was hatte ich ihm denn sonst getan? Vielleicht war er auf mich böse, weil ich seinen Zug in Sesanna aufgehalten hatte, als er nach Berlin fahren wollte.

Aber auch ich war nicht eifersüchtig. Das heißt, ich hätte gern gewußt, wieviel er Felicita monatlich zahlte. Ich glaube, wenn ich erfahren hätte, daß er – wie es mir auch richtig erschien – mehr zahlte als ich, wäre ich ganz zufrieden gewesen.

Ich aber hatte gar keine Zeit, danach zu forschen. Misceli wurde plötzlich sehr sanft und appellierte an meine Diskretion. Seine Sanftheit wurde zur Drohung, als er mich daran erinnerte, daß wir einander ausgeliefert seien. Ich beruhigte ihn: Ich sei gleichfalls verheiratet und wisse, welche Folgen in unserem Fall ein unbedachtes Wort haben könne.

«Oh», meinte er mit einer beschwichtigenden Geste, «es ist nicht meiner Frau wegen, weshalb ich dich um Diskretion bitte. Meine Frau kümmert sich um gewisse Dinge schon seit Jahren nicht mehr. Aber ich weiß, daß auch du bei Doktor Raulli in Behandlung bist. Und der hat mir damit gedroht, sich meiner nicht mehr anzunehmen, wenn ich mich nicht an seine Vorschriften halte, wenn ich auch nur ein Glas Wein trinke, mehr als zehn Zigaretten, und zwar diese nikotinfreien, am Tage rauche und nicht auch ... sonst enthaltsam bin. Er sagt, der Körper eines Mannes in unserem Alter halte sich nur deshalb im Gleichgewicht, weil er sich nicht entscheiden könne, nach welcher Seite er fallen solle. Man muß sich daher hüten, ihm diese Seite zu zeigen und ihm so die Entscheidung zu erleichtern.» Voller Selbstmitleid fuhr er fort: «Es ist im Grunde sehr leicht, einem anderen vorzuschreiben: Tu das nicht, tu jenes nicht und das dritte auch nicht. Man könnte ihm genausogut sagen, anstatt so zu leben, solle er sich lieber damit abfinden, ein paar Monate weniger zu leben.»

Er blieb noch einige Augenblicke stehen, um sich nach meiner Gesundheit zu erkundigen. Ich sagte ihm, daß mein Blutdruck einmal schon auf 240 gestiegen sei, was ihn sichtlich freute, denn er hatte es nur bis 220 gebracht. Während er einen Fuß auf die Treppe setzte, die zum Tergesteum führt, verabschiedete er sich von mir freundschaftlich mit den Worten: «Also, kein Sterbenswort – abgemacht.»

Das schöne Bild, das Raulli von dem Körper eines alten Mannes entworfen hatte, der sich nur deshalb aufrecht hält, weil er nicht weiß, nach welcher Seite er fallen soll, ließ mich tagelang nicht los. Sicherlich war für den alten Doktor die Bezeichnung «Seite» eine Umschreibung für *Organ*. Und auch der Ausdruck *Gleichgewicht* hatte zweifellos seine Bedeutung. Raulli mußte wissen, was er sagte. Bei uns alten Leuten ist unter Gesundheit eine fortschreitende und gleichmäßige Schwächung sämtlicher Organe zu verstehen. Wehe, wenn eines von ihnen im Rückstand, das heißt zu jugendlich bleibt. Ich stelle mir vor, daß dann die Zusammenarbeit der Organe in einen gegenseitigen Kampf umschlagen kann und daß die schwachen Organe niedergeboxt werden können. Welch prächtige Folgen das für den allgemeinen Körperhaushalt hat, läßt sich leicht denken. Möglicherweise hatte mir die Vorsehung, die über mein Leben wacht, diesen Misceli geschickt, um mir, und sei es durch diesen Mund mit dem wackelnden Unterkiefer, zu sagen, wie ich mich verhalten müsse.

So kehrte ich denn nachdenklich zu meinem Grammophon zurück. Auch in der «Neunten Symphonie» stieß ich auf die Organe, in Zusammenarbeit und im Kampf miteinander. Ihre Zusammenarbeit war aus den ersten Sätzen herauszuhören, besonders aus dem Scherzo, wo sogar den

Pauken die Aufgabe zugewiesen ist, in zwei Noten zusammenfassend auszudrücken, was rings um sie die anderen raunen. Die Freude im letzten Satz aber schien mir wie eine Rebellion. Roh, von einer Kraft, die gewalttätig ist, aber durchzogen von leiser Wehmut und Verhaltenheit. Nicht umsonst macht sich im letzten Satz auch die menschliche Stimme geltend, dieser unvernünftigste Klang in der gesamten Natur. Es stimmt wohl, daß ich diese Symphonie früher oft anders gedeutet hatte, und zwar als die innigste Darstellung des Einklangs der widerstrebendsten Kräfte, in die schließlich auch die menschliche Stimme aufgenommen und mit ihnen verschmolzen wird. An diesem Tage aber erschien mir die Symphonie, obwohl von denselben Schallplatten wiedergegeben, so, wie ich es eben geschildert habe.

«Adieu, Felicita», murmelte ich, als die Musik erstarb. Man durfte nicht mehr an sie denken. Es lohnte nicht, ihretwegen einen plötzlichen Zusammenbruch zu riskieren. Es gibt so viele medizinische Theorien auf der Welt, daß es schwer ist, sich an eine von ihnen zu halten. Diese faulen Ärzte haben nur dazu beigetragen, das Leben schwieriger zu machen. Die einfachsten Sachen sind höchst kompliziert. Daß man sich alkoholischer Getränke enthalten soll, ist eine Vorschrift von einleuchtender Richtigkeit. Andererseits aber hat der Alkohol, wie man weiß, manchmal auch heilsame Wirkungen. Muß ich wirklich erst den Arzt abwarten, um mich durch dieses wirksame Heilmittel zu kräftigen? Zweifellos ist der Tod zuweilen das Werk einer plötzlichen Laune eines Organs, die vorübergehend sein könnte, oder eines zufälligen momentanen Zusammentreffens verschiedener Schwächen. Das heißt, es wäre momentan, wenn ihm nicht der Tod folgte. Man muß also alles tun, damit es momentan bleibt. Man muß bereit sein, sofort einzuschreiten, ja womöglich einem Krampf durch übertriebene Tätigkeit oder einem Kollaps durch Untätigkeit zuvorkommen. Wozu also erst den Arzt abwarten, der herbeieilt, um sich eine Visite bezahlen zu lassen? Ich allein kann durch eine leichte Unpäßlichkeit darauf aufmerksam gemacht werden, daß etwas unternommen werden muß. Leider haben die Ärzte nicht gelernt, was in einem solchen Fall helfen kann. Ich schlucke daher vorsorglich mehrere Medikamente. Ich spüle ein Abführmittel mit einem Glas Wein hinunter, und dann beobachte ich mich. Es kann sich ergeben, daß noch weiteres nötig ist: ein Glas Milch, aber auch ein paar Tropfen Digitalis. Jene geringfügige Menge, die von einem so hervorragenden Mann wie Hahnemann empfohlen wurde und die völlig genügt, die für die Wiederherstellung des Lebens notwendigen Reaktionen zu bewirken, so als müsse ein Organ weniger gekräftigt oder angeregt, sondern lediglich ermahnt werden. Erblickt es einen Tropfen Calcium, dann ruft es aus: «Sieh da! Das hatte ich ganz vergessen. Meine Pflicht ist es zu arbeiten.»

Damit war das Urteil über Felicita gefällt. Man konnte sie nicht dosieren.

Am Abend suchte mich Felicitas Bruder auf. Als ich ihn erblickte, fuhr ich vor Schreck zusammen, besonders weil ausgerechnet Augusta ihn in mein Arbeitszimmer geleitete. Ich hatte Angst vor dem, was er mir sagen würde, und so war ich sehr erleichtert, als Augusta sich gleich wieder zurückzog.

Er löste die Knoten eines Tuches, aus dem er ein Paket hervorholte: hundert Päckchen ‹Sport›-Zigaretten. Er teilte sie in fünf Partien zu zwanzig Päckchen, es war also leicht, die Anzahl nachzukontrollieren. Sodann zeigte er mir, daß sich jedes Päckchen beim Betasten weich anfühlte. Die Päckchen waren einzeln aus einer großen Lieferung ausgewählt worden. Er zweifelte nicht, daß ich zufrieden sein würde.

Ich war tatsächlich mehr als zufrieden, denn nach dem

anfänglichen Schrecken fühlte ich mich jetzt vollkommen beruhigt. Ich bezahlte sofort die hundertsechzig Lire, die ich ihm schuldete, und dankte ihm sogar noch vergnügt. Vergnügt schon deshalb, weil mich eine richtige Lachlust befiel. Merkwürdige Frau, diese Felicita, die auch noch als sie sitzengelassen wurde die Interessen ihrer Tabaktrafik wahrnahm.

Der blasse, lange dünne Mann aber machte, nachdem er die erhaltenen Lire in die Tasche gesteckt hatte, keinerlei Anstalten, wieder zu gehen. Er kam mir irgendwie gar nicht wie Felicitas Bruder vor. Ich hatte ihn wohl schon früher ein paarmal gesehen, aber da war er besser gekleidet gewesen. Jetzt war er ohne Hemdkragen, und sein an sich nicht übler Anzug schien völlig aus den Nähten zu gehen. Merkwürdig auch, daß er es für notwendig hielt, an Arbeitstagen einen besonderen Hut zu tragen: der, den er da hatte, war ausgesprochen schmutzig und vom langen Gebrauch völlig aus der Form geraten.

Er sah mich fest an, zögerte aber zu sprechen. Es war, als wollte sein etwas düsterer Blick, der merkwürdig funkelnd war, mich auffordern, selber zu erraten, was er mir zu sagen habe. Als er endlich zu sprechen begann, drückte sein Blick immer dringlicher eine Bitte aus, so dringlich, daß er mir geradezu drohend erschien. Dringliche Bitten grenzen ja immer an Drohung. Ich verstehe sehr gut, daß bei manchen Bauern die Bilder der Heiligen, an die sie ihre Gebete gerichtet haben, strafweise unterm Bett landen.

Schließlich erklärte er mit fester Stimme: «Felicita sagt, wir haben den zehnten des Monats.»

Ich warf einen Blick auf den Kalender, von dem ich täglich ein Blättchen abreiße, und bestätigte: «Da hat sie vollkommen recht. Es ist der zehnte. Kein Zweifel.»

«Nun», meinte er zögernd, «dann hat sie Anspruch auf das Geld für den ganzen Monat.»

Einen Augenblick bevor er das sagte, war mir bereits

klargeworden, warum er mich auf das Kalenderdatum aufmerksam gemacht hatte. Ich glaube, ich wurde rot, als ich bemerkte, daß zwischen Bruder und Schwester alles klar, offen und ehrlich war, auf der Grundlage genauer Kontenführung. Das einzige, was mich überraschte, war die ausdrückliche Forderung, den ganzen Monat zu bezahlen. Ich war gar nicht sicher, ob ich überhaupt noch etwas zu zahlen hatte. In meiner Beziehung zu Felicita hatte ich nicht immer genau Buch geführt. Hatte ich denn nicht immer im voraus bezahlt, und war somit nicht auch der Monatsrest bereits beglichen? Ich war einigermaßen sprachlos, während ich diese seltsamen Augen betrachtete, um herauszubekommen, ob sie eine dringliche Bitte oder eine Drohung ausdrückten. Es ist bezeichnend gerade für einen Mann von großer und langer Erfahrung, wie ich es bin, daß er nicht gleich weiß, wie er sich benehmen soll, weil ihm bewußt ist, daß ein einziges seiner Worte, eine einzige seiner Handlungen die unvorhergesehensten Folgen haben kann. Man muß nur die Weltgeschichte lesen, um zu sehen, was für ein seltsames Verhältnis zwischen Ursache und Wirkung bestehen kann. In meiner Unschlüssigkeit zog ich auf jeden Fall die Brieftasche hervor und zählte das Geld ab, aufmerksam darauf bedacht, nicht irrtümlicherweise einen Fünfhundert-Lire-Schein statt eines Hundert-Lire-Scheins zu nehmen. Und als ich die Geldscheine gezählt hatte, überreichte ich sie ihm. So war alles bereits geschehen, während ich immer noch glaubte, ich täte nur irgend etwas, um Zeit zu gewinnen. Dabei dachte ich: Einstweilen zahle ich, dann werde ich die Sache überdenken.

Felicitas Bruder aber dachte nicht länger darüber nach; tatsächlich hörte sein Blick auf, mich zu fixieren, und verlor alle Dringlichkeit. Er steckte das Geld in eine andere Tasche als die, in welche er zuvor die hundertsechzig Lire getan hatte. Er hielt auf getrennte Rechnung und auf getrenntes Geld. Er grüßte: «Guten Abend, Signore», und ging. Gleich darauf aber kehrte er zurück, denn er hatte auf einem Sessel ein weiteres Paket Zigaretten vergessen, das ganz dem glich, das er mir gebracht hatte. Er entschuldigte sich für die nochmalige Störung: «Das sind weitere hundert Päckchen ‹Sport›, die ich zu einem anderen Herrn bringen muß.»

Sie waren sicherlich für den armen Misceli bestimmt, der diese Zigaretten gleichfalls nicht leiden konnte. Ich aber rauchte sie alle, bis auf wenige Päckchen, die ich meinem Chauffeur Fortunato schenkte. Wenn ich eine Sache bezahlt habe, dann verwende ich sie auch, früher oder später. Das ist ein Beweis für den mir eigenen Sinn für Sparsamkeit. Und jedesmal, wenn ich diesen strohigen Geschmack im Munde verspürte, mußte ich lebhaft an Felicita und ihren Bruder denken. Und je öfter ich an sie denken mußte, desto deutlicher konnte ich mich erinnern, daß ich tatsächlich den Monatsbetrag, den ich im voraus hätte erlegen sollen, nicht bezahlt hatte. Nachdem ich schon gemeint hatte, arg betrogen worden zu sein, war es für mich eine Erleichterung, als ich feststellte, daß man mich bloß für zwanzig ungenützte Tage hatte zahlen lassen.

Ich glaube, ich bin dann doch noch einmal zu Felicita gegangen, ehe die zwanzig Tage abgelaufen waren, für die ich bezahlt hatte, und zwar ausschließlich aus dem oben lobend erwähnten Sinn für Sparsamkeit, der mich auch bestimmt hatte, die ‹Sport›-Zigaretten in mich hineinzurauchen. Ich sagte mir: «Da ich schon bezahlt habe, will ich noch einmal – zum letztenmal – riskieren, meinem Organismus die Richtung zu zeigen, in die er fallen kann. Nur einmal noch! Er wird diese Chance gar nicht erkennen.»

Die Wohnungstür öffnete sich genau in dem Augenblick, in dem ich auf die Klingel drücken wollte. Überrascht erblickte ich in der Dunkelheit das schöne, blasse Gesichtchen, das von einem roten, bis über die Ohren und auf den Nacken herabreichenden Hut wie von einem Helm umschlossen war. Eine blonde Locke, eine einzige, fiel unter dem Hut auf die Stirn. Ich wußte, daß Felicita ungefähr um diese Zeit in die Trafik zu gehen pflegte, um diesen komplizierteren Sektor ihrer Geschäftstätigkeit zu überprüfen. Ich hatte jedoch gehofft, sie verleiten zu können, die kurze Zeit, die ich benötigte, damit zu warten.

Sie erkannte mich nicht gleich in der Dunkelheit. Sie nannte fragend einen Namen, der weder der meine noch der Miscelis war und den ich nicht genau verstand. Als sie mich erkannte, reichte sie mir höflich die Hand, ohne eine Spur von Groll, aber doch etwas neugierig. Ich hielt ihr kaltes Händchen mit meinen beiden Händen fest und wurde zudringlich. Sie überließ mir zwar ihre Hand, bog aber den Kopf zurück. Noch nie hatte sich der Stock, um den ihre Gestalt gebildet zu sein schien, so weit nach hinten geneigt, so weit, daß ich mich schon versucht fühlte, ihre Hand loszulassen und sie um die Taille zu fassen, und sei es nur, um sie zu stützen.

Und dieses ferne, mit jener einzigen Locke verzierte Gesicht sah mich an. Sah sie wirklich mich an? Faßte sie nicht vielmehr ein Problem ins Auge, das sie sich stellte und das sofort gelöst werden mußte, auf der Stelle, hier im Treppenhaus?

Sie zögerte lange, dann sagte sie: «Jetzt ist es unmöglich.» Sie sah mich immer noch an. Dann wich jede Unschlüssigkeit von ihr. Ihre zierliche Gestalt verharrte unbewegt in der gefährlichen Stellung, und ihr Gesichtchen blieb blaß und ernst unter der blonden Locke, doch ohne Hast, so als handle sie nach einem ernsten Entschluß, zog sie ihre kleine Hand zurück.

«Wirklich, es ist unmöglich!» sagte sie noch einmal. Diese Wiederholung sollte mich glauben machen, sie erwäge immer noch, ob es nicht doch eine Möglichkeit gebe, mich zufriedenzustellen, aber außer der Wortwiederholung gab es kein Zeichen dafür, daß sie tatsächlich überlegte und erwog. Sie hatte bereits entschieden, endgültig.

Sie meinte dann noch: «Komm, wenn du kannst, am nächsten Monatsersten ... Ich will sehen ... Ich will es noch überlegen.»

Erst seit kurzem, erst seitdem ich diese Geschichte meiner Liebschaft mit Felicita niedergeschrieben habe, bin ich objektiv genug, um mich und sie mit der nötigen Unvoreingenommenheit beurteilen zu können. Ich war gekommen, um mein Recht auf die paar restlichen Tage meines Abonnements geltend zu machen. Sie hingegen teilte mir mit, daß ich mich durch meinen Verzicht dieses Rechts begeben hatte. Ich glaube, wenn sie mir vorgeschlagen hätte, sofort ein neues Abonnement zu bezahlen, ich hätte weniger gelitten. Ich bin auch sicher, daß ich mich nicht gedrückt hätte. In diesem Augenblick hatte ich mich auf den Pfad der Liebe begeben, und gerade in meinem Alter verhält man sich leicht wie ein Krokodil auf dem Festland, von dem es heißt, es brauche sehr lange, um seine Richtung zu ändern. Ich hätte sofort für einen ganzen Monat bezahlt, selbst mit dem Vorsatz, es zum letztenmal zu tun.

So aber war ich empört. Ich fand keine Worte. Mir blieb geradezu die Luft weg. Ich sagte: «Uff», voller Empörung. Ich dachte, damit etwas gesagt zu haben, ich blieb sogar einen Augenblick stehen, als erwartete ich, daß sie auf mein «Uff», diesen Aufschrei, der sie verletzen und zugleich meiner tiefen Enttäuschung Ausdruck geben sollte, irgend etwas antworten würde. Aber weder sie noch ich sagten noch etwas. Ich begann die Stiegen hinunterzugehen. Nach ein paar Stufen blieb ich stehen und wandte mich zurück, um nach ihr zu sehen. Vielleicht lag jetzt in ihrem blassen Gesicht irgendein Zug, der soviel harten Egoismus, soviel kalte Berechnung Lügen strafte. Ich konnte ihr Gesicht nicht sehen. Sie war jetzt ganz damit beschäftigt, den Schlüssel in das Türschloß zu stecken und ihre Wohnung abzusperren, die ein paar Stunden leer bleiben würde. Ich sagte noch einmal: «Uff», aber es klang nicht mehr laut genug, um von ihr gehört zu werden. Ich sagte es der ganzen Welt, unserer Gesellschaft, unseren Institutionen und Mutter Natur, die es alle miteinander zugelassen hatten, daß ich mich auf dieser Treppe und in einer solchen Situation befand.

Es war mein letztes Liebesverhältnis. Jetzt, da sich dieses ganze Abenteuer in die Regeln der Vergangenheit eingeordnet hat, finde ich es nicht mehr ganz so unwürdig, als daß ich dieser Felicita mit den blonden Haaren, dem blassen Gesicht, dem schmalen Näschen, den geheimnisvollen Augen, mit ihrer Wortkargheit, die nur selten verriet, wie kalt ihr Herz war, nicht nachtrauern dürfte. Nach ihr aber war kein Platz mehr für neue Lieben. Sie hatte mich erzogen. Bis dahin hatte ich, wenn der Zufall es mir erlaubte, länger als zehn Minuten neben einer Frau zu weilen, Hoffnung und Begehren in meinem Herzen aufsteigen gefühlt. Ich bemühte mich zwar, beides zu verbergen, aber der gleichzeitige Wunsch, beides zu steigern, um das Leben und meine Zugehörigkeit zu ihm intensiver zu spüren, war doch noch stärker. Und um beides zu steigern, gab es kein anderes Mittel, als beides in Worte zu kleiden und damit zu enthüllen. Wer weiß, wie oft man über mich gelacht hat? Zur Greisenlaufbahn aber, zu der ich nun verurteilt bin, hat mich Felicita erzogen. Jetzt erst weiß ich, daß ich in der Liebe soviel wert bin, wie ich bezahle.

Auch meine Häßlichkeit ist mir stets gegenwärtig. Erst heute morgen untersuchte ich beim Erwachen die Stellung, in der sich mein Mund in dem Augenblick befand, als ich die Augen öffnete. Der Unterkiefer hing nach jener Seite, auf der ich gelegen hatte, auch meine dicke, schlaffe Zunge war nicht am richtigen Platz.

Ich dachte sofort an Felicita, an die ich so oft mit Verlangen und Haß zurückdenken muß. Nun aber murmelte ich: «Es stimmt schon.»

«Was stimmt?» fragte Augusta, die sich gerade ankleidete.

Ich antwortete sofort: «Was ein gewisser Misceli sagt, den ich gestern traf und der meinte, es sei unverständlich, wozu man auf die Welt kommt, lebt und alt wird.»

Damit hatte ich ihr alles gesagt, ohne mich zu verraten.

Niemand trat bisher an Felicitas Stelle. Nichtsdestoweniger versuche ich Mutter Natur zu betrügen, die mich beobachtet, um mich sogleich aus der Welt zu schaffen, wenn sie bemerken sollte, daß ich zur Fortpflanzung nicht mehr befähigt bin. In weiser Dosierung, genau in der von Hahnemann vorgeschriebenen Menge, nehme ich täglich meine diesbezügliche Medizin: Ich betrachte die Frauen, die vorübergehen, ich verfolge ihre Schritte und versuche, in ihren Beinen mehr als ein Instrument zur Fortbewegung zu sehen und den Wunsch zu empfinden, sie anzuhalten und zu streicheln. Allerdings ist die Dosis dann manchmal noch sparsamer, als ich und Hahnemann es wünschen. Ich muß nämlich meine Augen überwachen, damit sie nicht verraten, was sie suchen, und da ist es nur begreiflich, daß die Medizin selten nützt. Man kann zwar, ohne Liebkosungen zu empfangen, das eigene Gefühl voll entfalten, aber man kann nicht ohne Gefahr, das eigene Gefühlsleben zum Erkalten zu bringen, absolute Gleichgültigkeit vortäuschen. Nun, da ich dies niedergeschrieben habe, begreife ich auch besser mein Abenteuer mit der alten Dondi. Ich grüßte sie, um ihr eine Liebenswürdigkeit zu erweisen und ihre Schönheit besser empfinden zu können. Es ist das

Schicksal alter Menschen, sich auf einen schönen Gruß beschränken zu müssen.

Man darf nicht glauben, daß derlei flüchtige Beziehungen, die nur dem Zwecke dienen, sich vor dem Tode zu retten, keine Spuren hinterlassen, nicht geeignet seien, das eigene Leben zu verschönen oder zu trüben, ganz so, wie es in meinen Beziehungen zu Carla oder zu Felicita der Fall war. Zuweilen – wenngleich selten – machen sie einen so starken Eindruck, daß sie eine unauslöschliche Erinnerung hinterlassen. Ich erinnere mich eines jungen Mädchens, das in der Straßenbahn mir gegenübersaß. Eine Erinnerung, die haftenblieb. Es kam zwischen uns zu einer gewissen Vertraulichkeit, denn ich gab ihr einen Namen: Amphora. Das Gesicht war nicht besonders schön, aber ihre fast kugelrunden, leuchtenden Augen betrachteten alles mit der größten Neugier und einer etwas kindlichen Verschmitztheit. Sie wird vielleicht schon über zwanzig gewesen sein, aber ich hätte mich nicht gewundert, wenn sie aus Übermut verstohlen an den dünnen Zöpfen des kleinen Mädchens gezogen hätte, das zufällig neben ihr saß. Ich weiß nicht, ob ihre an sich doch zierliche Büste wegen ihrer von Natur aus ungewöhnlichen Form oder wegen der, die das Kleid ihr gab, einer eleganten, an den Brunnenrand gelehnten Amphora glich. Ich bewunderte diese Büste sehr, und um Mutter Natur, die mich beobachtete, zu betrügen, dachte ich bei mir: Ich bin sicherlich noch nicht zum Tode bestimmt, denn wenn dieses Mädchen es wollte, wäre ich immer noch zur Fortpflanzung fähig.

Mein Gesicht muß, während ich diese Amphora betrachtete, einen merkwürdigen Ausdruck angenommen haben. Daß es der Ausdruck eines Fauns war, schließe ich aber aus, denn ich dachte an den Tod. Andere jedoch lasen von meinem Ausdruck das Begehren ab. Wie ich später bemerkte, war das Mädchen, das aus wohlhabender Familie sein mußte, in Begleitung eines kleinen alten Weibes, der Magd, die mit dem Mädchen zugleich die Straßenbahn verließ. Und dieses alte Weib blickte mich an, als es an mir vorbeiging, und murmelte mir zu: «Alter Faun.» Sie nannte mich alt. Sie rief den Tod herbei. Ich sagte zu ihr: «Alte Idiotin.» Sie aber entfernte sich, ohne mir zu antworten.

Der Greis

Die Sache hat sich dieses Jahr zugetragen, im Monat April, der uns einen Tag wie den andern düsteres, regnerisches Wetter und nur zwischenhinein ein paar unverhoffte Sonnenstrahlen und ein bißchen Wärme brachte.

Eines Abends fuhr ich mit Augusta von einem kurzen Ausflug nach Capodistria im Automobil nach Hause zurück. Meine Augen waren müde von der Sonne, und ich fühlte das Bedürfnis nach Ruhe. Nicht nach Schlaf, sondern nach Nichtstun. Ich war weit weg von den Dingen, die mich umgaben und die ich doch an mich herankommen ließ, weil nichts anderes da war, das sie ersetzt hätte: Sie glitten an mir vorüber, ohne mir etwas zu sagen. Nach Sonnenuntergang war alles auch recht farblos geworden, um so mehr, als an die Stelle der grünen Felder jetzt die grauen Häuser und düsteren Straßen getreten waren, die ich so gut kannte, daß ich schon im voraus wußte, was kommen würde. Ob man sie ansah oder schlief, kam ungefähr auf eins heraus.

Auf der Piazza Goldoni mußten wir vor dem Verkehrspolizisten anhalten, und ich wurde wieder munter. Da sah ich ein junges Mädchen auf uns zukommen, das im Bestreben, anderen Wagen auszuweichen, dem unseren so nahe kam, daß es ihn fast streifte. Sie war weiß gekleidet mit grünen Bändchen am Hals und grünen Streifen auch auf der leichten, offenen Pelerine, unter der ihr ebenfalls weißes Kleid hervorsah, das wie die Pelerine mit feinen Streifen von dem gleichen leuchtenden Grün besetzt war. Das ganze Figürchen war ein Bild des Frühlings. Was für ein schönes Mädchen! Die Gefahr, in der sie sich sah, entlockte ihr ein Lächeln, während ihre großen schwarzen, weit offenen Augen abwägend blickten. Das Lächeln ließ das blendende Weiß ihrer Zähne aus diesem rosigen Gesicht hervorleuchten. Im Bemühen, sich schmaler zu machen, hatte sie die Hände gegen die Brust gedrückt, und in der einen hielt sie die weichen Handschuhe. Ich sah diese Hände ganz genau, ihr Weiß und ihre Form, die langen Finger und die schmale Handfläche, die in die Rundung des Handgelenks überging.

Und da, ich weiß nicht warum, hatte ich die Empfindung, daß es grausam gewesen wäre, den Augenblick entfliehen zu lassen, ohne zwischen mir und dem jungen Mädchen irgendeine Beziehung zu knüpfen. Zu grausam. Doch Eile tat not, und die Eile schuf die Verwirrung. Ich erinnerte mich! Zwischen ihr und mir bestand ja schon eine Beziehung. Ich kannte sie. Ich grüßte sie, indem ich mich gegen das Wagenfenster vorneigte, um gesehen zu werden, und begleitete meinen Gruß mit einem Lächeln, das meine Bewunderung für ihren Mut und ihre Jugend bekunden sollte. Doch sofort hörte ich wieder auf zu lächeln, weil mir einfiel, daß dabei all das Gold in meinem Munde sichtbar wurde, und betrachtete sie jetzt ernst und aufmerksam. Das junge Mädchen hatte gerade noch Zeit, mich neugierig anzusehen, und erwiderte den Gruß mit einem zögernden, leichten Neigen des Kopfes, was ihrem Gesicht etwas sehr Zerknirschtes gab. Das Lächeln war daraus verschwunden, was seinen Ausdruck – wie bei einem Wechsel des Lichtes – so verwandelte, als hätte sich zwischen sie und meine Augen ein Prisma geschoben.

Augusta hatte sofort das Lorgnon an die Augen geführt, als sie das junge Mädchen in Gefahr sah, überfahren zu werden. Auch sie grüßte, um es mir gleichzutun, und fragte: «Wer ist dieses junge Mädchen?»

Den Namen wußte ich wirklich nicht mehr. Ich heftete die Augen fest auf die Vergangenheit mit dem lebhaften Wunsch, ihn dort wiederzufinden, und durcheilte die Jahre, eins ums andere, weit, weit zurück. Da entdeckte ich das Mädchen an der Seite eines Freundes meines Vaters. «Die Tochter des alten Dondi», murmelte ich etwas unsicher. Nun, da ich den Namen ausgesprochen hatte, schien es mir, als erinnerte ich mich deutlicher. Die Erinnerung an das junge Mädchen rief eine andere Erinnerung wach. Ich sah eine kleine Villa in einem kleinen grünen Garten, und dabei fielen mir die Worte ein, mit denen dieses junge Mädchen die ganze Gesellschaft zum Lachen gebracht hatte: «Warum fällt nie eine Katze allein vom Dach, warum fallen immer gleich zwei?» So hatte sie damals, wie heute auf der Piazza Goldoni, ihre kecke Naivität vor aller Welt kundgetan, und auch ich war damals so naiv gewesen, daß ich mit allen andern mitlachte, statt sie, schön und begehrenswert wie sie war, in die Arme zu nehmen. Ich will sagen, daß diese Erinnerung mich für einen Augenblick wieder jung machte und mir ins Gedächtnis zurückrief, daß auch ich einmal imstande gewesen war, zuzugreifen, festzuhalten, zu kämpfen.

Augusta machte diesem verworrenen Traum ein Ende, indem sie hell auflachte: «Die Tochter des alten Dondi ist heute so alt wie du! Wen hast du da gegrüßt? Die Dondi war ja sechs Jahre älter als ich. Ha ha ha! Hätte die hier gestanden, so wäre sie wohl, statt über die Gefahr zu lächeln wie dieses junge Mädchen, hinkend und humpelnd unter unsere Räder geraten.»

Wiederum änderte sich das Licht dieser Welt, als erreichte es mich plötzlich durch ein Prisma. Ich stimmte nicht sogleich in Augustas Lachen ein. Aber ich mußte es wohl! Sonst hätte ich ihr verraten, wie wichtig ich dies Abenteuer nahm, und dies wäre das erste Mal gewesen, daß ich Augusta etwas gebeichtet hätte. «Ach ja, daran hatte ich nicht gedacht. Alles verschiebt sich, jeden Tag ein wenig, was in einem Jahr viel ausmacht und in siebzig Jahren sehr viel.» Dann sagte ich etwas, was aufrichtig war. Indem ich mir die Augen rieb wie einer, der geschlafen hat, bemerkte ich: «Ich hatte ganz vergessen, daß ich selber alt bin und daß deshalb auch alle meine Altersgenossen alt sind. Selbst jene, die ich nicht habe alt werden sehen, und auch die andern, die im verborgenen blieben und nie von sich reden machten, sie alle sind, ohne daß jemand darauf geachtet hätte, jeden Tag älter geworden.» Die Anstrengung, jenes kurze Aufblitzen von Jugend, das ich hatte erleben dürfen, zu verheimlichen, machte mich kindisch. Ich mußte einen anderen Ton anschlagen, und so fragte ich mit der gleichgültigsten Miene: «Wo lebt denn eigentlich die Tochter des alten Dondi?» Augusta wußte es nicht. Sie sei nicht mehr nach Triest zurückgekehrt, nachdem sie sich mit einem Ausländer verheiratet hatte.

Und darum sah ich die arme Dondi vor mir, wie sie, nun freilich in langen Röcken, irgendwo in einem Erdenwinkel als eine Unbekannte lebte, das heißt unter Menschen, die sie nie jung gesehen hatten. Dieser Gedanke rührte mich, denn das war mein eigenes Geschick, obwohl ich mich nie von hier fortbegeben habe. Augusta ist die einzige, die sagt, daß sie sich meiner genau erinnere: all der großen Tugenden meiner Jugend und einiger Fehler, vor allem meiner Angst vor dem Altwerden, die sie mir noch immer nicht verzeiht, obwohl sie inzwischen hätte bemerken können, wie begründet sie war. Aber ich glaube ihr nicht. Von ihr ist mir jedenfalls nicht viel mehr in Erinnerung als das, was ich sehe. Außerdem kannte sie meine Jugend ja nur teilweise, ich will sagen, sehr oberflächlich. Ich selber erinnere mich deutlicher an meine Jugendabenteuer als an das Aussehen und an die Gefühle meiner Frau. Mitunter, ganz unversehens, ist es mir, als kehre die Jugend wieder, und ich muß rasch vor den Spiegel treten, um mich in der

Zeit zurechtzufinden. Ich betrachte dann diese Partie unter meinem Kinn, die durch schlaffe Hautfalten entstellt ist, um an den Platz zurückzukehren, an den ich gehöre. Einmal erzählte ich meinem Neffen Carlo, der Arzt ist und jung und der sich deshalb aufs Alter versteht, von diesen Momenten eingebildeter Jugend, die mich zuweilen überkommen. Boshaft lächelnd sagte er, dies sei sicher eine Alterserscheinung, denn ich hätte ganz vergessen, wie man sich als junger Mensch fühle, und müsse erst die Falten an meinem Hals betrachten, um zu mir selbst zurückzufinden. Und laut lachend fügte er hinzu: «Das ist geradeso wie bei deinem Nachbarn, dem alten Cralli, der allen Ernstes glaubt, er sei der Vater des Kindes, das seine junge Frau demnächst zur Welt bringen wird.»

Das denn doch nicht! Ich bin noch jung genug, nicht in dergleichen Irrtümer zu verfallen. Ich kann mich nur nicht sicher genug in der Zeit zurechtfinden. Und vielleicht ist das nicht meine Schuld allein. Davon bin ich überzeugt, auch wenn ich es nicht wagen würde, mit Carlo darüber zu reden; er würde es nicht verstehen und mich nur auslachen. Die Zeit vollbringt ihre Verheerungen nach einem unfehlbaren und grausamen Plan, dann entfernt sie sich in einem langen, immer noch wohlgeordneten Zuge von Tagen, Monaten und Jahren; doch wenn sie so weit weg ist, daß sie unsern Blicken entschwindet, verwirren sich ihre Reihen. Jede Stunde sucht ihren Platz in irgendeinem andern Tag und jeder Tag in irgendeinem andern Jahr. Deshalb erscheint in der Erinnerung das eine Jahr voller Sonne, wie ein einziger Sommer, ein anderes dagegen von Anfang bis zu Ende von Kälte durchschauert. Und kalt und ohne Licht ist wahrlich das Jahr, in dem in unserer Erinnerung nichts an seinem richtigen Platze steht: dreihundertundfünfundsechzig Tage zu je vierundzwanzig Stunden tot und entschwunden. Ein wahres Massengrab!

Zuweilen flammt in solchen toten Jahren ganz unversehens ein Licht auf und beleuchtet die eine oder andere Episode, in der man erst jetzt eine seltene Blume des eigenen Lebens, voll süßen Dufts, entdeckt. Deshalb war mir das Fräulein Dondi niemals so nahe wie an diesem Tag auf der Piazza Goldoni. Früher, in jenem kleinen Garten (vor wie vielen Jahren?), hatte ich sie kaum gesehen, und in meiner Jugend war ich an ihr vorbeigegangen, ohne ihre Anmut und Unschuld wahrzunehmen. Und nun, da ich sie wiedergefunden habe und man uns beisammen sieht, fangen die Leute zu lachen an. Warum sah ich, warum erkannte ich sie nicht früher? Vielleicht wird in der Gegenwart jedes Ereignis durch unsere Sorgen, durch die uns drohenden Gefahren getrübt? Sehen und erfassen wir es erst, wenn wir fern sind, in Sicherheit?

Ich aber kann mich hier, in meinem kleinen Zimmer, sogleich in Sicherheit bringen, meine Gedanken auf diesen Blättern sammeln, um die Gegenwart in ihrem unvergleichlichen Licht zu betrachten und zu analysieren und auch zu jenem Teil der Vergangenheit vorzudringen, der noch nicht entschwunden ist.

Ich werde also die Gegenwart und den noch nicht entschwundenen Teil der Vergangenheit beschreiben, nicht um die Erinnerung daran festzuhalten, sondern um mich zu sammeln. Hätte ich das immer getan, so wäre ich bei jener Begegnung auf der Piazza Goldoni nicht so verdutzt und verwirrt gewesen. Ich hätte dem jungen Mädchen keinen Namen beigelegt, der ziemlich sicher nicht der seine war. Ich hätte es einfach angeschaut, wie es jeder kann, dem unser Herrgott das Augenlicht erhalten hat. Von Kopf bis Fuß.

Ich fühle mich nicht alt, aber ich habe das Gefühl, eingerostet zu sein. Um mich lebendig zu fühlen, muß ich denken und schreiben, denn das Leben, das ich führe, mit all den Tugenden, die ich habe und die mir zugeschrieben werden, und all den Neigungen und Pflichten, die mich binden und lähmen, beraubt mich jeder Freiheit. Ich lebe in derselben Untätigkeit, in der man stirbt. Aber ich will mich aufraffen, will erwachen. Vielleicht werde ich dann auch tugendhafter und liebevoller. Leidenschaftlich tugendhaft sogar. Aber das wird dann meine ganz eigene Tugend sein und nicht die von den andern gepredigte, die mich, wenn ich sie anlege, nicht kleidet, sondern einschnürt. Ich muß dieses Gewand entweder ein für allemal ablegen oder lernen, es auf meine Maße zurechtzuschneidern.

Das Schreiben wird für mich daher eine Gesundheitsmaßnahme sein, der ich mich jeden Abend, kurz bevor ich meine Purganz nehme, unterziehen werde. Und ich hoffe, daß in diesen Blättern auch die Worte stehen werden, die ich für gewöhnlich nicht ausspreche, denn nur so wird die Kur erfolgreich sein.

Schon einmal schrieb ich mit demselben Vorsatz, aufrichtig zu sein, und auch damals handelte es sich um eine Gesundheitsmaßnahme, denn jene Übung sollte mich auf eine psychoanalytische Behandlung vorbereiten. Die Behandlung hatte keinen Erfolg, aber die Blätter blieben. Wie kostbar sie sind! Mir scheint, ich hätte nur jenen Teil des Lebens gelebt, den ich beschrieben habe. Gestern las ich sie wieder durch. Leider begegnete ich in ihnen nicht der alten Dondi (Emma hieß sie, ja, Emma), dafür entdeckte ich viele andere Dinge. Auch ein wichtiges Ereignis, das zwar nicht erzählt ist, an das jedoch ein leer gelassener Raum erinnert, in den es sich ganz natürlich einfügt. Ich würde es sogleich aufschreiben, wenn ich es jetzt nicht vergessen hätte. Doch es geht nicht verloren; bestimmt werde ich es beim Durchlesen jener Blätter wiederfinden. Und die sind da, immer zu meiner Verfügung, jeder Unordnung entrissen. Die Zeit ist darin kristallisiert, und man findet sie wieder, wenn man es versteht, die richtige Seite aufzuschlagen. Wie bei einem Kursbuch.

Sicherlich habe ich all das getan, was darin erzählt ist,

jedoch wenn ich darüber lese, erscheint es mir bedeutungsvoller als mein Leben selbst, das mir lang und leer vorkommt. Es ist begreiflich, daß, wenn man über das Leben schreibt, es gewichtiger wird, als es ist. Das Leben selber wird verwässert und daher getrübt durch allzu viele Dinge, die in seiner Beschreibung nicht erwähnt werden. Man spricht darin vom Atem erst, wenn er beschwerlich wird, und auch von Ferien, Schlaf und Essen nicht eher, als einem diese Dinge aus irgendeiner tragischen Ursache abgehen. In der Wirklichkeit dagegen kehren sie, zusammen mit vielen anderen solchen Betätigungen, immer wieder, regelmäßig wie ein Pendel, und füllen gebieterisch einen so großen Teil unseres Tages, daß darin zum Weinen wie zum Lachen nicht allzuviel Platz bleibt. Schon aus diesem Grunde wirkt die Beschreibung eines Lebens, von dem ein großer Teil – der, den alle kennen und von dem sie nicht reden – ausgespart wird, soviel lebendiger als das Leben selbst.

Kurzum, dadurch, daß man sein Leben erzählt, wird es idealisiert, und ich schicke mich an, diese Aufgabe ein zweites Mal auf mich zu nehmen, zitternd, als gehe es um eine heilige Sache. Wer weiß, vielleicht finde ich in der Gegenwart, wenn ich sie aufmerksam betrachte, etwas von meiner Jugend wieder, der ich mit meinen müden Beinen nicht nachlaufen kann und die ich heraufzubeschwören suche, damit sie zu mir kommt. Schon in den wenigen Zeilen, die ich niederschrieb, tauchte sie auf und erfüllte mich so, daß sich die Müdigkeit des Alters in meinen Adern verringerte.

Es besteht jedoch ein großer Unterschied zwischen dem Gemütszustand, in dem ich das vorige Mal mein Leben erzählte, und dem heutigen. Meine Lage ist seither einfacher geworden. Wohl befinde ich mich noch immer in einem Konflikt zwischen Gegenwart und Vergangenheit, aber wenigstens drängt sich zwischen diese beiden nicht mehr die Hoffnung, die bange Hoffnung auf die Zukunft. So lebe ich also weiter in einer gemischten Zeit, wie es das Schicksal des Menschen ist, dessen Grammatik jedoch nur jene reinen Zeiten kennt, die für die Tiere gemacht zu sein scheinen, die, solange man sie nicht erschreckt, unbekümmert in einer kristallenen Gegenwart leben. Für den Greis jedoch (ja, ich bin ein Greis: es ist das erste Mal, daß ich es ausspreche, und das ist die erste Errungenschaft, die ich meiner neuen Selbstbesinnung verdanke) wird das Leben durch die Verstümmelung, durch die es das verlor, was es nie besessen hat – die Zukunft –, einfacher, zugleich aber auch so sinnlos, daß man versucht wäre, die kurze Gegenwart darauf zu verwenden, sich die wenigen Haare auszuraufen, die auf dem verunstalteten Kopf noch übrig sind.

Ich jedoch versteife mich darauf, in dieser Gegenwart etwas anderes zu tun, und wenn sie mir, wie ich hoffe, noch Raum für eine Tätigkeit läßt, so werde ich den Beweis geliefert haben, daß diese Gegenwart länger ist, als es den Anschein hat. Sie zu messen, ist schwierig, und der Mathematiker, der dies unternehmen wollte, würde sich gewaltig irren und den Beweis liefern, daß er nicht zuständig ist. Ich glaube wenigstens zu wissen, wie man bei einer solchen Messung vorzugehen hätte. Sobald es unserem Gedächtnis gelungen ist, die Ereignisse von all dem zu befreien, was an ihnen Überraschung, Schrecken und Unordnung hervorrufen konnte, kann man sagen, daß sie in die Vergangenheit übergegangen sind.

Ich habe darüber so lange nachgedacht, daß sogar mein tatenloses Leben mir die Gelegenheit zu einem Experiment bot, das dieses Problem erhellen könnte, wenn ein anderer das Experiment mit genaueren Instrumenten wiederholte, das heißt, wenn man an meine Stelle einen Menschen setzen würde, der im exakten Aufzeichnen besser geschult wäre als ich.

Eines Tages im vergangenen Frühjahr brachten Augusta

und ich den Mut auf, mit unserm Automobil eine Fahrt über Udine hinaus zu machen und in einer berühmten Locanda zu essen, wo man sich noch auf die bedächtige und unfehlbare Kunst des Bratens am Spieß versteht. Danach fuhren wir noch etwas weiter, um den mächtigen Karnischen Alpen näher zu sein. Plötzlich kam jene Müdigkeit über uns, die sich bei alten Leuten einstellt, wenn sie bewegungslos in einer zu bequemen Stellung verharren. Wir stiegen aus, und das Bedürfnis, uns die Füße zu vertreten, war so stark, daß wir einen kleinen bewaldeten Hügel hinaufkletterten, der sich neben der Landstraße erhob. Dort oben wurde uns zum Lohn eine Überraschung zuteil. Wir sahen die Straße nicht mehr, ja nicht einmal mehr die Felder zu Füßen der Anhöhe, auf der wir standen, sondern nur noch unzählige sanfte, grüne Hügel, die alles verdeckten und nur den Ausblick auf die nahen mächtigen Berge mit den blauen Felsgipfeln freiließen, die ernst auf uns herniederschauten. Zu Fuß waren wir schneller in eine neue Umgebung gelangt als mit dem Auto, und ich stieß einen tiefen Seufzer der Erleichterung aus: eine Freude, die ich nicht mehr vergessen habe! War diese Freude der Überraschung zuzuschreiben oder der balsamischen, vom Straßenstaub freien Luft oder unserer Einsamkeit, die vollkommen zu sein schien? Die Freude machte mich unternehmungslustig, und ich schritt auf der Anhöhe weiter bis zum anderen Ende, das der Straßenseite, von der wir gekommen waren, gegenüberlag. Es war ein bequemer Weg, ein im hohen Gras ausgetretener Fußpfad. Von hier aus entdeckte ich ein Häuschen am Fuße des Hügels und davor einen Mann, der mit kräftigen Hammerschlägen ein Stück Eisen auf einem Amboß bearbeitete. Und wie ein Kind wunderte ich mich darüber, daß der metallische Klang dieses Ambosses erst dann mein Ohr erreichte, wenn sich der Hammer schon wieder zum neuen Schlag erhoben hatte. Wie kindlich von mir; aber sehr kindlich ist auch Mutter Natur, die solche Unstimmigkeiten zwischen Licht und Klang erfindet.

Die Freude an diesen Farben und dieser Einsamkeit blieb mir lange im Gedächtnis haften und folglich auch der Zwiespalt zwischen meinem Ohr und meinem Auge. Später mischte sich die Ernsthaftigkeit der Erinnerung ein, die Logik meines Verstandes, um die Unordnung der Natur zu korrigieren, und wenn ich heute an jenen Hammer zurückdenke, so höre ich schon in demselben Augenblick, da er auf den Amboß niederfällt, den Ton, den er hervorruft, widerhallen. Zugleich aber hat sich das Schauspiel irgendwie verfälscht. An die Stelle der Unordnung der Gegenwart trat die Unordnung der Vergangenheit. Jene Hügelfamilie wurde noch zahlreicher, und alle waren dichter bewaldet. Auch die Felsen der Berge wurden noch düsterer und strenger, vielleicht rückten sie auch noch näher; aber alles war geordnet und aufeinander abgestimmt. Das schlimme ist nur, daß ich mir nicht notierte, wie viele Tage jene Gegenwart brauchte, um sich so zu verwandeln. Aber auch wenn ich es notiert hätte, hätte ich doch nichts anderes dazu sagen können als: Im Geiste des siebzigjährigen Zeno Cosini reifen die Dinge in soundso vielen Stunden und soundso vielen Minuten. Wie viele andere Experimente hätte man an den verschiedensten Individuen und in ihren verschiedensten Altersstufen vornehmen müssen, um schließlich die Gesetzmäßigkeit zu entdecken, von der die Grenze zwischen Gegenwart und Vergangenheit bestimmt wird.

Und so werde ich, wie mein verstorbener Vater, mein Leben mit einem Notizbüchlein in der Hand beschließen. Wie habe ich über jenes Büchlein gelacht! Zwar lächle ich auch heute noch, wenn ich daran zurückdenke, daß er es eigentlich zukünftigen Dingen vorbehielt. Er notierte darin, was er erledigen mußte, das Datum für regelmäßig abzustattende Besuche und so weiter. Ich besitze noch eines seiner Büchlein. Viele Aufzeichnungen beginnen mit einer Mahnung: Nicht vergessen, an dem und dem Tage das und das zu tun. Er glaubte an die Wirksamkeit der Mahnungen, die er in diesem Büchlein begrub. Ich habe den Beweis, daß sein Vertrauen unbegründet war. Ich fand eine Notiz, die lautet: Unter keinen Umständen (diese Worte sind unterstrichen) vergessen, Olivi gelegentlich zu sagen, daß mein Sohn bei meinem Tode vor allen als der eigentliche Chef des Hauses erscheinen soll, obwohl er es nie sein wird.

Man muß annehmen, daß die Gelegenheit, mit Olivi zu reden, sich nicht mehr geboten hat. Aber jedes Bemühen, sich von einer Zeit in die andere zu versetzen, ist bereits ein eitles Unterfangen, und man muß schon so naiv sein wie mein Vater, um zu glauben, man könne seine eigene Zukunft lenken. Mag sein, daß die Zeit, wie die Philosophen versichern, gar nicht existiert, aber ganz gewiß existieren die Gefäße, die sie enthalten, und die sind beinahe hermetisch verschlossen. Nur spärliche Tropfen sickern vom einen ins andere.

Ich möchte mich noch ein bißchen umschauen, um diesen denkwürdigen Tag damit zu beschließen, daß ich diese dahineilende Stunde, in der ich schreibe, in den morgigen Tag hinüberrette. Über mein bequemes und schönes Arbeitszimmer, das Augusta im Laufe der Jahre mehrmals neu herrichtete, wobei sie mich empfindlich störte, ohne wirklich bedeutsame Neuerungen herbeizuführen, habe ich nicht viel zu sagen. Es sieht noch immer ungefähr so aus wie gleich nach unserer Heirat, und ich habe es schon einmal beschrieben. Seit kurzem gibt es eine für mich recht schmerzliche Neuerung. Meine Geige mitsamt dem Geigenpult ist seit ein paar Tagen von ihrem Platz verschwunden. Es stimmt, daß dadurch für das Grammophon der Platz gewonnen wurde, den es braucht, um seine Stimme kraftvoller erschallen zu lassen. Ich habe das Grammophon vor einem Jahre gekauft, und es hat einiges gekostet, ebenso wie die Platten viel kosten, die ich ständig hinzukaufe. Mich reut die Ausgabe nicht, aber ich hätte der Geige gerne ihren Platz gelassen. Seit fast zwei Jahren habe ich sie nicht mehr angerührt. Sie hatte zuletzt unter meinen Händen nicht nur arrhythmisch, sondern auch unrein geklungen, und mein Ansatz schien nachzulassen. Aber es war mir lieb, sie dort an ihrem Platz zu sehen in Erwartung besserer Zeiten; Augusta dagegen sah nicht ein, weshalb die Geige in meinem Zimmer Platz wegnehmen sollte. Gewisse Dinge begreift sie nicht, und ich kann sie ihr auch nicht begreiflich machen. Kurzum, eines Tages schaffte sie, getrieben von ihrer Manie aufzuräumen, die Geige weg, wobei sie mir versicherte, sie könne mir das Instrument in wenigen Augenblicken wieder herholen, ich brauchte es nur zu verlangen. Aber das ist sicher, daß ich es nie verlangen werde, während es nicht ganz so sicher ist, ob ich eines schönen Tages die Geige nicht doch wieder in die Hand genommen hätte, wenn sie an ihrem Platz geblieben wäre. Der Entschluß, dessen es jetzt bedarf, ist etwas ganz anderes. Ich muß Augusta erst bitten, sie wieder herzuschaffen, und damit die Verpflichtung auf mich nehmen, sofort zu spielen, wenn ich sie wiederhabe. Aber solche langfristigen Verpflichtungen kann ich nicht auf mich nehmen. Und deshalb sehe ich mich nun endgültig von einem andern Teil meiner Jugend losgerissen. Augusta hat noch nicht begriffen, wie viele Rücksichten man auf einen alten Mann nehmen muß.

Sonst gäbe es nichts Neues in diesem Zimmer, würde es nicht gerade eben von Klängen durchflutet, die mit denen des Grammophons nichts zu tun haben. Zweimal in der Woche (nicht am Sonntag, sondern montags und samstags) geht ein sangesfreudiger Betrunkener durch das enge, steile Gäßchen, das an meiner Villa vorbeiführt. Zuerst verdroß er mich, dann lachte ich darüber, und jetzt liebe ich ihn. Oft schon habe ich von meinem Fenster aus, nachdem ich alle Lichter im Zimmer gelöscht hatte, nach ihm ausgespäht und ihn dann in dem vom Mondlicht weißen Gäßchen erblickt, klein, schmächtig, doch aufrecht, den Mund zum Himmel erhoben. Langsam schreitet er daher, nicht weil der Weg ihm Schwierigkeiten böte, sondern um den Tönen, die er inbrünstig in die Länge zieht, seinen vollen Atem zu leihen. Manchmal bleibt er auch stehen, wenn er zu einem Ton kommt, den er nur zögernd von sich gibt, weil er ihm besonders schwierig scheint. Ich erkenne die absolute Harmlosigkeit dieses Sängers schon aus der Tatsache, daß er immer dasselbe Lied singt. Die Absicht, etwas zu erfinden, liegt ihm fern. Von ihm sind allerdings gewisse Vortöne, von denen er zum richtigen Ton hinübergleitet, aber ohne die käme er nicht aus: Sie erleichtern es ihm, den Ton zu treffen. Vielleicht weiß er gar nicht, daß er die Musik verändert hat, und jetzt liebt er sie so, wie er sie notgedrungen singen muß. Er kennt keinen Ehrgeiz und folglich keine Bosheit. Deshalb hätte ich, wenn ich ihm nachts in diesem Gäßchen begegnete, keine Angst, da ich seine große selbstlose Menschlichkeit kenne; ich würde vielmehr auf ihn zugehen und ihn um die Erlaubnis bitten, mitzusingen. Er singt immer den «Maskenball». Es würde ihn äußerst überraschen, wenn ein Polizist ihm sagen würde, er solle still sein. Singt er: «Erhebe dich! Dort im Zimmer magst du deine Tochter wiedersehen. Verbirg in Nacht und Schweigen ...» dann redet er wirklich zu Amelia.

Sicher, in dieser Musik ist viel Wein, doch nie hatte der Wein eine edlere Aufgabe. Mein Sänger geht in jener uralten Geschichte vollständig auf. Zweimal in der Woche wird sie für ihn wieder lebendig und bringt ihm all die Überraschung und Rührung eines neuen Erlebnisses. Wie macht er's nur, sich all die andern Abende dem Wein zu versagen, der ihm solchen Hochgenuß verschafft? Welch Beispiel von Mäßigung!

Mein Chauffeur Fortunato kennt ihn. Er sagt, er sei Schreiner und wohne dort oben in einem bescheidenen Häuschen. Er ist verheiratet, noch keine vierzig Jahre alt, hat aber schon einen zwanzigjährigen Sohn. Deshalb hält er sich für alt und denkt an die Vergangenheit, auch noch an eine fernere als die, der ich nachspüre. Wie moralisch dieser Mann ist! Ich brauchte volle siebzig Jahre, um mich von der Gegenwart zu lösen. Und noch immer gebe ich mich nicht zufrieden, sondern suche sie auch jetzt in diesen Blättern wieder einzuholen.

Ich werde nie versuchen, seine Bekanntschaft zu machen. Seine schwache Stimme klingt, als käme sie aus fernen Zeiten. Sie bringt mir die Empfindungen von damals zurück. Da sie selbst eine Klage um Verlorenes ist, entsteht jene Verwirrung, die durch ein tiefes Erlebnis hervorgerufen wird. Diese einsame Stimme, und ich hier an meinem Schreibtisch, der ich ihre Unsicherheit und Inbrunst analysiere. Eine vollkommene Ordnung! Die kommenden Stunden werden für mich diese Stimme nicht verändern können. Das nächste Mal, wenn ich sie höre, werde ich diese Aufzeichnungen wieder durchlesen, um zu sehen, ob die neue Gegenwart imstande ist, die Erinnerung zu korrigieren und mir zu beweisen, daß ich mich täusche.

Ich bin des Schreibens müde für heute abend. Augusta, die mich von der andern Seite des Korridors her vor einer Weile rief, wird in ihrem wohlbereiteten Bett schon eingeschlafen sein, den Kopf umwunden von dem unterm Kinn geknoteten Netz, das sie willig erträgt, um ihr weißes, kurzgeschnittenes Haar zu bändigen. Eine Beengung, eine Last, die mich kein Auge zutun ließe. Ihr Schlaf ist noch immer leicht, doch geräuschvoller als früher. Ganz besonders bei den ersten Atemzügen, beim ersten Sichfallenlassen. Es hört sich gerade so an, als seien andere Organe, die vorher untätig waren, auf einmal herbeibeordert worden, um die Atemzüge zu dirigieren, und als begehrten sie nun auf, weil man sie unversehens aus der Ruhe aufgerüttelt hat. Eine schreckliche Maschine sind wir, wenn wir alt sind! Sooft ich Augustas Kraftanstrengung mitangehört habe, bangt mir vor der, die mir selber bevorsteht, und ich finde keinen Schlaf, es sei denn, daß ich mir die doppelte Dosis Schlafpulver zugestehe. Deshalb tue ich gut daran, erst dann zu Bett zu gehen, wenn Augusta schon schläft. Allerdings wecke ich sie damit auf, aber sie schläft dann geräuschloser wieder ein.

Und hier gebe ich mir nach dem Beispiel meines Vaters eine Ermahnung: «Merke dir, daß du dich in diesen Aufzeichnungen nicht allzusehr über das Alter beklagen sollst! Du würdest deine Lage erschweren.»

Doch es wird schwierig sein, nicht darüber zu sprechen. Weniger naiv als mein Vater, weiß ich von vornherein, daß dies eine nutzlose Ermahnung ist. Den ganzen Tag alt sein, ohne eine Pause! Und mit jedem Augenblick älter werden! Ich gewöhne mich nur mit Mühe daran, so zu sein, wie ich heute bin, und morgen muß ich mich derselben Mühe unterziehen, um mich wieder auf den Stuhl zu setzen, der noch unbequemer geworden ist. Wer kann mir das Recht nehmen, zu reden, zu schreien, zu protestieren? Zumal der Protest der kürzeste Weg zur Resignation ist.

Anhang

Editorische Notiz

Dieser zweite Band der ‹Gesammelten Werke in Einzelausgaben› schließt die Auswahl der Erzählungen Italo Svevos ab. Sie möchte dem deutschen Leser einerseits die besten Erzählungen Svevos bieten, die eine Vorstellung vom ungewöhnlichen literarischen Rang dieses Autors vermitteln, andererseits aber auch einen Gesamtüberblick über seine erzählerischen Tendenzen und Themen. So wurden auch weniger gewichtige ausgewählt, die jedoch das Bild der charakteristischen Züge Svevos vervollständigen.

Aus technischen Gründen mußte die Auswahl in zwei Bände aufgeteilt werden. Der erste führte bis zu jenem Höhepunkt, auf dem die großen Erzählungen Svevos von Alter und Tod einsetzen, ‹Der Tod›, ‹Meuchlings› und ‹Feuriger Wein›, geleitete also den Leser bis zu einem für Svevo entscheidenden menschlichen und dichterischen Wendepunkt. Dieser zweite Band enthält neben den «Novellen vom Alter und vom Tod» die letzten großen Erzählungen Svevos, die als Teile bzw. Kapitel des vierten Romans gelten; eine Hypothese, die zwar durch zahlreiche philologische Vergleiche gestützt wird und sich auch in der Kritik zunehmend durchsetzt, die aber dennoch nicht eindeutig bewiesen werden kann. Es schien daher korrekt und geboten, diese letzten Texte Svevos nach der noch gültigen Tradition auch innerhalb der neuen Ausgabe als eigenständige Erzählungen vorzustellen.

Die Zwischentitel der in thematische Gruppen zusammengefaßten Erzählungen wie auch der Titel der ‹Notiz› stammen von den Herausgebern.

Die Anmerkungen und Erläuterungen der Übersetzer und Herausgeber sind numeriert und finden sich im Anhang.

Das Nachwort Gabriella Continis schließt, der Aufteilung der Erzählungen in zwei Bände folgend, an das des ersten Bandes an.

Anmerkungen und Erläuterungen

‹Kurze sentimentale Reise›

1 Die Erfahrungen der Reise nach England und der dortige Aufenthalt liefern Svevo die winzigen Steinchen, aus denen sich das große Mosaik dieser Novelle zusammensetzt. Die Episode von der nicht zustande kommenden Freundschaft mit dem hübschen englischen Knaben ist in einem Brief vom Juni 1901 festgehalten. Die von der jungen Selbstmörderin geht auf eine Reise nach Murano vom Juni 1900 zurück. Die Geschichte von der Frau, die im Zug ermordet und dann in den Tunnel geworfen wurde, entstammt einer englischen Zeitung und hat in dem Essay ‹Londoner Aufenthalt› ihren Niederschlag gefunden.

Andere Notizen, die in die ‹Kurze sentimentale Reise› einfließen, finden sich in den ‹Vermischten Schriften›. Eine Gruppe von «Anmerkungen» mit dem Titel ‹Reise nach London 31.12.1925› enthält neben skizzenhaften Beschreibungen von Landschaft und Personen den thematischen Einfall des «Diebstahls»: «Als er den Diebstahl bemerkte, verschwand das ganze Freiheitsgefühl der Reise.» Ein Ergebnis der englischen Erfahrungen sind die beiden späten Essays ‹Londoner Aufenthalt› und ‹Menschen und Dinge in einem Londoner Distrikt›.

2 Im Manuskript ist der Satz: «das eine fast perfekte, aber doch nicht ganz perfekte Organisation besaß...» zwischen den Zeilen in den Text eingefügt. Nach dem Punkt folgt die Bemerkung: «Referendum...» Offenbar sollte der Gedanke noch weiter entwickelt werden.

3 Die Lektüre Darwins, die auf die Jugendjahre zurückgeht, hinterläßt ihre Spuren in Svevos gesamtem Werk: von den ersten

Romanen bis zum berühmten Schluß des ‹Zeno Cosini› (die unvollkommene Evolution des «brillentragenden Menschen» im Gegensatz zur vollkommenen Anpassung des Tieres an seine Umwelt) und bis zu den Untersuchungen, die der alte Zeno in den ‹Die Bekenntnisse eines alten Mannes› und in ‹Umbertino› über seine Nachkommen anstellt. Zwei kurze Essays ‹*Der Mensch und die Darwinsche Theorie*› und ‹*Die Korruption der Seele*› fassen Svevos eigenwillige Auslegung des Darwinschen Denkens zusammen: «Ich glaube, daß das entwicklungsfähigste Tier dasjenige ist, bei dem sich ständig ein Teil mit dem anderen im Kampf um die Vorherrschaft befindet.» Der Mensch dagegen: «... ging daran, sich seine Werkzeuge zu schaffen, und die waren alle seinem kümmerlichen Organismus angepaßt, der dadurch erstarrte ... eine neue Evolution außerhalb des eigenen ... immer düsteren und unzufriedenen Organismus ... Das neue Tier war geboren, und anstatt daß sich seine Gliedmaßen als Werkzeuge vervollkommneten, wurden sie fähig, die Werkzeuge zu handhaben, die es schuf.»

4 Es läßt sich nicht genau feststellen, in welchem Jahr Svevo seine Lektüre über die Psychoanalyse beginnt (sicher aber zwischen 1908 und 1912), aber das Interesse für Freud ist sehr groß und die Beschäftigung mit ihm anhaltend und polemisch. In seinem ‹*Autobiographischen Abriß*› stellt Svevo zwei unterschiedliche Erfahrungen, die noch auf die Zeit vor dem Ersten Weltkrieg zurückgehen, auf eine Stufe: «Zunächst jedoch ereigneten sich ohne sein Zutun zwei wirklich literarische Vorfälle, bei denen er sich nichts dachte, da er sie nicht als solche erkannte.» Der erste ist die Freundschaft mit Joyce, der andere «die Begegnung mit den Werken Freuds». Und er fährt fort: «Zuerst wandte er sich ihnen nur zu, um die Aussichten einer Behandlung zu beurteilen, die einem Verwandten von ihm angeboten worden war. Längere Zeit las Svevo Bücher über die Psychoanalyse. Es ging ihm darum zu verstehen, was vollkommene seelische Gesundheit sei.» Schließlich heißt es noch, er habe ein Werk Freuds über den Traum übersetzt und «an sich selbst Proben der Psychoanalyse» vorgenommen. An Jahier schreibt Svevo 1927: «Ein großer Mann, unser Freud, aber mehr für die Romanschreiber als für

die Kranken.» Und in einem späteren Brief: «*Literarisch* ist Freud sicher interessanter. Ja, wenn ich mich von ihm hätte behandeln lassen! Mein Roman wäre vollkommener geworden.» In dem Essay ‹Londoner Aufenthalt› heißt es: «Ich las einiges von Freud mit Mühe und voller Antipathie. [...] Ich war gesund, oder wenigstens liebte ich meine Krankheit (wenn es sie gibt) so sehr, daß ich sie mir mit einem großen Aufwand an Selbstverteidigung bewahrte [...] Doch die Psychoanalyse ließ mich nicht mehr los.»

5 Zweimal taucht in ‹*Kurze sentimentale Reise*› die Erinnerung an den Malerfreund Umberto Veruda auf, den Svevo 1890 kennenlernte. Die zunächst sehr enge Freundschaft wird zwar in den Jahren nach Svevos Hochzeit weniger intensiv, dauert jedoch bis zu Verudas frühem Tod 1904 an. Veruda, ein lebhafter, ungeordneter, stets zu Abenteuern bereiter Mensch, Verfechter der Freilichtmalerei, brachte bei seiner Rückkehr von einem Aufenthalt in Wien europäische Ideen und Probleme mit nach Triest. Sein Einfluß auf Svevo ist in ‹Senilità› (‹*Ein Mann wird älter*›) erkennbar, wo er als Vorbild für den Bildhauer Balli diente. Von Svevos Interesse an Malerei zeugt auch die besondere Sensibilität für Licht und Farbe in diesem Roman. 1904 erbte Svevo das Werk des Freundes und stellte es aus. Später versuchte er durch testamentarische Verfügungen eine Zerstückelung des Werkes zu verhindern. In Kapitel IV (S. 99) dieser Novelle wird Veruda namentlich erwähnt.

6 Svevo spielt auf die Erfindung des unter dem Namen Parmesan weltberühmt gewordenen Käses an.

7 Bei Montaperti, 8 km östlich von Siena, fand im Jahre 1260 die äußerst blutige Schlacht zwischen Siena und Florenz statt, in der Florenz eine schwere Niederlage erlitt. Diese historische Episode wurde von Dante Alighieri im 10. Gesang des ‹Inferno› in seiner ‹*Göttlichen Komödie*› verewigt.

8 Dieser bekenntnishafte, autobiographisch bedeutsame Absatz lautet in einer früheren Fassung: «Verstellung, nein! Das

wohl nicht! Aber Dichter? Ein Mensch, der ihn nicht kannte, wagte es, in den geheimsten Verwinkelungen seines Herzens zu forschen? Dichter? Er selbst hatte manchmal vermutet, einer zu sein. Gewiß! Was, wenn nicht reine, leere Dichtung, waren denn seine guten Wünsche an alle Welt gewesen, die er abgebrochen hatte, sobald er ihre Ironie entdecken mußte: als hätte er sie gleichzeitig an vier Bridge-Spieler gerichtet, die an einem Tische saßen? Und seine Bewunderung für die gut gekleideten Frauen, die konnte doch unmöglich dem Wunsch nach der Todsünde entspringen, denn in diesem Fall hätte er sie weniger bekleidet gewünscht. Und sogar sein Wunsch, im Schmerz allein zu bleiben: machte er ihn nicht selber zunichte durch sein Bestreben, den nächstbesten und unbekannten Menschen einzuschätzen und sich von ihm einschätzen zu lassen? Und die Hunde? Das alles war gewiß leere, eitle Dichtung. Herr Aghios prüfte sich mit großer Aufrichtigkeit, aber mit einer vom Haß eingeflößten Falschheit zwang er sich, indem er die Art des Lachens seines Gesprächspartners und Feindes nachahmte, zu einem ebenfalls stoßweisen Lachen und erwiderte: ‹Ich ein Dichter? Ich bin ein guter Kaufmann. Ich ein Dichter? Höchstens soweit, als wir alle auf dieser Welt ein wenig Dichter sind. Auch Sie sind es mit Ihrer Forderung, daß alle sich um Sie kümmern müssen.›

‹Aber nur in meiner Familie, wohlgemerkt›, wies dieses Ungeheuer ihn zurecht. ‹Denn auf alle anderen pfeife ich.› Und er sah ihn so fest an, daß der Dichter fühlen mußte, er gehöre zu diesen anderen.»

9 Hier endet die letzte Fassung der Erzählung. Der folgende Text stützt sich auf eine frühere Fassung; daher wohl, im weiteren Verlauf, der Widerspruch in der Schilderung der Tageszeit.

10 Die Äußerungen des «Inspektors», der ohne Unterlaß von Politik redet, spiegeln die verworrenen Ansichten des Durchschnittsitalieners in der Zeit zwischen Kriegsende und Faschismus wider: der gemeinsame «gute Wille», die «Wahlpflicht», das Übel der «zu vielen Führer» und die Definition der «wahren Freiheit». Herr Aghios – Svevo hält sich abseits – überträgt das ganze Gespräch in private, «sentimentale» Termini: Freiheit ist

für ihn das Reisen, falsche Freiheit ist es, sich «freiwillig» eine Frau für das ganze Leben zu nehmen. Der Verdacht, selbst egoistisch zu sein («Sollte man nicht eher die Leiden der Nachfahren mitempfinden?»), taucht nur kurz auf und wird gleich wieder durch ein Lächeln verdrängt: «Die Welt ist so gut eingerichtet ...»

11 Im Manuskript findet sich an dieser Stelle der unterstrichene Vermerk: «Bis hierher und von da an ist alles ungereimt.» Svevo wollte offenbar diese erste Niederschrift noch einmal überarbeiten.

12 Triest gehört zum sog. Julisch-Venetien.

13 Hier, mitten im Wort, bricht das Manuskript ab.

‹Die Novelle vom guten alten Herrn und vom schönen Mädchen›

1 Der Viale Sant'Andrea ist eine schöne, breite Allee im gleichnamigen Stadtteil, die am Meer entlang führt. Er erstreckt sich vom Campo Marzio bis zum Lloyd-Arsenal, Richtung Servola, und verbindet den Binnenhafen mit dem Viertel der Schiffswerften und Werkstätten. Die Straßenbahnlinie (vermutlich die Nummer 9), die der gute alte Herr benutzt, führt ihn von der Stätte der Arbeit in die des Handels, von der Peripherie ins Zentrum, von der Welt des Proletariats in die Welt des Bürgertums.

2 Ein 1842 fertiggestelltes weitläufiges Gebäude mit einer kreuzförmig angelegten, glasgedeckten Galerie. Dort sowie in den ebenerdig gelegenen Sälen wurde zwischen 12 und 2 Uhr mittags die Börse abgehalten. Außerdem befanden sich hier die Lesesäle des österreichisch-ungarischen Lloyd und der Gesellschaft der Kaufleute, in denen mehr Zeitungen auslagen als in irgendeinem anderen Lesekabinett Europas. Es gab auch Spielsäle und Cafés, die Svevo selbst, wie auch seine Romanfigur Zeno Cosini, gerne besuchte. In der zweiten Etage hatte die Zweigstelle der Wiener Union-Bank ihren Sitz, in der Svevo achtzehn Jahre lang arbeitete.

3 Campo Marzio («Marsfeld») war in der römischen Zeit Triests ursprünglich Exerzierplatz. Er bezeichnet heute die gleichnamige Straße und ihre Umgebung, der hier 1905 errichtete Bahnhof wurde in der Mitte der zwanziger Jahre von Sant'Andrea in Campo Marzio umgetauft.

4 Rätoromanische Mundart, die im Friaul gesprochen wird und bis zum Ende des 18. Jahrhunderts auch in Triest geläufig war. Während man in Friaul bestrebt ist, dem Friaulischen das Ansehen einer eigenständigen, in der Schule zu lehrenden und zu pflegenden Sprache zu verleihen, hat man es in Triest immer nur als einen gewöhnlichen italienischen Dialekt betrachtet. Daher die Heiterkeit des alten Weibes.

5 Gemeint ist die Mole San Carlo, 1918 nach dem dort anlegenden ersten italienischen Kriegsschiff, dem Zerstörer Audace, in Molo Audace umbenannt.

6 Die Hermada-Höhe ist ein knapp 300 m hoher Berg, 20 km von Triest entfernt, bei Sistiana gelegen. Im Ersten Weltkrieg fanden dort äußerst heftige und blutige Kämpfe statt.

7 Die Schlacht bei Karfeit (Caporetto) führte 1917 zur größten Niederlage der italienischen Armee im Ersten Weltkrieg.

‹Ein Vertrag›

1 Am 3. November 1918 landeten mit dem Zerstörer Audace die ersten italienischen Truppen – die Bersaglieri – in Triest. Für die Geschichte von Triest bedeutete dieses Ereignis das Ende einer mehr als 500 Jahre langen habsburgischen Herrschaft und die von vielen ersehnte Vereinigung der Stadt mit dem Königreich Italien.

2 Da die beiden Olivis italienische Staatsbürger waren, mußten sie 1915 bei Eintritt Italiens in den Weltkrieg das damals österreichische Triest verlassen.

‹Die Bekenntnisse des alten Mannes›

1 Bedeutende Reform des gesamten Schulwesens (1923), benannt nach dem damaligen Unterrichtsminister, dem Philosophen Giovanni Gentile (1875–1944). Auf Kosten der naturwissenschaftlich-technischen Fächer wurde der Schwerpunkt auf die klassisch-humanistische Bildung gelegt. Gentile schwebte ein aristokratisches Bildungsideal vor, das die höhere Schule einer kleinen Elite vorbehalten sollte.

2 Ada ist die Schwester von Zenos Frau Augusta, der ursprünglich seine Bewerbung gegolten hatte.

3 Die karikierte Figur des jungen Pseudosozialisten bzw. -kommunisten (aus Schwäche und Unredlichkeit), wie sie im ‹vierten› Roman in den Personen des Sohnes Alfio und des jungen Olivi ihren Ausdruck findet, verweist auf Svevos Verhältnis zum Sozialismus. Wie es zwischen ‹Der Stamm› und ‹Die Bekenntnisse des alten Mannes› genau darum bestellt war, entzieht sich unserer Kenntnis. Es handelte sich jedoch um eine heftige und widersprüchliche Beziehung, von der die Briefe zum Teil Zeugnis ablegen. 1898, im Jahr der Unruhen auf Grund der Brotverteuerung und der militärischen Unterdrückung, schreibt Svevo: «Ich versichere Dir, daß ich mich noch nie so antisozialistisch gefühlt habe wie jetzt. Kanaillen. Sie ruinieren Italien ohne jeden Profit.» Doch in einem Brief von 1900 sieht er die vollkommene und gleichberechtigte Ehe als eine «freie sozialistische Verbindung». 1903 liest Svevo immer noch *Critica sociale* und *L'Avanti*; 1913 feiert er den 1. Mai: «Mit den Sozialisten verstehe ich mich.»

Man beachte auch den alten Mann in ‹Feuriger Wein›, der seinen sozialistischen Neigungen abschwört (Bd. 1, S. 323), die er insgeheim gegen die Familienmoral kultiviert hat.

4 Die häufige gewohnheitsmäßige Abwesenheit der Großgrundbesitzer von ihren Gütern.

5 Das bekannte Pferdegestüt auf dem Karst, von dem ursprünglich die berühmten weißen Pferde der Spanischen Hofreitschule in Wien, die Lipizzaner, stammten.

6 Boschetto und Servola, zwei am entgegengesetzten Rand der Stadt liegende Viertel. Der Boschetto (eigentlich Wäldchen) erstreckt sich im Norden der Stadt am Hange eines Hügels und war wegen der Schönheit seiner Lage ein beliebtes Ziel der Sonntagsausflügler. Auch Servola (im nördlichen Teil Triests) gehörte zu den Sonntagszielen der Triestiner. In diesem auf einem waldigen Hügel gelegenen Dorf befanden sich viele Gasthäuser und Weinschenken mit Gärten, wo die Gäste bei warmem Wetter im Freien unter schattigen Lauben sitzen konnten.

‹Umbertino›

1 Der hier gemeinte Volksspruch lautet: solo beato el morto che ghe piovi sul corpo (selig allein der Tote, auf dessen Leib es regnet).

2 Carla, einstige Geliebte Zenos, bekannt aus dem Roman ‹Zeno Cosini›.

3 Das Schloß Miramare (eigentlich Miramar) und der dazugehörige prächtige Park wurden 1856 von Maximilian von Habsburg auf der Punta Grignano erbaut. Die Straße nach Miramare führt über Barcola ganz dicht am Meeresufer entlang.

4 Vgl. ‹Die Novelle vom guten alten Herrn und vom schönen Mädchen›, Anm. 4.

‹Notiz›

1 Am Schluß der Erzählung ‹Umbertino› findet sich eine handgeschriebene Seite, eine Art Notiz, die eine Verbindung zur nächsten Erzählung, ‹Mein Müßiggang›, herstellt. Das Herz, das

«kleine, anmutige Organ», ist nicht das Organ der Liebe. In ‹Mein Müßiggang› greift Zeno dieses Thema wieder auf: «Heute wissen alle, daß unser ganzes Leben vom Sexualorgan abhängt.» Er entscheidet sich daher für eine neue Therapie gegen das Alter und «nimmt sich eine Geliebte».

‹Mein Müßiggang›

1 Copler ist eine Figur aus dem Roman ‹Zeno Cosini›.

2 Vgl. ‹Umbertino›, Anm. 2.

3 Vgl. ‹Die Novelle vom guten alten Herrn und vom schönen Mädchen›, Anm. 2.

4 Scsanna, eine kleine Ortschaft etwa 15 km von Triest entfernt.

Nachwort

Das «Unvollendete» in Svevos Werk

VI Die Novellen vom Alter und vom Tod

Die ‹Novellen vom Alter und vom Tod› (‹Der Tod›, ‹Meuchlings›, ‹Feuriger Wein›, ‹Kurze sentimentale Reise› und ‹Die Novelle vom guten alten Herrn und vom schönen Mädchen›) stammen aus der Zeit zwischen 1925 und 1928, Svevos aktivsten Jahren.

Ihre gleichbleibenden Protagonisten sind der alte Mann und der Tod. Das Schema ist auf das Wesentliche reduziert; die eingeführten Erzählelemente wiederholen sich: Die Beziehung alter Mann – junges Mädchen (die an ‹Zeno Cosini› erinnert), die Ehefrau als Krankenschwester und Kerkermeisterin, der Freund als Gegenspieler und die Themen Geld, Kur, Übertretung der Vorschriften (durch den Wein, die Reise, den Traum) stellen vom Autor offen ausgespielte Topoi seiner Prosa dar. Svevo sieht keine Notwendigkeit mehr, an der Oberfläche zu erfinden, sondern er will sein gewohntes Repertoire vertiefen. Einzige Erfindung: die von der drohenden Gegenwart des biologischen Todes, diesem schlichten und nicht verschiebbaren Ereignis, blockierte Zentralfigur. Die Handlung läßt nur zwei Schlüsse zu: einen illusorischen: Gleichgewicht = Genesung und einen realistischen: Gleichgewicht = Tod.

Svevo holt alle Privilegien des außenstehenden, allwissenden Erzählers nach, beansprucht ein Maximum an Distanz und zugleich ein Maximum an Einmischung: Er befindet sich innerhalb und außerhalb der Figur; er deckt ihre Unwissenheit und ihre Bewußtwerdung auf, verspottet ihren Selbstbetrug, kennt ihre Träume.

Die systematische Verwendung und Ausweitung des Traums als Erzählmittel (neben der Fehlleistung, den Phantasien, dem plötzlichen Einfall, der aufgedeckt wird) zeigen, wie das Bewußtsein des alten Protagonisten, ausgehend von einem Krisenpunkt, zerbricht in Träumereien, in Halluzinationen, wie er inneren Stimmen nachgibt, den Verlockungen des Schreibens, der falschen Kompensation, ohne daß jedoch die Öffnung zum Imaginären ein Gegengewicht zur Alltagsbanalität darstellte. Svevo besteht auf «traditionellen» Situationen und auf einem «traditionellen» Erzählgenre. Man beachte in diesem Zusammenhang, daß bei ihm immer von *Novelle*, nie von *Erzählung* die Rede ist. Svevos Novelle, versehen mit Einleitung, Handlung, Schluß, geordnet und geschlossen, orientiert sich an den Vorbildern der Vergangenheit und respektiert die Regeln. Auch Wortschatz und Syntax sind «konservativ»: Das ganze Programm zielt auf ein Maximum an Ertrag bei einem Maximum an Ökonomie ab. Wo die Handlung sich dem abschließenden «Nichts» unterordnen muß, stützt sich das «konservative» Wort auf Naheliegendes und Vorhersehbares, umgibt sich mit Garantien, um seine Zeichen-Valenz nicht zu verlieren; es löscht sich weder selbst aus, um die Leere zu bezeichnen, noch riskiert es auch nur einen Augenblick die Aphasie. Die Virtuosität der «großen Novellen» – die illusionistische Hierarchisierung der Bewußtseinszustände – ist das Resultat einer eisernen syntaktischen Kontrolle über das traditionelle Medium Wort.

‹Kurze sentimentale Reise›

Zu dieser Novelle finden sich viele Notizen Svevos. In einem Brief vom Dezember 1925 an Marie Anne Comnène bezeichnet er sie als «riesenlange Schlange». 1926 fragt er oftmals Montale um Rat: Die Novelle mache «einen ärmlichen Eindruck»; sie schaffe «viele Zweifel»; er vermutet, sie sei «am Anfang wurmstichig». «Ob ich sie fertigschreibe oder nicht, jedenfalls wird es das *letzte* sein, was ich mache ... oder auch nicht mache.» (Die Schwierigkeiten können mit dem Bemühen zusammenhängen, viele winzige Reisenotizen miteinander zu verschmelzen und zu einer Handlung zu verknüpfen; aber ganz offensichtlich ergreift Svevo auch die Gelegenheit, nach so vielen Jahren im Alleingang die Vorzüge einer «Anleitung» bei seiner Arbeit zu erproben und sich auf den kritischen Freund und Berater zu stützen.)

Durch die entfremdende Erfahrung der Reise («sentimental» im Sinne von Laurence Sterne) von den Alltagsfesseln befreit, begegnet Herr Aghios in der Geschlossenheit des Eisenbahnwaggons all seinen Wunschobjekten: dem Mädchen mit den blauen Augen, das er beinahe streifen darf, der geheimnisvollen Dame mit dem wohlbeschuhten kleinen Fuß, dem armen kleinen Mädchen, das er gern auf die Stirn geküßt hätte («Er, der in der zweiten Klasse saß, hätte so seine Liebe für die dritte Klasse bekundet»), dem Unbekannten, der ihm Gelegenheit gibt, unbeschwert und absichtslos zu lügen, und schließlich dem blonden Jüngling Bacis, der ihm den Genuß verschafft, eine vollständige Verführungsgeschichte aus zweiter Hand zu erleben. Vor allem aber findet Aghios in Bacis einen «echten Sohn», zusammengesetzt aus Stücken seines eigenen Selbst: gutmütig und lügnerisch, zwielichtig und feige. Der alte Odysseus hat seinen Telemach. (Man vergesse nicht, daß Aghios Grieche ist: «‹Es ist angenehm›, sagte er, ‹einer anderen Rasse anzugehören. Es ist, als wäre man stets auf Reisen.›»)

Im Kapitel «Venedig – Planet Mars» träumt Herr Aghios von der kleinen, von Bacis verführten Anna ebenfalls als von seiner «Tochter»: «Warum nur muß meine Tochter so unter mir liegen? [...] Ich bin der Vater, der gute, sittenreine Vater.» Dieser anscheinend nicht mit einer Zensur versehene Traum, der vom Träumer, einem skeptischen Kenner der Psychoanalyse, eilig abgetan wird, legt eine falsche Fährte und kaschiert einen tieferen, unter dem ersten verborgen liegenden Wunsch. Das – von Bacis so ersehnte – Geld in der rechten Brusttasche wird allzusehr zur Schau gestellt, es drückt, verursacht einen körperlichen Schmerz, verlangt geradezu danach, entrissen zu werden. Damit der Vater im «echten» Sohn zu neuem Leben erwachen kann, muß der Sohn ihn entthronen, beleidigen, seiner Macht berauben. Daher wird der Diebstahl nicht nur gewünscht, sondern auch provoziert. Der Traum verlangt keine Analyse, sondern stellt nur ein Betäubungsmittel dar, das die Erzähllipse rechtfertigt. Er ist das Alibi des Protagonisten in bezug auf die «wahre» Handlung, die sich während und außerhalb des Traums vollzieht: in einem Spiel, in dem sich das Erlebte und das Geträumte gegenseitig ihres Sinns berauben: «Adieu, Freiheitsgefühl des Reisens», denkt Herr Aghios, «adieu, Bereitschaft zur Güte.»

In Svevos Nachlaß finden sich viele Notizen zur Fortsetzung von ‹*Kurze sentimentale Reise*›. Svevo beabsichtigte, auf dem Thema «Güte» zu beharren: «Sie kamen an einen Ort, an dem alle reich waren und es daher keine Möglichkeit gab, seine eigene Güte zu zeigen.»

Er sucht auch nach grotesken Wendungen ins Politische: «Die Tugend, die Güte, das Opferverlangen sind die verbreitetsten Begabungen der Menschheit [...] die ganze Menschheit setzt sich aus entsprechenden Einzelwesen zusammen, die ihr Leben mit weiser Voraussicht und daher mit perfektem Egoismus regeln. Das schlimme ist, daß das Vorgehen des einzelnen nicht durch Stimmenmehrheit bestimmt wird. Läge es so, dann gäbe es keinen Zweifel, daß alles menschliche Tun großmütig und tugendhaft wäre. Jeder ließe seinen Nachbarn die Häßlichste und Ärmste heiraten [...]. Das große Herz, das die ganze von soviel Menschlichkeit belastete Erde aufrüttelt, ist wahrhaft groß und großmütig. Es ist das Unglück, daß die Politik, die als Produkt einer großen Versammlung erscheinen könnte, ihrerseits niedrig und grausam ist.»

Wichtig ist, daß Svevo, wie für seine anderen «Alten»-Figuren, auch für Herrn Aghios den Tod im Programm hat und daß das Thema Selbstmitleid und das Moment der «Vereinfachung» diese Passagen mit der Novelle ‹Argo und sein Herr› verbinden: «Er – ein Naturforscher, der nicht auf Grund seiner Studien, sondern aus Neigung zur Wissenschaft gekommen war, gleich nachdem er aufgehört hatte, in die Kirche zu gehen – er dachte, daß dieser Körper, den er bisher für nichts anderes angesehen hatte als für sein eigenes, aus ziemlich komplizierten Organen zusammengesetztes ‹Ich› [...], jetzt zum Gefängnis dieses ‹Ich› geworden sei, zu einem Gefängnis, bespickt mit verletzenden Instrumenten, die stachen und zerfleischten [...]. Und er sah noch einmal sein ganzes Leben. Verbote: der Kampf um die Liebe, ums Geld, ums Leben. Die Krankheit hatte nun alles vereinfacht. Man kämpfte, um Luft zu bekommen. Und all die anderen Kämpfe waren vergessen. Das Unglück, als ein Hund geboren worden zu sein, als ein sensibler Hund, als ein Hund voll Mitleid mit sich selbst.»

‹Die Novelle vom guten alten Herrn und vom schönen Mädchen›

Svevo erwähnt diese Novelle nie in seiner Korrespondenz (obwohl die kürzere und offensichtlich komplette Fassung Anmerkungen von seiner Hand enthält, die auf eine geplante Veröffentlichung deuten).

Wie das «Erzähler-Ich» in ‹Feuriger Wein› besitzen auch die Personen der ‹Novelle vom guten alten Herrn und vom schönen Mädchen› keine Namen. Durch *Alter* und *Eigenschaft* charakterisiert, bestehen sie ganz aus ihren Attributen, sind sie in ihren Handlungen beschränkt, an einen vom Titel vorgegebenen thematischen Ablauf gebunden.

Warum ist das Mädchen *schön*?

Blutjung, gesund und sauber (dank des «täglichen Bades»), ist das Mädchen so «gesundheitsfördernd», wie es die «Kur» des Alten verlangt, damit seine Jugend zurückkehre. Vor allem aber ist es *schön*, weil das Abenteuer *echt* erscheinen soll. Um die Kauf- und Verkaufsbeziehung etwas von ihrem Geldgeschmack zu befreien, muß das Abenteuer wie ein Schwachwerden gegenüber dem fatalen Geschenk der Schönheit aussehen, wie eine kurze und zu sühnende «Sünde» der Liebe. Die Kindlichkeit seiner Schönheit (das Mädchen macht selbst den Vorschlag: «Wäre ich nicht eine schöne Tochter?») ermutigt zur Ableitung eines allgemeinen Gesetzes: «Wenn ein alter Mann liebt, geschieht es stets auf dem Umweg über die Väterlichkeit, und jede seiner Umarmungen ist ein Inzest und hat dessen herben Beigeschmack.» Wir befinden uns also mehr im Bereich der Gefühle als in dem der Sexualität: Die Liebesepisode stellt eine kleine unbeglichene Rechnung mit der Moral des Alters dar, eine Rechnung, die entweder ganz oder vielleicht auch nur teilweise beglichen und in ein nicht schlechtes Geschäft verwandelt werden kann.

Warum ist der alte Herr *gut*?

Weil er ein Wohltäter ist, ein «Philanthrop» in dem ambivalenten Sinn, in dem Svevo dieses Wort zu gebrauchen pflegt: Während er korrumpiert, wiederholt er sich gewunden, daß er retten und erziehen will.

«Und ich versuche, ein Mädchen dieses Volkes zu verführen, das dort leidet und blutet!» Ein außergewöhnliches Vergnügen, das dem Bewußtsein einer zweifachen Schuld entspringt, einer gesellschaftlichen und einer individuellen. Wenn der gute bürgerliche Herr das Gefühl der unsühnbaren Klassenschuld auf die Umstände eines flüchtigen Abenteuers reduziert, führt er jede Verantwortlichkeit aufs Private zurück und kann sich durch eine Reihe kleiner individueller Zahlungen aus der Affäre ziehen. Um die *Schuld* in *Sünde* und *Abenteuer* umzusetzen, muß er außerdem jedes Treffen mit dem Mädchen durch ein Briefchen in die Wege leiten. Das Ritual des «letzten Mals» – wie bei der «letzten Zigarette» Zenos – verdoppelt die Lust und vermittelt das heroische Gefühl eines möglichen Verzichts. Es darf sich weder eine Kette von Ereignissen noch eine gleichbleibende Situation herausbilden: Die Unterbrechung der Zusammenkünfte garantiert eine Reihe heilsamer Pausen; das Fehlen eines Rhythmus verspricht die Erneuerung des Abenteuers ad infinitum. Das Mittel, um das Mädchen herbeizurufen, ist das Briefchen: Der alte Herr ist empfänglich für den magischen Ruf der Feder und wendet sich immer stärker dem Schreiben zu, bedient sich seiner, um Handlung zu produzieren. Später tritt ein Rollentausch ein: Das Mädchen verwandelt sich von der Duldenden zur Handelnden. Sie taucht ungerufen und provozierend in den Träumen auf; sie ermüdet das Herz; sie kündet den Tod an. Und auf seinem letzten Krankenlager stellt das Schreiben des alten Herrn – das die moralischen Beziehungen zwischen Jugend und Alter zum beherrschenden Gegenstand hat – die Bemühung dar, einer Erfahrung, die der Kontrolle entgleitet und zur Angst wird, den gewünschten Sinn zu geben; das Bemühen, das Leben im nachhinein zu korrigieren. Aber es gibt dabei auch ein grundsätzliches Verbot: auszustreichen. Das endlose Vorwort, das das ganze erste Kapitel des Werkes umfaßt, wird zur Krebswucherung. (Das fiktive Buch wird nie wirklich vorgelegt, sondern es wird dem Leser nur beharrlich darüber berichtet. Der Text, der einen Text erzählt, die geschriebene Seite, die eine geschriebene Seite beschreibt – das ist ein so ironischer Kunstgriff, daß man die Vermutung nicht ausschließen kann, Svevo habe sich vom Spiel mit einer «Metanovelle» betören lassen.) Das Buch wächst, nimmt zu und stagniert dennoch, denn wir kennen seinen Ausgangs- und Endpunkt schon, bevor es geschrieben ist. Das bürgerliche Ethos auf der Suche nach dem «guten», das heißt universalen, also eben dem bürgerlichen Verhalten rotiert krampfhaft um einen leeren Kern. Das unkontrolliert angewachsene Schreiben wird selbst zu dem Irrtum, den es zu korrigieren vorgibt, führt zur Frage ohne Antwort, fesselt an das Schweigen. Wenn die Krankheit ihren Weg über das Mädchen nimmt, so nimmt der Tod, der aus der Beklemmung des nicht möglichen Schreibens kommt, seinen Weg über den Federhalter: «die Feder im Mund, über die sein letzter Seufzer geglitten war».

In Svevos Nachlaß finden sich zwei Fassungen der ‹Novelle›. Die ältere, unvollständige enthält ein zusätzliches Kapitel: «Nach einiger Zeit schrieb er dem jungen Mädchen, das die Alleinerbin des alten Herrn gewesen war, um sie zu bitten, die Schulden zu begleichen, die der Verstorbene bei ihm hatte.

Das junge Mädchen schrieb ihm, er möge zu ihr kommen, sie würde sofort bezahlen. Der Arzt folgte dieser Einladung unverzüglich.

Er kam in ein recht schönes Haus, und das junge Mädchen, das ihm selbst die Tür geöffnet hatte, bat ihn, ihr in den Empfangssalon zu folgen. Der Empfangssalon enthielt unterschiedliche Möbel, die weder alle von der gleichen Farbe noch vom gleichen Stil waren.

Das Mädchen preßte zwei Tränen aus seinen schönen Augen, während es sich seines Wohltäters erinnerte. Sie sagte, wenn sie gewußt hätte, daß er so gut war, wäre sie öfter zu ihm gegangen. Er habe ihr gesagt, daß er sie in seinem Testament berücksichtigen wolle, und jetzt wisse sie, was das bedeute. Zuerst habe sie gedacht, es handle sich nur um das bißchen Geld, das er ihr von Zeit zu Zeit schickte. Und sie lachte über ihre eigene Unwissenheit. Eine schöne Frau ist nie schöner, als wenn sie weint oder lacht. Wenn sie dann noch gleichzeitig weint und lacht, ist sie eine Wonne.

Verliebt wandte ihr der Arzt sein Interesse zu. Sie brachte ihm daraufhin großes Vertrauen entgegen. Sie ließ ihn in die Schublade eines alten Schrankes schauen, die voll von Kronenscheinen war. Ihre Mutter hatte ihr geraten, das ganze Vermögen im Haus aufzubewahren. Der Arzt war anderer Ansicht, aber es war schwierig, das ganze Papier sofort auf die Bank zu tragen.

Einstweilen liebkoste er sie ein wenig, was sie ohne Widerstand hinnahm. Das Vertrauen des Mädchens wurde noch größer, und es erklärte, daß es einen Rat von ihm haben wolle. Er müsse doch auch etwas von rechtlichen Dingen verstehen.

Der an der menschlichen Seele interessierte alte Herr ließ sie zunächst reden. So erfuhr er, daß sie seit langer Zeit einen eleganten jungen Mann liebe, einen Ausländer. Bis zu einem bestimmten Zeitpunkt hätten sie beide einander geliebt, ohne überhaupt daran zu denken, daß es auf dieser Welt auch Geld gebe. Dann sei jedoch das Geld des alten Herrn gekommen, und da habe ihr der junge Mann versprochen, sie zu heiraten, wenn sie ihm sofort eine große Summe leihen würde. Sie habe sie ihm gegeben, und jetzt wolle er nichts mehr von Heirat wissen, und das Geld habe sie auch nicht.»

Der Text ist nicht abgeschlossen, aber der Schluß ist bereits in der Eröffnung der ‹Novelle› enthalten: Die Beziehung zwischen Jugend und Alter kann nur in ihren grausamen und komischen Spielen an der Oberfläche beschrieben werden. Wie man sieht, bleibt das Kräfteverhältnis immer unverändert: Das Mädchen übt seinen Reiz aus, das Geld knüpft Bande und produziert «Abenteuer», auch der neue alte Herr wird ein *guter* alter Herr sein. Über den Tod ihres *Wohltäters* lacht und weint das Mädchen gleichzeitig, in dem Ton, den Svevo im ersten Teil der ‹Novelle› anschlägt: Ein alter Mann «verfälscht, so oder so, die Liebesabenteuer am Ende doch und verdient bald das Gelächter Beaumarchais' und Rossinis Musik».

VII Der ‹vierte› Roman

Noch während Svevo an seinen letzten Erzählungen und der unvollendet gebliebenen Komödie ‹*Ein Mann wird jünger*› arbeitet, beginnt er einen neuen Roman.

«Mich quälen jeden Tag Gespenster», schreibt er im März 1926 an Montale, «die mich zum Schreiben verführen wollen. Ich habe sogar schon ein paar Sciten zu Papier gebracht. Aber mit 65 Jahren ist nicht das Anfangen schwierig, sondern das Fertigwerden.»

1928 verdichten sich die Nachrichten über die zum Schreiben drängenden «Gespenster»:

Im Mai schreibt Svevo an Crémieux: «[...] mit plötzlicher Entschlossenheit habe ich mich an einen neuen Roman gemacht, Il Vecchione [etwa: Der große Alte], eine Fortsetzung des Zeno. Ich habe etwa zwanzig Seiten davon geschrieben und amüsiere mich köstlich. Kein Malheur, wenn ich ihn nicht beenden sollte. Indessen werde ich einmal mehr in meinem Leben von Herzen gelacht haben.»

Noch einmal im Mai an Crémieux: «Vor einiger Zeit hat der greise Zeno in einem gutgelaunten Augenblick ein Vorwort zu seinen neuen Erinnerungen verfaßt. Danach fehlte mir die Lust weiterzumachen.»

Im August an Marie Anne Comnène: «Ich möchte einen neuen Roman schreiben. Il Vegliardo [Der Greis], eine Fortsetzung des Zeno. Ein paar Kapitel habe ich bereits niedergeschrieben, die jedoch alle überarbeitet werden müssen. Es schleicht sich da ein gewisser falscher Ton ein. Ob das die Unfähigkeit des alten Mannes ist? Sollte ich ein Kapitel zuwege bringen, das mir gefällt, dann werde ich es Ihnen schicken.»

Von dem neuen Roman kennen wir also den Titel (der Autor scheint die zweite Version, ‹Il Vegliardo›, zu bevorzugen) und das Thema: das hohe Alter an der Grenze zur Anomalie, zum Verstoß gegen die Regeln.

Die Forscher (Apollonio, Maier), die nach Svevos Tod seinen Nachlaß sichteten, haben die Kapitel des letzten Romans entdeckt und veröffentlicht. Wir führen die Kapitel nachstehend in der Reihenfolge ihrer Entstehung auf und mit den Titeln, die ihnen die Herausgeber in der Gesamtausgabe des Verlags Dall'Oglio (in der sie als «Erzählungen» fungieren und zwischen den eigentlichen Erzählungen placiert werden) gegeben haben.

a) ‹Ein Vertrag› (‹Un contratto›): von Svevo ‹Il Vecchione› betitelt; entspricht dem Romananfang, den der Brief an Crémieux vom Mai 1928 ankündigt.

b) ‹Die Bekenntnisse des alten Mannes› (‹Le confessioni del vegliardo›): bei Svevo ohne Titel; beginnt mit einem Datum («4. April 1928») und ist eine Art Tagebucheintrag, ähnlich jenen, aus denen das letzte Kapitel des ‹Zeno Cosini› besteht.

c) ‹Umbertino›: von Svevo so betitelt; wie nicht nur aus

den thematischen Zusammenhängen, sondern auch aus der weiterlaufenden Paginierung der Manuskriptseiten hervorgeht, ist es die Fortsetzung des unter b) genannten Kapitels.

d) ‹Mein Müßiggang› (‹Il mio ozio›): von Svevo so betitelt; es führt Ansätze, die am Schluß des ‹Umbertino› auftauchen, weiter.

e) ‹Der Greis› (‹Il Vecchione›): bei Svevo ohne Titel; es handelt sich um einen neuen Romananfang, die Neufassung eines vernichteten Kapitels, das dem Kapitel ‹Mein Müßiggang› vorausging und es einführte. Es ist der am besten ausgearbeitete Text, mit dem sich die Kritik immer wieder befaßt hat, fast, als stelle er den einzigen Teil des geplanten Romans dar.

Montale war der erste, der die Einheit des Romans erfaßte, als 1929 die ersten Seiten davon erschienen, und er sprach sofort von einer «Fortsetzung des Zeno», bestehend aus «Teilen, entstanden für ein Ganzes», von «langen Episoden», die voneinander abhängen. (Tatsächlich war es Svevos Gewohnheit, sein Material in große Blöcke zu gliedern, die eine partielle Eigenständigkeit besitzen, aber dennoch innerlich miteinander verflochten sind.)

Jedes Kapitel besteht in einem Experiment, das vom vorangegangenen Text ausgehend diesen zum Teil korrigiert oder neu strukturiert, vorhandene bisher starre thematische Elemente in Bewegung setzt und latente Möglichkeiten weiterentwickelt. Das Ganze stellt eine Serie thematischer Sondierungen auf verschiedenen Ebenen der existentiellen Situation des greisen Zeno dar. Die Lektüre dieser Kapitel ist nur möglich, wenn man akzeptiert, daß sie Teile eines im Entstehen begriffenen Ganzen sind und es sich bei den Widersprüchlichkeiten und Korrekturen nicht um störende Elemente, sondern um charakteristische Züge eines «im Bau» befindlichen Werkes handelt.

Ausschlaggebend für den Roman ist also nicht die Folgerichtigkeit der *Geschichte*, sondern die Spannung, die die Ermittlung vorantreibt, die Strukturierung des Erzählmaterials nach immer strengeren Montage-Gesetzen. Und die Lektüre vermittelt nicht nur eine eindringliche Erfahrung – Svevo bei der Arbeit zu erleben –, sondern stellt auch eine präzise Lektion in Methodik dar: der literarische Text als Arbeitsmaterial, das handwerkliche Können und Bemühen dessen, der schreibt und wieder verwirft.

Der greise Zeno ist schon für sich allein ein großer Romaneinfall: jene Figur, die bereits über sich geschrieben hat, der analysierte, aber nicht geheilte Mann, den die Psychoanalyse vielmehr dazu gebracht hat, Wahrheit und Lüge miteinander zu vermischen («Ein geschriebenes Bekenntnis ist immer verlogen»). Zeno als Person – Bewußtsein, das nur unter der Bedingung lebt, daß es schreibt – hat mit seinen vorangegangenen Bekenntnissen bereits ein – zum Teil falsches – Zeugnis seiner selbst hinterlassen.

Von seiner früheren Erfahrung her behält er sich jedoch das Privileg vor, die Distanz zwischen dem Augenblick des Erlebens und dem des Schreibens auszulöschen sowie eine maximale Distanz zwischen dem Schreiben – das sich im Objekt Buch konkretisiert – und der Mobilität der Ereignisse zu schaffen, die jedem Verfälschungsspiel unterworfen werden können.

Zeno stellt sich vor wie einer, der schon einmal gelebt hat: «Ich will wieder schreiben.» Aber in dieser neuen Phase – dem «großen Alter» – hat er mit vielen Bruderfiguren Beziehungen geknüpft: mit dem Helden aus ‹*Ein Mann wird jünger*› und den Protagonisten der Novellen: dem Herrn Aghios, dem zügellosen Alten aus ‹*Feuriger Wein*›, dem «guten alten Herrn». Zenos neues Attribut ist das Alter «außerhalb des Alters». Er ist einmal krank, weil er Zeno ist und damit zum neurotischen Bekenntnis prädisponiert, und zum anderen einfach auf Grund seines Alters wie alle Alten; er hat also zwei Krankheiten: eine, die sein persönliches Privileg ist, und die andere, die ihn der Welt zurückgibt. Das Schreiben muß daher viele Risse der Persönlichkeit kitten: Es baut ein geschwächtes «Ich» wieder auf, versucht, das «literarisierte Leben» – jenes, das sich nicht mehr ändern kann, das außerhalb von Zukunft und Schrecken liegt – an die Stelle des «grauenvollen wirklichen Lebens» zu setzen. Es ermöglicht den Aufschrei: «Den ganzen Tag alt sein, ohne eine Pause! Und mit jedem Augenblick älter werden!», weist aber auch «den kürzesten Weg zur Resignation». (Unter Svevos Notizen aus der gleichen Zeit findet sich folgender Satz: «Meine Frau ist alt, und ihre Freundinnen sind es auch. Das Leben eines alten Mannes ist wirklich wild.» Die Tragödie wird voll aufgedeckt, aber vom Lächeln im Zaum gehalten und zwischen die Falten der Alltagsbanalität gebettet.)

Zeno das Wort zu erteilen ist auch eine Möglichkeit, jede generelle Erörterung über das *Absolute* des Alters zu vermeiden. Zeno vertritt keine Kategorie, sondern fungiert eher als Filter, als Instrument feinfühliger und schonungsloser Auslotung der Realität. Wie die Alten-Figuren der Novellen wird er mehreren Prüfungen unterzogen, die alle auf der gleichen Linie liegen: Auseinandersetzung mit den Familienangehörigen, mit dem Freund-Feind, mit dem Tod, mit dem Mädchen, mit dem Schreiben.

Beginnen wir mit dem Kapitel ‹Ein Vertrag›, das sich an das letzte Kapitel des ‹Zeno Cosini› (in dem Zeno mit dem Schreiben und mit der «Kur» Schluß macht, weil er entdeckt, daß er «gesund» ist und sich durch seine wirtschaftlichen Erfolge während der Kriegszeit allen überlegen fühlt) anschließt und jene Elemente einführt, die das Gleichgewicht stören und die Erzählung wieder in Gang setzen. Die Tätigkeits-Therapie entpuppt sich jedoch als Lüge: Zeno ist zwar fähig gewesen, in Kriegszeiten einzukaufen, aber er versteht es nicht, in Friedenszeiten zu verkaufen. Der Konflikt zwischen dem alten Mann und der neuen Zeit verkörpert sich in der Auseinandersetzung zwischen dem alten Chef und dem jungen Angestellten (dem Sohn des inzwischen verstorbenen Verwalters Olivi) und dreht sich um das Problem Geld – Macht. Der zweite Rivale entstammt dem engen Familienkreis: der vom Haß der Erinnerung entstellte Schwiegersohn Valentino. Dazu kommt der Sohn Alfio, schon jetzt Antagonist des alten Vaters.

Besiegt und zur «Untätigkeit» verurteilt, pendelt Zeno zwischen dem Schrecken der «Langeweile» und dem Sich-schadlos-Halten durch kleine emotionale Erpressungen: Er entdeckt die fraglichen Vorteile des «Untätig»-, das heißt «Alt»-Seins.

Die Schilderung von Zenos Verhältnis zu dem jungen Olivi, gleich am Anfang des Kapitels, kann als Beispiel für die Ergebnisse gelten, die Svevo mit Hilfe seiner Regeln von Konzentration und Ökonomie der Mittel erzielt. Da ist vor allem der Widerspruch, in dem das «Ich» zu sich selber steht, der Gegensatz Selbstverdammung – Selbstmitleid. Dann der existentielle Gegensatz zwischen Vätern und Söhnen und, in einem weitergezogenen Bogen, ein Charakteristikum jener Zeit: der Unterschied zwischen dem, der im Unrecht ist, weil er den Krieg ignoriert hat (obwohl er Vorteile daraus zog), und dem, der im Unrecht ist, weil er ihn mitgemacht hat. Schließlich ist da noch die Spannung innerhalb einer Gesellschaftsklasse in einem bestimmten historischen Augenblick: das Unbehagen in den Reihen der bürgerlichen Ordnung, wo «Verträge» an die Stelle des Menschlichen treten und das Gefühl des Verfalls alle «jungen Alten» bestimmt, nicht nur den alten Zeno.

Der Beginn der ‹Bekenntnisse des alten Mannes› bringt Zeno durch die erneute Lektüre seines alten Buches («Die von mir verfaßte Beschreibung eines Teils meines Lebens») wieder auf den Plan. Es entsteht das Programm der

«Selbstbesinnung» als Heilung, der Ehrgeiz, das gesamte Leben in die Literatur zu übertragen, jenseits der Angst vor der Zukunft und des «grauenvollen wirklichen Lebens». Feindselig gegen alle, die ihn umgeben und in seiner Freiheit beschränken, plant Zeno eine Verjüngungsoperation. (Ein Thema, das auch in der Komödie ‹Ein Mann wird jünger› aus derselben Zeit aufgegriffen wird: Der alte Protagonist unterzieht sich darin der Voronoff-Operation – oder er glaubt es wenigstens –, die sein sexuelles Verlangen wieder weckt und ihn mit seiner Rolle als Familienoberhaupt in Konflikt bringt, bis er sich, über seinen anomalen Zustand erschrocken, vornimmt, wieder zur Ordnung zurückzukehren und ein «moralischer alter Mann» zu sein.) Das überzeugendste Resultat der Operation – gleichgültig ob sie wirklich stattfand oder nur vorgetäuscht wurde – ist der Entschluß, wieder die Rolle des Hauptdarstellers zu übernehmen: «Ich will wieder schreiben [...], jetzt schreibe ich, weil ich muß.»

Auch die Episode des Streits beim Mittagstisch ist ein ausgezeichnetes Beispiel für thematische Konzentration: Sie schafft retrospektive Bezüge zu der entsprechenden Episode aus dem sechsten Kapitel des ‹Zeno Cosini› und nutzt Effekte, die Svevo kurz zuvor erst in ‹Feuriger Wein› erprobt hatte. Das Verhältnis Zeno – Alfio wird durch den doppelten Kontrast von äußerer Rivalität («Wie seltsam ist doch die Beziehung zwischen Vätern und Söhnen! Keiner Bemühung gelingt es, sie zu verbessern») und innerer Widersprüchlichkeit bestimmt (der quälende Gewissensbiß: «‹Wie gut ich doch bin, wie gut ich doch bin!› Das Gefühl, allzu gut zu sein, bringt einen leicht dazu, gleich weniger gut zu sein»). Eine weitere verlorene Partie für Zeno. Erst der Rächer Tod wird ihm im zukünftigen schlechten Gewissen des Sohnes sein Prestige zurückgeben.

Es folgt die Auseinandersetzung mit der Tochter Antonia, ein Konflikt, reich an Umarmungen und Tränen, Vorwürfen und Schweigen, in einer Pantomime von großer melodramatischer Eleganz. Der Schauder – wie immer im Alltäglichen angesiedelt – erwächst aus der Feststellung, daß für Antonia allein die Tatsache, daß der Vater lebt – daß ein anderer stirbt und nicht er –, unerträglich ist.

Die Optik verschiebt sich noch einmal durch die entstehende Beziehung alter Mann–Kind, Zeno–Umbertino: ein Konzentrat aus Zärtlichkeit und unsäglicher Grausamkeit.

Die Beziehung Zeno–Carlo enthüllt noch einmal die Faszination der Medizin: eine Mischung aus totaler Prophylaxe, Magie, Spott und Betrug. Carlo ist ein illoyaler Herausforderer: Seine öffentlichen Anspielungen auf Zenos Seitensprünge stellen eine Gefahr dar, falls sie ernst genommen werden, sie sind jedoch eine Provokation und Demütigung, wenn man es für ausgemacht hält, daß sie nicht ernst genommen werden *können*.

Keine heimtückische Operation gibt Zeno künstliche Jugend zurück: Die «Verjüngung» kommt nicht auf Abkürzungswegen: «Da eine Operation nicht in Betracht kam, wollte ich Mutter Natur überlisten [...] und nahm mir eine Geliebte.» Die «List» trägt die illusionistischen Farben und den illusionistischen Namen der Tabakhändlerin Felicita. Sie ist «aufrichtig, offen», und Zeno verliert sich sofort in den Labyrinthen des Selbstbetrugs. Liebe und Betrug verflechten sich: Zenos Betrug der Natur und sich selbst gegenüber, Felicitas unverhüllter Betrug auf Kosten Zenos. Als «eine etwas bittere» und «nicht dosierbare Medizin» – fast ein Gift – ist «das schöne habgierige Mädchen», wie Montale sagt, Svevos letztes überraschendes «Geschenk». Es handelt sich um eine jener flüchtigen Beziehungen, die nur dem Zweck dienen sollen, «sich vor dem Tod zu retten», und die dann doch dazu führen, «das Leben zu verschönen und zu trüben». Außerdem erteilt

Felicita Zeno die letzte große Lektion und erzieht ihn zu seiner «Laufbahn als Greis».

«Für den Greis jedoch – ja, ich bin ein Greis; es ist das erste Mal, daß ich es ausspreche, und das ist die erste Errungenschaft, die ich meiner neuen Selbstbesinnung verdanke.» So beginnt die Betrachtung, die das Kapitel mit dem größten Atem, ‹Der Greis›, bestimmt. In ihm verbindet sich die Konzentration mit Leichtigkeit und Empfindsamkeit. Svevo hat das Problem des rechten «Tons» gelöst und seinen Rhythmus gefunden.

Noch einmal erwacht der dahindämmernde Zeno zur Erinnerung und zu den Sinnen – noch einmal das «Abenteuer»: das Mädchen –, und er plant, die «Untätigkeit, in der man stirbt», durch die «Kur» zu ersetzen, die darin besteht, über sich selbst zu schreiben: «Und ich hoffe, daß in diesen Blättern auch die Worte stehen werden, die ich für gewöhnlich nicht ausspreche, denn nur so wird die Kur erfolgreich sein.» Der Wille, von sich zu lesen und von sich zu erzählen, um dann wieder von sich zu lesen, ist der neue Motor. Wenn Zeno in ‹Bekenntnisse des alten Mannes› zugibt: «In der Grammatik fehlt eine letzte Zeit», so hat er in ‹Der Greis› die Gewißheit, sich noch in einer «gemischten Zeit» zu bewegen, «wie es das Schicksal des Menschen ist». In ihr tätig zu werden, kann der «Beweis» dafür sein, daß sie länger dauert, «als es den Anschein hat». Der Diskurs über die Zeit bestimmt Zenos letzte Seiten. Es reifen die Betrachtungen (die bereits in ‹Die Zukunft der Erinnerungen› aufgetaucht waren) über die «privilegierten Inseln» des Gedächtnisses: «Deshalb erscheint in der Erinnerung das eine Jahr voller Sonne, wie ein einziger Sommer, ein anderes dagegen von Anfang bis zu Ende von Kälte durchschauert.» Die vom Gedächtnis vorgenommene *Selektion* der Ereignisse, die *Vereinfachung*, die das Leben mit der Zeit vornimmt und das Schreiben mit dem Leben, schaffen einen reduzierten, aber überschaubaren

Raum, in dem sich das Bewußtsein wiederfindet. Darum herum herrschen die Unordnung der Natur und die Unordnung der Zeit, aber der greise Zeno, Herr über seine «jeder Unordnung entrissenen» beschriebenen Blätter, ist durch das Schreiben seiner unvollständigen Bewußtheit und seiner perfekten Verzweiflung – aber auch seinem Lächeln – zurückgegeben worden und macht sich selbst zum einzigen Filter der Wirklichkeit, zum Schiedsrichter über das Recht. Zeno will nicht alt sein, und er will auch nicht sterben, aber genausowenig reizt ihn die Wiederholung der vergangenen Zeit als fühlbare «Verjüngung» («denn es gibt keinen Tag in meinem Leben, den ich wiederholen wollte, nun, da ich weiß, wie er endete»). Er gäbe seine Seele nur für «etwas ganz Neues», «etwas, was ich noch nicht kennengelernt habe». Von hier aus nimmt die noch verbleibende Suche ihren Ausgang, die Tropfenerosion des Schreibens auf den Trümmern des Lebens, das Wort als Abenteuer und als höchster «Trost, lachen zu können».

Wir fügen hier noch eine wenig bekannte Passage an, eine Notiz auf der Rückseite des letzten Blattes des letzten Romans:

«Es ist die Stunde, in der Mephistopheles mir erscheinen und mir vorschlagen könnte, noch einmal jung zu werden. Ich würde entrüstet ablehnen. Das schwöre ich. Doch worum würde ich ihn dann bitten, ich, der ich aber auch nicht alt sein möchte und nicht sterben will? Mein Gott! Wie schwierig ist es, um etwas zu bitten, wenn man kein Kind mehr ist. Ein Glück, daß sich Mephistopheles meinetwegen nicht bemühen wird. Käme er aber doch, da ich durch den dunklen Korridor muß, um ins Bett zu gehen, so würde ich zu ihm sagen: Sag du mir, der du alles weißt, was ich erbitten soll. Und ich überließe ihm meine Seele nur, wenn er mir etwas ganz Neues anböte, etwas, was ich noch nicht kennengelernt habe; denn es gibt keinen Tag in meinem Leben, den ich wiederholen wollte, nun, da ich weiß, wie er endete. Er wird nicht kommen. Ich sehe ihn in seiner Hölle sitzen und sich verlegen den Bart kratzen.

Und wahrhaftig, ich verdanke diesen Notizen den Trost, daß ich in dem Augenblick, da ich mich zu Bett begebe, lachen muß. Und Augusta wird, nur halb aufgewacht, murmeln: ‹Du, du lachst immer, auch noch um diese Zeit. Du Glücklicher.›»

Gabriella Contini

Biographischer Abriß

Eine Biographie Italo Svevos, die sich genau an die belegbaren Fakten hält, birgt in sich eine Reihe von Problemen. Tatsächlich kann man nämlich von der Existenz mindestens zweier Biographien Svevos sprechen, von denen die eine vom Autor selbst im nachhinein konstruiert wurde und ihrerseits wieder in eine Anzahl von Eigenlegenden und in ein ironisches Spiegelspiel: Svevo–Svevo/Zeno zerfällt. Sie beginnt 1925 mit der Skizze, die Svevo, inzwischen anerkannter Autor des ‹Zeno Cosini› und ironisch mit Zeno in einem Verhältnis von Nähe und Abstand gleichgesetzt, an Valéry Larbaud schickt. Aus diesem Entwurf kristallisiert sich dann der ‹Autobiographische Abriß› von 1928 heraus, der zur Grundlage für alle von Dritten verfaßten späteren Kurzbiographien werden sollte. Das Leben Italo Svevos, das seines Zeno Cosini und das des Herrn Aron Ettore Schmitz begegnen einander und vermengen sich zu einem heterogenen Ganzen. Die Biographie wird also zu einer literarischen Konstruktion der Person, die schreibt; historische und literarische Fakten – wie zum Beispiel die Begegnung mit Joyce – werden zum Mythos erhoben. Bezeichnend ist in dieser Hinsicht die Biographie von Livia Veneziani Svevo (‹*Vita di mio marito*›), in der die Ehefrau Svevo auf der Grundlage seiner eigenen autobiographischen Darstellung beschreibt. Auf dieses Problem der Verflechtung von Leben–Darstellung–Leben wird in den beiden Bänden dieser ‹Gesammelten Werke in Einzelausgaben›, die die Briefe, Dramen, Tagebuchaufzeichnungen und Notizen enthalten, noch besonders eingegangen werden. Dazu kommt noch ein weiteres Problem, das sich zugleich mit Svevos großer Intuition deckt: das Problem der Pluralität des Ichs – des einen, der mehr ist als einer. Aber hinter der Maske dieser Biographie, dem komplexen Geflecht aus Leben und Literatur, existiert das konkrete Leben des Aron Ettore Schmitz, das hier in seinen wenigen belegbaren und verifizierbaren Daten rekonstruiert werden soll:

1861 Hector Aron (im Familienkreis Ettore genannt) Schmitz wird am 19. Dezember in Triest, damals Hafen und Handelszentrum des Habsburgischen Kaiserreichs, geboren. Der Vater, Franz, Glaswarenhändler, entstammt väterlicherseits einer jüdischen Familie aus dem Rheinland; im typischen Assimilationsprozeß des Triestiner Bürgertums hat er sich jedoch völlig italienisiert. Die Familie der Mutter, Allegra Moravia, kommt aus dem Friaul.

1867 Besuch der israelitischen Grundschule, die dem Oberrabbiner von Triest, Melli, untersteht.

1872 Zusammen mit seinen Brüdern Adolfo und Elio wechselt Svevo auf die private Handelsschule von Emanuele Edeles über.

1873–77 Internat in Segnitz bei Würzburg: Die Ausbildung ist vorrangig auf das Kaufmännische gerichtet. Intensive Lektüre deutscher Autoren: Jean Paul, Schiller, Heine, Goethe; außerdem Shakespeare und Turgenjew in deutscher Übersetzung. Wahrscheinlich erste Lektüre Schopenhauers.

1878 Rückkehr nach Triest, wo Svevo sich am Handelsinstitut «Pasquale Revoltella» einschreibt.

1880 Große Liebe zum Theater; auch die ersten literarischen Versuche Svevos gelten dem Theater: Er schreibt die Komödien ‹Ariosto Governatore›, ‹Il primo amore›, ‹I due amici›. Der plötzliche finanzielle Zusammenbruch des Vaters zwingt Svevo, seine Studien abzubrechen und Geld zu verdienen. Er wird Auslandskorrespondent für Deutsch und Französisch bei der Filiale der Wiener Union-Bank in Triest.
Lektüre der italienischen Klassiker, von denen er Machiavelli, Guicciardini und Boccaccio bevorzugt. Er bewundert das kritische Werk von Francesco De Sanctis;

liest auch die großen französischen Romanciers: Flaubert, Daudet, Balzac, Zola.

Die Musikpflege in Triest und die Tradition des Musizierens in den Triestiner Bürgerfamilien veranlassen Svevo, Geige zu lernen und sich für Musik zu interessieren; er frequentiert den Musik-Zirkel.

In der Zeitung *L'Indipendente* erscheint sein erster Artikel, ‹Shylock›, den er mit dem Pseudonym E. Samigli zeichnet.

1881–84 Svevo arbeitet an verschiedenen Komödien und entwirft einige Novellen. Im *Indipendente* veröffentlicht er Artikel über Wagner (dessen ‹Ring› 1883 in Triest vollständig aufgeführt wurde), Renan und Scarfoglio. Lektüre der Werke Schopenhauers.

1886 Tod des Bruders Elio, der sein vertrauter Gesprächspartner gewesen war. Beginn der Freundschaft mit dem jungen Maler Umberto Veruda. Svevo verliebt sich in Giuseppina Zergol, die Angiolina aus ‹Senilità›.

1887 Svevo beginnt mit dem Roman ‹Una vita›.

1888 Veröffentlichung der Erzählung ‹Una lotta› im *Indipendente*, ebenfalls unter dem Pseudonym E. Samigli.

1890 Die Erzählung ‹L'assassinio di Via Belpoggio› erscheint in Fortsetzungen im *Indipendente*.

1891 Svevo schreibt die beiden Komödien ‹La parola› und ‹Prima del ballo›.

1892 Tod des Vaters. Wiederbegegnung mit Livia Veneziani, einer Kusine zweiten Grades mütterlicherseits, die er einige Jahre nicht gesehen hat. Sein erster Roman, ‹Una vita› (ursprünglich hätte der Titel *Un inetto – Ein Untauglicher* lauten sollen), erscheint unter dem Pseudonym Italo Svevo.

1895 Tod der Mutter. Svevo schlägt die Einladung seines Bruders Ottavio aus, zu ihm nach Wien zu kommen. Im Dezember Verlobung mit Livia Veneziani. Svevo schreibt die Komödie ‹Il ladro in casa› und entwirft die Theaterstücke ‹Terzetto spezzato› und ‹La verità›.

1896 Anfang des Jahres beginnt er mit dem ‹Diario per la

	fidanzata›. Er schreibt die ersten Kapitel von ‹*Senilità*›. Am 30. Juli heiratet er Livia. Neben seiner Arbeit an der Union-Bank ist Svevo journalistisch tätig und gibt Abendkurse in französischer und deutscher Handelskorrespondenz am Institut «Revoltella».
1897	Geburt der Tochter Letizia. Beginn der Mitarbeit an der Zeitschrift *Critica sociale*, in der die Erzählung ‹*La tribù*› erscheint.
1898	Veröffentlichung von ‹*Senilità*›. Das Ausbleiben jeglichen Erfolgs bringt den Autor zu dem Entschluß, seine literarische Tätigkeit aufzugeben. Er widmet sich der Lektüre von Tolstoi, Dostojewski, Tschechow, Gontscharow und Ibsen.
1899	Svevo verläßt die Union-Bank und beginnt, in der Lackfabrik seines Schwiegervaters zu arbeiten. Er gibt auch den Journalismus und das Unterrichten auf.
1901	Erste Geschäftsreisen für die Firma nach Toulon und London.
1903	Beendigung der Komödie ‹*Un marito*›.
1904	Tod des Malerfreundes Umberto Veruda. ‹*Lo specifico del dottor Menghi*›.
1905	Bekanntschaft mit James Joyce, der an der Berlitz School von Triest unterrichtet; die Bekanntschaft entwickelt sich zur Freundschaft.
1906	Erste Lektüre der englischen Klassiker im Original: Dickens.
1908	P. N. Furbank zufolge fällt in dieses Jahr die erste Lektüre eines Werks von Sigmund Freud. M. David dagegen neigt zur Annahme eines späteren Zeitpunkts: zwischen 1910 und 1912.
1913–14	Svevo schreibt die Komödie ‹*Atto unico*› in Triestiner Dialekt.
1915–17	Im Zusammenhang mit dem Krieg wird die Lackfabrik Veneziani, die vor allem auf Unterwasserlacke spezialisiert war, geschlossen. Lektüre unterschiedlicher Autoren, darunter mehrere englische Klassiker, vor allem humoristische wie Swift, im Original. Svevo schreibt die Komödie ‹*L'avventura di Maria*›.

1918	Übersetzung einer Schrift Freuds über den Traum; unklar ist allerdings, ob es sich um die *Traumdeutung* oder um das kürzere Werk *Über den Traum* handelt.
1918–21	Einige Artikel erscheinen in *La Nazione*. Svevo arbeitet drei Jahre an ‹*La coscienza di Zeno*› und schreibt auch weiter für das Theater. Wiedersehen mit James Joyce.
1923	Veröffentlichung von ‹*La coscienza di Zeno*›. Der Erfolg bleibt wieder aus.
1924	Enttäuscht über den Mißerfolg wendet sich Svevo an Joyce und schickt ihm ein Exemplar seines Romans. Joyce, der dieses Buch für Svevos bestes hält, rät ihm, es an Valéry Larbaud, Benjamin Crémieux, T. S. Eliot und andere zu senden.
1925	Svevo erhält den ersten anerkennenden Brief von Larbaud, zusammen mit dem Vorschlag, den Roman in Frankreich zu veröffentlichen. Reise nach Paris. ‹*Una burla riuscita*›, ‹*L'avvenire dei ricordi*› und ‹*Corto viaggio sentimentale*›. Am Ende des Jahres erscheint in der Mailänder Zeitschrift *L'esame* der grundlegende Aufsatz von Eugenio Montale *Omaggio a Italo Svevo*.
1926	Reise nach London. Die Februarnummer der in Paris erscheinenden Zeitschrift *Le Navire d'argent* ist ausschließlich dem Triestiner Schriftsteller gewidmet. Es entsteht der «Fall Svevo».
1927	Svevo interessiert sich, wenngleich in dilettantischer Weise, für Einsteins Relativitätstheorie. Zweite Auflage von ‹*Senilità*›. Französische Ausgabe des ‹*Zeno Cosini*›. Der «Fall Svevo» ruft Diskussionen und Polemiken hervor. In Mailand hält Svevo einen Vortrag über Joyce. In Rom wird seine Komödie ‹*Terzetto spezzato*› aufgeführt. Er wird in Paris von Jules Romains, Joyce, Yvan Goll und anderen Größen der europäischen Literatur herzlich gefeiert. Luigi Pirandello kommt zu ihm nach Triest. Svevo entdeckt das Werk Kafkas.

1928   Arbeit an der Komödie ‹La rigenerazione›, an der ‹Novella del buon vecchio e della bella fanciulla› und an ‹La morte›. Svevo beginnt mit der Niederschrift seines vierten Romans. Am 13. September stirbt er in Motta di Livenza an den Folgen eines Autounfalls.

G. C.

Quellen- und Übersetzernachweis

Kurze sentimentale Reise
  Erstveröffentlichung unter dem Titel ‹Corto viaggio sentimentale› in Italo Svevo: ‹Corto viaggio sentimentale e altri racconti inediti›, Mailand, Mondadori 1949. Deutsch zuerst in der Übersetzung von Piero Rismondo in Italo Svevo: ‹Kurze sentimentale Reise. Erzählungen und Fragmente aus dem Nachlaß›, Reinbek 1967.

Die Novelle vom guten alten Herrn
und vom schönen Mädchen*
  Erstveröffentlichung unter dem Titel ‹La novella del buon vecchio e della bella fanciulla› in Italo Svevo: ‹La novella del buon vecchio e della bella fanciulla e altri scritti›, Mailand, Morreale 1929. Deutsch zuerst in der Übersetzung von Piero Rismondo in Italo Svevo: ‹Kurze sentimentale Reise›, Reinbek 1967.

Ein Vertrag*
  Erschien zuerst in der Zeitschrift Solaria, IV, 3-4, marzo-aprile 1929; in Buchform unter dem Titel ‹Un contratto› zuerst in Italo Svevo: ‹Corto viaggio sentimentale e altri racconti inediti›, Mailand, Mondadori 1949. Deutsche Erstveröffentlichung unter dem Titel ‹Der Vertrag›, in der Übersetzung von Piero Rismondo, in Italo Svevo: ‹Kurze sentimentale Reise›, Reinbek 1967.

Die Bekenntnisse des alten Mannes*
  Unter dem Titel ‹Le confessioni del vegliardo› zuerst veröffentlicht in Italo Svevo: ‹Corto viaggio sentimentale e altri racconti indediti›, Mailand, Mondadori 1949. Deutsch zuerst in

der Übersetzung von Piero Rismondo in Italo Svevo: ‹Kurze sentimentale Reise›, Reinbek 1967.

Umbertino*
Unter diesem Titel zuerst in Italo Svevo: ‹Corto viaggio sentimentale e altri racconti inediti›, Mailand, Mondadori 1949. Deutsche Erstveröffentlichung in der Übersetzung von Piero Rismondo in Italo Svevo: ‹Kurze sentimentale Reise›, Reinbek 1967.

Die ‹Notiz› zu den Erzählungen ‹Umbertino› und ‹Mein Müßiggang› stammt aus dem Nachlaß und ist bisher unveröffentlicht.

Mein Müßiggang*
Erstveröffentlichung unter dem Titel ‹Il mio ozio› in Italo Svevo: ‹Corto viaggio sentimentale e altri racconti inediti›, Mailand, Mondadori 1949. Deutsch zuerst in der Übersetzung von Piero Rismondo in Italo Svevo: ‹Kurze sentimentale Reise›, Reinbek 1967.

Der Greis*
Zuerst unter dem Titel ‹La novella del buon vecchio e della bella fanciulla. Prefazione› in Il Convegno, X, 1–2, gennaio–febbraio 1929; in Buchform zuerst unter dem Titel ‹Il vecchione› in Italo Svevo: ‹La novella del buon vecchio e della bella fanciulla e altri scritti›, Mailand, Morreale 1929. Deutsch zuerst als «Vorrede zu dem Roman ‹Der Greis›» in der Übersetzung von Josy Priems und Karl Hellwig, und «Fragment aus dem Roman ‹Der Greis›», in der Übersetzung von Karl Hellwig, in Neue Schweizer Rundschau – Nouvelle Revue Suisse, Zürich, XXIII, 1930, Nr. 1.

Die ‹Notiz› zu den Erzählungen ‹Umbertino› und ‹Mein Müßiggang›, das Nachwort von Gabriella Contini und der Biographische Abriß wurden von Ragni Maria Gschwend übersetzt.

* Diese Erzählungen wurden für die vorliegende Ausgabe von Ragni Maria Gschwend neu durchgesehen. Damit soll die Leistung der früheren Übersetzer keineswegs geschmälert werden. Es ging vielmehr darum, die älteren Übersetzungen zu «entglätten»: Im Zuge einer gewandelten Auffassung von Übersetzung sollten die Brüchigkeit, der Lakonismus und das auch stilistisch «Unvollendete» der Erzählungen in der Übertragung soweit wie möglich gewahrt bleiben – selbst auf Kosten der Geschmeidigkeit des deutschen Textes.

Herausgeber und Verlag

Bibliographie

Eine vollständige Bibliographie der Literatur zu Svevo (bis 1968) befindet sich im Anhang zu Band 2, ‹Romanzi›, der italienischen Gesamtausgabe (‹*Opera Omnia*›) von Italo Svevo (Hg. Bruno Maier). Derselbe Band enthält eine Aufstellung der Ausgaben und Übersetzungen sowie eine Geschichte der Rezeption Svevos durch die Literaturkritik bis 1968.

Zusammenfassungen der Positionen der Sekundärliteratur finden sich in folgenden Darstellungen:

L. NANNI: Leggere Svevo. Bologna, Zanichelli, 1974
S. MAXIA: Svevo. Palermo, 1975
S. DEL MISSIER: Italo Svevo. In: I classici italiani nella storia della critica (Hg. W. Binni), Florenz 1977

Italienische Erstausgaben der Werke Svevos

Una vita. Triest, Vram 1893 [richtig 1892]
Senilità. Triest, Vram 1898; zweite verbesserte Ausgabe, Mailand, Morreale, 1927
La coscienza di Zeno. Bologna, Cappelli 1923
La novella del buon vecchio e della bella fanciulla e altri scritti. Mailand, Morreale 1929
Corto viaggio sentimentale e altri racconti inediti. Mailand, Mondadori 1949
Corrispondenza con Valéry Larbaud, Benjamin Crémieux e Marie Anne Comnène. Mailand, «All'insegna del pesce d'oro» 1953
Saggi e pagine sparse. Mailand, Mondadori 1954
Opere (Una vita – Senilità – La coscienza di Zeno – La novella

del buon vecchio e della bella fanciulla e altri scritti). Mailand, Dall'Oglio 1954
Commedie. Mailand, Mondadori 1960
Diario per la fidanzata (1896). Triest, Ed. dello Zibaldone, 1962
Lettere alla moglie. Triest, Ed. dello Zibaldone 1963
Italo Svevo–Eugenio Montale. Carteggio, con gli scritti di Montale su Svevo. Mailand, Mondadori 1976
Opera Omnia. Mailand, Dall'Oglio, Hg. v. B. MAIER, 4 Bde.: 1. Epistolario, 1966; 2. Romanzi, 1968; 3. Racconti, Saggi, Pagine sparse 1968; 4. Commedie, 1969

Deutsche Übersetzungen

Zeno Cosini. Basel, Rhein Verlag 1929, deutsch von Piero Rismondo
Zeno Cosini. Hamburg, Rowohlt 1959, deutsch von Piero Rismondo, und Darmstadt, Moderner Buch-Club 1961
Vorrede zu dem Roman ‹Der Greis›, deutsch von Josy Priems und Karl Hellwig und Fragment aus dem Roman ‹Der Greis›, deutsch von K. Hellwig, In: Neue Schweizer Rundschau – Nouvelle Revue Suisse, Zürich, XXIII, 1930, Nr. 1
Ein gelungener Scherz und andere Novellen. Potsdam, Müller & Kiepenheuer, 1932, deutsch von Karl Hellwig
Bruchstücke. In: Forum, Wien, I., 1954, Nr. 2, deutsch von Piero Rismondo
Ein Mann wird älter. Reinbek bei Hamburg, Rowohlt 1960, deutsch von Piero Rismondo
Ein Leben, Reinbek bei Hamburg, Rowohlt 1962, deutsch von Piero Rismondo
Kurze sentimentale Reise. Erzählungen und Fragmente aus dem Nachlaß. Reinbek bei Hamburg, Rowohlt 1967, deutsch von Piero Rismondo
Zwölf Briefe. In: Akzente, Heft 3, 1972, deutsch von F. Bondy
Ein Mann wird jünger. Köln, Kiepenhauer & Witsch 1975, deutsch von Ch. Jenny
Die Zukunft der Erinnerungen. In: Akzente, Heft 6, 1978, deutsch von A. Leube

Auszüge aus dem Tagebuch und Vermischtes. In: Akzente, Heft 6, 1978, deutsch von Anna Leube
Londoner Aufenthalt. In: Akzente, Heft 6, 1978, deutsch von Anna Leube

Über Svevo gibt es eine umfangreiche Sekundärliteratur. Wir beschränken uns hier darauf, eine richtungweisende Auswahl, a) über das Gesamtwerk Svevos, b) über die Novellen, c) über die Sprache und den Stil Svevos zu geben. Die wichtigsten Biographien Svevos sind:

E. GHIDETTI: Italo Svevo. Bologna, Editori Riuniti 1980
G. A. CAMERINO: Italo Svevo. Turin, UTET 1981

Monographien

A. LEONE DE CASTRIS: Italo Svevo. Pisa 1959
G. LUTI: Italo Svevo e altri studi sulla letteratura italiana del primo Novecento. Mailand 1961
B. MAIER: La personalità e l'opera di Italo Svevo. Mailand 1961
G. SPAGNOLETTI: Italo Svevo. In: I Contemporanei. Mailand 1963
S. MAXIA: Lettura di Italo Svevo. Padua 1965
F. FORTI: Svevo romanziere. Mailand 1966
A. BORLENGHI: Italo Svevo. In: Narratori dell'Ottocento e del primo Novecento. Bd. V, Mailand 1966
P. N. FURBANK: Italo Svevo, the man and the writer. London 1966
G. LUTI: Svevo. Florenz 1967
M. JONARD: Italo Svevo et la crise de la bourgeoisie européenne. Paris 1969
R. BARILLI: La linea Svevo–Pirandello. Mailand 1972
M. LUNETTA: Invito alla lettura di Italo Svevo. Mailand 1972
M. FUSCO: Italo Svevo, conscience et réalité. Paris 1973
E. SACCONE: Commento a Zeno. Bologna 1973
G. A. CAMERINO: Italo Svevo e la crisi della Mitteleuropa. Florenz 1974

A. Leone de Castris: La coscienza di Svevo tra scienza e società. In: Il decadentismo italiano. Bari 1974
M. Lavagetto: L'impiegato Schmitz e altri saggi su Svevo. Turin 1975
G. Petronio: Il caso Svevo. Palermo 1976
E. Saccone: Il poeta travestito, otto saggi su Svevo. Pisa 1977
S. Maxia: Italo Svevo. In: La letteratura italiana, storia e testi, Bd. IX, hg. v. C. Muscetta, Bari 1977
G. Pampaloni: Italo Svevo. In: Storia della letteratura italiana, Bd. IX, Bari 1977
C. Fonda: Svevo e Freud. Ravenna 1978
L. Waage Petersen: Le strutture dell'ironia ne La coscienza di Zeno di Italo Svevo. In: Revue Romane, numéro spécial, Kopenhagen 1979
A. A. V. V.: Svevo oggi (Atti del Convegno, Florenz, 3.–4. Februar 1979), Florenz 1979
A. A. V. V.: Contributi sveviani. Triest 1979
E. Gioanola: Un killer dolcissimo. Genua 1979
F. P. Botti, G. Mazzacurati, M. Palumbo: Il secondo Svevo. Neapel 1982

Artikel, Aufsätze, einzelne Kapitel

E. Montale: Omaggio a Svevo. In: L'Esame, IV, 1925
B. Crémieux: Italo Svevo. In: Le Navire d'argent, II, 1926, Nr. 9
G. Debenedetti: Svevo e Schmitz. In: Il Convegno, X, 1929, Nr. 1 (jetzt in E. D.), Saggi critici, Mailand 1955
E. Vittorini: Letteratura di psicoanalisi – Svevo, «Marcel» e Zeno. In: La Stampa, Turin, 27. Sept. 1929
E. Bonora: Ritratti critici di contemporanei – Italo Svevo. In: Belfagor, Jg. IV, 1949 (wiederveröffentlicht in E. B., Gli ipocriti di Malebolge, Mailand, Neapel 1953)
P. Rismondo: Italo Svevo. In: Die neue Rundschau, Frankfurt a. M. Jg. LXIV, 1953
P. Rismondo: Italo Svevo, der Dichter des alten Triest. In: Forum, Wien I, 1954, Nr. 2
J. Pouillon: La conscience de Zeno, roman d'une psychanalyse. In: Les Temps Modernes, Okt. 1954

L. Nelson: A Survey of Svevo. In: Italian Quarterly 3, 1959, Nr. 10

P. Rismondo: Der Fall Italo Svevo – Ein großer Romancier Altösterreichs aus Triest. In: Wort und Wahrheit, Wien, Jg. XIV, 1959

E. Saccone: Dati per una storia del primo Svevo. In: La rassegna della letteratura italiana, LXVI, 1962

H. Singer: Italo Svevo – Ein Leben. In: Neue Rundschau, Frankfurt a. M., 1963

M. Guglielminetti: Il monologo di Svevo. In: Struttura e sintassi del romanzo italiano del primo Novecento, Mailand 1964

S. Battaglia: La coscienza della realtà nei romanzi di Italo Svevo. In: Filologia e Letteratura, III, 1964

K. Wais: Der Erzähler Italo Svevo – Werke und Rezeption, Krefeld, Scherpe Verlag 1965

D. J. Enright: Svevo's Progress, or: the Apotheosis of the Poor Fish. In: Conspirators and Poets, London, Chatto & Windus 1966

J. Murray: The Progress of the Hero in Svevo's Novels. In: Italian Studies, XXI, 1966

E. Montale – I. Svevo: Lettere, con gli scritti di Montale su Svevo, Bari, De Donato 1966

P. Bondy: I. S. et le grand âge. In: Preuves, Paris, XV, n. 167, 1966

A. Bouissy: Les fondements idéologiques de l'œuvre de I. S. In: Revue des Études italiennes, nn. 3–4, 1966; n. 1, 1967

I. David: La psicanalisi nella cultura italiana. Turin, 1966 e Letteratura e psicanalisi. Mailand 1967

G. Guglielmi: Glosse a Svevo. In: Letteratura come sistema e come funzione. Turin 1967

R. Hartung: Die Originalität I. Svevos. In: Süddeutsche Zeitung, 16. Nov. 1967

S. Pacifici: I. Svevo's Antiheroes. In: The Modern Italian Novel from Manzoni to S. (preface by H. T. Moore), Carbondale and Edwardsville, Southern Illinois University Press, 1967

L. R. Furst: I. Svevo's «La coscienza di Zeno» and Th. Mann's Der Zauberberg. In: Contemporary Literature, IX, 1968

I. Brandt: I. Svevos Erzählungen in der deutschen Ausgabe. Auf die Welt kommen und leider altern. In: Die Welt der Literatur, 15. Februar 1968

J. Misch: Meister der Wahrheitsfindung. In: Bremer Nachrichten, Bremen, 14. Juni 1968

Autori Vari: Essays on I. S.: Ed. by Th. F. Staley, Tulsa (Oklahoma), The University of Tulsa, 1969

A. Wilder: Death, Desire and Repetition in Svevo's «Zeno». In: Modern Language Notes, LXXXIV, 1969

C. R. Wagner: I. S. – The vocation of Old Age. In: Artford Studies in Literature, II, 1970

G. Rosowski: Théorie et pratique psychanalytique dans «La coscienza di Zeno». In: Revue des Études italiennes, XII, 1970, n. 1

P. E. Bondanella: F. Kafka and I. Svevo. In: Proceedings of the comparative Literature Symposium, Tech. University (Texas) 1971, nn. 28−29

B. Moloney: Psychoanalysis and Irony in «La coscienza di Zeno». In: The Modern Language Review, LXVII, 1972, n. 2

Sonderheft Akzente, Heft 6, Dez. 1978, pp. 489−540

C. Magris: Nel cinquantenario di Svevo. La scrittura e la vecchiaia selvaggia. In: Sigma, Jg. XI, Nr. 1, 1978

C. Magris: Das Schreiben und das wilde Leben des alten Mannes. Zu Italo Svevos 50. Todestag. In: Akzente, Heft 6, 1978

F. Bondy: Italo Svevo – Schriftsteller am Rande. In: Schweizer Monatshefte, 59. Jg., Heft 4, April 1979

Sekundärliteratur zu den Erzählungen

N. Sapegno: La novella del buon vecchio e della bella fanciulla. In: La Nuova Italia, I, 1930 (Rezension)

A. Bocelli: Corto viaggio sentimentale e altri racconti. In: Il Mondo, 4. Februar 1950 (Rezension)

B. Maier: Un racconto poco noto di Italo Svevo (‹La tribù›). In: La rassegna della letteratura italiana, 1957, Jg. 61, VII, Nr. 3−4

B. Maier: Introduzione a I. Svevo, Racconti, Saggi, Pagine

Sparse (III. Bd. von I. Svevo, Opera Omnia), Mailand, Dall'
Oglio 1968

A. Leone de Castris: I racconti di Italo Svevo. In: Letteratura,
V, 1959, Nr. 37–38

T. Fiore: Svevo minore. In: Il Ponte, XV, 1959

E. Saccone: Il primo racconto di Italo Svevo. In: Filologia e
Letteratura, XII, 1966

T. Wlassics: Sulla Novella di Svevo. In: Nuova Antologia,
1971, Nr. 2074

M. Tancredi: «Cimutti» e «In Serenella»: autocritica del cavaliere d'industria Svevo. In: Problemi, Nr. 31, 1972

E. Saccone: Svevo tra racconto e romanze. In: Nuova Antologia, Nr. 2070, 1973 (wiederveröffentlicht in E. S., Commento a Zeno, Bologna 1973)

M. Lavagetto: Analyse der Erzählung Ein gelungener Scherz, im Kapitel Non scrivere libri. In: M. L., L'impiegato Schmitz, Turin 1975

N. Longo: Ipotesi per una interpretazione della «Novella del buon vecchio e della bella fanciulla». In: A.A.V.V., Contributi sveviani, Triest 1979

R. Scrivano: Letteratura e trasgressione. In: A.A.V.V., Contributi sveviani, Triest 1979

G. Contini: Il quarto romanzo di Svevo. Turin 1980

F. P. Botti: Incanti e morbi d'autunno: il diagramma dell'ultimo Svevo. In: Botti, Mazzacurati, Palumbo, Il secondo Svevo. Neapel 1982

Über die Sprache und den Stil Svevos

G. Devoto: Le correzioni di Italo Svevo. In: Letteratura, II, 1938, Nr. 4 (wiederveröffentlicht in G. D., Studi di stilistica, Florenz 1950)

F. Falqui: Svevo scriveva male. In: Roma, Neapel, 3. August 1951

G. Pontiggia: La tècnica narrativa di Italo Svevo. In: Il Verri, IV, 1960, Nr. 5

D. Cernecca: Note sulla lingua di Italo Svevo. In: Studia Romanica et Anglica Zagabriensia, Zagabria, 1960, Nr. 9–10

D. Cernecca: Le due redazioni di Senilità. In: Studia Romanica et Anglica Zagabriensia, Zagabria, 1960, Nr. 9–10

T. Wlassics: La poesia delle mende: note sul linguaggio dell'ultimo Svevo. In: Lingua nostra, XXXII, 1971

S. L.

Inhaltsübersicht

Band 1

Vorwort von Claudio Magris:
Das Schreiben und das
wilde Leben des alten Mannes 9

I Eine politische Lehrfabel
Der Stamm 47

II Experimentelle und phantastische
Novellen
Das Serum des Doktor Menghi 59
Der böse Blick 97
Die vortreffliche Mutter 117
Argo und sein Herr 137

III Muraneser Novelle
Cimutti 169

IV Das Gedächtnis und die Zeit
Die Zukunft der Erinnerungen 185

V Die travestierte Autobiographie
Ein gelungener Scherz 199

VI Die Novellen vom Alter und vom Tod
Der Tod 285
Meuchlings 306
Feuriger Wein 320

Nachwort von Gabriella Contini:
Das «Unvollendete» in Svevos Werk 345
Biographischer Abriß 377
Quellen- und Übersetzernachweis 383
Bibliographie 386

Band 2

VI Die Novellen vom Alter und vom Tod
Kurze sentimentale Reise   9
Die Novelle vom guten alten Herrn
und vom schönen Mädchen   129

VII Der ‹vierte› Roman
Ein Vertrag   195
Die Bekenntnisse des alten Mannes   228
Umbertino   279
Notiz   326
Mein Müßiggang   328
Der Greis   359

Anhang
Editorische Notiz   377
Anmerkungen und Erläuterungen   378
Nachwort von Gabriella Contini:
Das «Unvollendete» in Svevos Werk   387
Biographischer Abriß   407
Quellen- und Übersetzernachweis   413
Bibliographie   416

Italo Svevo
Gesammelte Werke
in Einzelausgaben

Herausgegeben von
Claudio Magris, Gabriella Contini,
Silvana de Lugnani

Editionsplan

Band 1
Die Erzählungen 1
Mit einem Vorwort von Claudio Magris
und einem Nachwort von Gabriella Contini

Band 2
Die Erzählungen 2
Mit einem Nachwort von
Gabriella Contini

Band 3
Ein Leben
Mit einem Vorwort von
Gabriella Contini

Band 4
Ein Mann wird älter
Mit einem Vorwort von
Lene Waage-Petersen

Band 5
Tagebücher, Aphorismen, Fabeln,
Auswahl aus dem Briefwechsel,
Zerstreute Blätter

Band 6
Essays, Theaterstücke
Autobiographisches Profil,
Briefwechsel mit Kritikern

Band 7
Zeno Cosini

Rowohlt

Italo Svevo
Ein Mann wird älter
(Senilità)

Roman
Deutsch von Piero Rismondo
252 Seiten. Gebunden

«Im Herbst 1953 veröffentlichte die ‹Neue Rundschau› ein Kapitel aus diesem Roman. Selbst wer noch nie etwas von Italo Svevo gehört oder gelesen haben mochte, wußte nach der Lektüre des kurzen Ausschnitts, daß er einen der großen Erzähler unseres Jahrhunderts vor sich hatte, einen Meister moderner Seelenanalyse, an dem die literarische Öffentlichkeit auch in Deutschland achtlos vorübergegangen war.
Die moderne Weltliteratur kennt ... keinen besseren und unbestechlicheren Menschenkenner. Svevo ist ein Wunder an Seelenkenntnis, ein Genie illusionsloser Genauigkeit. Ein Binnendetektiv, dem keine Regung seiner Geschöpfe entgeht, ein Röntgenologe, der keine schonende Verhüllung gelten läßt, sondern das Augenmerk ständig auf den nackten Mechanismus des inneren Triebwerks gerichtet hält. Er ist der Mann mit der Goldwaage, die uns durch die Gestalt seiner Un-Helden den Wahrheitswert auch unserer eigenen Handlungen anzeigt.»

Günter Blöcker,
Frankfurter Allgemeine Zeitung

«Natürlich ist ‹Ein Mann wird älter› nicht nur ein Roman über den Umgang mit Gemütsschmerzen. Er ist ebenso sehr ein Buch über die flutende männliche Begierde, über das Umherwildern der Gefühle – und, drittens, ein Buch über das Altwerden. Nicht über das wirkliche, physische Altern, über die beleidigende Verringerung des Lebens, über die Svevo erst dreißig Jahre später geschrieben hat mit dem Romanfragment ‹Der Greis›. Brentani in ‹Ein Mann wird älter› ist erst 35 Jahre alt, aber er fühlt das kommende Alter als Zauber einer Schwäche, an deren Rand er eben angekommen ist. Brentani empfindet, daß eine Person seines Alters mehrere einander widersprechende Altersgefühle zugleich hat. Das wirkliche Alter spaltet sich auf in verschiedene subjektive Altersüberzeugungen. Die Regung des Verlangens zum Beispiel fühlt sich immer jünger an als die Regung der beschwichtigenden Erfahrung. Svevo hatte sowohl das Konzept der kindischen Naivität als auch das Konzept der ausgefuchsten Greisenvorsicht im Kopf, und er spielt dem Leser abwechselnd beide Konzepte wie Spielkarten zu.»

Wilhelm Genazino,
Norddeutscher Rundfunk

Rowohlt

Italo Svevo
Die Erzählungen 1

**Herausgegeben von
Claudio Magris, Gabriella Contini,
Silvana de Lugnani
Übersetzt von
Ragni Maria Gschwend, Karl Hellwig,
Anna Leube, Piero Rismondo
384 Seiten. Gebunden**

«Daß der Rowohlt Verlag nun eine siebenbändige Ausgabe seiner Gesammelten Werke in Angriff genommen hat, kann man nicht laut genug als editoriale Großtat loben in einem Land, wo man sich mit der italienischen Literatur immer schwer getan hat. Mit Svevo ist ein Autor zu entdecken, dessen geistiges Umfeld nicht erst der ethnologischen Spurensicherung bedarf, die ja leider bei uns schon hinterm Brenner und vor Verdun beginnt.»

Norddeutscher Rundfunk

Rowohlt